“十四五”高等职业教育城市轨道交通供配电技术专业系列教材

编审委员会

“十四五”高等职业教育城市轨道交通供配电技术专业系列教材

城市轨道交通供电系统运行与维护

廖启文　张大华　袁晓亮　王慧君◎主　编
曹昕鸷　高　雄◎副主编

中国铁道出版社有限公司
CHINA RAILWAY PUBLISHING HOUSE CO., LTD.

内 容 简 介

本书依据教育部《高等职业教育城市轨道交通供配电技术专业教学标准》，参考了国内城市轨道交通设计建设的相关资料和运营经验，对城市轨道交通供电系统运行与维护的相关内容进行了梳理。全书共 7 个项目，项目 1 为电力系统基础知识，项目 2 为城市轨道交通变电所，项目 3 为城市轨道交通接触网，项目 4 为城市轨道交通动力照明配电系统，项目 5 为城市轨道交通电力监控系统，项目 6 为备用电源，项目 7 为城市轨道交通供电系统维检修。

本书适合作为高等职业教育城市轨道交通供配电技术专业教材，也可作为高等学校城市轨道交通供电专业的通识教育以及相关企业员工培训教材。

图书在版编目(CIP)数据

城市轨道交通供电系统运行与维护 / 廖启文等主编.
北京 : 中国铁道出版社有限公司, 2025. 7. -- ("十四五"高等职业教育城市轨道交通供配电技术专业系列教材). -- ISBN 978-7-113-31747-8

Ⅰ. U239.5

中国国家版本馆 CIP 数据核字第 2025W2S581 号

书　　名：城市轨道交通供电系统运行与维护
作　　者：廖启文　张大华　袁晓亮　王慧君

策　　划：王春霞　　　**编辑部电话**：(010)83527746
责任编辑：张家畅
封面设计：高博越
责任校对：刘　畅
责任印制：赵星辰

出版发行：中国铁道出版社有限公司(100054，北京市西城区右安门西街 8 号)
网　　址：https://www.tdpress.com/51eds
印　　刷：三河市国英印务有限公司
版　　次：2025 年 7 月第 1 版　2025 年 7 月第 1 次印刷
开　　本：787 mm×1 092 mm　1/16　**印张**：16.5　**字数**：441 千
书　　号：ISBN 978-7-113-31747-8
定　　价：52.00 元

前 言

目前我国数十个大中城市均建设了城市轨道交通，城市轨道交通成为了城市交通的大动脉，其大运量、快速、准点、安全、舒适和绿色的特点，为城市的发展注入了新的活力，给人们的生活带来了较大的便利。城市轨道交通的建设符合党的二十大报告提出的“高质量发展是全面建设社会主义现代化国家的首要任务”和“加快建设制造强国、质量强国、航天强国、交通强国、网络强国、数字中国”的精神。

“城市轨道交通供电系统运行与维护”是高等职业教育城市轨道交通供配电技术专业核心课，旨在为城市轨道交通供电类专业学生提供全面的专业教育，为城市轨道交通方向非供电类专业学生提供电气通识教育。

本书依据《高等职业教育城市轨道交通供配电技术专业教学标准》，参考国内城市轨道交通设计建设的相关资料和运营经验进行编写。本书的特色和创新点如下：

（1）逻辑性强：针对职业教育以“必需，够用”为度的原则，摒弃了复杂的理论推导和计算，强调了电气的逻辑性，同时结合现场设备进行学习。

（2）衔接性好：强调知识衔接性，首先为学生建立电网、变电所的基本概念，然后让学生认识一次系统和二次系统，并进一步认识一次系统和二次系统的关系。通过学习继电保护和控制回路巩固所学的知识，达到掌握通用电力系统基本知识的目的。在此基础上，结合地铁公司的实际应用学习轨道交通供电系统的知识。

（3）闭环教学：采用“项目—任务”模式，通过知识讲解和任务训练，加强学生对知识的理解。

城市轨道交通供电系统分为：主变电所、中压环网系统、接触网、动力照明配电系统和电力监控系统五部分。本书也是按照这五部分展开学习。本书配套教学 PPT、110 kV 主变电所平面布置图，可通过中国铁道出版社有限公司教育资源数字化平台（https://www.tdpress.com/51eds）下载。

本书共设置7个项目。项目1～项目6是城市轨道交通供电系统的理论知识，其技能训练内容是各个任务的重点知识，如变电所知识展开的主线是一次电路、继电保护以及运行方式；接触网知识展开的主线是接触网的机械特性和电气特性。项目7是城市轨道交通供电系统的维检修，其技能训练内容是岗位实际操作内容。

本书由廖启文、张大华、袁晓亮、王慧君任主编，曹昕鸷和高雄任副主编，廖启文负责全书的总体框架和统稿。具体编写分工如下：项目1、项目2和项目3由廖启文和王慧君共同编写，项目4和项目6由曹昕鸷和高雄共同编写，项目5和项目7由张大华和袁晓亮共同编写。

本书适合作为高等职业教育城市轨道交通供配电技术专业教材，也可作为高等学校城市轨道交通供电专业的通识教材以及相关企业员工培训教材。

由于编者水平有限，时间仓促，书中难免存在疏漏与不足之处，敬请广大读者批评指正。

编　者

2024年10月

目　录

项目1 电力系统基础知识

项目导入

本项目主要学习电力系统的构成和基本原理，包含电力系统分析和继电保护等专业课的基本知识。

轨道交通供电系统是电力系统的一部分，掌握电力系统基础知识可为轨道交通供电系统的学习打下基础。

该项目的输入课程：高等数学的矢量分析（三相不平衡电流电压的正序、负序和零序分解）和傅里叶变换（电流电压谐波分析）、电路理论或电工基础、电机学或电力拖动以及轨道交通基础概论。

本项目设10个任务，从认识电网基本知识开始，逐步认识电力系统一次和二次设备及其电路，各个任务衔接展开，让学生掌握一次系统电路、二次系统的继电保护和控制回路及其控制流程。

任务1　认识电网基本知识

学习目标

(1)了解变电站在电网中的作用。

(2)了解轨道交通供电系统与城市电网的关系。

(3)了解我国的电压等级。

(4)掌握额定电压和绝缘电压。

(5)掌握电压、频率、功率因数以及相序等电力系统电气量的概念。

任务描述

本任务学习基本的电力系统概念，逐步引入重要的电气量的知识，为接下来的电力系统和变电所学习打下基础。

同时，作为轨道交通供电从业人员，应知晓国家电网相关知识，以及轨道交通电网与城市电网的电路联系；应掌握基本电气量和电能质量的内容及其意义。

知识讲解

电力系统是由发电、变电、输电、配电和用电五个环节组成。电力系统构成的网络称为电网。

我国的电力系统基本上构成了全国性网络,即国家电网。电力系统这五个环节的核心节点是不同电压等级的变电所。电力系统网络越大,其抗冲击的能力越强,其稳定性越强。电网网络如图 1-1 所示。

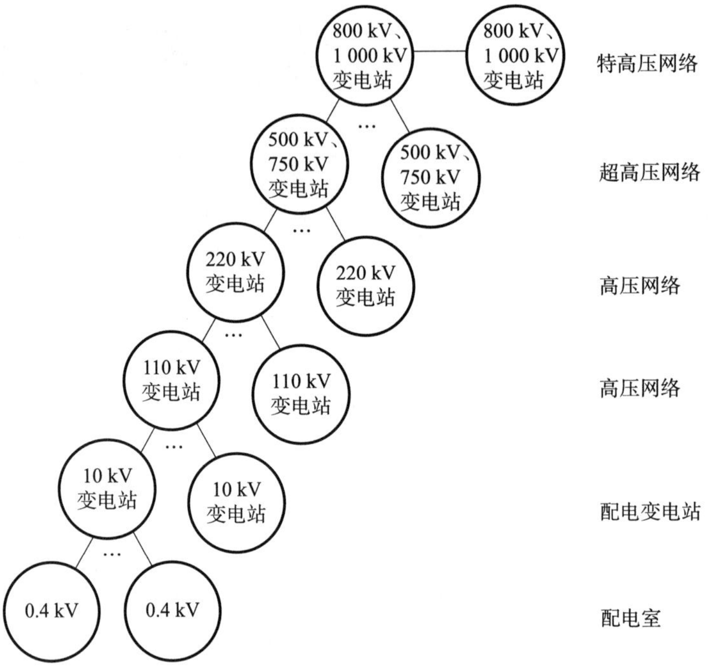

图 1-1　电网网络示意图

理论上,电传输速率跟光速是相同的,即 3×10^8 m/s,电力系统的发电、变电、输电、配电和用电几乎是在同一时间内完成的,因此电力系统的五个环节必须环环相扣、时时平衡,且缺一不可。

一、电压等级

电压等级是电力系统及电力设备的额定电压级别。目前我国常用的交流电压等级分为:0.4 kV(380 V)、6 kV、10 kV、35 kV、110 kV、220 kV、500 kV、750 kV、1 000 kV 等。

电力系统的电压等级高压、中压、低压划分如下:

特高压:DC 800 kV,AC 1 000 kV。

超高压:AC 500 kV,AC 750 kV。

高压:AC 110 kV,AC 220 kV。

中压:AC 10 kV, AC 20 kV, AC 35 kV。

低压:1 000 V 以下,例如 AC 0.4 kV。0.4 kV 是标准术语,日常称呼为 380 V。

注意:电力系统的低压电压等级在轨道交通通信、信号和自动化等弱电系统称为高压,弱电系统的低压是 36 V 安全电压以下的电压。

二、额定电压

额定电压是电力系统及电力设备规定的正常电压,即与电力系统及电力设备某些运行特性有关的标称电压。实际运行中,电力系统各节点的电压允许在一定程度上偏离其额定电压,在这一允许偏离范围内,各种电力设备及电力系统本身仍然能正常运行。

电力系统设备的额定电压,是指额定线电压,而不是额定相电压,是指三相交流电的线电压有效值。上述所说的交流电压就是指额定电压,例如交流电的 380 V(0.4 kV)电压是指线电压有效值为 380 V,其正弦波的最大值为其有效值的$\sqrt{2}$倍,约为 380 V×1.414,即 537 V。

额定值文字符号:额定电压为 U_n,额定电流为 I_n。$3I_n$表示 3 倍额定电流。

三、绝缘电压

绝缘电压是电气设备工作的最高耐受电压。如果电气设备承受的电压超过了绝缘电压及其耐受时间(通常为 1 min 工频耐受电压)就可能被绝缘击穿,引发灾难性后果。绝缘电压是电气产品生产制造和出厂验收的重要指标之一。

《高压交流开关设备和控制设备标准的共用技术要求》(GB/T 11022—2020)中,12 kV、40.5 kV 指的是电气设备最高耐受电压,即绝缘电压,分别对应 10 kV 和 35 kV 的设备。实际应用中,40.5 kV 开关柜和 35 kV 开关柜指的是同一电压等级设备。

在铁路供电系统中,牵引变电所输出电压是 27.5 kV,交流接触网的额定电压是 25 kV,接触网最高耐受电压,即绝缘电压是 31.5 kV。

四、电能质量

电能质量是指电网提供给用户的电能的品质优劣程度,通常以电压、频率、波形(即谐波)和功率因数等指标来衡量;也指电网对用户的用电质量要求,通常以波形(即谐波)和功率因数等指标来衡量。

1. 电压指标

电压指标是指电压偏差、电压波动和闪变、电压不平衡度等指标,例如用户对电网要求的电压指标通常为 ±5%,用户对设备要求是设备能够适应 −15%~+10% 电压波动。

电压质量不合格的危害有:电压偏高将造成设备过电压,威胁绝缘、降低使用寿命;电压偏低将影响电气设备的正常工作,使电气设备不能正常运行或停止运行。

2. 频率指标

频率指标是指频率偏差指标。我国电网额定频率为 50 Hz,对于国家电网及其子电网,容量在 300 万 kW 及以上者,频率偏差不超过 ±0.2 Hz;容量在 300 万 kW 以下者,频率偏差不超过 ±0.5 Hz。对于不同用户要求不一样,通常要求频率偏差不超过 ±(0.2~1.0)Hz。

频率指标对应着发电和用电的功率匹配,如果发电功率等于用电功率,频率为 50 Hz;如果发电功率大于用电功率,频率则大于 50 Hz,类似大马拉小车会跑得比较快;如果发电功率小于用电功率,频率则小于 50 Hz。

频率质量不合格的危害:频率变化将引起电动机转速的变化,导致电动机驱动的纺织、造纸等机械的产品质量将受到影响,甚至出现残次品;由于电动机的功率略正比于频率的三次方,频率变化也引起电动机出力的变化;频率变化还会引起电动机等用户设备的工况点偏离,导致电动机效率降低、发热量增加,甚至烧毁设备。

调节频率的目的是实现发电和用电的实时平衡。(1)对于发电侧,水电站的功率容易调节,通过调整水轮机进水阀门的开度就可以调整发电功率;火电站的功率调节比较滞后,需要调整汽轮机进汽阀门的开度和燃烧量,实现发电功率调节;核电站的功率调节也比较困难,需要调整核反应棒,实现发电功率调节。(2)对于用电侧,可以通过加减负荷调整频率,例如核电站往往配套抽水蓄能电站,用于调整电网的功率匹配,使得电网频率稳定。

3. 波形指标

波形指标是指电压正弦波形畸变率,具体体现为谐波含量的多少。由于我国电气产品是按 50 Hz 设计的,如果电压波形偏离 50 Hz 正弦波形,那么电气产品的工况点就会发生偏离。

谐波含量:通常不同用户对电网有个性化要求。

电力系统中任何一个非正弦波的电流或电压可以分解为直流分量和 1 ~ n 次谐波的交流分量。其公式为

$$f(t)=A_0+A_{1m}\sin(\omega t+\varphi_{01})+A_{2m}\sin(2\omega t+\varphi_{02})+\cdots+A_{km}\sin(k\omega t+\varphi_{0k})$$

式中 A_0——零次谐波(直流分量);

ω——角频率,其值为 $2\pi f$,电力系统的基波频率 $f=50$ Hz;

$A_{1m}\sin(\omega t+\varphi_{01})$——基波(交流分量);

$A_{2m}\sin(2\omega t+\varphi_{02})$——二次谐波(交流分量);

$A_{km}\sin(k\omega t+\varphi_{0k})$——$k$ 次谐波(交流分量)。

方波的傅里叶分解示意图如图 1-2 所示,一个方波可以分解 1 ~ n 次谐波的正弦波。

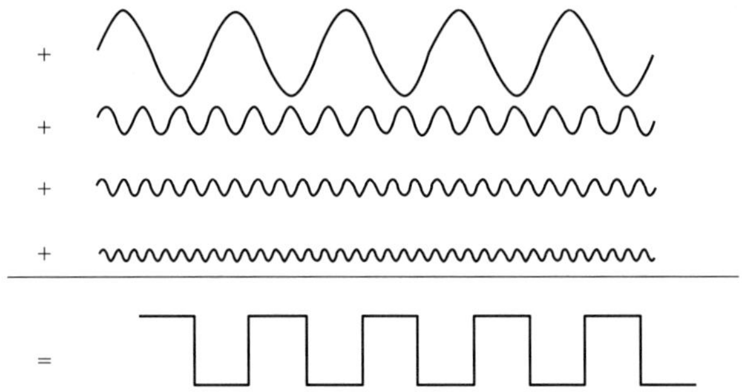

图 1-2 方波的傅里叶分解示意图

在轨道交通领域,由于大量使用六脉波整流逆变的变频器,采用十二脉波的整流机组,因此轨道交通对城市电网输出的谐波主要成分是 5 次、7 次、11 次、13 次谐波。

谐波的危害:

(1)引起串联谐振及并联谐振,并放大谐波,造成危险的过电压或过电流;

(2)产生谐波损耗,使发、变电和用电设备效率降低;

(3)加速电气设备绝缘老化,使其容易击穿,从而缩短使用寿命;

(4)使设备(如电机、继电保护、自动装置、测量仪表、电力电子器件、计算机系统、精密仪器等)运转不正常或不能正确操作;

(5)干扰通信系统,降低信号的传输质量,破坏信号的正确传递,甚至损坏通信设备。

因此,电网的谐波含量越少越好。

4. 功率因数指标

功率因数为 $\cos\varphi$,指标范围为 0 ~ 1,功率因数指标是指功率因数大小。

通常电网要求用户的功率因数大于或等于 0.8,以减少电网的功率损耗和电压损耗。

如图 1-3 所示,发电侧(始端)输出电压为 U_1 的电能,经过线路传输后到达用电侧(末端)。线路阻抗为 Z,用电侧电压为 U_2。

图 1-3 发电侧用电侧等效电路示意图

线路输送功率:$P=\sqrt{3}UI\cos\varphi$,式中,U 为线电压;I 为线电流;$\cos\varphi$ 为功率因数。

线路功率损耗:$\Delta P=P_1-P_2=I^2R$,其中,P_1 为始端功率;P_2 为末端功率;I 为输电线上的电流;R 为整条线路总电阻。

线路电压损失:$\Delta U=U_1-U_2=IZ$,其中,U_1 为始端电压;U_2 为末端电压;Z 为线路阻抗。

从上述公式可以看出,输送同样的有功功率的情况下,功率因数越高,所需要的线路电流就

越小。线路电流越小，线路电压损失和线路功率损耗就越小。因此，功率因数越高越好。

从上述公式还可以看出，输送同样的有功功率的情况下，电压越高，所需要的电流就越小，线路电压损失和线路功率损耗也越小。这就是国家电网采用超高压和特高压进行远距离输电的原因。

五、正序、负序和零序

正序、负序和零序是电力系统中常见的概念，它们分别表示电流或电压在电力系统中的不同相位关系，如图 1-4 所示。

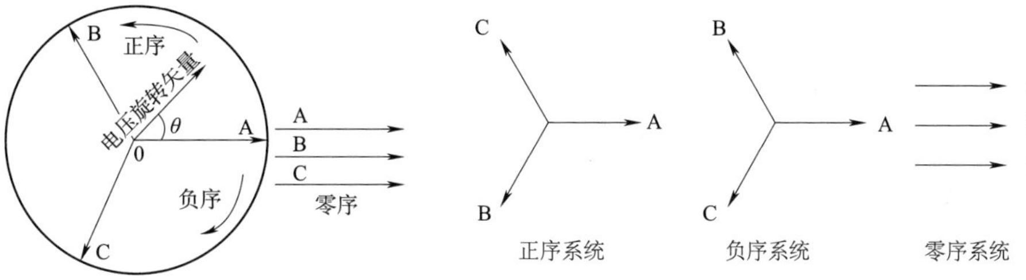

（a）ABC三相旋转相量图　　（b）ABC三相正序负序零序相量图

图 1-4　三相正序负序零序相量图

正序是指 A、B、C 三相电流或电压的相位关系与系统基准相同，即 A、B、C 三相电流或电压的波形形状与系统基准相同。负序是指 A、B、C 三相电流或电压的相位关系与系统基准相差 180°，即 A、B、C 三相电流或电压的波形形状与系统基准相反。零序则是指 A、B、C 三相电流或电压不存在任何相位差，即三相电流或电压的波形形状完全相同。

正常情况下，电力系统 A、B、C 三相电压和电流只有正序分量。电力系统运行异常或故障时，A、B、C 三相电流或电压很可能出现三相不对称情况。任何一个三相不对称相量可以分解为三相对称的正序分量、负序分量和零序分量，因此通过判断电流和电压的负序分量和零序分量可以判断电力系统异常或故障。

A、B、C 三相电流的正序分量 $\dot{I}_{A1}$、$\dot{I}_{B1}$、$\dot{I}_{C1}$，负序分量 $\dot{I}_{A2}$、$\dot{I}_{B2}$、$\dot{I}_{C2}$ 和零序分量 $\dot{I}_{A0}$、$\dot{I}_{B0}$、$\dot{I}_{C0}$，通过相量合成，可以求得 $\dot{I}_A$、$\dot{I}_B$、$\dot{I}_C$。反过来，不对称的 $\dot{I}_A$、$\dot{I}_B$、$\dot{I}_C$ 三个相量，可以分解成对称的正序、负序和零序三个分量，相量分解如图 1-5 所示。

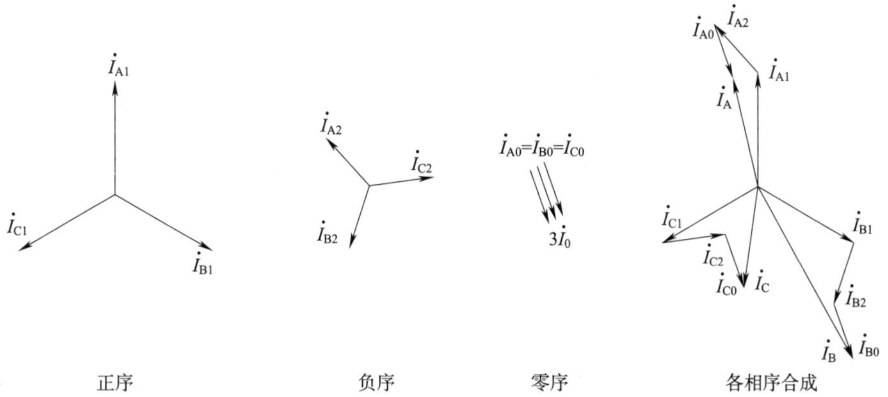

图 1-5　三相不对称相量分解图

可得，$\dot{I}_A = \dot{I}_{A1} + \dot{I}_{A2} + \dot{I}_{A0}$

$$\dot{I}_B = \dot{I}_{B1} + \dot{I}_{B2} + \dot{I}_{B0}$$

$$\dot{I}_C = \dot{I}_{C1} + \dot{I}_{C2} + \dot{I}_{C0}$$

$$\begin{aligned}\dot{I}_A + \dot{I}_B + \dot{I}_C &= (\dot{I}_{A1} + \dot{I}_{A2} + \dot{I}_{A0}) + (\dot{I}_{B1} + \dot{I}_{B2} + \dot{I}_{B0}) + (\dot{I}_{C1} + \dot{I}_{C2} + \dot{I}_{C0}) \\ &= (\dot{I}_{A1} + \dot{I}_{B1} + \dot{I}_{C1}) + (\dot{I}_{A2} + \dot{I}_{B2} + \dot{I}_{C2}) + (\dot{I}_{A0} + \dot{I}_{B0} + \dot{I}_{C0}) \\ &= \dot{I}_{A0} + \dot{I}_{B0} + \dot{I}_{C0} = 3\dot{I}_0\end{aligned}$$

即$\dot{I}_A$、$\dot{I}_B$、$\dot{I}_C$三个相量之和就是零序电流分量。同理，$\dot{U}_A$、$\dot{U}_B$、$\dot{U}_C$三个相量之和就是零序电压分量。

六、国家电网

我国的电网按管理权限分为国家级电网、省级电网、市级电网等，多级电网构成庞大的电网网络。

从前面所列的线路输送功率的公式可以看出，电压等级越高，输送的电能越大，因此，国家级电网为实现距离长达数百数千公里的跨区域输电，其线路电压等级最高；市级电网为城市区域输电，距离短，其线路电压等级最低。

国家级电网：750 kV、DC 800 kV、1 000 kV 电压等级属于跨区域输电线路，由国家电网总调直接调度指挥。下设南方电网、华中电网、华东电网、华北电网、东北电网、西北电网、西南电网等大区域电网，其管理的是多个省级电网的核心变电站和发电厂。750 kV、DC 800 kV、1 000 kV 变电所通常设置在省级负荷中心，构成省级负荷中心联系网络节点。

省级电网：500 kV 和 220 kV 电压等级的线路由国家电网省公司调度指挥。500 kV、220 kV 变电所通常设置在市级负荷中心，构成市级负荷中心联系网络节点。

市级电网：110 kV 及以下电压等级的线路由国家电网省公司下属的市公司调度指挥。110 kV 及以下变电所设置在市区内的负荷中心，220 kV、110 kV 及以下变电所构成城市电网网络节点。10 kV 变电所用于配电，设置在小区或工厂内部，为千家万户和小型工厂配送 0.4 kV 电能。

另外，电力系统通常采用开环运行，其主要目的是减少线网内部环流，以及在故障跳闸时缩小停电影响范围。

虽然电力系统采用开环运行，但是变电所之间设置联络线路，起到备用作用。N-1 备用表示：某一电压等级的局部电力系统退出一个设备或线路后，仍然能够正常运行；N-2 备用表示：某一电压等级的局部电力系统退出两个设备或线路后，仍然能够正常运行。

我国电力系统非常发达，电力系统的备用能力在各主要环节能够达到 N-2 以上。轨道交通供电系统的备用能力在主要环节能够达到 N-2 甚至更高。比如，城市轨道交通的单个 110 kV 主变电所具有两路 110 kV 供电电源，其中一路停电不会影响城市轨道交通的供电，则该主变电所 110 kV 系统具备 N-1 能力；一条城市轨道交通线路具备两个 110 kV 主变电所，每个主变电所具有两路 110 kV 供电电源，那么即使三路停电也能保证城市轨道交通最基本的运行，即城市轨道交通 110 kV 系统具备 N-3 的能力。

七、变电所

变电所也叫变电站，是电力系统中通过变换电压、接受和分配电能的电工装置，主要由电力变压器、配电装置、二次系统及必要的附属设备组成。它是连接发电厂和电力用户，连接不同电压等级电网的中间环节。变电所将各电压等级的电网连接起来，是电网核心功能元素，起着升压、降压以及不同电压等级电网的连接作用。室外变电站实景图如图 1-6 所示。

变电所的名称往往带有该变电所的最高电压等级，例如湘湖 110 kV 变电所，指该变电所叫湘湖变电所，它的高压侧电压为 110 kV。

（a）远景　　（b）近景

图 1-6　室外变电站实景图

变电所分为升压变电所、降压变电所以及开闭式变电所(开闭所)。

升压变电所:即变电所变压器的一次电压比二次电压低,将输入的电压通过变压器变高。例如,发电机输出的交流电压不够高,要通过升压变电所升压后,才能实现远距离传送电力。通常,发电机母线电压有 3.15 kV、13.8 kV、15.75 kV、18 kV、20 kV 等,升压变电所升压为 110 kV、220 kV、500 kV 等。

降压变电所:即变电所变压器的一次电压比二次电压高,将输入的电压通过变压器变低。例如,电力输送给用户,需要通过降压变电所把电压逐级降低,直到供给用户使用。

开闭所:变电所没有设置变压器,仅仅用于汇聚和分配电能。

八、轨道交通电网

轨道交通电网是城市电网的一部分。不同于国家电网以放射式运行为主的方式,城市轨道交通 35 kV 电网采用放射形 + 环形的结构,如图 1-7 所示,从 110 kV 主变电所到 35 kV 供电分区是放射形布置,35 kV 供电分区内部采用环形连接;0.4 kV 采用放射形为主的配电形式。

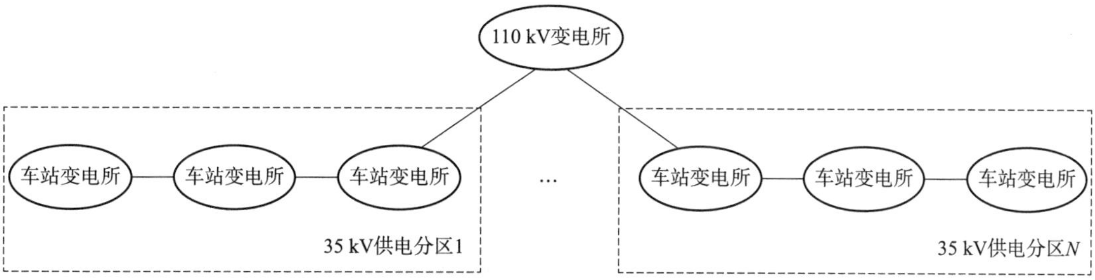

图 1-7　放射形 + 环形供电分区示意图

国家电网通常采用放射形开环运行,而轨道交通的牵引网直流系统则采用特有的“双边”供电的并联形式,以提高牵引网供电指标。每条轨道交通线路设置两座及以上的主变电所,主变电所是城市轨道交通线路的主电源,由城市电网地区变电所提供两路独立可靠的 110 kV 进线电源。每座主变电所设置两台主变压器,将来自城市电网的 110 kV 电压降压为 35 kV 电压,再由中压环网系统配送到车站的牵引变电所和降压变电所。

技能训练

任务工作单见表 1-1。

表 1-1　任务工作单

<table>
<tr><td colspan="8">认识电网基本知识</td></tr>
<tr><td colspan="8">姓名：　　　　　　　　班级：　　　　　　　　日期：</td></tr>
<tr><td rowspan="3">任务目标：
(1)了解电网和电压等级。
(2)培养团队合作精神</td><td>指导老师</td><td colspan="6"></td></tr>
<tr><td>团队成员</td><td></td><td></td><td></td><td></td><td></td><td></td></tr>
<tr><td>分工职责</td><td></td><td></td><td></td><td></td><td></td><td></td></tr>
<tr><td colspan="8">任务实施：
(1)我国电力系统的电压等级有哪些？
____
____
____
(2)电力系统的主要电能质量有哪些，其意义是什么？
____
____
____
(3)画出国家电网示意图，并示意性标出轨道交通线路电源与国家电网的联系。
____
____
____
(4)画出正序、负序、零序相量图及其合成相量图。
____
____
____
(5)额定电压和绝缘电压的意义是什么？
____
____
____
(6)从数学角度分析，什么情况产生谐波，什么情况下产生负序分量和零序分量？
____
____
____________________</td></tr>
</table>

任务评价

任务评价见表 1-2。

表 1-2　任务评价表

<table>
<tr><td rowspan="2">序号</td><td rowspan="2">评价内容</td><td rowspan="2">评价标准</td><td rowspan="2">分数</td><td colspan="3">评分记录</td></tr>
<tr><td>学生自评</td><td>组间互评</td><td>教师评分</td></tr>
<tr><td>1</td><td>电压等级</td><td>每缺一项扣 2 分</td><td>20</td><td></td><td></td><td></td></tr>
<tr><td>2</td><td>电能质量</td><td>无法完整准确说出电能质量意义，每项扣 1 ~ 5 分</td><td>20</td><td></td><td></td><td></td></tr>
<tr><td>3</td><td>城市轨道交通电网与国家电网关系</td><td>连线画错扣 10 分</td><td>10</td><td></td><td></td><td></td></tr>
</table>

续表

序号	评价内容	评价标准	分数	评分记录		
				学生自评	组间互评	教师评分
4	相序相量图	每错1项扣5分	20			
5	额定电压和绝缘电压	无法完整准确说出,每项扣1~5分	10			
6	谐波及负序、零序的数学分析	无法进行完整的数学分析,每项扣1~5分	10			
7	团队合作精神	汇报时,没有体现团队分工合作的,扣1~10分	10			
总分						
综合成绩(学生自评占30%,组间互评占30%,教师评分占40%)						

巩固练习

1. 什么叫基波和谐波?
2. 计算110 kV电压等级的交流电的线电压、相电压的有效值和最大值。
3. 与国家电网相比,城市轨道交通电网有哪些特点?

任务2 认识一次系统和二次系统

学习目标

(1)掌握一次系统和二次系统概念。
(2)掌握一次设备与二次设备的电气关系。
(3)掌握常见一次设备和二次设备符号。

任务描述

本任务可认知一次系统、二次系统及典型的一次设备和二次设备,基本掌握电力系统的构成和控制概念。

知识讲解

一、一次系统和设备

一次系统是指由发电机、输电线路、变压器、断路器、隔离开关、母线等组成的发电、输电、变电以及配电系统。一次系统是输电、变电以及配电的主体,是承载高电压或大电流用电负荷的载体。一次系统的设备即为一次设备,一次设备及其连接构成的电路称为一次回路。

一次设备通常包含能量转换设备、开关设备、载流导体、绝缘子、互感变换装置、补偿设备以及避雷器等。

(1)能量转换设备

能量转换设备包括发电机、变压器和电动机等,部分设备符号见表1-3。

(2)开关设备

开关设备包括断路器、熔断器、负荷开关、隔离开关等,部分设备符号见表1-3。断路器及相连的隔离开关形成的一个间隔,可在主接线图中简化为"—×—"。

断路器:断路器通常称为开关,能够关合、承载和开断正常回路条件下的电流,并能关合、在规定的时间内承载和开断异常回路条件(包括短路条件)下的电流的开关装置。简而言之,断路器能够分合正常工作负荷,而且可以切断故障电流。

隔离开关:隔离开关通常称为刀开关,一般指的是高压隔离开关,即额定电压在 1 kV 及其以上的隔离开关,通常简称为隔离开关。隔离开关的主要特点是没有灭弧能力,没有断流能力。隔离开关用于改变电路连接或使线路、设备与电源隔离。因此,只能在没有负荷电流的情况下分、合电路,其工作原理及结构比较简单。隔离开关通常带有防止误操作的联锁装置,以防止带负荷分、合。隔离开关带有接地功能时,称为三工位刀开关,三工位是:合、分、分且接地。接地功能用于设备检修接地。

轨道交通隔离开关分为交流隔离开关和直流隔离开关。110 kV 和 35 kV 交流隔离开关集成在 GIS 开关柜。直流隔离开关通常安装在区间隧道和车辆段的站场,用于直流上网的隔离开关叫直流上网刀开关,用于直流电分段的隔离开关叫直流分段开关或直流联络刀开关。

隔离开关的作用:在检修断路器时,确保断路器和其他带电部分隔离。由于断路器具有灭弧装置,而隔离开关没有,所以隔离开关不能用来切除电路中的电流。

在操作时,隔离开关应遵循"先通后断"的原则:接通电路时,应先合上隔离开关,而后合上断路器;开断电路时,应先断开断路器,而后断开隔离开关。通常,每个断路器的两侧装设隔离开关。

负荷开关:负荷开关是介于断路器和隔离开关之间的一种开关电器,具有简单的灭弧装置,只能切断额定负荷电流和一定的过载电流,但不能切断短路电流。

轨道交通 110 kV 和 35 kV 电压等级不采用负荷开关。但是,整流机组负极开关往往采用负荷开关。

(3)载流导体

载流导体包括母线、母排和电缆等,部分设备符号见表 1-3。

母线:母线是汇流线,用以汇集电能和分配电能的。母排也叫母线排,是母线的实体。

电缆:输电线路的导电体。

(4)绝缘子

绝缘子的主要功能是牢固地支撑和固定载流导体,并将载流导体与支撑结构之间形成良好的绝缘。绝缘子(俗称瓷瓶)由瓷质部分和金具两部分组成,中间用水泥黏合剂胶合。瓷质部分是保证绝缘子有良好的电气绝缘强度,金具是固定绝缘子用的。

(5)互感变换装置

由于一次系统的高电压大电流不可以直接接入仪表和装置,因此,需要将高电压大电流按比例进行互感变换。互感变换设备主要包括电压互感器(voltage transformer, VT;旧称 potential transformer,PT)和电流互感器(current transformer,CT),设备符号见表 1-3。电压互感器和电流互感器主要用于将高电压和大电流转化为低电压和小电流,输出给二次设备,用于测量和继电保护等功能。

(6)补偿设备

轨道交通供电系统补偿设备主要是无功补偿装置和谐波治理装置。目前通常采用合二为一的"有源滤波和动态无功补偿装置"。电抗器和电容器符号见表 1-3。

(7)避雷器

避雷器是用于保护电气设备免受雷击时高瞬态过电压危害,并限制续流时间和限制续流幅值的一种电器。避雷器有时也称为过电压保护器、过电压限制器,符号见表 1-3。

(8)放电间隙

放电间隙用于卸载过电压,符号见表1-3。

表1-3 常用一次设备符号表

序号	设备名称	图形符号	序号	设备名称	图形符号
1	双绕组变压器	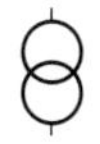	13	断路器	
2	三绕组变压器	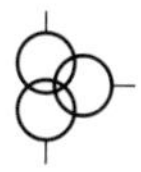	14	负荷开关	
			15	隔离开关	
3	电抗器		16	三工位开关	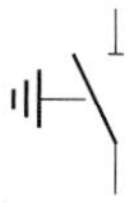
4	分裂电抗器		17	隔离插头或插座	
5	避雷器		18	熔断器	
6	放电间隙		19	跌落式熔断器	
7	电力电容器		20	熔断器式负荷开关	
8	有一个二次绕组电流互感器		21	熔断器式隔离开关	
9	具有两个二次绕组的电流互感器	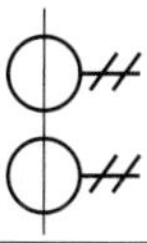	22	接触器	
10	电压互感器		23	电缆终端头	
11	三绕组电压互感器		24	输电线路	
12	母线		25	接地	

二、二次系统和设备

二次系统是由对一次设备进行保护、控制、测量和通信的设备组成的系统。二次系统的设备即为二次设备，包括继电保护和自动装置、控制设备、测量仪表、信号器具和通信设备等。通常将继电保护、控制、测量和通信功能集成到一个装置，该装置通常称为测控一体化装置。

二次设备通过电压互感器和电流互感器与一次设备取得电的联系。二次设备按照一定的规则连接起来以实现某种技术要求的电气回路称为二次回路。CT 和 VT 是一次设备和二次设备的桥梁。二次设备带电基本上是"弱电"。常见二次设备符号见表 1-4。

表 1-4 常见二次设备符号表

序号	设备名称	图形符号	序号	设备名称	图形符号
1	继电器线圈	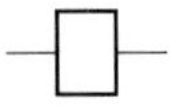	6	延时断开的动断触点	
2	动合触点		7	常开按钮	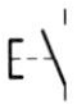
3	动断触点		8	常闭按钮	
4	延时闭合的动合触点	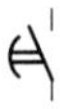	9	警铃（电铃）	
5	延时断开的动合触点		10	指示灯（信号灯）	

技能训练

任务工作单见表 1-5。

表 1-5 任务工作单

<table>
<tr><td colspan="7">认识一次系统和二次系统</td></tr>
<tr><td colspan="7">姓名：　　　　班级：　　　　日期：</td></tr>
<tr><td rowspan="3">任务目标：
（1）掌握电力系统一次和二次设备的含义及其用途。
（2）培养团队合作精神</td><td>指导老师</td><td colspan="5"></td></tr>
<tr><td>团队成员</td><td></td><td></td><td></td><td></td><td></td></tr>
<tr><td>分工职责</td><td></td><td></td><td></td><td></td><td></td></tr>
<tr><td colspan="7">任务实施：
（1）实训室设备断电，学习配电屏、开关柜和保护柜一次和二次设备，并列出实训室的一次设备名称和二次设备名称，以及一次设备符号。
一次设备：

二次设备：

（2）断路器、负荷开关、隔离开关三者有什么区别？

</td></tr>
</table>

任务评价

任务评价见表1-6。

表1-6 任务评价表

序号	评价内容	评价标准	分数	评分记录		
				学生自评	组间互评	教师评分
1	一次设备及其符号	每列出一项得5分	30			
2	二次设备及其符号	每列出一项得5分	30			
3	断路器、负荷开关、隔离开关三者区别	无法完整准确说出分断能力、使用条件，每项扣1~5分	20			
4	团队合作精神	汇报时，没有体现团队分工合作的，扣5~20分	20			
总分						
综合成绩（学生自评占30%，组间互评占30%，教师评分占40%）						

知识拓展

一、主要一次设备型号参数

1. 变压器

油浸式电力变压器的型号通常由固定的字母和数字组成，表示一台变压器的绕组耦合方式（O表示自耦）、相数（S表示三相、D表示单相）、冷却方式（N表示自热冷却、F表示强迫油循环风冷）、调压方式（Z表示有载调压）、绕组线芯材料（L表示铝绕组、R表示卷铁芯、无字母标注默认铜绕组）、额定容量（一般用kVA表示单位）、高压侧额定电压等级（一般用kV表示单位）等信息，如图1-8所示。

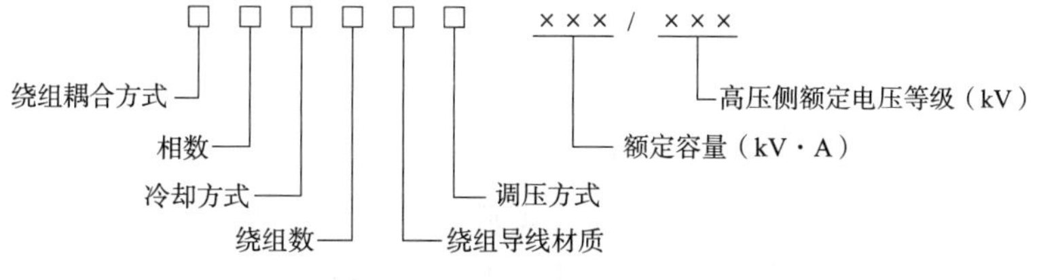

图1-8 电力变压器铭牌含义

如OSFPSZ-250 000/220为自耦三相强迫油循环风冷三绕组铜线有载调压，额定容量250 000 kV·A，高压侧额定电压220 kV的电力变压器。

变压器的主要参数包括额定容量、额定电压、额定电流、空载损耗、负载损耗和短路阻抗。

额定容量：变压器在额定电压和频率下能够长期连续输出的视在功率。

额定电压：变压器设计时规定的一次侧（高压侧）和二次侧（低压侧）线电压值。

额定电流：变压器在额定容量和额定电压下长期允许通过的电流。

空载损耗：变压器一次侧施加额定电压，二次侧开路时的有功损耗（铁损），主要由铁芯磁滞和涡流引起。

负载损耗：变压器二次侧短路时，一次侧通过额定电流产生的有功损耗（铜损），由绕组电阻引起。

短路阻抗：当变压器二次侧（低压侧）短路时，在一次侧施加额定频率的电压，使一次绕组流过额定电流时，所施加的电压值占额定电压的百分比。

2. 断路器

（1）断路器类型

根据断路器安装地点，可分为户内和户外两种。根据断路器使用的灭弧介质，可分为以下几种类型：

①油断路器。油断路器是以绝缘油为灭弧介质，可分为多油断路器和少油断路器。

②空气断路器。空气断路器是以压缩空气作为灭弧介质，此种介质防火、防爆、无毒、无腐蚀性，取用方便。

③真空断路器。真空断路器是在高度真空环境中灭弧。

④六氟化硫（SF_6）断路器。六氟化硫断路器是在高压 SF_6 气体中灭弧。

（2）断路器铭牌和参数

断路器铭牌含义如图 1-9 所示。

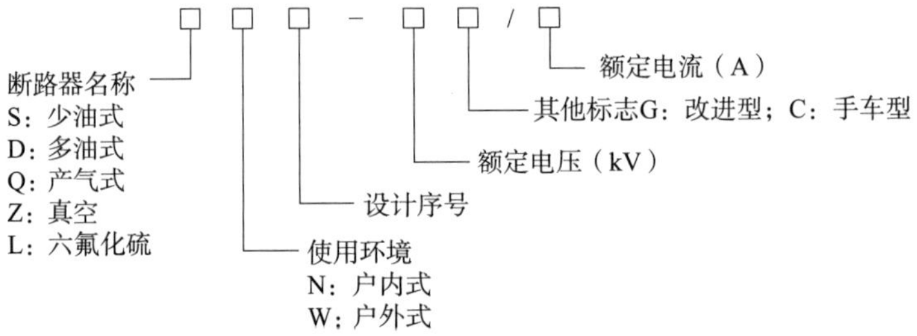

图 1-9 断路器铭牌含义

例如 ZN4-10/600 型断路器，表示该断路器为户内式真空断路器，设计序号为 4，额定电压为 10 kV，额定电流为 600 A。

（3）高压断路器主要参数

高压断路器主要参数包括额定电压、额定电流、额定开断电流、关合电流、额定热稳定电流和额定热稳定时间、开断时间和合闸时间。

①额定电压。额定电压是指高压断路器正常工作时所能承受的电压等级，它决定了断路器的绝缘水平、断路器的总体尺寸和灭弧条件。

②额定电流。额定电流是指断路器可以长期通过的最大电流。断路器长期通过电流时，断路器各部分发热温度不超过允许值。额定电流决定了断路器触头及导电部分的截面，并且在某种程度上也决定了断路器的结构。

③额定开断电流。额定开断电流是指在额定电压下断路器能够可靠开断的最大短路电流值，它是表明断路器灭弧能力的技术参数。

④关合电流。关合电流是指保证断路器能可靠关合而又不会发生触头熔焊或其他损伤时，断路器所允许接通的最大短路电流。

⑤额定热稳定电流和额定热稳定时间。额定热稳定电流是表征断路器通过短路电流能力的参数，反映了断路器承受短路电流热效应的能力。

⑥开断时间和合闸时间。从操作机构跳闸线圈接通跳闸脉冲起，到三相电弧完全熄灭为止的一段时间称为断路器开断时间，等于断路器的固有分闸时间和熄弧时间之和，快速断路器的开断时间一般为 0.1 s 左右。断路器的合闸时间则是指从断路器合闸线圈加上电压起，到断路器接通为止的一段时间。

3. 隔离开关

(1)隔离开关类型

按安装地点分,可分为户内式和户外式;按刀开关运动方式分,可分为水平旋转式、垂直旋转式和插入式;按每相支柱绝缘子数目分,可分为单柱式、双柱式和三柱式;按操作特点分,可分为单极式和三极式;按有无接地刀开关分,可分为带接地刀开关和无接地刀开关。

(2)隔离开关铭牌

隔离开关的铭牌及含义如图 1-10 所示。

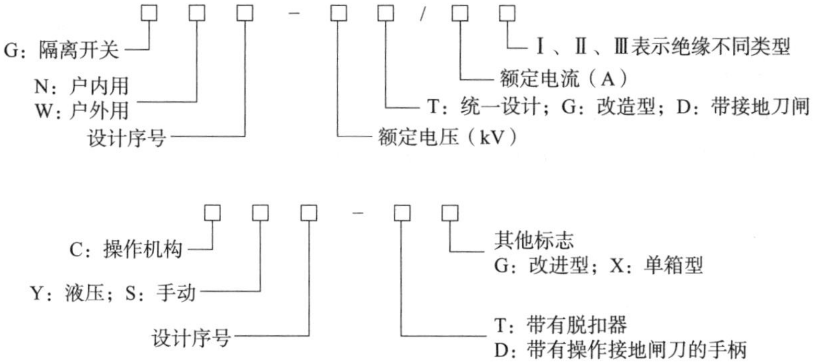

图 1-10　隔离开关铭牌含义

二、主要二次设备

主变保护屏、电能表柜、谐波监测屏以及控制信号屏是典型的二次设备,如图 1-11 所示。

(a)主变保护屏　(b)110 kV进线电能表柜　(c)谐波监测屏　(d)控制信号屏

图 1-11　常见二次设备实物图

巩固练习

1. 简述一、二次电气设备间区别和联系。
2. 城市轨道交通供电变电所一、二次主要设备主要有哪些?
3. 电力变压器铭牌为“SFSZ9-31500/110”,其含义是什么?

任务3　认识主接线

学习目标

(1)熟悉变电所主接线。

(2)掌握母线、进出线。

(3)熟悉电气间隔。

任务描述

本任务结合城市轨道交通变电所，详细学习一次设备构成的电路，即轨道交通变电所主接线及其相关知识，理解主接线和二次回路的本质，掌握二次回路的用途。

知识讲解

一、主接线及二次回路

1. 主接线

主接线是实现某种功能的电路，也称为电气主接线或者一次系统或者一次回路。变电所的主接线是由变电所主要电气设备(包括变压器、开关电器、母线、互感器及连接线路等)按一定顺序连接而成的电路，该电路用以实现电能接收、变换和分配。

主接线电路图称为主接线图或一次系统图，主接线图中任何一个电气设备代表着A、B、C三相，例如一条线路包含A、B、C三相三根导线，一个刀开关包含A、B、C三相三个刀开关，一个断路器包含A、B、C三相三个断路器。通常主接线画法是单根线路和单个设备，使得主接线清晰明了。城市轨道交通110 kV变电所局部主接线如图1-12所示。

图1-12中，电源来自一条110 kV线路，经过110 kV开关，送至110 kV/35 kV变压器，变压器降压为35 kV，经过35 kV开关送至35 kV母线，35 kV母线经过若干开关将电能输送至若干35 kV变电所。

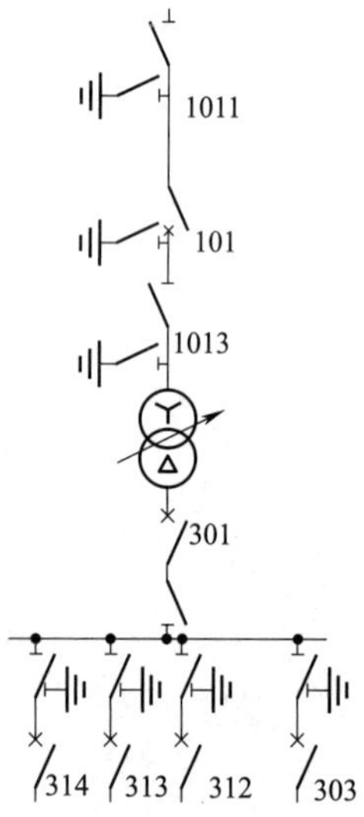

图1-12　城市轨道交通110 kV变电所局部主接线图

2. 二次回路

与主接线是一次系统的电路一样，二次系统也是一种电路，称为二次回路。二次回路是由二次设备构成的电路，该电路用以实现继电保护、控制、测量和通信等功能。典型的二次回路是控制回路。

二、母线

母线是等电位体，是汇流线，用以汇集来自进线间隔的电能和通过出线间隔分配电能。母线通常为铜排，A、B、C三相分别对应黄绿红三色。进出线是相对于母线而言的，进线指电流流向母线的线路，出线指电流从母线流出的线路，出线也叫馈线、馈出线。母线、进出线如图1-13所示。

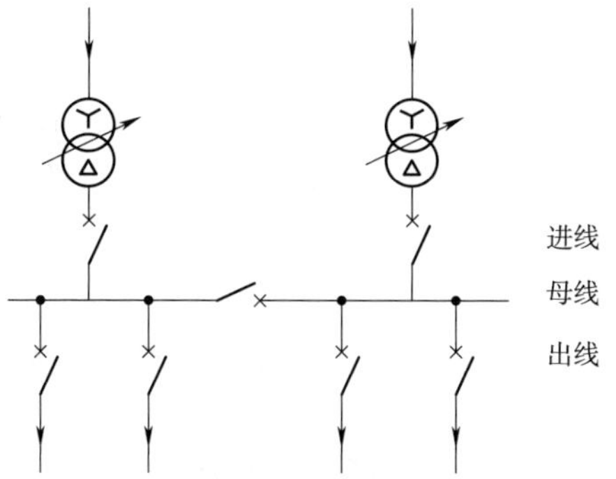

图 1-13　母线、进出线示意图

三、主接线类型

电气主接线的基本形式分为有母线接线和无母线接线，如图 1-14 所示。

- 有母线
  - 单母线
    - 不分段单母线接线
    - 分段单母线接线
    - 分段单母线带旁路母线接线
  - 双母线
    - 不分段双母线接线
    - 分段双母线接线
    - 双母线带旁路母线接线
    - 双断路器双母线接线
    - 一台半断路器接线
- 无母线
  - 桥式连接
    - 内桥接线
    - 外桥接线
  - 单元连接
    - 线路-变压器单元接线
    - 发电机-变压器单元接线
    - 发电机-变压器扩大单元接线
  - 多角形连接

图 1-14　电气主接线基本形式

1. 单母线接线

单母线接线指只有一条母线的母线形式，如图 1-13 所示。单母线接线的特点是进线和出线线路都连接在同一段母线上。

单母线接线的主要优点：简单、明显，操作方便，不易发生误操作，投资少，便于扩建。

单母线接线的主要缺点：当母线隔离开关发生故障或检修时必须断开全部电源，造成整条母线停电，使得单母线接线无法满足对重要用户供电的要求。

单母线通常分成两段，分别称为Ⅰ段母线和Ⅱ段母线，并设置母线分段断路器连接两段。母线分段断路器也叫母联开关。当在母线分为两段并由母联开关连接时，称为单母分段带母联的接线。这样对重要用户可以由分别接在两段母线上的两条线路供电，当任一段母线故障时，都不至于使重要用户全部停电。另外，对两段母线可以分别进行清扫和检修，可以减少对用户停电。如图 1-13 所示的单母线接线，每段母线分别连接一台变压器。

轨道交通供电系统 35 kV 和 0.4 kV 通常采用单母分段带母联的接线；DC 1 500 V 通常采用单母线接线。

2. 双母线接线

双母线是并联的两条单母线。电力系统 110 kV 及以上电压等级通常采用双母线接线或双母线带旁路母线的接线。相比单母线接线，双母线接线供电可靠性高很多，但是投资也高很多。

3. 线路变压器组接线

线路变压器组接线就是线路和变压器直接相连的接线方式，如图 1-12 所示。这是一种最简单的接线方式,其特点是设备少、投资省,但运行灵活性、可靠性和可扩展性较低。

城市轨道交通主变电所的 110 kV 侧通常采用的是两路进线,每路进线各自连接一台变压器,形成线路-变压器组接线方式。如果不须考虑这两路进线相互支援时,采用两路独立的线路-变压器组接线即可;如果必须考虑外电源相互支持,则需要在两路线路-变压器组接线之间增加桥形接线(起到 110 kV 母联开关作用),形成内桥接线和外桥接线。

(1)内桥接线

对于线路-变压器组接线,如果桥的连接点在进线开关与变压器之间,则称为“线路-变压器组 + 内桥”接线,简称为内桥接线。

内桥接线主接线如图 1-15 所示,其中虚线部分为内桥。在某一线路的断路器检修时,通过内桥连接,可由另一路线路向检修线路的变压器供电。内桥接线的运行方式简单且投资少,是城市轨道交通最主流的 110 kV 接线。

(2)外桥接线

对于线路-变压器组接线,如果桥的连接点在进线开关与线路之间,则称为“线路-变压器组 + 外桥”接线,简称为外桥接线。

外桥接线主接线图如图 1-16 所示,其中虚线部分为外桥。与内桥接线一样,在某一线路的断路器检修时,通过外桥连接,可由另一路线路向检修线路的变压器供电。由于外桥接线适用于两条进线线路有穿越功率的场合(来自城市电网的需求),且在进线线路的断路器检修时,变压器需要停运,故在城市轨道交通建设中,极少采用外桥接线。

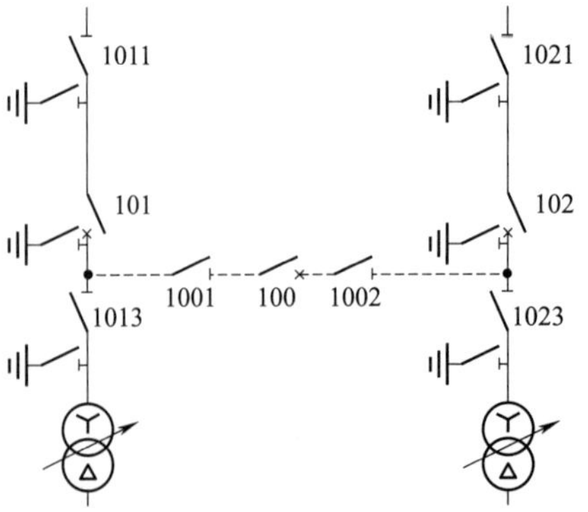

图 1-15　内桥接线主接线图

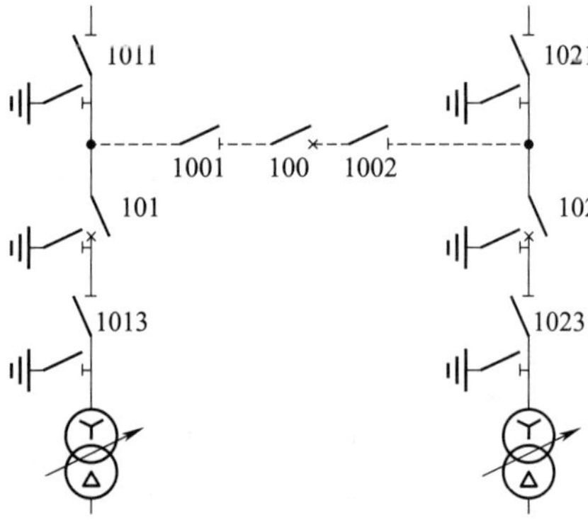

图 1-16　外桥接线主接线图

四、电力系统的运行方式

电力系统的运行方式是指电气设备运行的方法和电路导通的形式,也就是说主接线上哪些设备按照什么样的电路运行。运行方式的调整就是通过开关的分合,构成不同的电路,用于正常模式下的运行、检修模式下的运行、故障模式下的运行。不同的一次侧运行方式对应不同的继电保护参数。

五、间隔

间隔也称为电气间隔,是电力系统的一个术语,是指由断路器以及该断路器进出端的隔离开关、接地开关和电流互感器等构成的一段电路;空间上一个间隔呈现为一个纵向电路连接;间隔的一端始终连接着母线,间隔的另外一端连向电源侧或负载侧。例如,变电所的一条进线间隔是由断路器和刀开关构成的电路，连接进线线路和母线。例如，VT 间隔是由刀开关和 VT 构成的电路，连接 VT 设备和母线。如图 1-15 和图 1-16 所示，每条进线是一个间隔。

间隔分为变压器间隔、进线间隔、出线间隔、母联间隔、母设间隔（母线设备间隔，通常指 VT 间隔）等。进线间隔、出线间隔、母联间隔都带断路器；而母线设备间隔以及预留间隔一般不设断路器。

六、城市轨道交通主接线

城市轨道交通供电系统主接线如图 1-17 所示，包含 110 kV 变电所和 35 kV 变电所以及变电所之间的联系电缆。该主接线是城市轨道交通线路的核心能源网，有一个 110 kV 主变电所、四个 35 kV 供电分区，供电分区内设有 35 kV 牵引变电所和降压变电所。

1. 110 kV 主变电所

城市轨道交通 110 kV 主变电所的 110 kV 侧主接线通常采用内桥接线；35 kV 侧采用单母线分段带母联接线；变压器采用Y/△接线。

2. 35 kV 牵引变电所

35 kV 牵引变电所的 35 kV 侧采用单母线分段带母联接线，主接线如图 1-18 所示。

每段母线连接一路进线和一路出线（供电分区的终端变电所一路进线无出线），那么一条 35 kV 单母线就有两路进线和两路出线。

35 kV 牵引变电所设两台整流机组，整流机组由牵引变压器和整流器组成，牵引变压器采用△/Y/△接线。两台整流机组必须接入同一段母线（Ⅰ段母线或Ⅱ段母线），以构成二十四脉波整流。

整流机组的输出是直流 750 V 或 1 500 V，直流母线采用单母线接线，不分段。

城市轨道交通正线通常没有单独的牵引变电所，而是将牵引变电所与降压变电所合设，称为牵引降压混合变电所，简称牵降所。

3. 35 kV 降压变电所

35 kV 降压变电所的 35 kV 侧采用单母线分段带母联接线，主接线如图 1-19 所示。

与牵引变电所一样，一条 35 kV 单母线就有两路进线和两路出线。

35 kV 降压变电所设两台降压变压器，降压变压器采用△/Y接线，一台降压变压器接入Ⅰ段母线，另一台降压变压器接入Ⅱ段母线。

降压变压器的输出 0.4 kV。0.4 kV 母线采用单母线分段带母联接线。

每个车站必须设置降压变电所。

4. 35 kV 牵引降压混合变电所

35 kV 牵引降压混合变电所就是将上述牵引变电所和降压变电所合设而成，牵引变压器和降压变压器共享 35 kV 母线和线路，一套 35 kV 母线为两套整流机组和两台降压变压器供电。

5. 35 kV 跟随降压变电所

35 kV 跟随降压变电所也叫跟随所，是降压变电所 0.4 kV 覆盖区域的补充。35 kV 跟随所通常用于大规模车站和区间井的供电，以解决降压变电所 0.4 kV 供电距离不够的问题。通常，35 kV 跟随降压变电所的 35 kV 侧采用线路变压器组接线，设置 1～2 套线路变压器组。0.4 kV 侧采用分段单母线接线，可以设母联开关。

6. 中压环网

城市轨道交通 35 kV 中压网络采用分区供电，每个分区内部采用“手拉手”形式的环网接线，称为中压环网，如图 1-7 所示。

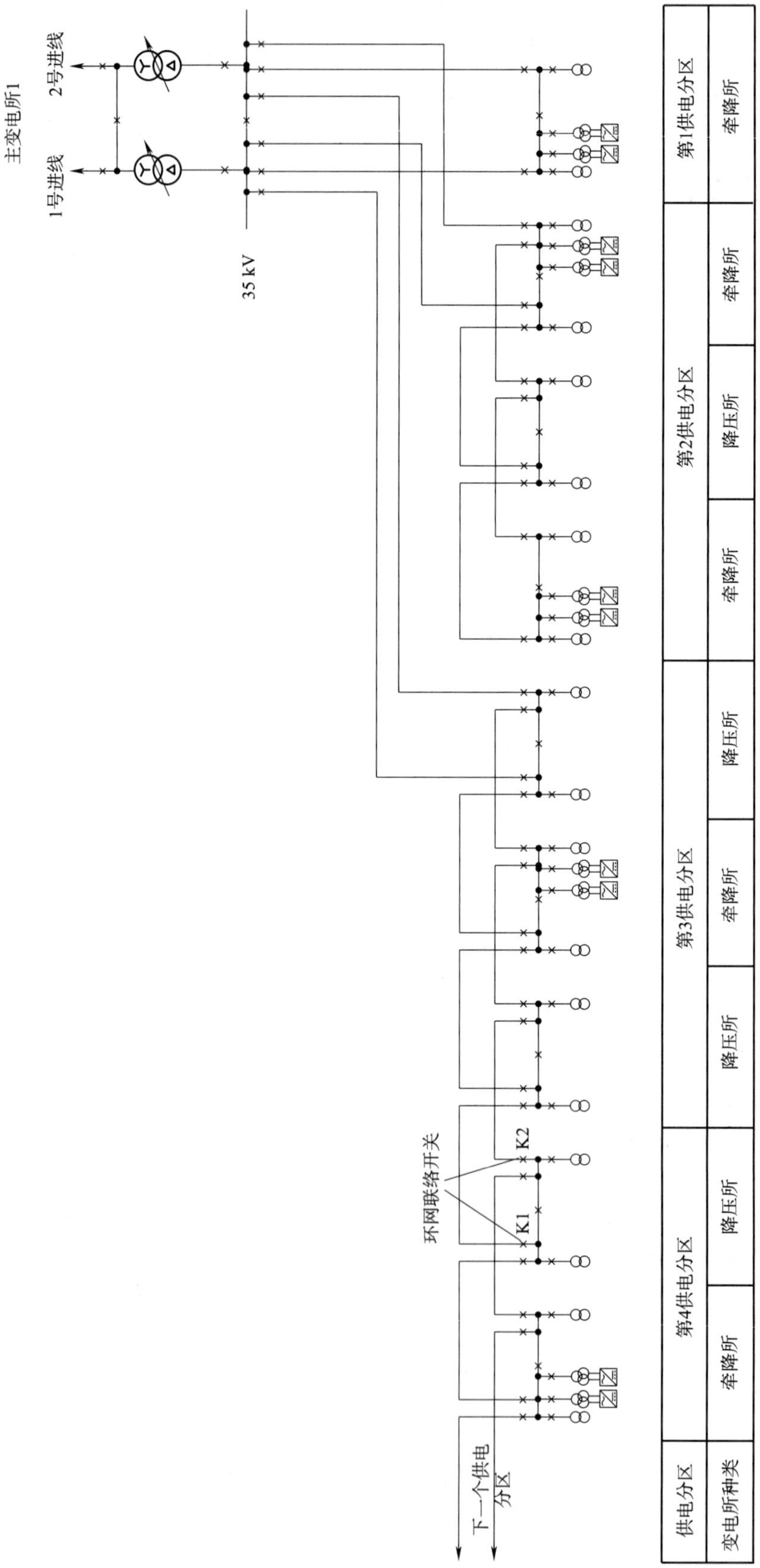

图1-17　城市轨道交通供电系统主接线示意图

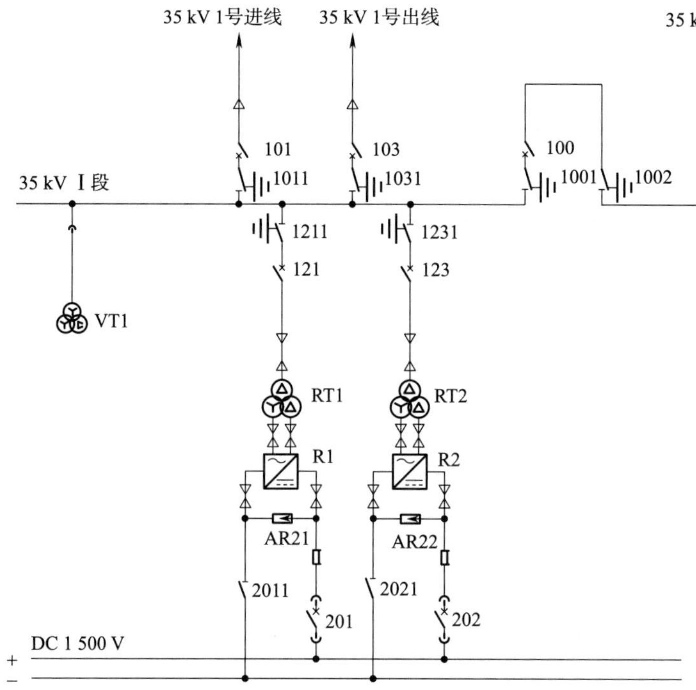

图 1-18　牵引变电所主接线图

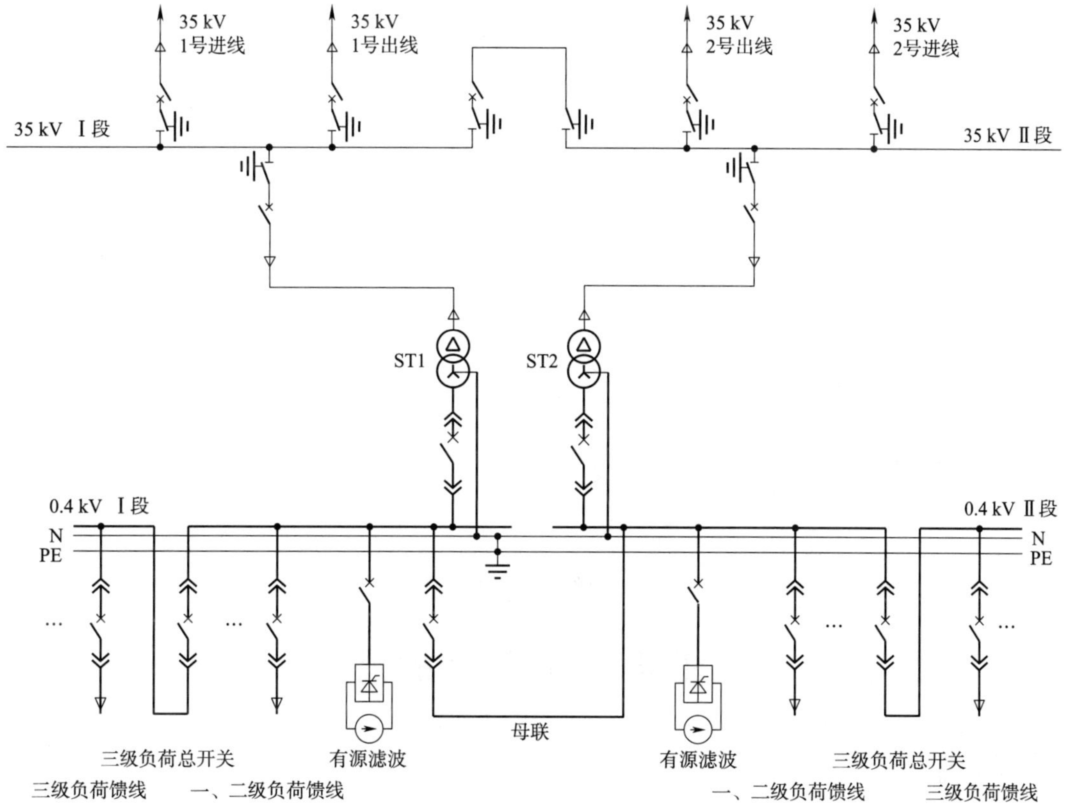

图 1-19　降压变电所主接线图

技能训练

任务工作单见表1-7。

表1-7　任务工作单

认识主接线							
姓名：			班级：			日期：	
任务目标： (1)掌握电力系统一次设备的含义及其用途。 (2)培养团队合作精神	指导老师						
	团队成员						
	分工职责						
任务实施： 实训室设备断电，学习配电屏主接线。 画出实训室配电屏主接线，并按电压等级，根据电流方向逐个叙述一次电路。							

任务评价

任务评价见表1-8。

表1-8　任务评价表

序号	评价内容	评价标准	分数	评分记录		
				学生自评	组间互评	教师评分
1	主接线图	画错一个回路扣5分	40			
2	电路简述	表述熟练25～30分、基本熟练20～25分、不准确0～20分	30			
3	团队合作精神	汇报时，没有体现团队分工合作的，扣10～30分	30			
总分						
综合成绩(学生自评占30%，组间互评占30%，教师评分占40%)						

巩固练习

1. 简述母线、进出线的定义。
2. 电气主接线的基本形式有哪些？
3. 画出桥内桥接线主接线图，说明内桥接线和外桥接线的区别是什么？主要用途有什么差异？

任务4　认识互感器

学习目标

(1)熟悉电流互感器原理。
(2)熟悉电压互感器原理。

任务描述

互感器是一次系统和二次系统的主要关联设备。本任务学习并基本掌握互感器的原理，熟悉其基本测试知识，达到城市轨道交通供电维修岗位的基本要求。

知识讲解

电力系统在运行中，需要测量运行电压、电流、有功功率、无功功率等电气量，由于绝缘的要求、测量仪表和继电器制造工艺等方面的原因，无法用测量仪表直接测量高电压和大电流，继电器也无法直接接入一次系统。为此，在电力系统中采用了电压和电流变换装置，称之为互感器。采用了互感器之后，测量仪表和继电保护装置不用直接与高电压和大电流连接，从而保证了电气测量和继电保护工作的安全。

互感器分为电流互感器（current transformer，CT）和电压互感器（voltage transformer，VT）。电压互感器的作用是把高电压按比例关系变换成 0～100 V（线电压）的二次电压，以供测量和继电保护之用（100 V 对应高压侧的额定线电压）。电流互感器的作用是把交流电路中的大电流转换为 0～5 A 或 0～1 A 的二次电流，以供测量和继电保护之用（5 A 或 1 A 对应高压侧的额定电流）。目前，主流的电流互感器额定输出为 1 A 的二次电流。

一、电压互感器

供电系统中，电压互感器通常采用三绕组，一组的二次侧测量三相电压，另一组的二次侧采用开口三角形接线，用于测量零序电压。电压互感器的工作原理与变压器相同，其结构由铁芯、一次线圈、二次线圈及结构物组成，如图 1-20 所示，被测电压 = 电压表读数 × N_1/N_2（N_1 为一次侧绕组匝数，N_2 为二次侧绕组匝数）。

电压互感器的二次侧额定电压为 AC 100 V。二次侧绕组的必须一端接地，以防在绝缘损时，在二次侧出现高压。由于电压互感器是并联在一次侧，因此电压互感器一次侧电压恒定，因此二次侧电压也是“恒压”，因此当二次侧短路时，由于二次侧短路阻抗非常小，二次侧短路时会产生大电流，严重时烧毁互感器；当二次侧开路时，二次侧电压“恒压”，电流为零，二次侧处于空载运行。因此，电压互感器二次侧不允许短路，允许开路。

二、电流互感器

电流互感器的工作原理也与变压器相同，其结构亦是由铁芯、一次线圈、二次线圈及结构物组成，如图 1-21 所示，被测电流 = 电流表读数 × N_2/N_1。

电流互感器的二次侧标准额定电流为 AC 5 A 或 1 A。

二次侧绕组必须一端接地，以防在绝缘损坏时，在二次侧出现过压。

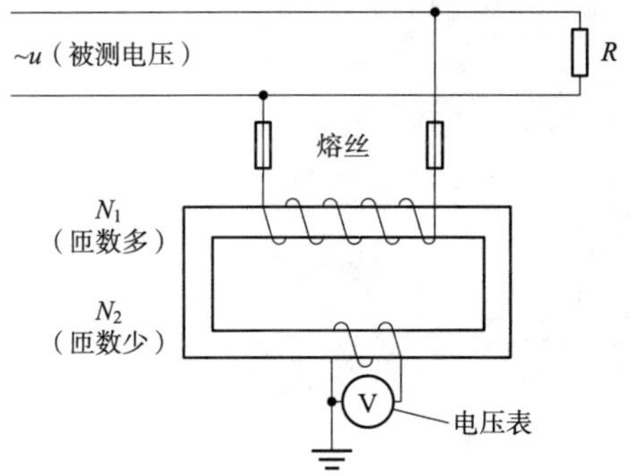

图 1-20　电压互感器示意图

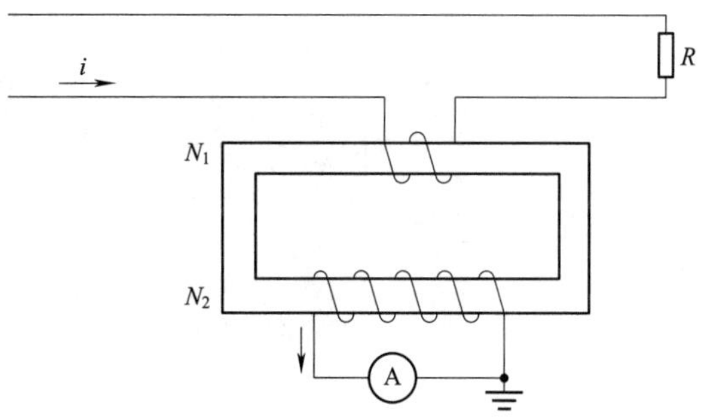

图 1-21　电流互感器示意图

由于电流互感器是串联在一次侧，其一次侧电流是“恒流”，因此二次侧电流也是“恒流”。当二次侧开路时，相当于“恒流”通过无穷大电阻，产生大电压，严重时击穿互感器；当二次侧短路时，电流仍然“恒流”，电压也很小。

因此，电流互感器二次侧允许短路，不允许开路。

技能训练

任务工作单见表1-9。

表1-9 任务工作单

<table>
<tr><td colspan="7">认识互感器</td></tr>
<tr><td>姓名：</td><td colspan="3">班级：</td><td colspan="3">日期：</td></tr>
<tr><td rowspan="3">任务目标：
(1)掌握电力系统一次和二次设备的含义及用途。
(2)培养团队合作精神</td><td>指导老师</td><td colspan="5"></td></tr>
<tr><td>团队成员</td><td></td><td></td><td></td><td></td><td></td></tr>
<tr><td>分工职责</td><td></td><td></td><td></td><td></td><td></td></tr>
</table>

任务导入：

如图1-22所示，电流互感器的一次侧电流是从P1端子进入、从P2端子出来，即P1端子连接电源侧，P2端子连接负载侧。电流互感器的二次侧电流从S1流出，进入电流表的正接线柱，再从电流表负接线柱出来后流入电流互感器二次端子S2，原则上要求S2端子接地。在接线中，P1和S1、P2和S2称为同极性端。

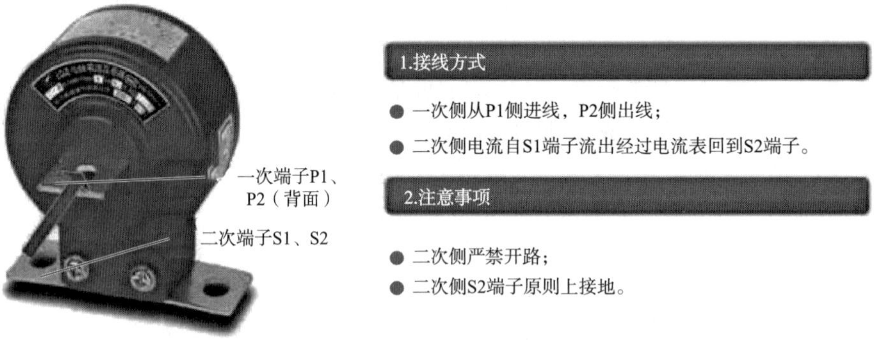

图1-22 电流互感器实物图

如果电流互感器在接线时把极性接错，将会产生以下危害：电流互感器如用在继电保护电路中，将引起继电保护装置的误动或拒动，同时会影响电力系统的运行监控和事故处理，严重时还会危及设备及人身安全。电流互感器在交接及大修前后都必须进行极性测定。

CT的极性测试采用互感器变比极性测试仪，如图1-23所示，可以直观地显示CT极性、变比值，还可以测量CT的直流电阻和励磁特性等。仪表接线方法是：测试仪上一次侧的P1、P2、S1、S2端子，一一对应连接CT的P1、P2、S1、S2端子。

注意：测试仪上有两个S1和S2端子，分别并联连接，两组S1、S2端子分别用于极性的判别和变比的计算。

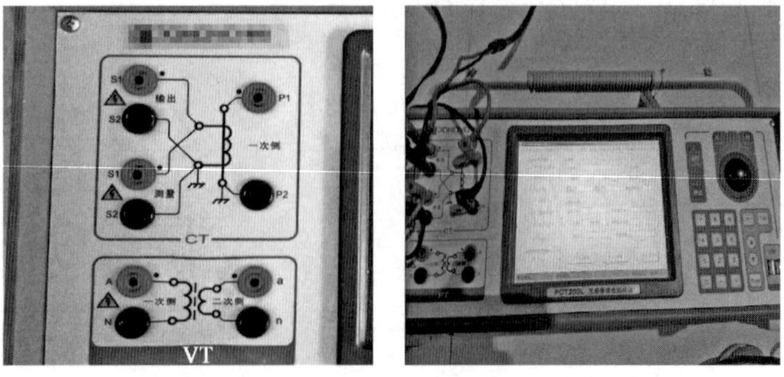

（a）接线插口　　（b）测试仪

图1-23 互感器变比极性测试仪

任务实施：

（1）如图1-24所示为电流互感器星形接法图，请标出A、B、C三相电流互感器的P1、P2端子，并说明极性接错危害有哪些。

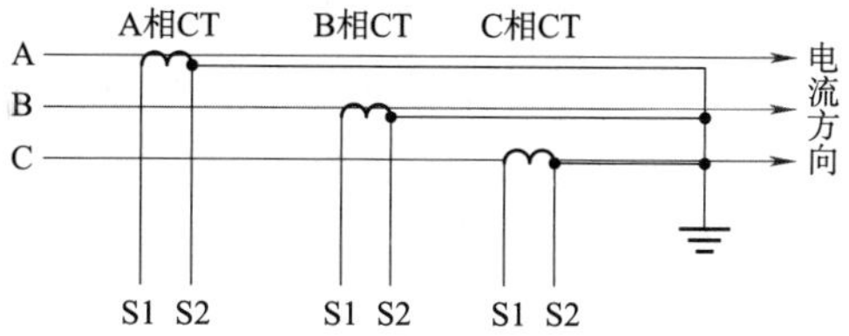

图1-24　电流互感器星形接法图

____

____

____

（2）请简述互感器变比极性测试仪测量内容。

____

____

____

任务评价

任务评价见表1-10。

表1-10　任务评价表

序号	评价内容	评价标准	分数	评分记录		
				学生自评	组间互评	教师评分
1	标注P1、P2端子	每标错一项扣5分	20			
2	极性错误危害	每列出一项得5分	30			
3	互感器变比极性测试仪测量内容	每项有误扣1～5分	30			
4	团队合作精神	汇报时，没有体现团队分工合作的，扣1～20分	20			
总分						
综合成绩（学生自评占30%，组间互评占30%，教师评分占40%）						

巩固练习

为什么电流互感器二次侧不允许开路，电压互感器二次侧不允许短路？

任务5　认识继电保护基础

学习目标

（1）掌握继电保护的电气量及其故障特征。

（2）熟悉继电保护的种类。

（3）掌握继电保护基本原理。

任务描述

继电保护是电力系统最重要的知识之一,是确保电力系统安全的主要设备,其原理是通过对电力系统电气量的实时分析,判断电力系统故障及其位置和类型,可及时切除故障,防止故障范围进一步扩大。

本任务学习电力系统故障类型、故障下的电气量特征,以及继电保护装置与断路器跳闸的动作关系。

知识讲解

在电力系统中,大量不同类型的电气设备通过电气线路紧密地联结在一起形成全国性的大网络。由于其覆盖的地域极其辽阔、运行环境极其复杂以及各种人为因素的影响,电气故障的发生是不可避免的。任何一处发生事故,都有可能对电力系统的运行产生重大影响。例如,某工矿企业的设备发生短路事故时,由于短路电流的热效应和电动力效应,往往造成电气设备或电气线路的致命损坏。如果故障不被切除,必然扩大故障影响范围,导致整个变电所停电,可能引起供电和发电的严重不平衡,甚至使电力系统的稳定运行遭到破坏,导致局部电网瓦解。

继电保护装置就是用来处理电力系统故障和不正常状态的装置,其输入是 CT 和 VT,输出是开关的跳闸命令或告警信息。

故障:故障分为短路和断线开路,最常见也是最危险的故障是各种形式的短路。

不正常状态:电力系统中电气设备的正常工作遭到破坏,但并未发生短路故障,这种情况属于不正常运行状态,比如设备过负荷、温度过高和小电流接地系统中的单相接地等。

短路:短路是供电系统中一相或多相载流导体接地或相互接触,并产生超出规定值的大电流。

一、电力系统故障

1. 故障的种类

电力系统故障的种类包括:单相接地故障、两相接地短路故障、两相短路及三相短路故障、断相故障、绕组匝间短路故障等。

(1)单相接地故障:单相接地短路是最常见的故障,约占全部故障概率的 80% 以上。

(2)两相接地短路:两相接地短路故障一般不超过全部故障概率的 10%。

(3)两相短路及三相短路:两相短路及三相短路故障相对较少,一般不超过全部故障概率的 5%。但是这种故障比较严重,故障发生后要求迅速切除故障。

(4)断相:断相故障包括线路断线和断路器断相等。这种故障概率更小,约为 1%。

(5)绕组匝间短路:这种故障发生在发电机、变压器、调相机和电动机等电机电器内部的绕组中,故障概率极小,但是能严重损坏设备。

2. 造成短路的主要原因

造成短路的主要原因是电气设备载流部分的绝缘损坏、误操作、雷击或过电压击穿等。由于非电力系统内部原因引发的故障约占全部短路故障的 70%,例如施工破坏、台风破坏等。

3. 电力系统发生短路可能产生的后果

电力系统的电路中,正常情况下流过的电流为正常工作电流,正常工作电流值在额定电流值附近。

发生短路时,电路进入冲击过程,即短路暂态过程,几十毫秒后,进入短路稳态过程。如图 1-25 所示,短路发生的瞬间,短路电流可以冲击到正常工作电流十几倍甚至几十倍,短路稳定之后,短路电流数值通常是正常工作电流值的 3 倍以上。

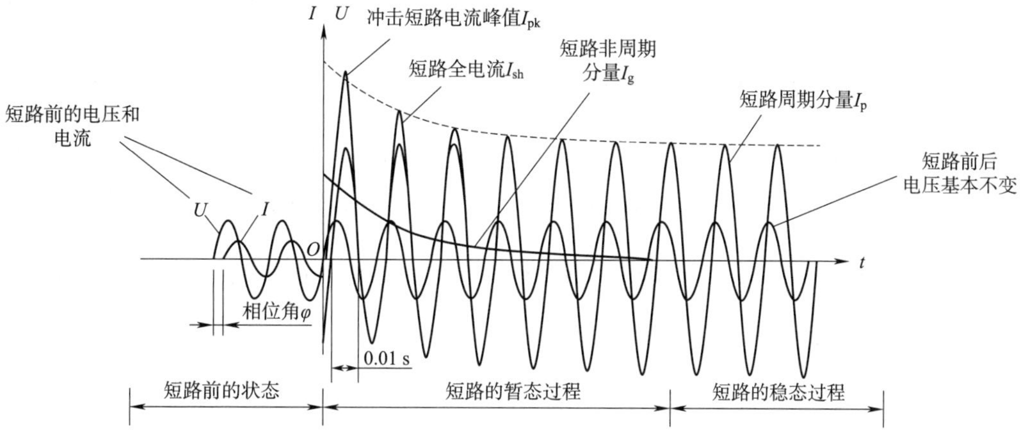

图 1-25　短路暂态过程和短路稳态过程示意图

当短路电流通过电气设备时,设备温度急剧上升,过热会使绝缘加速老化或损坏,同时产生很大的感应电动势,与周边的金属产生很大感应电动力,进而使设备的载流部分变形或损坏。

稳态电路电流与短路点距离关系示意图如图 1-26 所示。d 表示线路离电源侧的距离;L_1 和 L_2 表示线路 1 和线路 2,L_1 与 L_2 之间通过变电所的母线连接;I_d 是稳态短路电流,理论上 $I_d = U/Z$,短路点离母线越近,从短路点至母线的线路阻抗 Z 越小,短路电流越大,线路上电压下降也越厉害。

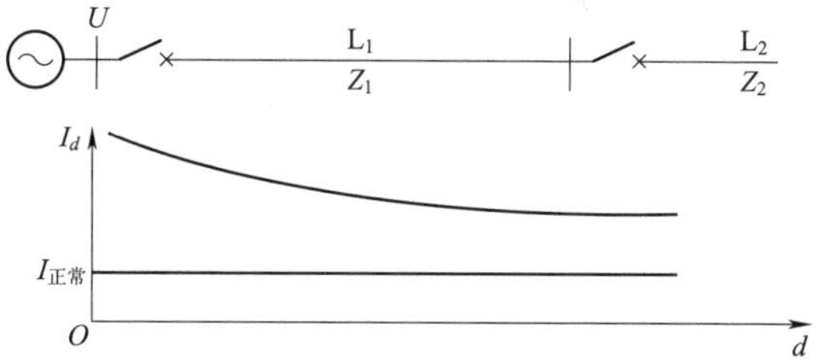

图 1-26　稳态电路电流与短路点距离关系示意图

短路可能产生的后果如下:

(1)故障点燃弧使故障元件损坏。

(2)短路电流通过故障和非故障元件,产生发热和电动力,使元件损坏或降低使用寿命。

(3)电力系统部分地区电压降低,影响用户工作稳定性或影响工厂产品质量。

(4)破坏电力系统运行的稳定。

4. 短路电流和系统运行方式的关系

供电系统的短路电流大小与系统的运行方式有很大的关系。系统的运行方式可分为最大运行方式和最小运行方式。

最大运行方式下电源系统中发电机组投入运行较多,双回输电线路及并联变压器均全部运行。此时,整个系统的总的短路阻抗最小,短路电流最大;反之,最小运行方式下由于电源中一部分发电机、变压器及输电线路解列,一些并联变压器为保证处于最佳运行状态也采用分列运行,这样使总的短路阻抗变大,短路电流也相应减小。

一旦确定了运行方式,意味着确定了短路电流的计算依据,通常不再改变。

5. 故障特征

电力系统发生故障后,会引起工频(50 Hz)电气量(电流、电压、相位角、阻抗和相序等)的变化,其主要特征是:

(1)电流增大。短路时故障点与电源之间的电气设备及输电线路上的正常负荷电流将增大。短路点越靠近电源,短路阻抗越小,短路电流越大。

(2)电压降低。当发生相间短路和接地短路故障时,系统各点的相间电压或相电压值下降,且越靠近短路点,电压越低。

(3)电流与电压之间的相位角改变。正常运行时电流与电压间的相位角是负荷的功率因数角,一般为20°左右,对应的功率因数为0.8左右。三相短路时,电流与电压之间的相位角是由线路的阻抗角决定的,一般为60°~85°,而在保护反方向三相短路时,电流与电压之间的相位角则是180°+(60°~85°)。

(4)测量阻抗发生变化。测量阻抗即测量点(保护安装处)电压与电流之比值。正常运行时,测量阻抗为负荷阻抗;金属性短路时,测量阻抗转变为线路阻抗,故障后测量阻抗显著减小,而阻抗角增大。

(5)不对称短路时,出现相序分量。如线路两相及单相接地短路时,线路CT可以检测到负序电流和零序电流分量,由图1-5可知,零序电流$3\dot{I}_0=\dot{I}_A+\dot{I}_B+\dot{I}_C$。在母线VT可以检测到零序电压分量$\dot{U}_0$,由图1-5可知$3\dot{U}_0=\dot{U}_A+\dot{U}_B+\dot{U}_C$,因此,母线VT开口△的电压就是零序电压。在变压器中性点可以检测到零序电流分量。

二、继电保护

利用以上短路故障时电气量的变化,便可构成各种原理的继电保护。如电流保护、电压保护、阻抗保护、差动保护(电流和相位差动)等。

1. 继电保护装置

继电保护装置输入是CT、VT,输出是跳闸脉冲TJ,跳闸脉冲接入控制回路,控制回路输出跳闸命令TQ,接点TQ接通断路器操作机构的跳闸回路。断路器操作机构输出断路器状态给控制回路。以继电保护跳闸动作为例,一次设备与二次设备关系图如图1-27所示。

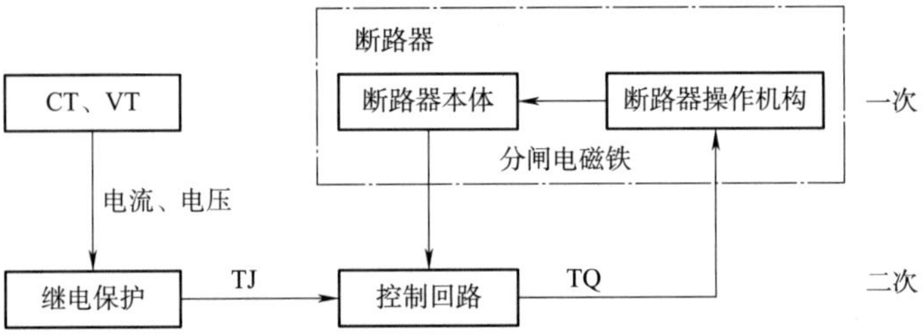

图1-27　一次设备与二次设备关系图

图1-27中所示的继电保护示意图如图1-28所示。

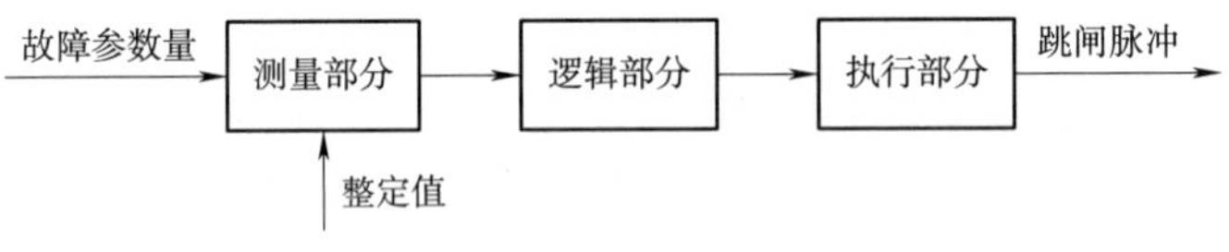

图1-28　继电保护示意图

测量部分:测量部分包括传感回路、信息采集、滤波和算法,负责将CT(额定电流AC 1 A或5 A)和VT(额定电压DC 100 V)转变为0~5 V或0~20 mA或4~20 mA的标准直流信号,输送给带CPU的逻辑部分。

逻辑部分:逻辑部分包括故障分析、逻辑判别和定值门槛。逻辑部分负责分析来自CT和VT的采样值,并与整定值比较,判断是否发生了故障。

执行部分:执行部分是继电保护装置实现判断结果的输出的具体电路。其输出的跳闸脉冲,用于驱动控制断路器跳闸或告警。之所以采用跳闸脉冲而不是稳态输出,是因为跳闸脉冲可以有效克服继电器接点黏连现象,防止拒动。

另外,继电保护装置还具有信息记录和通信功能,如故障录波和事件记录等。

2. 继电保护装置的发展

继电保护装置的发展经历了五个阶段:

第一阶段:电磁型保护。

第二阶段:晶体管保护。

第三阶段:集成电路保护。

第四阶段:微机保护。随着计算机技术的不断发展,继电保护的原理逐步由硬件实现发展为软件实现,从而构成了微机保护。

第五阶段:随着智能化的进一步,将保护功能和控制管理功能等融为一体,即保护、控制、测量、通信"四合一",实现了测控一体化。

轨道交通电力二次系统大量采用"四合一"的测控一体化装置。

3. 继电保护的种类

(1)反映电流改变的,有电流速断、定时限过电流、反时限过电流及零序电流等保护,统称为过电流保护(过流保护)。

(2)反映电压改变的,有低电压或过电压保护。

(3)既反映电流又反映电流与电压间相位角改变的,有方向过电流保护。

(4)反映电压与电流的比值,即反映短路点到保护安装处阻抗的,有距离保护等。

(5)反映输入电流与输出电流之差的,有变压器差动保护等。

(6)反映油浸式变压器匝间短路的保护,有瓦斯保护,动作于短路产生的瓦斯气体推动。

4. 继电保护常见术语

(1)继电保护装置的整定值和整定时间

整定值是判断电力系统发生故障时,继电保护装置内设置的电气量阈值。当继电保护判断的电气量的测量值达到设定的整定值后,且维持一定时间,则继电保护装置发出跳闸指令,这个维持的时间叫整定时间。

广义上,继电保护定值就是设定值,即整定值,是人为对继电保护装置设置的参数,包含整定电流、整定电压、整定阻抗以及整定时间等。狭义上,也就是实际工作中,人们习惯于将继电保护设定的动作值称为整定值,将继电保护设定的动作时间称为整定时间。

(2)继电保护装置的动作值和动作时间

在日常维护中,电力系统工作人员需要测试继电保护装置的参数,确保保护装置工作状态完好。测试时采用动态模拟对继电保护装置加入电流和电压,并动态增加电流或降低电压,模拟短路事故,直到保护装置动作。此时,测量出来的阈值是继电保护装置的动作值,测量出来的延迟时间是继电保护装置的动作时间。同样的,电力系统故障时,继电保护装置实际测量出来的阈值和时间数据也是动作值和动作时间。

合格的继电保护装置,动作值应该与整定值误差极小,动作时间应该与整定时间也误差极小。实际的测量值在继电保护装置的电路转换过程中会略有失真,与设定的整定值会有微小区别。比如,电流保护整定值是3.5 A,CT输入的电流在3.49 A时,经过保护装置内部多个测量环节的转换,如图1-28所示,测量值可能偏差为3.51 A,大于整定值,此时,继电保护也会启动。

(3)保护启动、保护动作、保护返回

继电保护启动是指继电保护判断的电气量达到整定值后,保护的判据成立,保护装置处于启动状态,时刻准备发出动作命令。

继电保护动作是指继电保护启动且达到整定时间后,继电保护发出动作命令,动作于跳闸或动作于告警。

继电保护返回是指继电保护启动后,在延时时间内,继电保护装置判断的电气量回到返回值以下,此时,继电保护停止启动,回到正常工作状态。

(4)继电保护装置的动作值、返回值和返回系数

继电保护装置的动作值、返回值和返回系数是继电保护装置实际测量出来的数据,类似电磁继电器的动作值、返回值和返回系数。

对于继电保护装置,动作值是继电保护从工作状态变为启动状态的实际电气量阈值,是继电保护装置的实际动作值。

返回值是继电保护从动作状态变为正常工作状态的实际电气量阈值。

由于在继电保护的二次回路中始终会有电磁元件,具有磁滞特性,并在其他因素的影响下,继电保护装置与电磁继电器一样,返回值往往会小于动作值。继电保护装置通常要求返回系数大于0.8。返回系数=返回值/动作值。

5. 继电保护装置的特性

继电保护装置具有选择性、速动性、灵敏性和可靠性。

选择性:指保护装置动作时,仅将故障元件从电力系统中切除,使停电范围尽量缩小。

继电保护选择性要求首先由故障设备或线路本身的保护切除故障,当故障设备或线路本身的保护或断路器拒动时,才允许由相邻设备保护、线路保护或断路器失灵保护切除故障。为保证对相邻设备和线路有配合要求的保护和同一保护内有配合要求的两个元件(如启动与跳闸元件或闭锁与动作元件)的选择性,继电保护装置的灵敏系数及动作时间,在一般情况下应相互配合。

速动性:发生故障时,继电保护装置能迅速动作,切除故障。

继电保护速动性要求保护装置应尽快地切除短路故障,其目的是提高系统稳定性,减轻故障设备和线路的损坏程度,缩小故障波及范围,提高自动重合闸、备用电源或备用设备自动投入的效果等。一般从装设速动保护(如高频保护、差动保护)、充分发挥零序接地瞬时段保护及相间速断保护的作用、减少继电器固有动作时间和断路器跳闸时间等方面入手来提高速动性。

灵敏性:是对于其保护的范围内,发生故障或不正常运行状态的反应能力。

继电保护灵敏性要求在设备或线路的被保护范围内发生金属性短路时,保护装置应具有必要的灵敏系数,各类保护的最小灵敏系数在规程中有具体规定。选择性和灵敏性的要求,通过继电保护的整定实现。

可靠性:发生故障的部分不应该拒动,没有发生故障的部分不能误动。

可靠性(可依赖性、安全性)要求保护该动作时应可靠动作,不该动作时应可靠不动作。可靠性是对继电保护装置性能的最根本的要求。

技能训练

任务工作单见表1-11。

表1-11　任务工作单

<table>
<tr><td colspan="8">认识继电保护基础</td></tr>
<tr><td colspan="2">姓名:</td><td colspan="3">班级:</td><td colspan="3">日期:</td></tr>
<tr><td rowspan="3">任务目标:
(1)认识电力系统暂态稳态过程。
(2)掌握短路类型和继电保护基本原理</td><td>指导老师</td><td colspan="6"></td></tr>
<tr><td>团队成员</td><td></td><td></td><td></td><td></td><td></td><td></td></tr>
<tr><td>分工职责</td><td></td><td></td><td></td><td></td><td></td><td></td></tr>
<tr><td colspan="8">任务实施:
故障录波装置可以记录故障前后电流电压的波形,用于事故分析,如图1-29所示是故障录波仪记录的故障前后的电流电压波形示意图。</td></tr>
</table>

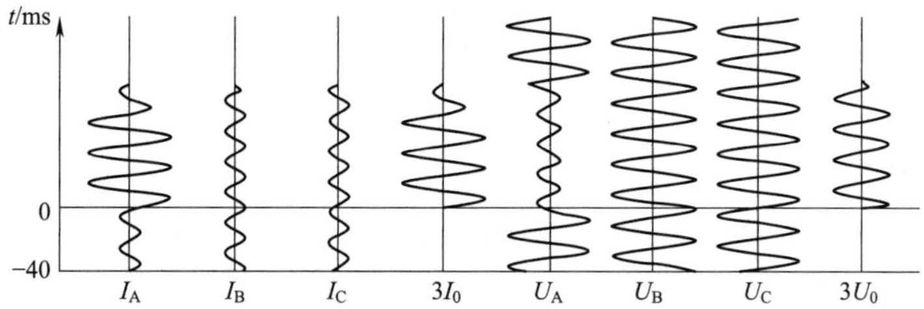

图 1-29 故障前后电流电压波形示意图

(1)在图 1-29 中标注故障前的正常时间段、短路暂态过程起止时间段和短路进入稳态后的时间段。

(2)分析图 1-29,简述发生的故障。

(3)简述继电保护装置的基本原理。

任务评价

任务评价见表 1-12。

表 1-12 任务评价表

序号	评价内容	评价标准	分数	评分记录		
				学生自评	组间互评	教师评分
1	标注正常、暂态、稳态时间段	每标错一项扣 10 分	30			
2	故障分析	完全正确 20 分、基本正确 10 ~ 19 分、不准确0 ~ 9 分	20			
3	继电保护原理	完全正确 30 分、基本正确 20 ~ 29 分、不准确0 ~ 19分	30			
4	团队合作精神	汇报时,没有体现团队分工合作的,扣 1 ~ 20 分	20			
总分						
综合成绩(学生自评占 30%,组间互评占 30%,教师评分占 40%)						

巩固练习

1. 电力系统故障种类、故障特征有哪些?
2. 继电保护的种类有哪些?
3. 画出继电保护基本原理图。

任务6 认识交流继电保护

学习目标

(1)掌握三段式电流保护原理、电流差动保护原理、瓦斯保护原理。

(2)掌握电力系统继电保护定值。

任务描述

城市轨道交通主要的继电保护是以电流为判据的保护，判断的电流包括A、B、C三相电流和零序电流，构成的继电保护包括电流速断保护、定时限过电流保护和电流差动保护等。

继电保护必须具有选择性和速动性，即确保继电保护有选择地、快速地切除故障，同时具备可靠性，即万一继电保护装置出现故障，不能发出跳闸指令，那么还应当有后备继电保护实现跳闸。

本任务学习并掌握三段式电流保护、电流差动保护和瓦斯保护的原理，达到城市轨道交通供电维修岗位的基本要求。

为了可靠判断变压器内部的电气故障和非电气故障，变压器还配置了瓦斯保护。瓦斯保护的判据是瓦斯气体浓度，是非电气量。

知识讲解

任何一个断路器都配有继电保护，继电保护通过对CT电流测量和VT电压测量，判断该断路器的控制范围是否发生了故障，如果发生了故障，继电保护装置可以动作于该断路器跳闸。

110 kV和35 kV交流系统断路器的线路侧安装有电流互感器，测量A、B、C三相电流，变压器中性点也安装有电流互感器，测量零序电流。以互感器测量的电流作为判据构成电流保护。

以一个断路器的三相电流为判据的保护是电流速断保护、定时限过电流保护，并采用三段配合，形成三段式电流保护，实现继电保护选择性、速动性和可靠性。这类保护动作于跳一个断路器。

以两个断路器的三相电流的差值为判据的保护是电流差动保护，主要用于变压器一次侧和二次侧的变压器电流差动保护，还可用于每条环网电缆进出线电流差的线路纵差保护。差动保护动作于跳两个断路器。

变压器中性点电流是中性点零序电流，线路A、B、C三相电流之和是线路的零序电流，以零序电流为判据的保护是零序电流保护，零序电流保护通常是速断保护。

城市轨道交通供电系统交流系统常用的继电保护有：三段式电流保护、电流差动保护和瓦斯保护。

一、三段式电流保护

三段式电流保护是电力系统和轨道交通供电系统最常用的继电保护，通过三段的不同的整定值和整定时间的配合实现主保护和后备保护功能。Ⅰ段保护是主保护，Ⅱ段、Ⅲ段保护是后备保护。三段式电流保护的保护配合如图1-30所示，纵坐标I_d和t是短路电流和动作时间，横坐标d表示故障点至线路开关的距离。电能经过开关A，再经过L_1线路，到开关B；再经过L_2线路，到开关C。越远离电源点，短路电流I_d越小。开关A、开关B和开关C均配有三段式电流保护，用于保护线路L_1、L_2和L_3短路故障。以开关A为例，了解三段式电流保护。

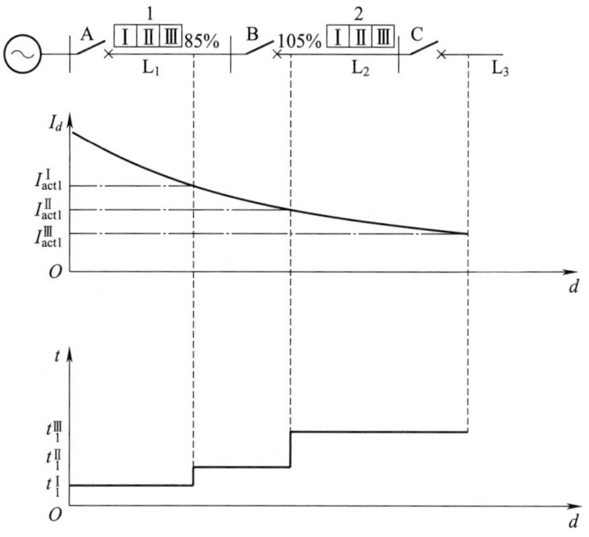

图 1-30 三段式电流保护的保护配合示意图

对于开关 A，其 CT 测量线路电流接入继电保护装置 1。发生短路时，继电保护装置 1 有 3 组动作电流和动作时间，也就是说开关 A 的继电保护装置有 3 个电流保护输出，均可以动作于开关 A 的跳闸，分别保护本线路长度的 85%、105% 和更远的线路。该保护装置称为三段式电流保护。

三个动作电流分别是Ⅰ段动作电流 $I_{act1}^{Ⅰ}$、Ⅱ段动作电流 $I_{act1}^{Ⅱ}$ 和Ⅲ段动作电流 $I_{act1}^{Ⅲ}$，大小关系为 $I_{act1}^{Ⅰ} > I_{act1}^{Ⅱ} > I_{act1}^{Ⅲ}$。三个动作时间分别是 $t_1^{Ⅰ}$、$t_1^{Ⅱ}$ 和 $t_1^{Ⅲ}$，大小关系为：$t_1^{Ⅰ} < t_1^{Ⅱ} < t_1^{Ⅲ}$。通常 $t_1^{Ⅰ} = 0$ s，$t_1^{Ⅱ} = 1$ s，$t_1^{Ⅲ} = 3$ s（具体动作时间以整定计算为准）。通过三段的继电保护配合实现 L_1 全保护，L_2 和 L_3 的后备保护。

1. Ⅰ段保护

Ⅰ段电流保护为速断保护，也是主保护，整定值为 $I_{act1}^{Ⅰ}$ 和 $t_1^{Ⅰ}$。$t_1^{Ⅰ} = 0$ s。通常Ⅰ段电流保护线路全长的 85% 以下。当线路 L_1 的 85% 范围发生短路时，短路电流 I_d 大于Ⅰ段动作电流 $I_{act1}^{Ⅰ}$，Ⅰ段电流保护启动，0 s 后Ⅰ段保护动作于开关 A 跳闸。当线路 L_1 的 85%～105% 范围发生短路时，短路电流 I_d 小于Ⅰ段动作电流 $I_{act1}^{Ⅰ}$，Ⅰ段电流保护不启动。

Ⅰ段电流保护的保护范围最多只能为线路 L_1 的 85% 的原因是考虑到保护用的 CT 有 10%～15% 测量误差，85% 线路加上 15% 测量误差就是线路全长，因此确保了继电保护的选择性，确保 0 s 跳闸的范围只能是本线路，而不会产生“线路 L_2 出现短路故障，线路 L_1 的开关 A 产生 0 s 跳闸，扩大停电范围”的现象。

2. Ⅱ段保护

Ⅱ段电流保护为定时限过电流保护，为后备保护，整定值为 $I_{act1}^{Ⅱ}$ 和 $t_1^{Ⅱ}$。$t_1^{Ⅱ}$ 通常设置为 0.5～1 s，假设 1 s，即Ⅱ段保护在 1 s 左右动作与Ⅰ段保护配合。通常Ⅱ段电流保护线路 L_1 全长的 105%，进入了线路 L_2 的范围，覆盖了 L_2 开关附近的盲区，如开关 B 与 CT 之间的部分。

当线路 L_1 的 85% 范围发生短路时，短路电流 I_d 大于Ⅰ段和Ⅱ段动作电流 $I_{act1}^{Ⅰ}$ 和 $I_{act1}^{Ⅱ}$，Ⅰ段和Ⅱ段电流保护启动，0 s 后Ⅰ段保护动作于开关 A 跳闸；如果Ⅰ段保护拒动，1 s 后Ⅱ段保护启动，动作于开关 A 跳闸，起到后备作用。当线路 L_1 的 85%～105% 范围发生短路时，短路电流 I_d 小于Ⅰ段动作电流 $I_{act1}^{Ⅰ}$，Ⅰ段电流保护不动作，I_d 大于Ⅱ段动作电流 $I_{act1}^{Ⅱ}$，Ⅱ段电流保护启动，1 s 后动作于开关 A 跳闸。

3. Ⅲ段保护

Ⅲ段电流保护为定时限过电流保护，为后备保护，整定值为 $I_{act1}^{Ⅲ}$ 和 $t_1^{Ⅲ}$。$t_1^{Ⅲ}$ 通常设置为 3 s 左右，即Ⅲ段保护在 3 s 左右动作与Ⅰ段和Ⅱ段保护配合。

Ⅲ段电流保护的保护范围根据需要，通常为线路 L_1 的 105% 之后，进入了线路 L_2 的范围，甚至覆盖了 L_2 全线，甚至更远。

当线路 L_1 的 85% 范围发生短路时，短路电流 I_d 大于Ⅰ段、Ⅱ段和Ⅲ段动作电流 $I_{act1}^{Ⅰ}$、$I_{act1}^{Ⅱ}$ 和 $I_{act1}^{Ⅱ}$，Ⅰ段、Ⅱ段和Ⅲ段电流保护启动，0 s 后Ⅰ段保护动作于开关 A 跳闸；如果Ⅰ段保护拒动，1 s 后Ⅱ段保护也会启动，动作于开关 A 跳闸；如果Ⅰ段Ⅱ段保护都拒动，3 s 后Ⅲ段保护也会启动，动作于开关 A 跳闸，起到后备作用。

当线路 L_1 的 85%～105% 范围发生短路时，短路电流 I_d 小于Ⅰ段动作电流 $I_{act1}^{Ⅰ}$，Ⅰ段电流保护不启动，I_d 大于Ⅱ段和Ⅲ段动作电流 $I_{act1}^{Ⅱ}$ 和 $I_{act1}^{Ⅲ}$，Ⅱ段和Ⅲ段电流保护启动，Ⅱ段电流保护启动，1 s 后动作于开关 A 跳闸，如果Ⅱ段保护拒动，3 s 后Ⅲ段保护也会启动，动作于开关 A 跳闸。

当线路 L_1 的 105%～Ⅲ段范围发生短路时，短路电流 I_d 小于Ⅰ段动作电流 $I_{act1}^{Ⅰ}$ 和Ⅱ段 $I_{act1}^{Ⅱ}$，Ⅰ段和Ⅱ段电流保护不启动，I_d 大于Ⅲ段动作电流 $I_{act1}^{Ⅲ}$，3 s 后Ⅲ段保护启动，动作于开关 A 跳闸。

实际应用中，很多Ⅲ段保护仅仅动作于告警而不是跳闸。

二、电流差动保护

差动保护的基本工作原理是比较被保护元件各端电流大小和相位，正常运行和区外故障时，两侧电流相量和为零，当区内故障时，两侧电流相量和等于故障点的电流。差动保护动作时间通常是 0 s，同时保护装置切除双侧电源，防止任何一侧向短路点提供短路电流。差动保护主要用于变压器保护、线路保护、母线保护的主保护。

保护变压器及其引出线的差动保护称为变压器电流差动保护，简称变差保护。

保护线路的差动保护称为线路纵向差动保护，简称线路纵差保护。由于线路始末两端距离很长，轨道交通始末两端 CT 的距离为车站距离，因此采用光纤通信，将始末两端 CT 测量值和保护动作命令互传对方，这时的线路纵差保护称为光纤纵差保护。

保护母线的差动保护称为母线横向差动保护，简称母差保护。

以变差保护为例，差动保护原理图如图 1-31 所示。

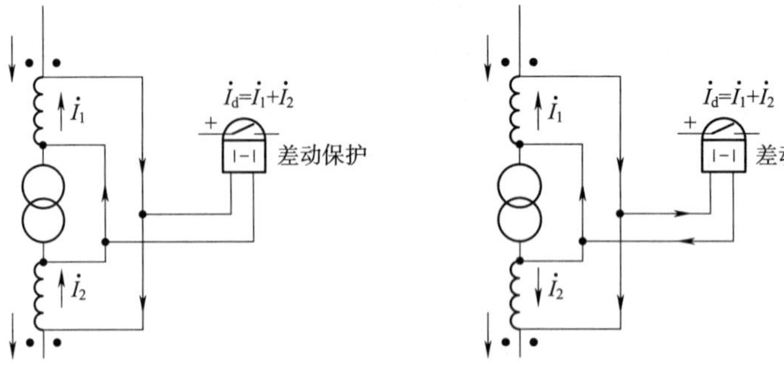

（a）正常运行时　　　（b）内部故障时

图 1-31　差动保护原理图

图 1-31 中，变压器两侧 CT 的极性相反。差动继电器 A、B、C 三相电流关系为：$\dot{I}_d=\dot{I}_1+\dot{I}_2$，$\dot{I}_{da}=\dot{I}_{1a}+\dot{I}_{2a}$，$\dot{I}_{db}=\dot{I}_{1b}+\dot{I}_{2b}$，$\dot{I}_{dc}=\dot{I}_{1c}+\dot{I}_{2c}$（$\dot{I}_d$ 为变压器两侧电流差）。正常时，三相平衡，$\dot{I}_1$ 和 $\dot{I}_2$ 幅值相等，由于两组 CT 极性相反，因此相位相反，因此 $\dot{I}_{da}$、$\dot{I}_{db}$、$\dot{I}_{dc}$ 均为 0，差动继电器不动作。

内部故障时,三相不平衡,$\dot{I}_1$和$\dot{I}_2$幅值和相位发生变化,因此$\dot{I}_{da}$或$\dot{I}_{db}$或$\dot{I}_{dc}$不为0,差动继电器动作,发出跳闸脉冲,跳闸出口跳双侧电源,切断故障电流。

由于理论上正常电流差$\dot{I}_d=\dot{I}_1+\dot{I}_2=0$,故定值可以设得很小,只需躲开不平衡电流即可,因此相比于过流保护,差动保护的灵敏度非常高。

三、瓦斯保护

1. 瓦斯继电器

瓦斯继电器是变压器的一种保护装置,装在变压器的储油柜和油箱之间的管道内,利用变压器内部故障而使油分解产生气体或造成油流涌动时,使瓦斯继电器的接点动作,接通指定的控制回路,并及时发出信号告警(轻瓦斯)或启动保护元件自动切除变压器(重瓦斯)。一般容量在800 kVA以上的油浸式变压器均有瓦斯继电器。

2. 轻瓦斯动作原理

轻瓦斯动作原理示意图如图1-32所示。

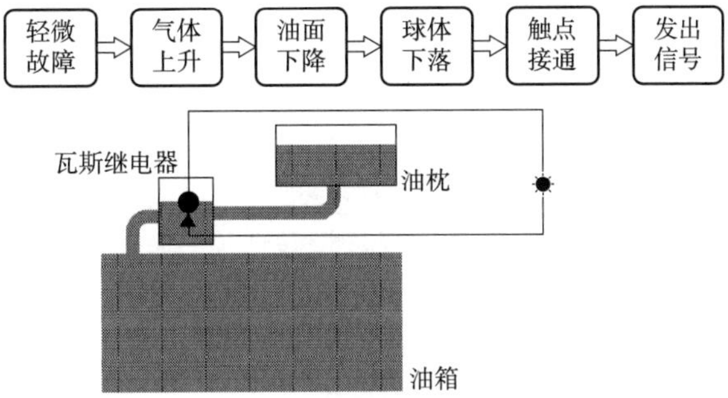

图1-32 轻瓦斯动作原理示意图

当变压器油箱内部发生故障时,故障点温度上升,导致故障点周围的油温随之上升,继而导致溶解于油内的空气变少,多余的空气会被挤出,同时若发生局部放电或者电弧现象,会将绝缘油电离分解,产生瓦斯气体。

当故障比较轻微时,故障产生的气体比较少,形成的气泡较小,这些气泡最终汇集在瓦斯继电器拱顶位置,迫使继电器内部的油位缓慢下降,导致漂浮于油面的上浮子也随之下降,到达设定值后,磁触点式干簧管接点闭合,接通告警回路,发出轻瓦斯动作信号。当变压器漏油时,同样由于油面下降而发出轻瓦斯信号。

3. 重瓦斯动作原理

重瓦斯动作原理示意图如图1-33所示。当变压器油箱内部发生严重故障时,油箱内产生大量气体,变压器油箱和油枕之间连导管中出现强烈的油流。当油流流速达到整定速度值时,油流对挡板的冲击力克服弹簧的作用力,挡板被冲动,带动磁铁向干簧触点方向移动,使干簧触点闭合,发出跳闸脉冲,断开变压器各电源侧的断路器。重瓦斯保护为变压器主保护,0 s动作。

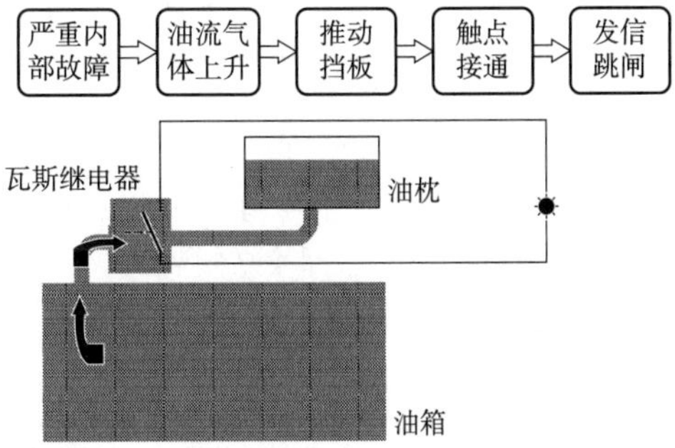

图1-33 重瓦斯动作原理示意图

4. 瓦斯保护和变压器差动保护的保护范围区别

变压器的电流差动保护是基于差动电流设计的。差动保护能够迅速而有选择性地切除保护范围内的故障，不易发生误动作。其缺点是对于变压器内部不太严重的匝间短路的反应不够灵敏。

瓦斯保护是根据变压器内部故障时会产生或分解气体这一特点设计的。瓦斯保护不仅能够反映变压器油箱内部的各种电气和非电气故障（如变压器内部渗入空气），而且还能够反映出差动保护反映不出来的不严重的匝间短路故障，是一种灵敏度高、接线简单、动作迅速的保护。但是，瓦斯保护不能反映变压器套管和引出线等外部故障，另外，瓦斯保护抵御外界干扰的能力较差，例如，地震时就容易造成误动作。

因此，变压器的主保护采用差动保护与瓦斯保护相互配合。重瓦斯保护和变压器差动保护都是变压器主保护，都是 0 s 动作。

差动保护的保护范围为主变压器各侧差动电流互感器之间的所有一次侧电气部分，可切除的故障包括：（1）主变压器的引出线及变压器线圈间发生的多相短路；（2）单相严重的匝间短路；（3）在大电流接地系统中，保护线圈及引出线上的接地故障。

瓦斯保护的保护范围是变压器内部，可切除的故障包括：（1）变压器内部的多相短路；（2）匝间短路，匝间与铁芯或外皮短路；（3）铁芯故障（因发热而烧损）；（4）油面下降或漏油；（5）分接开关接触不良或导线焊接不良。

技能训练

任务工作单见表 1-13。

表 1-13　任务工作单

<table>
<tr><td colspan="8">认识交流继电保护</td></tr>
<tr><td colspan="2">姓名：</td><td colspan="3">班级：</td><td colspan="3">日期：</td></tr>
<tr><td rowspan="3">任务目标：
熟悉三段式电流保护原理和定值的配合</td><td>指导老师</td><td colspan="6"></td></tr>
<tr><td>团队成员</td><td></td><td></td><td></td><td></td><td></td><td></td></tr>
<tr><td>分工职责</td><td></td><td></td><td></td><td></td><td></td><td></td></tr>
<tr><td colspan="8">任务实施：
如图 1-30 所示，如果 B 母线位置发生单相接地短路，请分析哪些保护启动？最后由哪个保护动作于跳闸？
____
____
____
____________________</td></tr>
</table>

任务评价

任务评价见表 1-14。

表 1-14　任务评价表

序号	评价内容	评价标准	分数	评分记录		
				学生自评	组间互评	教师评分
1	三段式电流保护案例分析	各保护的动作和返回的定值配合分析，每错漏一项扣 10 分	80			
2	团队合作精神	汇报时，没有体现团队分工合作的，扣 1 ~ 20 分	20			
总分						
综合成绩（学生自评占 30%，组间互评占 30%，教师评分占 40%）						

巩固练习

1. 为什么地下变电所采用干式变压器？干式变压器可以配置瓦斯保护吗？
2. 瓦斯保护和变压器电流差动保护的保护范围的区别是什么？
3. 简述三段式电流保护原理。

任务7 认识直流继电保护

学习目标

(1)熟悉直流保护原理。
(2)了解双边联跳保护。

任务描述

不同于普通的城市电网，轨道交通具有独特的直流系统，用于为列车提供牵引供电。城市轨道交通牵引供电系统通常采用DC 1 500 V供电，牵引变电所正极向接触网供电，列车受电弓取流后，经过列车流向走行轨，再通过回流线流向牵引变电所负极。由于直流阻抗是纯电阻，比交流阻抗小得多，因此直流短路电流可达几千安，短路电路的破坏力非常大，所以直流保护要比交流保护更加需要快速地切除短路电流。

城市轨道交通牵引供电直流系统的保护主要有：框架保护、大电流脱扣保护、DDL保护、过电流保护及双边联跳保护。本任务学习并掌握常见的直流保护原理，达到城市轨道交通供电维修岗位基本要求。

知识讲解

一、框架保护

为减少杂散电流对土建结构钢筋、钢轨、设备金属外壳及其他地下金属管线产生腐蚀，轨道交通建设过程中采取了较为完善的杂散电流防护措施，即直流牵引供电系统设计为不接地系统，直流供电设备(含回流钢轨)采用绝缘安装，以减少杂散电流的泄漏，即设备外壳不接地。

牵引变电所内采用绝缘安装的牵引供电设备主要有DC 1 500 V直流开关柜、整流器柜、负极柜等。这些设备柜体安装在钢支架上，柜体通过电缆或扁钢(扁铜)与支架连接在一起，形成等电位，称之为框架，框架对地绝缘。

当直流设备柜内DC 1 500 V正极设备发生直流对框架泄漏时，如果直流故障不及时切除，故障可能扩大为DC 1 500 V正极通过设备外壳对负极间的短路事故，对直流设备将造成严重危害，严重影响人员及设备的安全；当DC 1 500 V馈出电缆、接触网等正极带电部分对地发生泄漏时，若不能及时切除故障点，将导致故障点附近的地电位抬高，进而导致轨电位升高，也会严重影响人员及设备的安全。

针对上述两大类故障，直流系统设置了框架泄漏保护。框架泄漏保护(简称框架保护)具有电流型保护和电压型保护的功能，分别由电流元件和电压元件来实现保护功能。电流元件和电压元件将测量值输出给智能保护装置，由保护装置进行逻辑判断，并实现保护输出。

1. 电压型框架保护

电压元件一端接直流设备外壳(框架)，另一端接直流系统负极(直流系统负极与钢轨连接)，测量框架与直流负极之间的电压,如图 1-34 所示。

当直流设备内正极对外壳短路或放电时,电压元件检测的电压为直流正负极电压,大于整定值,框架保护在整定的时间动作。当 DC 1 500 V 馈出电缆、接触网等对地发生泄漏故障时,故障点附近地电位升高,进而引起轨电位和直流负极电位升高,由于此时框架电位没有大的变化,因此,电压元件检测的电压也可能会大于整定值,框架保护在整定的时间动作。

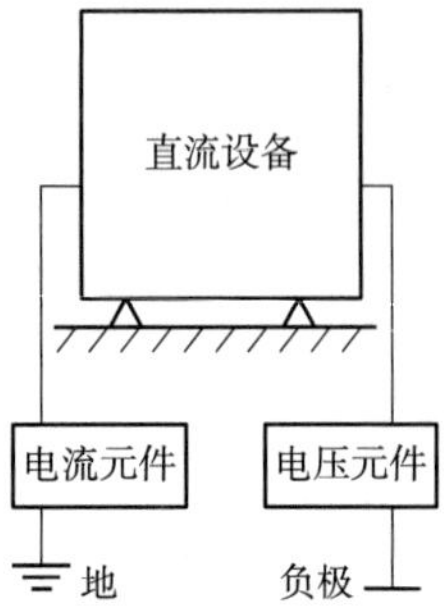

图 1-34　框架保护示意图

框架保护的电压元件由两段组成,Ⅰ段整定值一般为 130 V 左右,动作于告警,Ⅱ段整定值一般为 160 V 左右,延时 1 s 跳闸切除全所直流开关和牵引变压器。框架保护装置动作值和动作时间还与车站的钢轨电位限制装置相配合,作为钢轨电位限制装置的后备保护。

实践中,DC 1 500 V 馈出电缆、接触网等变电所外部的直流泄漏故障更容易触发电压型框架保护动作,而不是电流型框架保护动作。

2. 电流型框架保护

电流元件检测一端接直流设备外壳(框架),另一端经过大电阻接地,通过分流器测量框架对地的故障泄漏电流,如图 1-34 所示。

当直流设备内正极对柜体放电时,电流元件检测的电流达到整定值时,电流型框架保护就会动作。电流型框架保护整定值一般为几十安,无延时,且动作于切除全所直流开关和牵引变压器。

实践中,变电所内的直流设备内的 DC 1 500 V 正极对设备外壳发生泄漏时,更容易引起电流型框架保护动作,而不是电压型框架保护动作。

二、大电流脱扣保护

大电流脱扣保护属于开关自带的本体保护,用于切断大的短路电流。大的短路电流对线路会造成巨大的损坏,所以大的短路电流一出现应立即切断。

大电流脱扣保护的原理类似信号系统的双极继电器,继电器磁回路带有永久磁铁,极性与感应磁场相反,正常状态下永久磁铁的磁场大于感应电流的磁场,使得继电器不动作;一旦线路出现超过动作电流的瞬时大电流,继电器感应磁场大于永久磁铁磁场,继电器直接动作于开关本体的脱扣装置。

大电流脱扣保护整定值要比最大负荷下列车正常起动的电流大,也要比最大短路电流小,是直流开关主保护,保护范围是直流开关近端。动作时间很短,约 150 ms。

三、DDL 保护

$\mathrm{d}i/\mathrm{d}t$ 和 ΔI 保护称为 DDL 保护。DDL 保护是中远端短路主保护,用于大电流脱扣保护不能切除的短路故障,动作时间为 40 ~ 350 ms。$\mathrm{d}i/\mathrm{d}t$ 检测的是电流上升率,ΔI 检测的是电流增量,两者相互配合形成保护动作的判据。

保护基本原理为:设定 E 是 $\mathrm{d}i/\mathrm{d}t$ 启动值,F 是 $\mathrm{d}i/\mathrm{d}t$ 返回值,且 $F < E$。保护装置在运行中,不断检测 $\mathrm{d}i/\mathrm{d}t$,当 $\mathrm{d}i/\mathrm{d}t$ 在给定的时间内(约 40 ms)大于 E 时,$\mathrm{d}i/\mathrm{d}t$ 保护启动,并以此时刻的电流 I_1 为基准,检测当前电流 I,计算 $\Delta I(\Delta I = I - I_1)$。DDL 保护进入延时阶段,延长时间为 $t_1 + t_2$,$t_1 + t_2$ 约 350 ms。$\mathrm{d}i/\mathrm{d}t$ 是 DDL 保护触发的唯一条件。

1. 在 t_1 时间段

(1)若 $\mathrm{d}i/\mathrm{d}t$ 小于 F,则 DDL 返回。

(2)若 $\mathrm{d}i/\mathrm{d}t$ 仍然大于 F,即 DDL 不返回,那么:①若 ΔI 高于 ΔI 整定值,则 DDL 保护立即动

作于跳闸;②若 ΔI 一直低于 ΔI 整定值,则 DDL 保护进入 t_2 时间段。

2．在 t_2 时间段

(1)若 di/dt 小于 F,则 DDL 返回。

(2)若 di/dt 仍然大于 F,那么:①若 ΔI 高于 ΔI 整定值,则 DDL 保护立即动作于跳闸;②若 ΔI 一直低于 ΔI 整定值,在 t_2 时间段结束后, DDL 也立即动作于跳闸。

以上 DDL 保护逻辑能够避免列车起动的冲击电流导致保护误动作。但实际的 DDL 保护的逻辑更加复杂。

四、过电流保护

过电流保护是 DDL 保护的后备保护。通常该保护的动作电流较小,一般按馈线最大负荷考虑,以达到切除直流开关远端短路故障的目的,而动作时间则较长,大于 350 ms,形成后备保护。

保护原理:在运行当中,保护装置不断检测电流大小,当电流在给定的时间内高于保护整定值时,保护启动,进入延时阶段,若在整个延时阶段,电流都高于保护的返回值,则保护动作于跳闸,若在延时的阶段,电流回落到保护返回值之下,则保护返回。

直流过流保护通常采用反时限特性,短路距离越小,短路电流越大,动作时间越短;短路距离越大,短路电流越小,动作时间越长,如图 1-35(b)所示。

双边供电时,短路电流与短路距离关系如图 1-35(a)所示。开关 1 和开关 2 之间是一个供电分区,接触网由来自开关 1 和开关 2 的两路电源供电。当接触网短路故障时,开关 1 和开关 2 均有短路电流,分别为 I_{d1} 和 I_{d2}。I_{d1} 和 I_{d2} 大小与各自的短路距离成反比。如图 1-35(b)所示,I_d 是短路电流,t_d 是动作时间,开关 1 和开关 2 各有一套过电流保护,采用反时限电流保护,I_d 越大,t_d 越小。

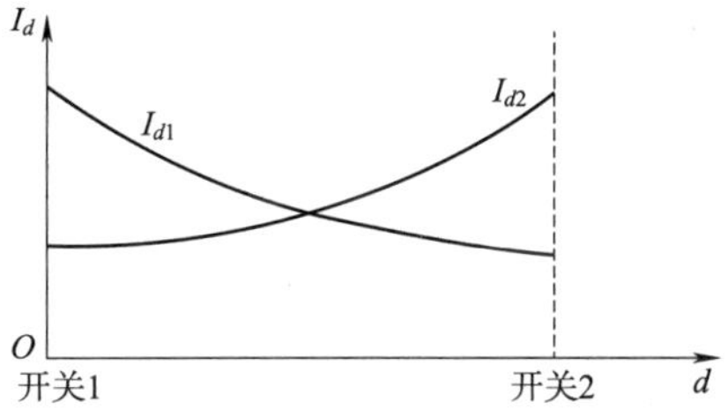

(a)双边供电短路电流与短路距离关系示意图

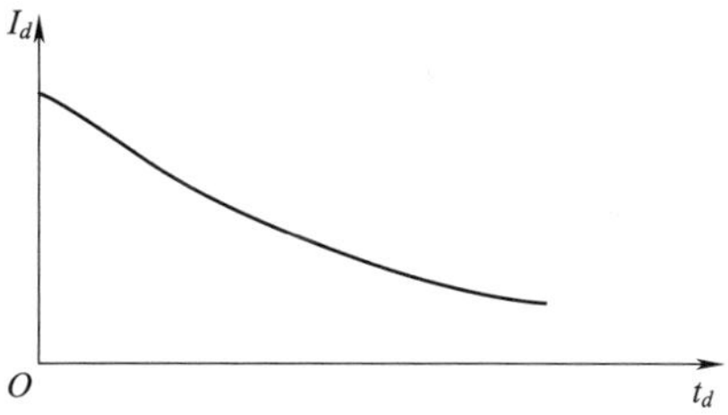

(b)反时限电流保护的动作时间和短路电流关系示意图

图 1-35　双边联跳及反时限电流保护特性示意图

注意:反时限原理不仅仅用于过电流保护,还可以用于 di/dt 和 ΔI 保护。具体视继电保护装置而定。

五、双边联跳保护

直流接触网供电分区采用双边供电,即分别由两座牵引变电所向一个供电分区供电,可确保接触网供电的电压质量和可用性。由于双边供电,因此接触网短路时,必须切除两个供电电源,因此,采用双边联跳的技术方案。大电流脱扣保护、DDL 保护、直流过电流保护均动作于双边联跳。

如果接触网发生短路,那么一个离短路点较近的变电所的大电流脱扣保护动作或 DDL 保护动作或过电流保护先动作,保护动作于向保护的本侧直流开关发出跳闸信号,并通过光纤向另一变电所对应的直流开关也发出跳闸信号,实现该供电分区的短路电源全部切除。这种措施叫双边联跳。

由此可以看出,一个供电分区两个相邻牵引变电所的任何一个短路判据成立都会跳开该分区的两个双边直流开关。

注意:双边联跳原理不仅仅用于直流,交流的差动保护也是双边联跳。

技能训练

任务工作单见表 1-15。

表 1-15　任务工作单

<table>
<tr><td colspan="7">认识直流继电保护</td></tr>
<tr><td>姓名:</td><td colspan="4">班级:</td><td colspan="2">日期:</td></tr>
<tr><td rowspan="3">任务目标:
了解双边联跳电流保护动作过程</td><td>指导老师</td><td colspan="5"></td></tr>
<tr><td>团队成员</td><td></td><td></td><td></td><td></td><td></td></tr>
<tr><td>分工职责</td><td></td><td></td><td></td><td></td><td></td></tr>
<tr><td colspan="7">任务实施:
图 1-35 中,如果接触网短路点离开关 1 远,离开关 2 近。简述开关 1 和开关 2 电流保护的动作配合关系。
____
____
____
____
____________________</td></tr>
</table>

任务评价

任务评价见表 1-16。

表 1-16　任务评价表

<table>
<tr><td rowspan="2">序号</td><td rowspan="2">评价内容</td><td rowspan="2">评价标准</td><td rowspan="2">分数</td><td colspan="3">评分记录</td></tr>
<tr><td>学生自评</td><td>组间互评</td><td>教师评分</td></tr>
<tr><td>1</td><td>电流保护动作配合</td><td>每错漏一项扣 10 分</td><td>40</td><td></td><td></td><td></td></tr>
<tr><td>2</td><td>双边联跳过程描述</td><td>每错漏一项扣 10～20 分</td><td>40</td><td></td><td></td><td></td></tr>
<tr><td>3</td><td>团队合作精神</td><td>汇报时,没有体现团队分工合作的,扣 1～20 分</td><td>20</td><td></td><td></td><td></td></tr>
<tr><td colspan="4">总分</td><td></td><td></td><td></td></tr>
<tr><td colspan="4">综合成绩(学生自评占 30%,组间互评占 30%,教师评分占 40%)</td><td colspan="3"></td></tr>
</table>

巩固练习

1. 直流系统为什么设框架泄漏保护?为什么框架泄漏保护不仅要切除全所直流开关,还要切除牵引变压器?

2. 为什么直流馈线保护采用双边联跳?

任务 8　认识断路器控制回路

学习目标

熟悉断路器控制回路。

任务描述

继电保护是一种二次设备装置,其输出可实现告警或跳闸。那么如何实现告警或跳闸呢,这就需要断路器的控制回路去完成了。

控制回路是继电器、继电器接点、按钮、指示灯等构成的继电电路,除了实现控制功能外,还必须实现接点驱动能力放大,最终控制回路的合闸分闸输出串联于断路器本体的合闸和分闸操作回路,实现断路器本体的合闸和分闸操作。

如图1-36所示,一次设备与二次设备关系图体现了控制回路与继电保护之间的关系,也体现了控制回路与断路器本体分/合闸的关系。同时,控制回路还实现了断路器的就地分/合闸和远方分/合闸的操作功能。

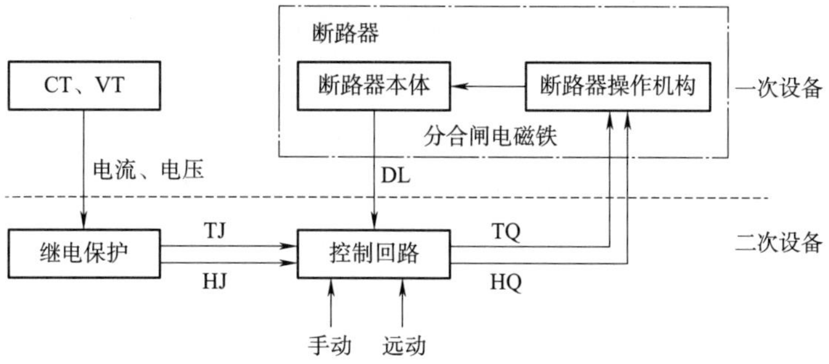

图1-36 一次设备与二次设备关系图

本任务学习并掌握断路器的控制回路,达到城市轨道交通供电维修岗位要求。

知识讲解

一、断路器控制回路的作用

断路器控制回路是用来向断路器输出合闸和分闸命令的回路,同时具备开关状态显示、告警等其他功能。控制回路的主回路是合闸回路和分闸回路,其输出是HQ和TQ接触器接点,用于驱动断路器的操作机构,实现断路器本体的合闸和分闸操作。

图1-36中,继电保护装置向断路器发出跳闸脉冲TJ,控制回路执行TJ启动跳闸线圈,跳闸线圈的接点TQ接入断路器操作机构,断路器操作机构启动分闸电磁铁,利用油压系统或者弹簧机构切断一次回路,实现断路器分闸。断路器重合闸、手动分/合闸和远动分/合闸也是类似控制原理。

二、控制回路的功能

控制回路基本功能为:(1)实现手动分/合闸、保护跳合闸,以及远动分/合闸;(2)防止断路器多次重复跳闸和合闸;(3)反映断路器位置状态,用于显示和指示;(4)监视跳合闸回路的完好性;(5)控制回路能够锁闭,防止外部条件不具备情况下进行分/合闸操作。

三、基本的控制回路

基本的控制回路可以分为6个主要部分:跳闸/合闸回路、跳闸/合闸自保持回路、防跳闭锁回路、断路器位置监视回路、就地远方分/合闸回路以及不对应回路。

此外,控制回路还必须具备重合闸和控制回路闭锁功能。重合闸功能用于消除瞬时性故障;控制回路闭锁功能用于在分/合闸条件不具备的情况下禁止分/合闸操作。

1. 跳闸/合闸回路

跳合闸是控制回路最基本的功能,控制回路如图 1-37 所示。

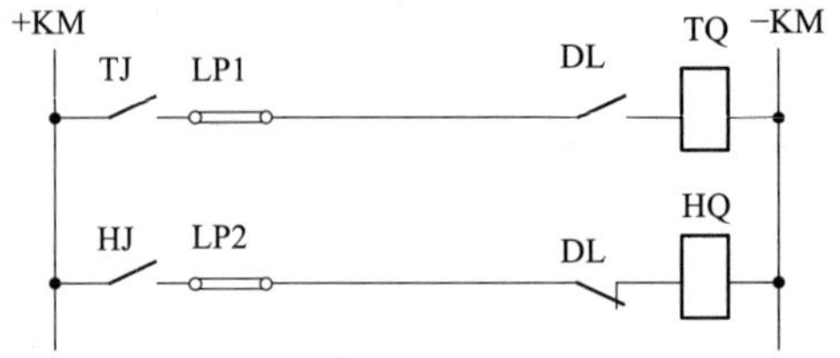

+KM、-KM—直流正负电源;TJ—保护装置跳闸出口接点;HJ—重合闸装置合闸出口接点;
LP1—保护装置跳闸出口压板;LP2—重合闸出口压板;TQ—跳闸线圈;HQ—合闸线圈;
DL—断路器辅助接点(接入跳闸回路的为常开接点,接入合闸回路的为常闭接点)。

图 1-37　跳闸与合闸回路图

(1)跳闸

跳闸前断路器在合闸状态,断路器辅助接点 DL 常开接点闭合。当保护装置发跳闸命令,TJ 闭合时,正电源→TJ→LP1→DL→TQ→负电源构成回路。跳闸线圈 TQ 得电,断路器跳闸。分闸到位后,DL 常开接点断开,TQ 失电,跳闸完成。

(2)合闸

合闸前断路器在分闸状态,断路器辅助接点 DL 常闭接点闭合。当保护装置发合闸命令,HJ 闭合时,正电源→HJ→LP2→DL→HQ→负电源构成回路。合闸线圈 HQ 得电,断路器合闸。合闸到位后,DL 常闭接点断开,HQ 失电,合闸完成。

2. 跳闸/合闸自保持回路

为了防止 TJ 先于 DL 辅助接点断开(如开关拒动等情况),增加了"跳闸自保持回路",如图 1-38 所示的粗线部分。该回路可以起到保护出口接点 TJ 以及可靠跳闸的作用。R 在 0.1 Ω 左右,用以限制跳闸回路和合闸回路电流。

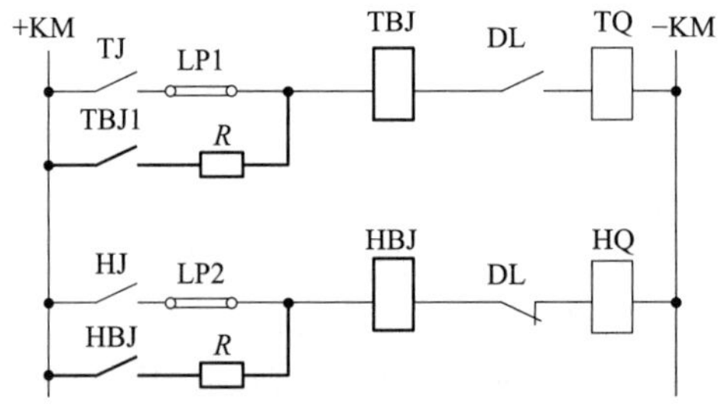

TBJ—跳闸保持继电器;HBJ—合闸保持继电器。

图 1-38　跳闸/合闸自保持回路图

TBJ 线圈串联在跳闸回路,跳闸回路接通时,TBJ 动作,TBJ1 闭合,实现自保持,直到 DL 断开分闸回路。TJ 通常是跳闸脉冲,可防止 TJ 接点黏连而产生保护拒动(拒绝动作),由于有自保持回路,TQ 能够稳定输出断路器分闸命令。合闸回路自保持也是类似。

3. 防跳闭锁回路

TBJ 是跳闸保持继电器,还有另一个非常重要的功能:防跳。防跳,并不是防止跳闸,而是防止跳跃。防止跳跃即防止出现 HJ 接点黏连导致的反复跳、合的跳跃现象。

当合闸于故障线路时,保护发出跳闸命令将断路器跳开。如果此时 HJ 接点发生黏连,断路器就会自动合闸,并在短时间内反复跳、合、跳、合(断路器跳闸时间需要 30 ~ 60 ms,合闸时间需要 60～90 ms，一个跳合周期只需要 150 ms，很容易在短时间内完成几个周期的循环）。

跳跃现象轻则对系统造成多次冲击，严重时可能使断路器爆炸。所以防跳回路是必不可少的。防跳闭锁回路如图 1-39 所示。

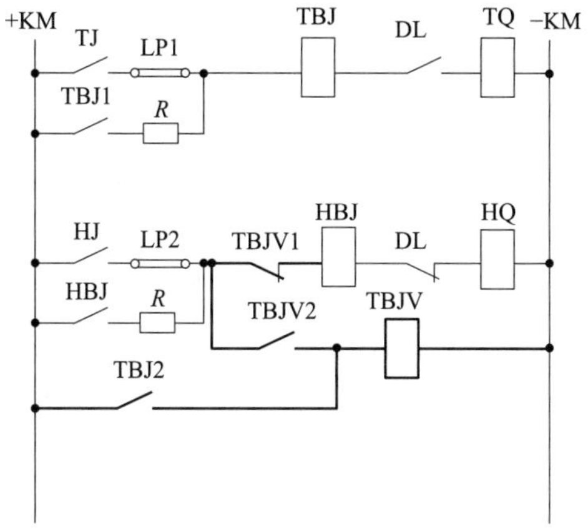

TBJ—防跳继电器电流启动线圈；TBJV—防跳继电器电压自保持线圈。

图 1-39 防跳闭锁回路图

TBJ 是一个双线圈继电器，由串接在跳闸回路的电流启动线圈 TBJ 和防跳回路的电压自保持线圈 TBJV 组成。在跳闸过程中，TJ 启动，TBJ 动作，防跳回路中的 TBJ2 闭合，电压自保持线圈 TBJV 启动，TBJV2 闭合，TBJV1 断开。

如果在保护跳闸期间，HJ 发生接点黏连，HJ→LP2→TBJV2→TBJV 这条回路接通，TBJV 电压自保持，使得 TBJV1 始终断开，合闸回路始终处于断开状态。即使 HJ 发生接点黏连，HQ 也始终不会启动，从而不会出现“TJ→跳闸；HJ 接点黏连接通→合闸；TJ→跳闸……”的反复跳跃现象。这就是防跳的目的：即使 HJ 发生接点黏连，也将断路器保持在跳闸状态。

如果在保护跳闸期间，HJ 没有发生黏连，在断路器完成分闸后，跳闸回路被 DL 常开接点断开，TBJ 电流线圈失电，此时由于 HJ 是断开的，不能形成 TBJV 电压自保持，TBJ 复归。TBJV1 重新闭合，合闸回路完好，不影响下次的跳合闸。

4. 断路器位置监视控制回路

监视控制回路应该能够反映断路器的位置状态以及跳合闸回路的完整性，所以在回路中增加了 TWJ、HWJ，构成的回路用以监视跳闸回路、合闸回路的完整性，如图 1-40 所示。

跳闸位置继电器 TWJ 接入合闸回路，当断路器处于分闸状态时，DL 常闭接点接通，TWJ 得电。注意：由于 TWJ 线圈电阻远大于 HQ 线圈的电阻，HQ 线圈得到的电压很小，因此 HQ 不会输出合闸命令。

合闸位置继电器 HWJ 接入跳闸回路，当断路器处于合闸状态时，DL 常开接点接通，HWJ 得电。注意：由于 HWJ 线圈电阻远大于 TQ 线圈的电阻，TQ 线圈得到的电压很小，因此 TQ 不会输出跳闸命令。

TWJ 的常开接点闭合，回路接通，绿灯亮，表示断路器处在分闸状态，且合闸回路完好；HWJ 的常开接点闭合，回路接通。红灯亮，表示断路器处在合闸状态，且跳闸回路完好。

控制回路的断线回路由 TWJ 和 HWJ 的常闭接点串联来发出“控制回路断线”的信号。控制回路电源完好时，TWJ 和 HWJ 必然有一个启动，控制回路的断线回路无法接通。当控制回路电源失电时，TWJ 和 HWJ 均失电，常闭接点闭合，控制回路的断线回路接通，控制屏报“控制回路断线”状态。

另外，由于 TWJ 和 HWJ 与断路器的辅助接点 DL 常开常闭状态一一对应，因此常用于替代 DL 接点的功能。

5. 就地远方分/合闸回路

除了用于继电保护装置的跳闸回路和合闸回路(重合闸使用)之外，控制回路还需要具备正常分/合闸功能，即远方分/合闸和就地分/合闸功能。增加的就地分/合闸和远方分/合闸控制回路如图 1-41 所示。

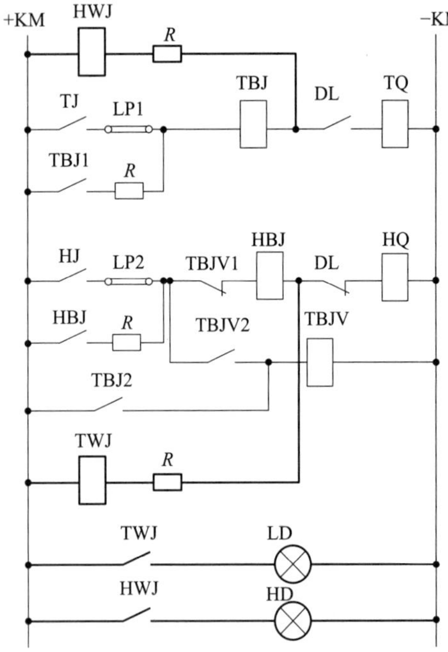

HWJ—合闸位置继电器；TWJ—跳闸位置继电器；
LD—绿灯；HD—红灯。

图 1-40　断路器位置监视控制回路图

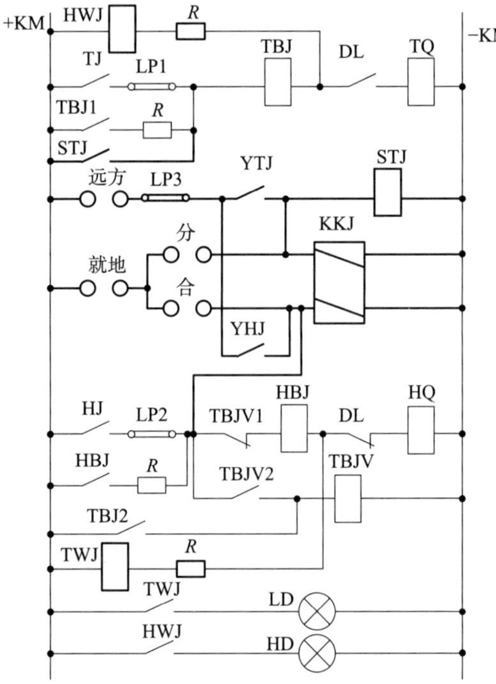

STJ—手跳继电器；KKJ—合后位置继电器；
YTJ—遥跳继电器；YHJ—遥合继电器。

图 1-41　就地远方分/合闸回路图

图 1-41 中的“远方-就地”是一个旋转式切换开关，旋转到“远方”位置时，远方回路接通，旋转到“就地”位置时，就地操作回路接通。“分合”是两个按钮，“分”按下时，“分”的接点接通；“合”按下时，“合”的接点接通。

(1)就地分闸

将“远方-就地”切换开关旋转到“就地”位置时，按下“分”按钮，就地→分→STJ 回路接通，手跳继电器 STJ 得电启动。STJ 闭合时，正电源→STJ→TBJ→DL→TQ→负电源构成回路。跳闸线圈 TQ 得电，断路器分闸。分闸到位后，DL 常开接点断开，TQ 失电，分闸完成。

(2)就地合闸

将“远方-就地”切换开关旋转到“就地”位置时，按下“合”按钮，就地→合→TBJV1→HBJ→DL→HQ 回路接通，合闸保持继电器和合闸线圈得电，实现合闸回路自保持和 HQ 接点输出，实现合闸操作，合闸操作完成后，DL 常闭接点切断合闸回路。

(3)远方分闸

远方分/合闸操作是自动化系统的操作，例如运营控制中心(operating control center，OCC)调度人员远程倒闸操作。将“远方-就地”切换开关旋转到“远方”位置时，调度员在工作站发出分闸命令，自动化系统的遥跳继电器 YTJ 得电，远方→YTJ→STJ 回路接通。STJ 闭合时，正电源→

STJ→TBJ→DL→TQ→负电源构成回路。跳闸线圈 TQ 得电，断路器分闸。分闸到位后，DL 常开接点断开，TQ 失电，分闸完成。

（4）远方合闸

将“远方-就地”切换开关旋转到“远方”位置时，调度员在工作站发出合闸命令，自动化系统的遥合继电器 YHJ 得电，正电源→远方→YHJ→TBJV1→HBJ→DL→HQ→负电源回路接通，合闸保持继电器和合闸线圈得电，实现合闸回路自保持和 HQ 接点输出，实现合闸操作，合闸操作完成后，DL 常闭接点切断合闸回路。

6. 不对应回路

不对应回路由 KKJ 和 TWJ 接点串联而成。图 1-41 中的 KKJ 是合后位置继电器，KKJ 接入“不对应回路”，用于反映“不对应”状态。所谓不对应是指断路器状态与正常分/合闸操作状态不一致。

KKJ 的“合后位置”“分后位置”是用来判断是正常的人为分/合闸操作，还是故障时保护装置的跳合闸动作。在正常的合闸操作后，KKJ 体现为合后位置，此时，KKJ = 1；在正常的分闸操作后，KKJ 体现为分后位置，此时，KKJ = 0；当保护动作跳闸或者开关“偷跳”时，KKJ = 1，但是 TWJ（DL）= 1。此时，不对应回路接通，中央信号屏发出“事故总信号”，继电保护也可以启动重合闸装置，重合闸装置发出 HJ 命令。事故总信号启动声光告警后，必须人工确认才能复归。

7. 其他功能

（1）重合闸功能

重合闸的接点是 HJ，重合闸命令来自继电保护附属的重合闸装置。由于 80%～90% 的短路故障是瞬时性的，例如绝缘子上金属粉尘引起的瞬时性的闪络，少数情况属永久性故障，因此发生短路故障时，继电保护先跳闸切断故障电流，在 1 s 之内，这种瞬时或暂时性的故障会自然消失，此时重合闸装置再发出重合闸命令，让断路器重新合闸。如果重合闸后继电保护不再跳闸，说明重合闸成功，恢复正常供电。如果重合闸后继电保护继续跳闸，则说明重合闸不成功，为永久性故障，不再重合闸，断路器处于分断状态。重合闸是否投入需要在继电保护装置上设定。

（2）控制回路的闭锁功能

为保证断路器工作的安全，控制回路往往采取多种闭锁措施，当条件不满足时，禁止断路器的操作。常见的闭锁回路一般有三种：

①断路器的操作系统异常时，对分/合闸回路进行闭锁。当液压/气压操作机构压力过高或过低、弹簧操作机构弹簧未储能、SF_6 断路器的 SF_6 压力低时，串接在跳、合闸回路中的常闭接点断开，不允许断路器分合。

②在不同电源需要并网的场合，断路器控制回路要增加同期闭锁回路，实现发电厂与电网正弦波波形同步。

③为了防止误操作的防误闭锁回路，在不具备操作条件时将控制回路断开。

技能训练

任务工作单见表 1-17。

表 1-17　任务工作单

<table>
<tr><td colspan="8">认识断路器控制回路</td></tr>
<tr><td colspan="2">姓名：</td><td colspan="3">班级：</td><td colspan="3">日期：</td></tr>
<tr><td rowspan="3">任务目标：
熟悉断路器控制回路</td><td>指导老师</td><td colspan="6"></td></tr>
<tr><td>团队成员</td><td></td><td></td><td></td><td></td><td></td><td></td></tr>
<tr><td>分工职责</td><td></td><td></td><td></td><td></td><td></td><td></td></tr>
</table>

任务实施：
结合图 1-41 就地远方分/合闸回路图，简述就地分/合闸、远方分/合闸的控制过程。

任务评价

任务评价见表 1-18。

表 1-18 任务评价表

序号	评价内容	评价标准	分数	评分记录		
				学生自评	组间互评	教师评分
1	就地分/合闸控制过程	每错漏一项扣 5 分	40			
2	远方分/合闸控制过程	每错漏一项扣 5 分	40			
3	团队合作精神	汇报时，没有体现团队分工合作的，扣 1 ~ 20 分	20			
总分						
综合成绩(学生自评占 30%，组间互评占 30%，教师评分占 40%)						

巩固练习

1. 断路器的控制回路需要实现哪些功能？
2. 为什么要设计“防跳回路”？结合图 1-39 简述防跳原理。

任务 9 认识断路器

学习目标

(1) 了解断路器及其合闸回路和分闸回路。
(2) 了解 GIS 知识。

任务描述

断路器控制回路主要输出用于驱动断路器本体的合闸和分闸操作。本任务以 GIS 为例，学习断路器构成以及断路器本体的合闸和分闸操作。通过本任务的学习，完全认识了图 1-36 所示的从继电保护到控制回路再到断路器本体的分/合闸过程及相关设备。

知识讲解

一、GIS

六氟化硫封闭式组合电器，国际上称为“气体绝缘开关设备”（gas-insulated switchgear，GIS）。它将一座变电所中除变压器以外的一次设备，包括断路器、隔离开关、接地开关、电压互感器、电流互感器、避雷器、母线、电缆终端、进出线套管等，经优化设计有机地组合成一个整体。（一个 GIS 是一个纵向间隔，所有 GIS 间隔通过母线横向连接构成 GIS 系统。）

1. SF_6 的特性

SF_6 是一种惰性气体。纯净的 SF_6 气体是无色、无味、无臭、不燃，在常温下化学性质稳定，属惰性气体。气体密度是空气密度的 5.1 倍。

SF_6 气体在 0.29 MPa 压力时，绝缘强度与变压器油相当，其灭弧能力是空气的 100 倍，是目前应用最广泛的电气绝缘气体。

SF_6 气体的负面作用：在断路器和 GIS 操作过程中，在电弧、电晕、火花放电、局部放电和高温等因素影响下，SF_6 气体会进行分解，它的分解物遇到水分后会变成腐蚀性电解质。其中有些高毒性分解物，如 SF_4、S_2F_2、S_2F_{10}、SOF_2、HF 和 SO_2，它们会刺激皮肤、眼睛、黏膜，如果吸入量大，还会引起头晕和肺水肿，甚至致人死亡。

2. GIS 类型

按间隔布置方式划分，GIS 分为立式 GIS 和卧式 GIS。按 A、B、C 三相布置方式划分，GIS 可分为单相单筒式和三相共筒式两种形式。

轨道交通供电系统 35 kV GIS 大多采用户内立式 GIS 开关柜；110 kV GIS 大多采用户内卧式 GIS 系统，轨道交通 35 kV GIS 和 110 kV GIS 大多采用单相单筒式气体系统，而不是三相共筒式气体系统。

以 35 kV GIS 为例，每个间隔就是一面柜体，典型柜体有断路器柜、隔离柜和母联柜，如图 1-42 所示。断路器柜用于进线间隔和出线间隔，隔离柜用于母设间隔，母联柜用于母联间隔。

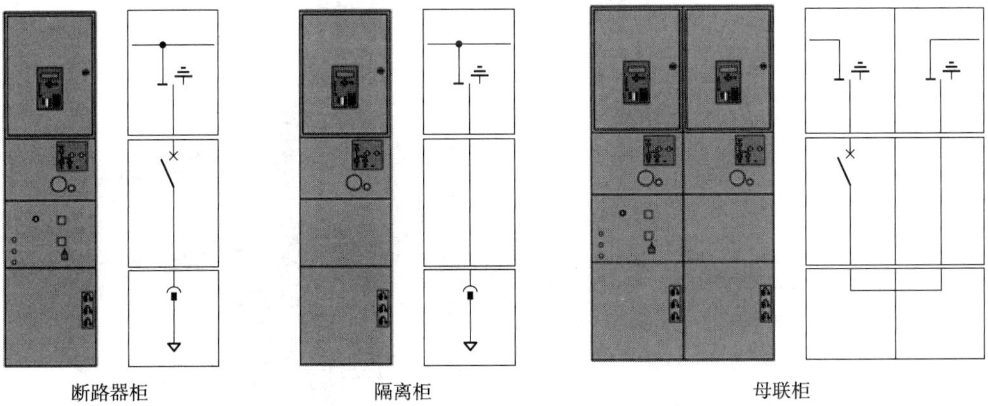

图 1-42　35 kV GIS 柜型图

3. GIS 开关柜的优点

GIS 开关柜的主要优点包括：

占地面积小：GIS 开关柜通过将所有主要组件封装在气密外壳内，显著减小占地面积。

集成度高：GIS 开关柜内集成了断路器、隔离开关、电流互感器等设备，高度集成的设计不仅减少了安装的分散性，还保证了设备质量。

环境适应性强：GIS 开关柜的密封结构使其能够在恶劣环境下表现出色，保护内部组件免受外部污染物的影响，如湿气、灰尘和腐蚀性气体。

维护成本低：GIS 柜的气密性密封措施可防止外部污染物进入，减少了定期清洁和维护操作的需要；较长使用寿命和免维护设计进一步降低了维护成本和停机时间。

可靠性和安全性高：GIS 开关柜通过其先进的设计提高了可靠性，SF_6 气体绝缘有效地保护开关柜组件，防止电弧，提高整体安全性。

扩展能力强：GIS 柜具有出色的可扩展性，可以根据需要轻松集成和扩展额外的开关柜模块。

安装方便：GIS 开关柜采用整体运输，安装方便。

4. GIS 开关柜的构成

35 kV GIS 开关柜由操作界面、横向布置的母线套筒、纵向布置的极柱套筒以及套筒内电气元件构成，如图 1-43 所示。

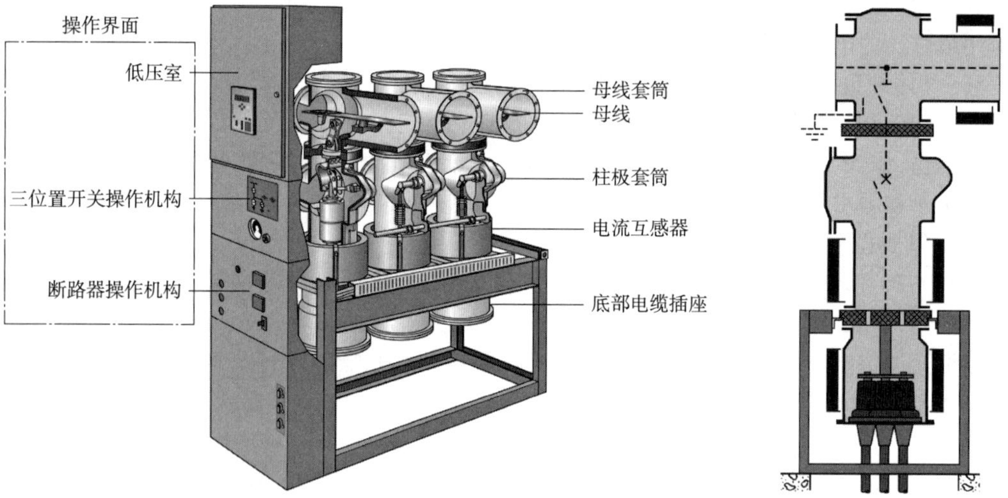

（a）35 kV GIS开关柜图　　（b）GIS单相剖面示意图

图 1-43　35 kV GIS 断路器柜构成图

图 1-43 中，横向金属套筒是母线套筒，纵向金属套筒是极柱套筒。所有一次侧元件均安装在横向和纵向金属套筒内，金属套筒充装 SF_6 气体，SF_6 气体压力约为 0.29 MPa。

（1）母线套筒

母线套筒如图 1-44 所示。

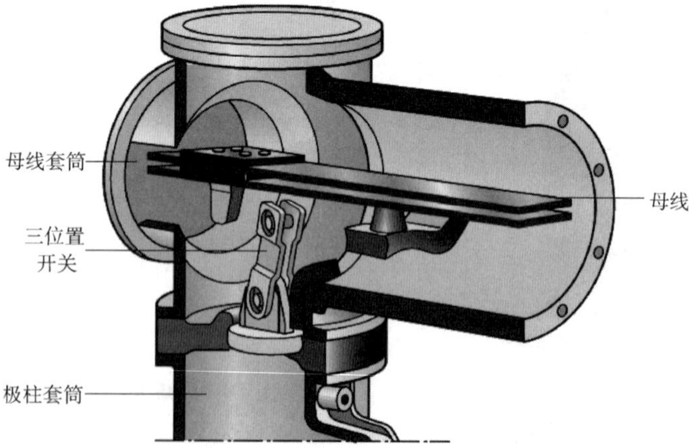

图 1-44　母线套筒

母线套筒内设母线，横向连通所有间隔；在母线套筒与纵向的极柱套筒交叉处设三工位开关（也叫三位置开关），可电气连接母线和断路器间隔。

（2）极柱套筒及套筒内电气元件

极柱套筒如图 1-45 所示。

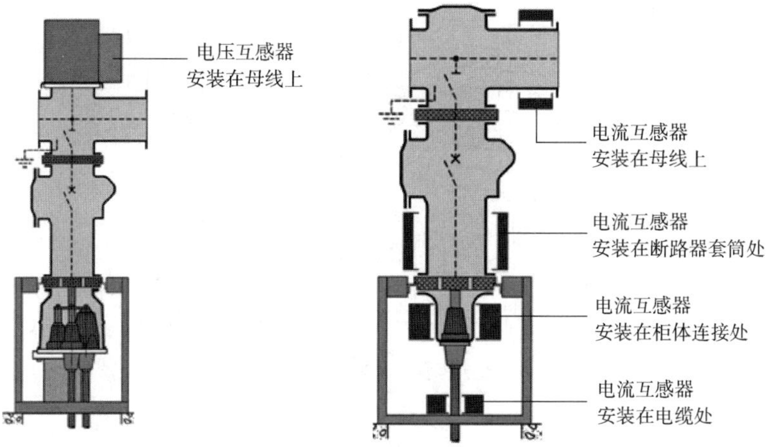

（a）极柱套筒和VT　　（b）极柱套筒和CT

图 1-45　极柱套筒

极柱套筒与母线套筒交叉处安装有三工位开关，在此安装断路器、电缆接头。VT 的一次侧并联接入套筒内的母线 A、B、C 三相，二次侧在母线套筒顶部。CT 一次侧串联接入套筒内的 A、B、C 三相铜排，CT 的二次侧套在极柱套筒外侧，位于断路器和电缆接头之间。

GIS 核心设备包括断路器和隔离开关。如果隔离开关带接地功能，则采用三工位开关。

二、断路器

断路器主要功能是分/合闸，开断正常及非正常负荷。通常断路器是真空灭弧室，也叫真空泡。当动、静触头在操作机构的作用下分闸时，触头间产生电弧，电弧在磁场作用下沿触头表面切线方向快速运动，由于电流是正弦波，存在自然过零，因此在真空环境下能够自然熄灭。

断路器接受控制回路的 TQ 跳闸和 HQ 合闸命令，由操作机构实现一次回路的分/合闸。跳闸信息流如图 1-36 所示。操作机构通常有两种类型：弹簧脱扣操作机构和油压式操作机构。

1. 弹簧脱扣操作机构

轨道交通 GIS 通常采用弹簧脱扣操作机构。

弹簧脱扣操作机构由合闸脱扣器、合闸弹簧、分闸脱扣器、分闸弹簧、齿轮传动机构、拉杆、储能电机等构成，如图 1-46 所示。

弹簧脱扣操作机构的合闸操作和分闸操作如下。

（1）合闸操作

弹簧机构处于分闸位置且合闸弹簧已储能。HQ 接通，合闸电磁铁受电，合闸电磁铁动作后，合闸脱扣器释放棘轮上的合闸止位销，在合闸弹簧的作用下，棘轮通过传动轴带动凸轮顺时针旋转，凸轮推动主拐臂上磙子，从而带动主拐臂旋转，并通过拉杆带动传动拐臂顺时针旋转，传动拐臂旋转时不仅带动拐臂盒中的主传动轴顺时针旋转将断路器本体合闸，还带动分闸弹簧拐臂对分闸弹簧储能。当断路器合闸到位后，分闸脱扣器又将主拐臂上的分闸止位销锁住，从而保持断路器本体在合闸位置，分闸弹簧在压缩储能状态。

（2）分闸操作

弹簧机构处于分闸位置且分闸弹簧已储能。TQ 接通，分闸电磁铁受电动作后，分闸脱扣器释放棘轮上的分闸止位销，在分闸弹簧的作用下，实施与合闸过程相反的机械运动将断路器本体分闸。当断路器分闸到位后，保持断路器本体在分闸位置，合闸弹簧在压缩储能状态。

2. 油压式操作机构

油压式操作机构由合闸电磁铁、分闸电磁铁、油压系统、拉杆等构成，如图 1-47 所示。

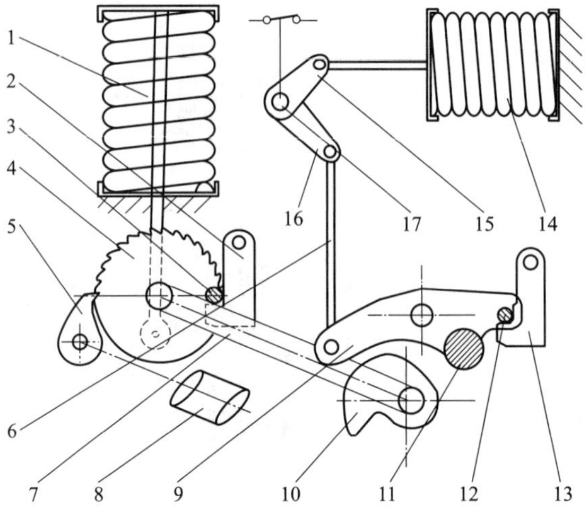

1—合闸弹簧;2—合闸脱扣器;3—合闸止位销;4—棘轮;5—棘爪;6—拉杆;7—传动轴;
8—储能电机;9—主拐臂;10—凸轮;11—磙子;12—分闸止位销;13—分闸脱扣器;
14—分闸弹簧;15—分闸弹簧拐臂;16—传动拐臂;17—主传动轴。

图 1-46　弹簧脱扣操作机构

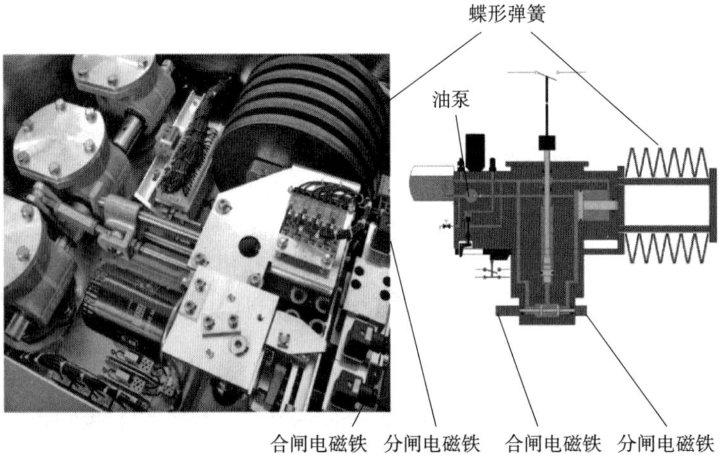

（a）断路器分合闸液压操作机构实物与剖面图

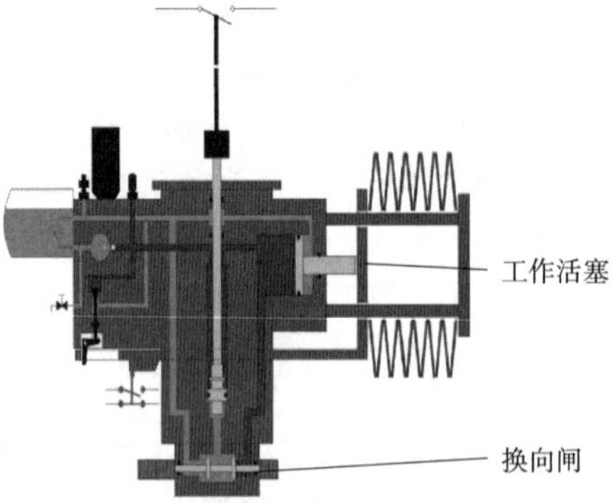

（b）断路器分闸状态

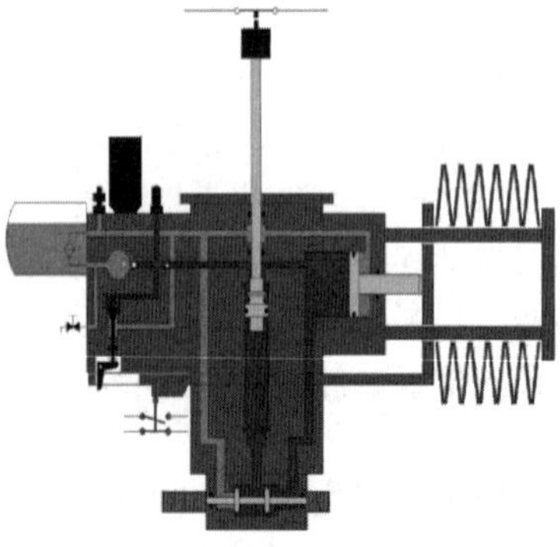

（c）断路器合闸状态

■ 低压油路；■ 高压油路。

图 1-47　断路器分/合闸油压操作机构

分闸：油泵启动后泵出高压油，分闸电磁铁动作后，换向阀右移，高压油路作用于工作活塞的顶部，使工作活塞下行至分闸位置；同时推动蝶形弹簧压缩，使弹簧储能完成，蝶形弹簧压缩使油路保持高压状态。

电气弹簧储能是为了确保合闸时触点能够瞬间吸合，分闸过程中和分闸后，高压油压缩弹簧到合闸的触发点位置，进行储能操作，这个过程就是储能。合闸操作时，高压油和弹簧同时发力，使得开关触点瞬间被吸合。

合闸：合闸电磁铁动作后，换向阀左移，使高压油路与工作活塞下方连通，因工作活塞下端比上端受力大，同时储能弹簧释放压力，使得工作活塞在压差的作用下上移，完成合闸动作。

大多数断路器操作机构有两个弹簧，一是合闸弹簧，二是分闸弹簧。

（1）合闸弹簧

合闸弹簧靠电机储能，在分闸后即自动储能。储能以后，断路器在失电的情况下仍然能够再完成一次合闸动作。这对于重合闸功能有重大的意义。

（2）分闸弹簧

分闸过程中，当操动机构的分闸线圈 TQ 通电，高压油路换向阀移动，在高压油和分闸弹簧的作用下迅速完成分闸操作。

分闸弹簧的储能是通过合闸弹簧的能量释放进行的，即在合闸过程中，需要克服分闸弹簧的拉力，合闸后，分闸弹簧就储能了。也就是说，合闸后，合分闸弹簧都储能了。

三、隔离开关

隔离开关的主要功能是开断无负荷回路。可实现接地功能的三工位隔离接地开关，如图 1-48 所示，隔离开关和接地开关共用一个壳体、共用一个操作机构，可电气、机械联锁，防止误操作。

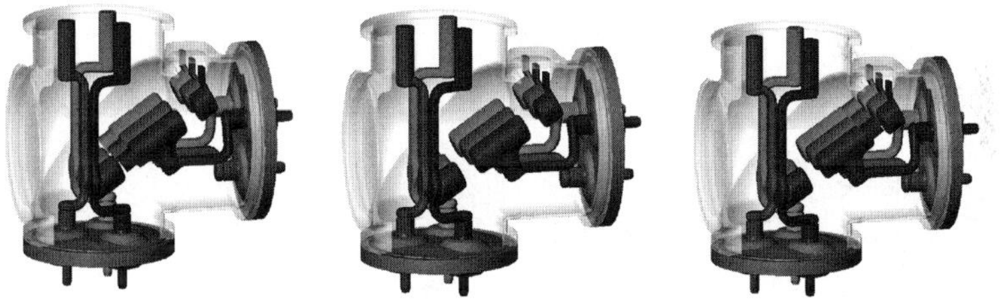

图 1-48　三工位隔离接地开关图

垂直方向是电源侧，中间是动触头，水平方向是输出侧。当动触头接通垂直方向时，实现隔离开关合闸；当动触头悬空时，实现隔离开关分闸；当动触头接通水平方向时，实现隔离开关分闸，且接地刀开关合上，实现接地功能。

技能训练

任务工作单见表 1-19。

表 1-19　任务工作单

<table>
<tr><td colspan="8">认识断路器</td></tr>
<tr><td>姓名：</td><td colspan="4">班级：</td><td colspan="3">日期：</td></tr>
<tr><td rowspan="3">任务目标：
（1）认识 GIS 断路器间隔的构成。
（2）认识断路器操作回路。
（3）认识倒闸操作</td><td>指导老师</td><td colspan="6"></td></tr>
<tr><td>团队成员</td><td></td><td></td><td></td><td></td><td></td><td></td></tr>
<tr><td>分工职责</td><td></td><td></td><td></td><td></td><td></td><td></td></tr>
</table>

任务实施：

(1)35 kV GIS 断路器柜包括哪些部分？

(2)以油压式操作机构为例，简述分/合闸过程。

任务评价

任务评价见表 1-20。

表 1-20 任务评价表

序号	评价内容	评价标准	分数	评分记录		
				学生自评	组间互评	教师评分
1	断路器构成	每错漏一项扣 5 分	50			
2	操作机构分/合闸	每错漏一项扣 5 分	30			
3	团队合作精神	汇报时，没有体现团队分工合作的，扣 1 ~ 20 分	20			
总分						
综合成绩(学生自评占 30%，组间互评占 30%，教师评分占 40%)						

巩固练习

1. 什么是 GIS 开关柜？
2. 相比于普通开关柜，GIS 开关柜有哪些优点？为什么？

任务 10 认识中性点接地方式

学习目标

(1)掌握三种中性点接地方式及其应用区别。

(2)掌握城市轨道交通各级电压的中性点接地方式。

任务描述

三相交流电力系统中性点与大地之间的电气连接方式，称为电网中性点接地方式。电网中性点接地方式也就是变电所中变压器的各级电压的中性点接地方式。

为什么中性点要接地？主要原因有三个：(1)中性点接地有稳定的零电位，稳定的零电位可以决定电力系统设备绝缘水平的选择，可以在设备漏电时，确保人身安全。(2)正常运行，三相平衡，中性点接地也不会有中性点电流，但故障时，有明显的短路电流回路，且三相不平衡时，中性点还会有中性点电流，有利于继电保护及时判断故障并切除故障。(3)中性点接地可提高电网的安全可靠性、经济性。

本任务学习中性点三种接地方式及其用途，达到城市轨道交通供电维修岗位要求。

知识讲解

中性点是指变压器或发电机Y绕组的公共点。变压器绕组为Y接线时，有引出的中性点，该中性点可以接地也可以不接地。变压器绕组为△接线时，没有引出的中性点，故无法直接进行中性点接地。接地后的中性点是电力系统的该电压等级的零电位点。

变压器中性点接地方式有三种接地方式：中性点不接地方式、中性点经消弧线圈接地方式或中性点经过小电阻接地方式、中性点直接接地方式。第二种接地系统因为接地短路电流比较小，故统称为小接地电流系统；第三种接地系统因为接地短路电流比较大又称为大接地电流系统。

一、中性点不接地方式

35 kV 变压器绕组为△接线时，没有引出的中性点，变压器 35 kV 侧中性点不接地。

优点：这种系统发生单相接地时，其他两相的相序不变，且理论上没有接地电流，因此，三相用电设备的两相还能正常工作，允许暂时继续运行 2 h，因此供电的可用性高。

缺点：这种系统发生单相接地时，其他两相的对地电压升到线电压，是正常时的$\sqrt{3}$倍，因此绝缘要求高，绝缘费用增加。

中性点不接地方式常见于 19 世纪电力系统不够完善的情况，且用于 35 kV 电压等级，现在中国的电力系统基本淘汰 35 kV 中性点不接地方式。

二、中性点经消弧线圈接地方式

当 35 kV 系统中性点不接地时，电网发生单相接地时，仍可继续运行 2 h，但若接地电流过大，会产生持续性电弧，威胁电气设备，如果弧光短路进一步发展，可发展为三相或两相短路，形成严重的短路故障。因此，在中性点不接地基础上产生了中性点经消弧线圈接地的方式，以熄灭瞬时接地引起的弧光危害，甚至直接“消灭”这种瞬时接地，让系统回归正常状态。

通常 35 kV 系统采用 Z 形变压器构成接地变压器（接地变），该变压器接在 35 kV 母线上，人为制造中性点接地。Z 形接地变压器在结构上与普通三相芯式电力变压器相同，如图 1-49 所示。

不带二次绕组的 Z 形接地变压器，每相铁芯上的绕组分为上、下相等匝数的两部分，接成曲折形连接，等同于△/Y接线。由于每个铁芯柱上两段绕组绕向相反，铁芯柱上两绕组流过相等的零序电流，其感应电动势大小相等，方向相反，互相抵消，对零序电流呈低阻抗。对正序、负序电流，接地变每一铁芯柱上产生的磁势是两相绕组磁势的相量和，三相磁通在铁芯柱上互相形成磁通路，磁阻小、磁通量大、感应电动势大，呈高阻抗。这个△/Y接线的中性点可以用来经消弧线圈接地或经小电阻接地。

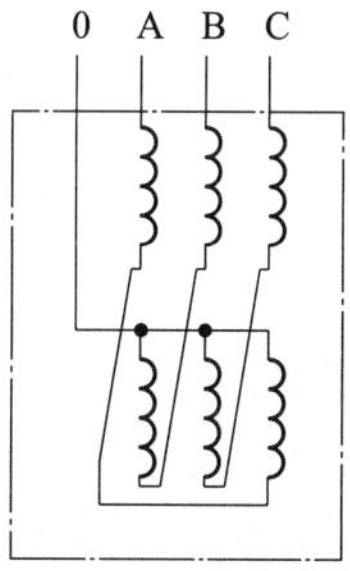

（a）不带二次绕组

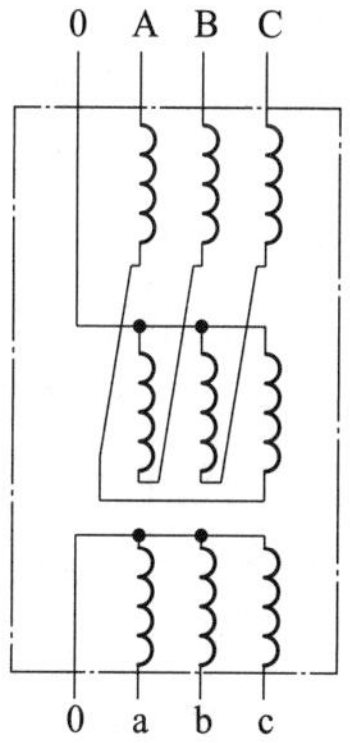

（b）带二次绕组

图 1-49 Z 形接地变压器

带二次绕组的 Z 形接地变压器，其二次侧用于变电所的站用变。站用变是变电所自身用电的专用变压器。

1. 经消弧线圈接地的工作原理

中性点经消弧线圈接地方式对应的变压器绕组为△接线，虽然没有引出的中性点，但是可以通过△/Y接线变压器方式接地，如图 1-50 所示。

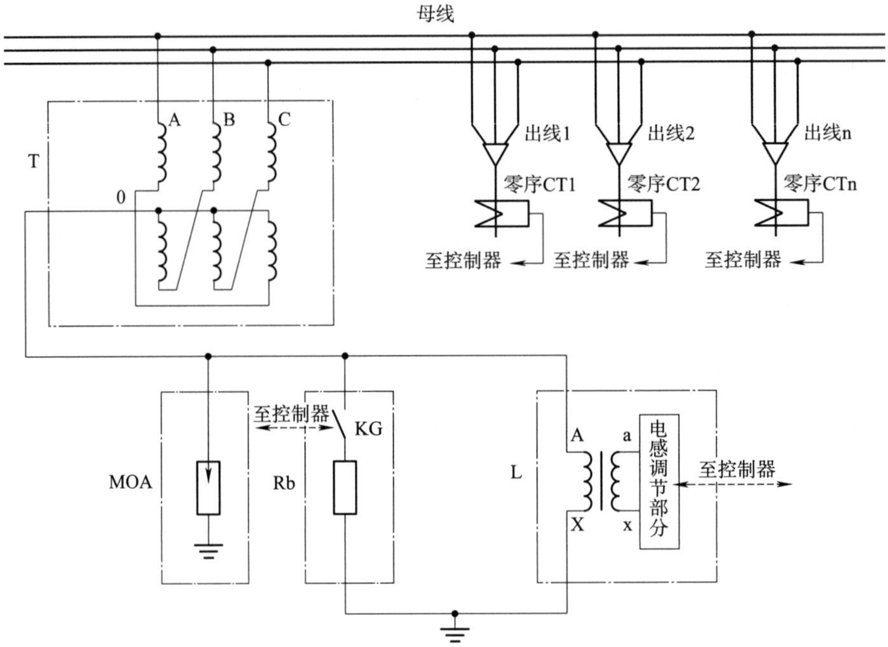

MOA—无间隙氧化锌避雷器;T—接地变压器;L—可自动调谐的消弧线圈;
Rb—中性点接地电阻器,用于抑制电网内部过电压以及实现单相接地故障选线;
KG—开关,用于控制中性点接地电阻器的投切;CT1,CT2,…,CTn—线路零序
电流互感器,用于出线零序电流的监测,实现单相接地故障选线。

图 1-50　经消弧线圈接地接线图

消弧线圈是一个具有铁芯的可调电感线圈,装设在变压器的中性点。当发生单相接地故障时,可形成一个与接地电容电流大小接近相等而方向相反的电感电流,这个滞后电压 90°的电感电流与超前电压 90°的电容电流相互补偿,最后使流经接地处的电流变得很小以至等于零,从而消除了接地处的电弧以及由它可能产生的危害。消弧线圈的名称也是这么得来的。当电容电流等于电感电流的时候称为全补偿;当电容电流大于电感电流的时候称为欠补偿;当电容电流小于电感的电流的时候称为过补偿。一般采用过补偿,使消弧线圈有一定的裕度,不至于发生谐振而产生过电压。

2. 中性点经消弧线圈接地方式的优缺点

优点:(1)发生瞬间单相接地故障时,能被消弧线圈自动消除。(2)发生永久性接地故障时,有较大的短路电流,非对称接地还有零序电流,使得继电保护会动作于开关跳闸,消除故障。

缺点:(1)尽管装设有消弧线圈,但是仍然会存在类似于不接地系统的过电压现象,因此,对电气设备的绝缘等级仍然要求比较高。(2)短路电流相对较小,虽然能相对减小对电气设备的危害,但是这也局限了继电保护的选择性和速动性,给保护的配合带来难度。

中性点经消弧线圈接地方式在城市轨道交通中不采用。

三、中性点小电阻接地方式

由于目前中国电网足够发达,不需要通过缺相运行,以满足供电可用性,因此,不再采用消弧线圈接地,而是直接采用 Z 形接地变压器,在一次绕组进行小电阻接地,如图 1-51 所示。城市轨道交通 35 kV 系统就是采用这种小电阻接地。

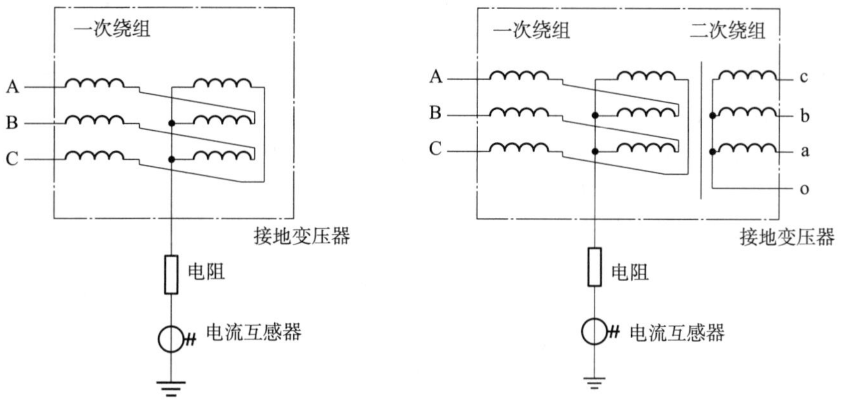

（a）小电阻接地接线图（不含站用变）　　（b）小电阻接地接线图（站用变与接地变合用）

图 1-51　小电阻接地接线图

四、中性点直接接地方式

中性点直接接地方式对应的变压器绕组为Y接线，通常其中性点直接接地，主要用在 110 kV 及以上的供电系统和 0.4 kV 配电系统。

中性点直接接地的系统又称大接地电流系统，其特点是：中性点接地时，即使发生单相接地故障，也可使相电压固定不变，因此绝缘等级可以按相电压设计而不是线电压。

优点：(1)电气设备的绝缘等级按相电压设计，绝缘成本较低。(2)短路电流相对较大，继电保护的运行方式和定值整定比较容易。

缺点：电力系统发生单相金属性接地时，如果接地电流超过规定的数值时，电弧将不能熄灭，瞬间接地故障会发展成为永久性故障。

随着电压等级的升高，设备绝缘费用所占比重也越来越大，所以，110 kV 及以上系统均采用中性点直接接地方式。0.4 kV 配电系统，也采用中性点直接接地，以确保任何接地故障时有接地电流导致跳闸，从而确保用电安全。

五、城市轨道交通供电系统接地方式

110 kV 主变电所：主变压器采用Y/△接线，110 kV 侧采用中性点直接接地的接地方式，35 kV 侧变压器没有中性点，因此，在母线上设有采用△/Y接线的接地变压器(也就是 Z 形接线的接地变压器)，在Y绕组的中性点采用小电阻接地的接地方式。

那么主变压器为什么不直接采用Y/Y接线呢？那是因为轨道交通谐波含量非常大，为了防止轨道交通谐波反送至电力系统，导致电网电压畸变，甚至零序保护动作，因此采用△接线削弱谐波向电力系统的传送。

△接线削弱谐波原理是：3、6、9、12 等次谐波的 A、B、C 三相电流的幅值相位相同，类似于零序电流。以 3 次谐波为例，$i_{A3}=i\sin(3\omega t+\varphi)$，$i_{B3}=i\sin[3(\omega t+2\pi/3)+\varphi]=i\sin(3\omega t+\varphi)$，$i_{C3}=i\sin[3(\omega t-2\pi/3)+\varphi]=i\sin(3\omega t+\varphi)$；因此，$i_{A3}=i_{B3}=i_{C3}$；所以相电压 $U_{A3}=U_{B3}=U_{C3}$；即线电压 $U_{AB3}=U_{A3}-U_{B3}=0$，同理，$U_{BC3}=0$，$U_{CA3}=0$。

因此，对于 3、6、9、12 等次谐波，主变压器的二次侧(35 kV 侧)采用△接线时，A、B、C 三相线电压幅值相等、相位相同，因此，△接线的线圈两端电压为相电压，相电压为零，电流也为零，从而感应到一次侧的相应电流也是零，消除了这些谐波对电力系统的污染。

不仅轨道交通供电系统 110 kV/35 kV 变压器采用Y/△接线，很多大型工厂的厂内变压器也是采用Y/△接线，主要目的是抑制谐波对电力系统的影响。

35 kV 牵引变电所：变压器采用△/△/Y接线，35 kV 侧采用中性点不接地的接地方式，直流侧负极柜也不接地。

35 kV 降压变电所：变压器采用△/Y接线，变压器的 35 kV 侧采用中性点不接地的接地方式，0.4 kV 侧采用中性点直接接地的接地方式。

特别强调，虽然 35 kV 变电所的 35 kV 中性点不接地，但是 35 kV 系统是有接地点的，接地点在主变电所的 35 kV 母线接地变压器上。

技能训练

任务工作单见表 1-21。

表 1-21　任务工作单

<table>
<tr><td colspan="8">认识中性点接地方式</td></tr>
<tr><td>姓名：</td><td colspan="3">班级：</td><td colspan="4">日期：</td></tr>
<tr><td rowspan="3">任务目标：
掌握城市轨道交通 110 kV、35 kV 和 0.4 kV 系统中性点接待方式和接地措施</td><td>指导老师</td><td colspan="6"></td></tr>
<tr><td>团队成员</td><td></td><td></td><td></td><td></td><td></td><td></td></tr>
<tr><td>分工职责</td><td></td><td></td><td></td><td></td><td></td><td></td></tr>
<tr><td colspan="8">任务实施：
(1)为什么变压器 35 kV 线圈采用△绕组，为什么 35 kV 系统人为建立中性点并小电阻接地？
____
____
____
(2)城市轨道交通 110 kV 主变电站、35 kV 牵引变电站、35 kV 降压变电站，各电压等级采用什么措施进行中性点接地，接地方式是什么？
____
____
______________________________</td></tr>
</table>

任务评价

任务评价见表 1-22。

表 1-22　任务评价表

序号	评价内容	评价标准	分数	评分记录		
				学生自评	组间互评	教师评分
1	采用△绕组的原因	正确得 30 分，基本正确得 15 ~ 25 分，不准确得 0 ~ 10 分	30			
2	35 kV 系统人为建立中性点并接地的原因	正确得 20 分，基本正确得 10 ~ 15 分，不准确得 0 ~ 10 分	20			
3	各电压等级的变电站接地方式	每错一项扣 5 分	30			
4	团队合作精神	汇报时，没有体现团队分工合作的，扣 1 ~ 20 分	20			
总分						
综合成绩(学生自评占 30%，组间互评占 30%，教师评分占 40%)						

巩固练习

中性点直接接地方式与小电阻接地方式各有什么优缺点？

项目2
城市轨道交通变电所

项目导入

前面我们学习了通用的电力系统知识,包括电力系统的基本概念、继电保护、控制回路和断路器的基本知识等。接下来轨道交通供电系统的学习就较为容易了,因为电力系统原理是一致的,而城市轨道交通供电系统只是电力系统的在城市轨道交通的应用。

城市轨道交通供电系统分为:主变电所、中压环网系统、接触网、动力照明配电系统和电力监控系统五部分,其中中压环网系统由牵引变电所、降压变电所和环网电缆构成。

城市轨道交通供电系统35 kV中压环网系统是城市轨道交通线路的核心骨干能源网络,它承接来自110 kV主变电所的35 kV电源,通过车站牵引变电所为列车通过牵引电源,通过降压变电所为车站设备提供配电电源。

城市轨道交通每个车站必须设置降压变电所,为车站提供交流0.4 kV动力和照明配电电源;城市轨道交通每2~3个车站必须设置牵引变电所,为接触网提供DC 1 500 V或DC 750 V直流牵引电源。

任务1　认识主变电所

学习目标

(1)掌握主变电所电气主接线图。
(2)熟悉主变电所一次系统及其设备编号原则。
(3)熟悉主变电所二次系统,进一步了解主要的继电保护配置和定值整定。
(4)熟悉主变电所的正常和非正常情况下的运行方式。
(5)掌握主变电所的资源共享三种方式。

任务描述

110 kV主变电所是城市轨道交通线路的主电源,是城市轨道交通供电系统与城市电网的接口。每座110 kV主变电所由城市电网的变电所提供两路独立可靠的110 kV进线电源。每座110 kV主变电所设置两台110 kV/35 kV主变压器,将来自城市电网的110 kV电压降压为35 kV电压,并馈送至中压环网系统的各个中压环网供电分区,实现对各个车站、控制中心和车辆段变电所的35 kV供电。

由于在城区110 kV线路资源非常稀缺且投资很大,所以110 kV主变电所的选址通常选取在单条轨道交通线路的负荷中心，使得一座 110 kV 主变电所为多条线路提供主电源，实现资源共享。

资源共享的方式是一座主变电所向两条地铁线路供电，即两条地铁线路共享一座主变电所的 110 kV 线路和主变压器。资源共享具体措施是在主变电所内或周边设置开闭所，然后由开闭所为新的线路提供 35 kV 电源。

本任务认识主变电所和主变电所资源共享。学习内容包括：主变电所各电压等级的主接线、各电压等级的一次设备、二次设备和主变电所运行方式，达到了解主变电所的构成以及如何运行目的，同时学习主变电所资源共享的三种形式。

知识讲解

一、变电所主接线

主变电所主接线包括：110 kV 侧主接线，35 kV 侧主接线以及变压器绕组接线。主变电所主接线如图 2-1 所示。

1. 110 kV 侧主接线

城市轨道交通主变电所的 110 kV 侧由于进出线很少，只有两路进线，因此不设母线，而是采用线路-变压器组接线。考虑到这两路进线需要相互支援时，在两个线路和变压器组接线之间增加一路“桥”，起到 110 kV 母联开关作用。因此：城市轨道交通主变电所 110 kV 侧常用的接线形式有两种：内桥接线和外桥接线。这两种主接线还可以考虑设置 110 kV 进线之间的跨条，以增加运行的灵活性。

考虑到地铁与城市电网对这两路 110 kV 线路的调度管理关系，通常采用内桥接线。

2. 35 kV 侧主接线

35 kV 侧主接线一般采用单母分段接线，设母联开关。

3. 变压器绕组接线

每座主变电所设置两台 110 kV/35 kV 主变压器，变压器绕组采用Y/△接线。

二、一次设备编号原则

主变电所通常采用城市电力系统的一次设备编号原则，以便接入城市电网调度系统。

变压器编号：1#变、2#变，即 1 号变压器、2 号变压器。

断路器编号：采用三位数编号，其中第一位数表示电压等级。第二、三位数为“00”表示是母联开关；为“01”表示是连接 1#变的变压器开关；为“02”表示是连接 2#变的变压器开关。

隔离开关编号：采用四位数编号，前三位数与该隔离开关对应的断路器编号必须一致。第四位数为 1 表示是 Ⅰ 段母线侧的隔离开关；为 2 表示是 Ⅱ 段母线侧的隔离开关；为 3 表示是变压器侧或线路侧的隔离开关。

110 kV 系列：编号 1 × × 的开关，第一位数的“1”表示 110 kV 电压等级。

1 号变压器变高侧开关：编号为 101。其 Ⅰ 段母线侧刀开关：编号为 1011。其变压器侧刀开关：编号为 1013。注意：线路-变压器组接线虽然没有母线，但是刀开关编号时，仍然假设开关上方有 110 kV 母线，即图 2-1 中的 1011 刀开关相当于 101 开关的母线侧刀开关。

110 kV 桥开关（相当于母联开关）：编号为 100。其 Ⅰ 段母线侧刀开关：编号为 1001。其 Ⅱ 段母线侧刀开关：编号为 1002。

35 kV 系列：编号 3 × × 的开关，第一位数的“3”表示 35 kV 电压等级。

2 号变压器变低侧开关：编号为 302。其 35 kV 母线侧刀开关：编号为 3022。其变压器侧刀开关：编号为 3023。

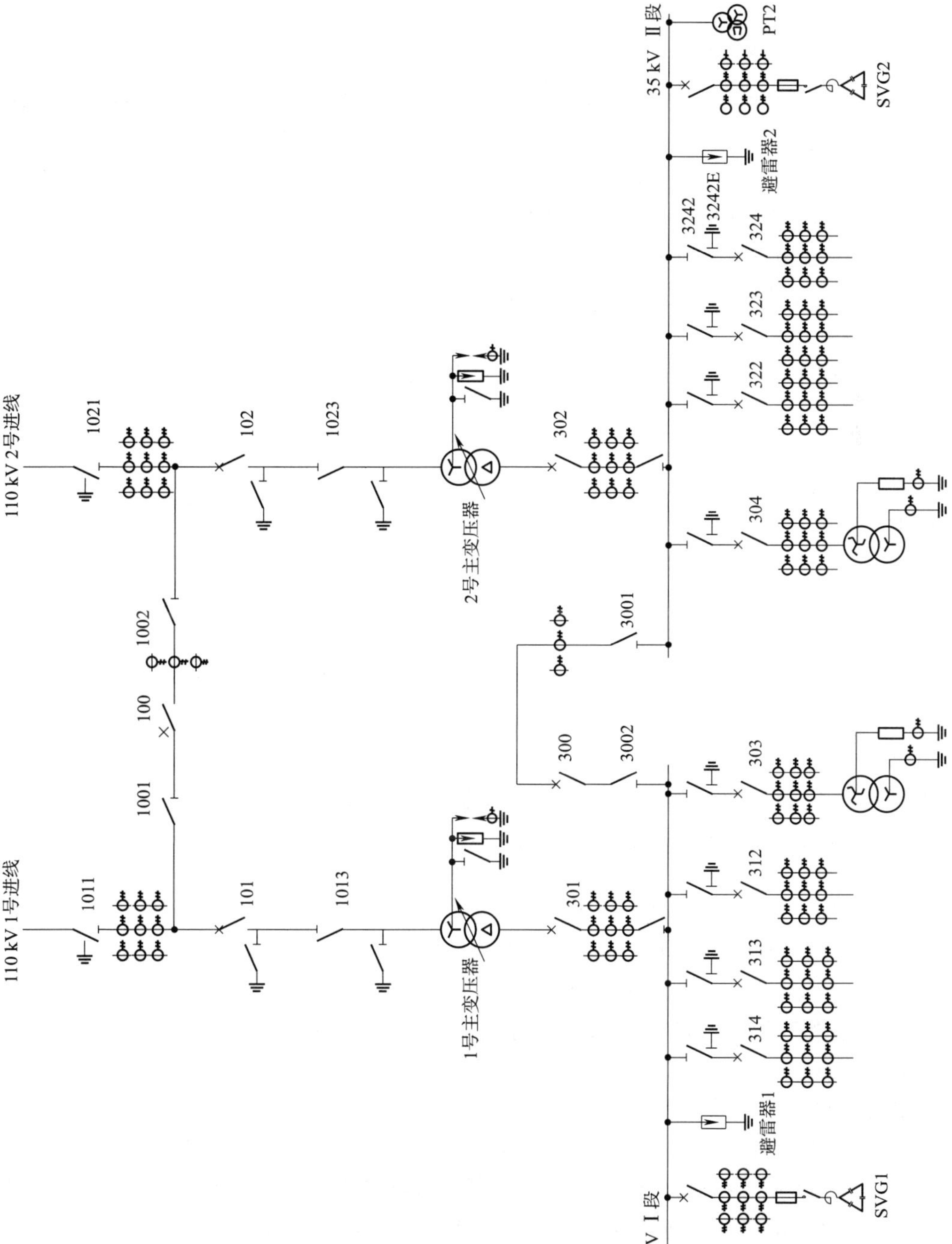
110 kV 1号进线
110 kV 2号进线
1011
1021
101
102
1013
1023
1001
100
1002
1号主变压器
2号主变压器
301
302
300
3002
3001
35 kV Ⅰ段
35 kV Ⅱ段
PT1
PT2
SVG1
SVG2
避雷器1
避雷器2
314
313
312
303
304
322
323
324
3242
3242E

图2-1 主变电所主接线

35 kV 母联开关:编号为300。其Ⅰ段母线侧刀开关:编号为3001。其Ⅱ段母线侧刀开关:编号为3002。

35 kV 线路开关:311 开始编号。其母线侧刀开关:编号为3111 或3112。其线路侧刀开关:编号为3113。

三、主变电所一次设备

主变电所一次系统设备包括110 kV 电压等级的一次设备和35 kV 电压等级的一次设备。110 kV 电压等级的一次设备主要包括:110 kV 进线开关、110 kV 桥开关、主变压器、110 kV 避雷器、110 kV 接地装置。35 kV 电压等级的一次设备主要包括:35 kV 母线、进线开关,出线开关、母联开关 35 kV 接地装置、35 kV 动态无功补偿及谐波治理装置、站用变压器等。

1. 110 kV 进线开关和桥开关

城市轨道交通主变电所 110 kV 进线开关和桥开关通常采用 GIS 开关。

2. 主变压器

主变压器 110 kV 侧Y绕组引出中性点,中性点上安装三种设备:接地刀开关、避雷器和放电间隙。

(1)接地刀开关

接地刀开关用于中性点接地。

(2)避雷器

避雷器用于卸载雷电波。雷电波的电压往往是额定电压的几十倍上百倍,通过击穿避雷器可以防止雷电击毁电力系统设备。

(3)放电间隙

放电间隙用于卸载过电压。当中性点刀开关接地时,放电间隙与避雷器均不起作用;当中性点刀开关断开后,放电间隙与避雷器有一个互相配合关系。当中性点电压逐渐升高到一定电压值时放电间隙先击穿,如此时电压降低,则避雷器就无须动作了,如电压继续升高,则避雷器动作。放电间隙可以防止避雷器的频繁动作,以延长避雷器的寿命。

另外,放电间隙还可以防止其他过电压,例如,开关操作过程中 A、B、C 三相瞬间不平衡的动作会引起操作过电压,在一定电压下间隙会被击穿,把电压引向大地。

3. 35 kV 母线、进线开关、出线开关和母联开关

35 kV 母线、进线开关、出线开关和母联开关采用 GIS 组合电器。

(1)35 kV 进线开关指变压器 35 kV 侧断路器,通常采用 GIS 开关。

(2)35 kV 出线开关指从 35 kV 母线馈出的断路器,通常采用 GIS 开关。

(3)35 kV 母联开关连接 35 kV 的Ⅰ段和Ⅱ段母线,通常采用 GIS 开关。

4. 动态无功补偿及谐波综合治理装置

动态无功补偿及谐波综合治理装置(static var generator,SVG,也称静态无功发生器),其动态补偿是基于 IGBT 技术的有源动态补偿,可通过监测电源的动态波形,根据功率因数动态调整无功补偿,确保主变电所总的功率因数大于等于 0.8,满足电网要求。同时,根据主要的谐波含量,采用有源滤波技术进行动态谐波治理,以满足电网对轨道交通谐波含量限制的要求。传统的电容式无功补偿装置无法动态调整补偿量。

5. 35 kV 接地变压器

35 kV 每一段母线配置一台 35 kV 接地变压器(Z 形变压器),采用△/Y 接线,在 35 kV 电压等级的中性点进行小电阻接地。正常情况下,小电阻接地长期投入运行。

6. 站用变压器

站用变压器,即站用变,也叫所内配电变,是为变电所的交直流电源系统供电的专用 35 kV/0.4 kV 变压器。城市轨道交通 110 kV 和 35 kV 变电所均设有 35 kV/0.4 kV 站用变,可以与接地变压器合设,也可以分设。

图 2-1 所示的主接线,接地变压器与站用变合用,因此有两个接地点:35 kV 小电阻接地,0.4 kV 中性点接地。

7. 接地变压器

35 kV 侧设有 Z 形接地变压器,形成△/Y 接线,在中性点进行小电阻接地。

四、主变电所二次设备

主变电所二次系统设备包括继电保护装置、自动控制装置、通信设备、自动化设备等。

1. 继电保护装置

(1)110 kV 线路继电保护

由于主变电所处在 110 kV 线路末端,因此 110 kV 线路的继电保护一般由对侧的城市电网变电所配置,其速断保护(包括电流保护和阻抗保护)的保护范围是 110 kV 进线线路。

(2)110 kV 主变压器继电保护

110 kV 主变压器配置的继电保护有:变压器电流差动保护、定时限过电流保护、零序电流保护、重瓦斯保护、有载调压瓦斯保护、过负荷保护,轻瓦斯保护、油位异常保护、温度保护和气压释放保护等。

主变压器的电流保护有电流差动保护、定时限过电流保护、零序电流保护。主变压器电流保护如图 2-2 所示,$\dot{I}_1$是变压器一次侧(110 kV 侧)电流,包括 A、B、C 三相,$\dot{I}_2$是变压器二次侧(35 kV 侧)电流,包括 A、B、C 三相,$\dot{I}_0$是变压器 110 kV 中性点电流,即零序电流。TJ1 和 TJ2 是跳闸输出,分别对应 101 开关和 301 开关。

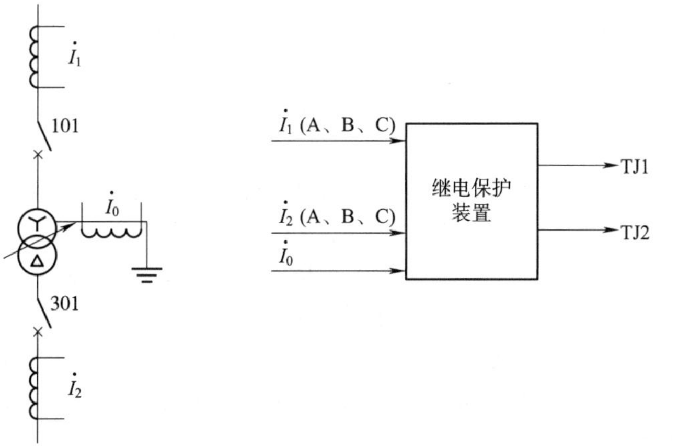

图 2-2　主变压器电流保护示意图

对继电保护判据进行举例说明,假设 CT 额定电流是 5 A,则:

①差动保护:假设整定值是 0.5 A,动作时间(即整定时间)是 0 s,$\dot{I}_1 - \dot{I}_2 \geq 0.5$ A,则 0 s 动作,TJ1 和 TJ2 都发出跳闸脉冲,动作于跳闸 101 开关和 301 开关。

②101 开关的定时限过电流保护:假设的整定值是 15 A,动作时间是 1 s,A、B、C 任何一相

$\dot{I}_1$(A、B、C)≥15 A,延时 1 s 动作,TJ1 发出跳闸脉冲,动作于跳闸 101 开关。

③301 开关的定时限过电流保护:假设的整定值是 15 A,动作时间是 1 s,A、B、C 任何一相 $\dot{I}_2$(A、B、C)≥15 A,延时 1 s 动作,TJ2 发出跳闸脉冲,动作于跳闸 301 开关。

④零序电流保护:假设的整定值是 0.5 A,动作时间是 0 s, $\dot{I}_0$≥0.5 A,0 s 动作,TJ1 和 TJ2 都发出跳闸脉冲,动作于跳闸 101 开关和 301 开关。

其他电气类继电保护装置及其保护定值配合类似。本书不再赘述。

(3)站用变压器 35 kV 侧继电保护

站用变压器 35 kV 侧的继电保护有:电流速断保护、过电流保护、零序电流保护、过负荷保护、变压器温度保护等。

(4)接地变压器继电保护

接地变压器的继电保护有:过电流保护、零序电流保护、变压器温度保护等。

(5)35 kV 进线继电保护

35 kV 进线的继电保护有:过电流保护、零序电流保护。

线路的零序保护取自 A、B、C 三相电流的相量和,零序电流 $3\dot{I}_0 = \dot{I}_A + \dot{I}_B + \dot{I}_C$。

(6)35 kV 母联开关继电保护

35 kV 母联开关的继电保护有:电流速断保护、定时限过电流保护以及零序电流保护。

(7)35 kV 动态无功补偿及谐波综合治理装置(SVG)继电保护

SVG 的继电保护有:电流速断保护、过电流保护、过电压保护、装置内部保护。

2. 自动控制装置

变电所自动控制装置通常是指母联开关备自投装置,备自投装置是备用电源自动投入使用装置的简称,其原理是监测两段母线电压,当某一段母线失压后,延时自动投入母联开关,确保两段母线同时供电。

对于轨道交通的 110 kV 主变电所,35 kV 母联开关通常不设置自投装置,母联开关由调度员操作。这是因为主变电所运行的可靠性非常重要,母联开关的自动投入要慎重,必须由人工确认投入条件。

五、主变电所的运行方式

电力系统的运行方式是指电气设备运行的方法和形式,例如通过开关的分合可以构成不同的一次系统电路。对于不同的一次电路,其继电保护的运行方式必须与一次电路的运行方式相配合,涉及继电保护定值的改变、继电保护的投入和退出。也就是说,对于不同的一次电路,其开关所设的继电保护会有所不同,继电保护的整定值也会不相同。

主变电所运行方式包括两个方面:(1)一次系统运行方式,包括主接线运行方式和中性点投切(投入和切除)方式;(2)继电保护运行方式,包括保护投入、退出及整定值的配合。

1. 一次系统运行方式

(1)中性点投切方式

主变电所主变压器 110 kV 侧采用Y绕组,中性点有接地刀开关,35 kV 侧设有接地变压器,经小电阻接地。主变电所主变压器 110 kV 侧是否投入接地应根据城市电网的具体要求确定。通常一座主变电所的两台变压器,投入一个中性点接地,即:中性点直接接地。

35 kV 母线设有接地变压器,采用△/Y接线,在Y绕组的中性点串联一个 20 Ω 左右的小电阻,再直接接地(可以不设接地刀开关),即小电阻接地。

(2)正常运行方式

正常情况下,主变电所的110 kV侧桥开关分闸、35 kV母联开关分闸,两路110 kV进线电源、两台主变压器和两段35 kV母线分列运行,向其供电范围内的牵引变电所和降压变电所供电。

(3)非正常运行方式

主变电所非正常运行方式有三种:主变电所一路110 kV进线电源解列、主变电所一台主变压器解列以及主变电所解列。不考虑一条线路的全部主变电所解列的情况。

解列是工业系统常用的术语,是退出运行的意思。解列的原因可能是设备出现了故障,也可能是设备正在检修,也有可能是其他原因。

①主变电所一路110 kV进线电源解列。主变电所一路110 kV进线电源解列的情况下,通过倒闸操作,桥开关合闸,该110 kV进线对应的主变压器由另一路110 kV进线电源供电,1号、2号主变压器承担该所正常供电范围内的牵引和动力照明全部负荷。

②主变电所一台主变压器解列。主变电所一台主变压器解列的情况下,通过倒闸操作,35 kV母联开关合闸,由另一台主变压器承担该所35 kV Ⅰ段和Ⅱ段母线供电范围内的牵引负荷和动力照明一、二级负荷。

③主变电所全所解列。一座主变电所全所解列的情况下,相邻供电分区设置的中压供电环网联络开关,通过"备自投"自动控制功能自动投入或者调度员操作合闸,相邻供电分区承担该两座主变电所正常供电范围内的牵引负荷和动力照明一、二级负荷。

2. 继电保护运行方式

继电保护的投入、退出以及定值的整定需要与一次侧的运行方式密切配合。特别是中性点投切发生变化,以及中压环网供电分区发生变化时,保护定值应与一次系统相匹配。

六、主变电所资源共享

轨道交通主变电所的110 kV电缆是轨道交通线路的生命线,电缆连接着城市的110 kV电源和轨道交通的主变电所,其电缆路径穿越城市区域,非常稀缺,因此一座主变电所往往尽可能服务于两条轨道交通线路,实现110 kV线路和主变电所的资源共享。

通常,为了实现主变电所资源共享,建设主变电所时,预留了主变压器容量和后续线路35 kV供电的条件。后续线路建设时,只需要从既有的110 kV变电所引出两路35 kV电源,并构成35 kV供配电系统即可,但这种供配电系统没有变压器,只有配电功能。

开闭所:指用于接受电力并分配电力的供配电设施,其特征是电源进线侧和出线侧的电压相同,没有变压器,即没有变电功能,只有配电功能。

开闭所35 kV侧接线方式有以下三种:两级35 kV母线方式、35 kV侧T接方式、35 kV母线非独立方式。

1. 两级35 kV母线方式

两级35 kV母线方式的主变电所资源共享,主变电所设置两级35 kV母线,资源共享线路的35 kV进线电源均从一级35 kV母线引出,如图2-3所示。

该资源共享方式的特点是:各线路的35 kV系统之间相对独立,对于不同线路的控制可通过向不同线路供电的总开关完成,相互之间无影响。后期线路建设时,不需要对主变电所主变压器差动保护进行改造,对已运营线路的影响较小。上海轨道交通的部分线路的主变电所采用了该接线方式进行主变电所资源共享。

2. 35 kV侧T接方式

35 kV侧T接方式的主变电所资源共享,共享线路的35 kV开闭所的35 kV进线电缆在主变电所主变压器35 kV侧出线端子处T接,如图2-4所示。

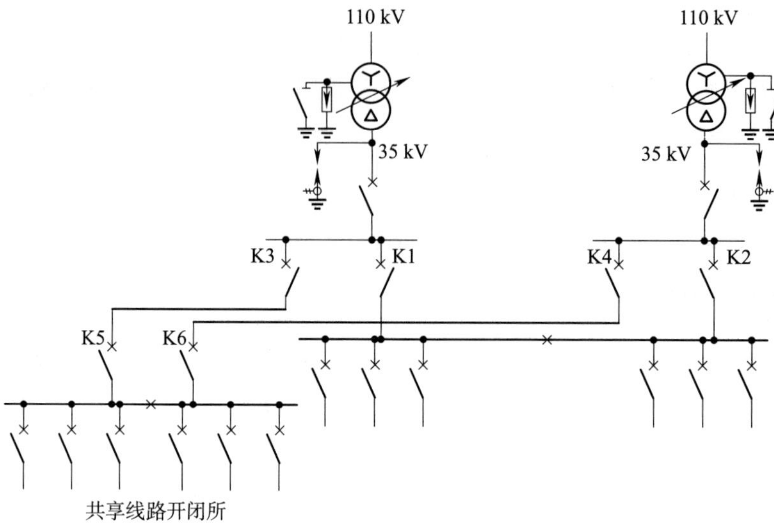

图 2-3　35 kV 两级母线方式开闭所主接线图

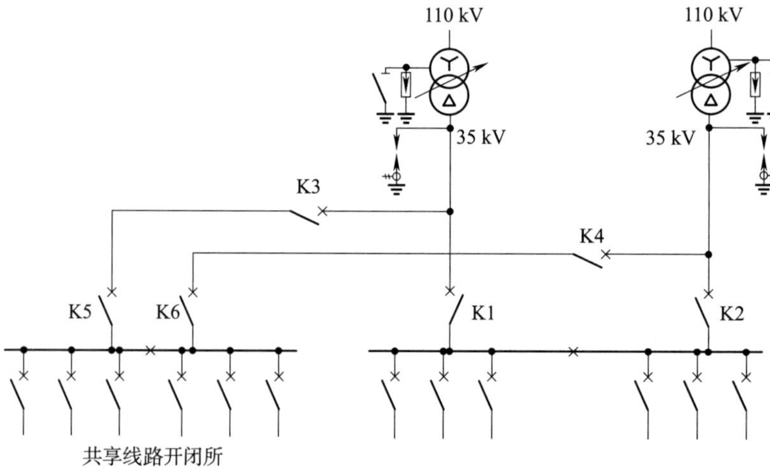

图 2-4　35 kV 侧 T 接方式开闭所主接线图

该资源共享方式的特点是:各线路的 35 kV 系统之间相对独立,对于不同线路的控制可通过向不同线路供电的总开关完成,相互之间无影响。后期线路建设时,需要对主变电所主变压器差动保护进行调整,但在先期准备工作充分的前提下,对已运营线路的影响较小。杭州、广州等多数城市轨道交通的部分线路的主变电所采用了该接线方式进行主变电所资源共享。

3. 35 kV 母线非独立方式

35 kV 母线非独立方式的主变电所资源共享,主变电所主变压器 35 kV 侧设置一级 35 kV 母线,共享线路的 35 kV 开闭所的 35 kV 进线电缆在主变电所 35 kV 出线开关,如图 2-5 所示。

该资源共享方式的特点是:资源共享线路的 35 kV 进线电源共用 35 kV 母线,相互之间的独立性相对较差,一条线路的故障可能影响到另一条线路的正常供电。深圳、东莞、成都等城市轨道交通的部分轨道交通线路的主变电所采用了该接线方式进行主变电所资源共享。

4. 三种资源共享的接线方式比较

主变电所三种资源共享的接线方式对比见表 2-1。

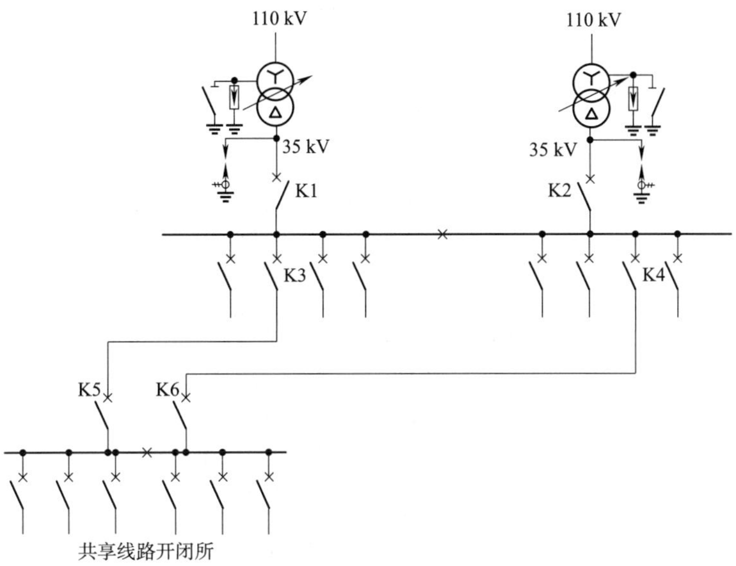

图 2-5 35 kV 母线非独立方式开闭所主接线图

表 2-1 主变电所三种资源共享接线方式对比

项目	两级 35 kV 母线方式	35 kV 侧 T 接方式	35 kV 母线非独立方式
供电可靠性	高	高	较高,资源共享线路相互之间影响
供电系统独立性	好	好	稍差
断路器数量	较多	较少	较少
后期接入对系统的影响	较小	对主变压器差动保护有一定影响,在先期工作准备充分时,对已运营线路的影响较小	较小

技能训练

任务工作单见表 2-2。

表 2-2 任务工作单

<table>
<tr><td colspan="8">认识主变电所</td></tr>
<tr><td colspan="8">姓名: 班级: 日期:</td></tr>
<tr><td rowspan="3">任务目标:
(1)掌握城市轨道交通 110 kV 室内变电所的主接线,设备布置,以及设备之间的电路联系。
(2)熟悉继电保护屏</td><td>指导老师</td><td colspan="6"></td></tr>
<tr><td>团队成员</td><td></td><td></td><td></td><td></td><td></td><td></td></tr>
<tr><td>分工职责</td><td></td><td></td><td></td><td></td><td></td><td></td></tr>
<tr><td colspan="8">任务实施:
(1)观察 110 kV 主变电所平面布置图,回答下列问题。</td></tr>
</table>

①110 kV 主变电所有哪些设备室？

②用“A→B→C⋯”格式，按照电流流向描述 110 kV 电路。

（2）观察主变压器继电保护柜面板（见图 2-6），说明该主变压器配有哪些继电保护，有哪些继电保护投入运行？

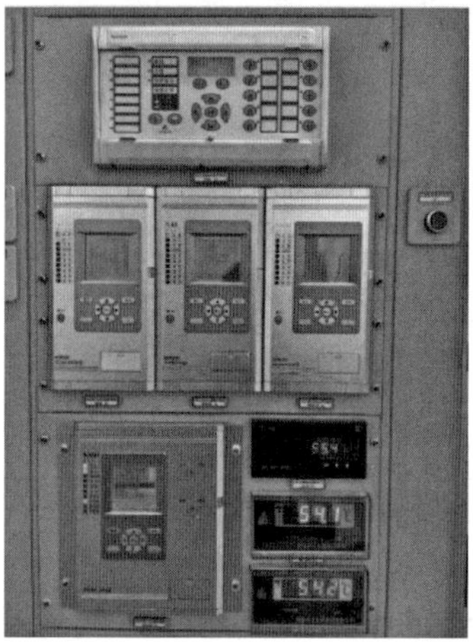

（a）主变压器保护屏

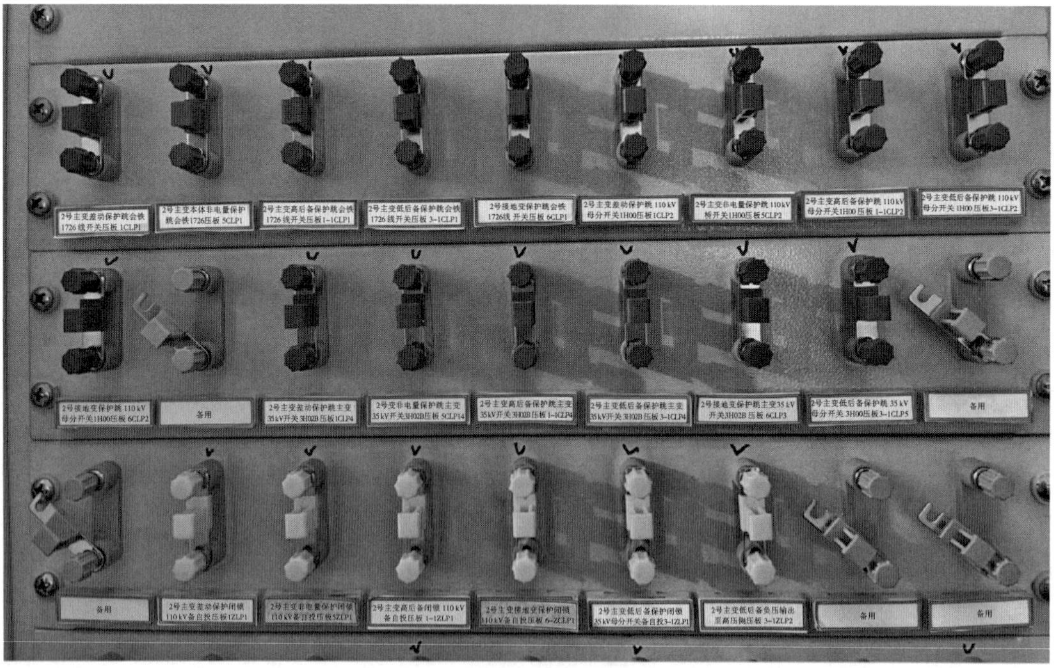

（b）继电保护投切压板

图 2-6　主变压器继电保护柜面板

(3)复合电压闭锁过电流保护是后备保护，当电压下降至门槛值时，该电流保护才会启动。如图 2-7 所示为复合电压闭锁过流保护液晶面板，其显示的保护定值是多少？简述复合电压闭锁过电流保护是后备保护的原因。

图 2-7 复合电压闭锁过流保护液晶面板

____

____

____

____

____

任务评价

任务评价见表 2-3。

表 2-3 任务评价

序号	评价内容	评价标准	分数	评分记录		
				学生自评	组间互评	教师评分
1	主变电所设备室	每漏一项扣 5 分	20			
2	描述 110 kV 电路	正确得 20 分，基本正确得 10 ~ 15 分，不准确得 0 ~ 10 分	20			
3	列举主变压器保护配置	每漏一项扣 5 分	20			
4	复合电压闭锁过流保护	每漏一项扣 5 分	20			
5	团队合作精神	汇报时，没有体现团队分工合作的，扣 1 ~ 20 分	20			
总分						
综合成绩(学生自评占 30%，组间互评占 30%，教师评分占 40%)						

巩固练习

1. 如图 2-1 所示，110 kV 线路的变压器侧刀开关编号为什么是 1013 和 1023？

2. 110 kV 的中性点仅仅是 110 kV 系统的零电位点，还是轨道交通供电系统各电压等级的零电位点？为什么？

任务2 认识中压环网接线

学习目标

(1)掌握中压环网接线形式。

(2)掌握中压环网运行方式。

(3)了解牵引计算和牵引供电计算,理解35 kV供电分区大小的合理性。

任务描述

本任务学习35 kV中压环网的供电分区和环网接线以及中压环网的运行方式,满足城市轨道交通供电维修岗位要求。通过知识拓展,学习并了解牵引计算和牵引供电计算的基本概念。

知识讲解

一、中压环网

1. 供电分区

城市轨道交通供电系统的35 kV中压系统采用分区制供电,将线路按照一定的长度划分为多个供电分区。城市轨道交通35 kV供电距离为3.5 km左右,因此一个35 kV供电分区大约为3~4 km;这3~4 km内大约有2~4个车站,也就是说每个35 kV供电分区包含有2~4个车站。

每个车站均设置1个35 kV降压变电所,每1~2个车站设置一个35 kV牵引变电所。也就是说,所有的车站均设有变电所,有的是35 kV降压变电所,有的是35 kV牵引降压混合变电所。

35 kV系统采用环形的供电分区,如图1-7所示。每个供电分区由车站的牵引变电所、降压变电所、中压环网电缆等一次设备以及相应的二次设备等组成。牵引变电所将AC 35 kV降压整流为DC 1 500 V或DC 750 V,用于牵引供电,供车辆使用;降压变电所将AC 35 kV变压至AC 0.4 kV,供动力设备和照明设备使用。

供电分区的供电范围与牵引负荷、动力负荷以及供电分区长度(即供电距离)等密切相关,供电分区长度、供电分区内的车站是否设置牵引变电所,以及牵引变电所和降压变电所设备参数都是通过牵引计算确定的。

2. 中压环网

城市轨道交通35 kV中压系统与城市电网放射式接线方式不同,采用的是“放射+环网”的接线方式,从110 kV到35 kV的每个供电分区是放射式接线,每个35 kV供电分区的变电所35 kV侧采用“手拉手”环接方式。这种“放射+环网”的接线方式构成的35 kV供电系统就是城市轨道交通中压环网系统。

二、中压环网接线

典型的中压环网供电分区接线如图2-8所示。

一条轨道交通线路通常设有两个或以上的110 kV主变电所,每个110 kV主变电所为线路中的一部分供电分区供电。

在两个供电分区交界处设置环网联络开关,可在单个主变电所退出运行的情况下,供电系统降级到单个主变电所承担向两个供电分区供电的运行方式,即主变电所越区供电的运行方式。

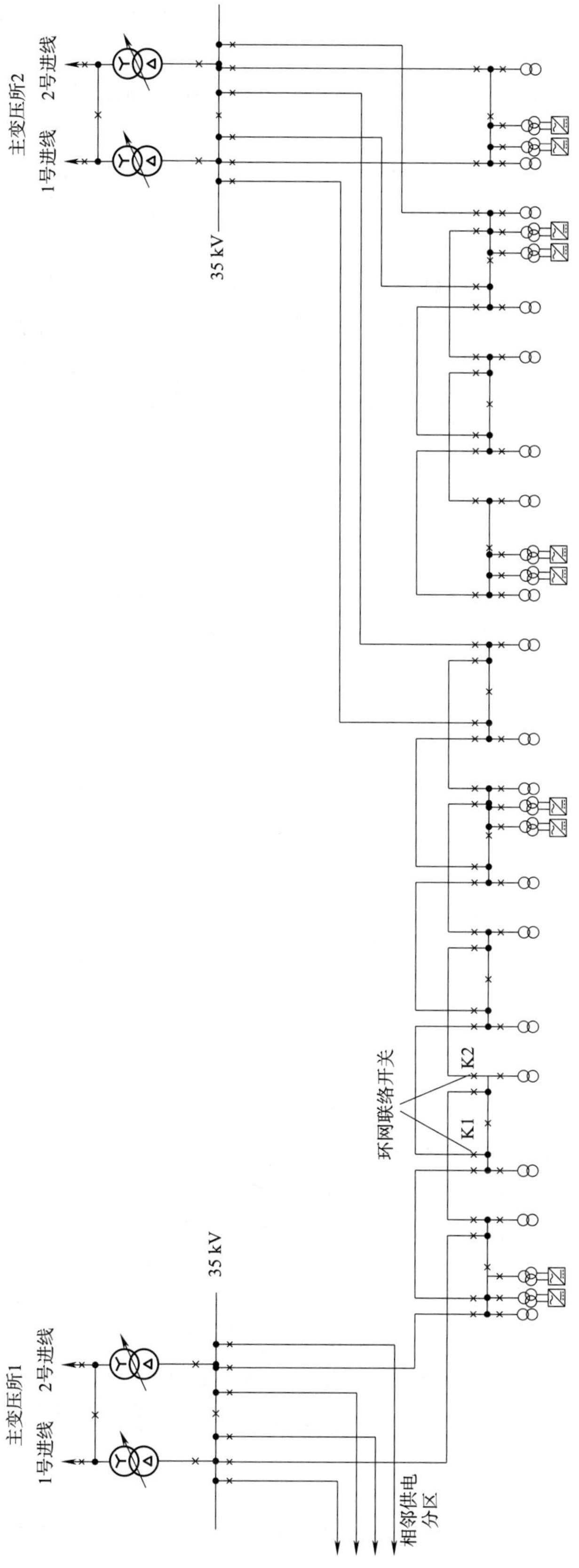

供电分区	供电分区1		供电分区2			供电分区3			供电分区4
车　站	车站1	车站2	车站3	车站4	车站5	车站6	车站7	车站8	车站9
变电所种类	牵降所	降压所	降压所	牵降所	降压所	牵降所	降压所	牵降所	牵降所

图2-8　中压环网供电分区接线图

每一个供电分区中的第一座35 kV变电所直接从110 kV主变电所35 kV母线的Ⅰ段和Ⅱ段分别引入一路电源，共两路电源，形成该分区的双电源供电。供电分区中的第二座35 kV变电所从第一座35 kV变电所的Ⅰ段和Ⅱ段母线分别引入一路电源，以此类推，构成35 kV电缆的环形连接，即为35 kV中压环网。

如图2-8所示，中压环网系统设有4个供电分区。该线路设有两个110 kV主变电所，主变电所1为供电分区1供电，主变电所2为供电分区2、3和4供电。供电分区1和供电分区2交界处设置环网联络开关，用于主变电所越区供电。

通常，每条线路停车场和车辆段设置多个35 kV牵引变电所和35 kV降压变电所，并接入最近的正线35 kV供电分区；控制中心大楼设置一个35 kV降压变电所，接入最近的正线35 kV供电分区。

这种中压环网的接线方式，能够确保供电的可靠性，形成了主变电所之间和供电分区之间的电力相互支援。最主要的是采用环网接线，相比于放射接线，大大减少了电缆投资，节省了电缆通道空间，降低了土建工程和机电工程造价。

三、中压环网运行方式

中压环网系统运行方式也就是中压环网及其牵引变电所和降压变电所的运行方式，中压环网系统运行方式包括两个方面：一次系统运行方式，包括主接线运行方式和中性点投切方式；继电保护运行方式，包括保护投入和退出，整定值的配合。继电保护运行方式必须与一次系统的运行方式相配合。

1. 一次系统运行方式

(1)中性点投切

牵引变压器和降压变压器的35 kV侧是△绕组，没有中性点，故不存在中性点投入。但35 kV系统在主变电所的35 kV母线设有接地变压器，是有中性点的，并且采用小电阻接地，因此35 kV系统是中性点接地的系统。

(2)正常运行方式

正常情况下，两座主变电所为各自的供电分区供电，中压环网联络开关打开；每座主变电所的35 kV母联开关打开，35 kV母线分列运行；每座主变电所35 kV的Ⅰ段和Ⅱ段母线向每一个供电分区通过中压环网电缆馈出一路电源。

(3)非正常运行方式

中压环网供电分区非正常运行方式有三种：一路35 kV进线电源解列，某个牵引降压混合变电所或牵引变电所或降压变电所解列，110 kV主变电所解列。

①当一路35 kV进线电源解列时，该所的35 kV母联开关合闸，由另一路35 kV进线电源承担该两路35 kV进线电源供电范围内的牵引和动力照明全部负荷。

②当牵引变电所全所解列时，其供电范围内的牵引负荷由相邻的牵引变电所越区供电。

③当降压变电所全所解列时，其供电范围内的动力照明设备全部失去电源，由于重要的系统设有不间断电源(uninterruptible power supply，UPS)和应急电源(emergency power supply，EPS)电源，此时，由EPS确保应急照明，由UPS确保通信、信号、售检票、综合监管和站台门等系统供电。

④当110 kV主变电所解列时，投入环网联络开关，实现主变电所的35 kV越区供电。越区供电时，35 kV电源通过联络开关反送至解列的110 kV主变电所的35 kV母线，再从该母线馈出到该主变电所供电的各个供电分区。

2. 继电保护运行方式

继电保护的投入、退出以及定值的整定需要与一次侧的运行方式密切配合。特别是中性点投切，以及中压环网供电分区发生变化时，保护定值应与之匹配。

技能训练

任务工作单见表2-4。

表2-4　任务工作单

认识中压环网接线						
姓名：		班级：			日期：	
任务目标： 掌握中压环网接线形式	指导老师					
	团队成员					
	分工职责					
任务实施： 从主变电所35 kV母线开始，简述中压环网电路。						

任务评价

任务评价见表2-5。

表2-5　任务评价表

序号	评价内容	评价标准	分数	评分记录		
				学生自评	组间互评	教师评分
1	中压环网电路	简述供电分区、环网接线、主变电所接线、运行方式，每项正确得20分，基本正确得10～15分，不准确得0～10分	80			
2	团队合作精神	汇报时，没有体现团队分工合作的，扣1～20分	20			
总分						
综合成绩（学生自评占30%，组间互评占30%，教师评分占40%）						

知识拓展

中压环网系统中牵引变电所的设置（也叫布点）和35 kV供电分区长度是通过牵引供电计算确定的。

一、牵引计算

牵引计算是研究在外力的作用下，列车的运行速度与时间、牵引的质量、机车能耗、列车制动距离等问题。城市轨道交通的线路、车辆、信号、供电专业都需要根据自身专业特点进行各自的牵引计算。

二、牵引供电计算

供电系统的牵引计算叫牵引供电计算，是通过潮流计算方法计算中压环网和牵引网的电压、电流、有功功率和无功功率分布。

潮流计算是根据给定的电网结构、参数和发电机、负荷等元件的运行条件，确定电力系统各部分稳态运行状态参数的计算。通常给定的运行条件有系统中各电源和负荷点的功率、枢纽点电压、平衡点的电压和相位角，待求的运行状态参量包括电网各母线节点的电压幅值和相位角，以及各支路的功率分布、网络的功率损耗等。

1. 牵引供电计算输入

（1）线路总体指标，即城市轨道交通线路的运输能力，例如：

①全线设计最高运行速度，例如 80 km/h；平均旅行速度目标，例如 38 km/h。

②线路远期通过能力，例如 1 h 内不少于 30 对列车通过，即 2 min 的设计间隔。

③正线列车设计最高运行速度，例如 80 km/h；平均加速度，例如不小于 0.83 m/s^2；平均制动减速度，例如常用制动不小于 0.94 m/s^2，紧急制动不小于 1.2 m/s^2。

（2）线路资料，如线路平纵断面图（包括线路长度、坡度、转弯半径、限速等）、车站表（含站间距）等。

（3）车辆资料，包括车型；列车初、近、远期编组；列车正线最高运行速度；列车起动平均加速度；列车常用制动平均减速度；列车紧急制动平均减速度；车辆牵引电机单台功率；列车辅助用电功率；列车轴重；定员载荷（AW2，6 人/m^2）；超员载荷（AW3，9 人/m^2）。

（4）行车交路（包含列车对数）。

（5）供电系统相关设备参数：各电压等级的电压、线路和变压器阻抗，以及整流机组参数等。

（6）牵引供电计算关键指标：①中压环网系统最不利点的中压环网电压损失是否满足不超过额定电压 5% 的规范要求；②对于额定电压为 DC 1 500 V 牵引网，牵引网最不利点的电压水平满足不低于 DC 1 000 V，且不高于 DC 1 800 V 的规范要求；③钢轨最高电位不高于 DC 120 V 的规范要求。

2. 牵引供电计算输出

牵引供电计算计算的是运营的初期、近期和远期的中压环网和牵引网的潮流分布。潮流分布是指电力系统中各节点的电压、各支路的功率（有功、无功）的稳态分布。

牵引供电计算方式是校核计算。首先人为确定多个中压环网分区方案和牵引变电所配置方案；然后对这些方案由计算软件进行牵引供电计算，计算运营初、近、远期，在最不利情况下，正常工况和解列工况的潮流分布；最后通过方案比较和方案优化调整获得一个最优方案。最不利情况包括：最大客流规模、最小运营间隔、最大冷负荷等。解列工况包括：一台变压器解列、一座变电所解列。

通过不断地方案比较和优化调整，我们可以获得满足在最不利情况下的一个投资相对较小的合格的中压环网方案和牵引变电所配置方案，并获得该方案的中压环网系统各节点以及牵引网各节点的潮流分布。根据潮流分布，我们可以对各变电所的设备进行参数配置，例如变压器容量，电缆截面、开关额定电流等等。

最终，确保轨道交通供电系统方案和设备参数的性价比较高；确保供电系统投资较少且满足供电系统各种指标要求；获得轨道交通供电系统配置方案，包括每个中压环网供电分区的在线路中的范围、哪些车站设置牵引变电所，以及变电站各种电气设备的参数，例如变压器容量、电缆截面、开关额定电流等。对全线的 35 kV 中压进行供电分区以及在哪些车站设置牵引变电所，通常称为布点设计。

巩固练习

1. 中压环网的非正常运行方式有哪些？
2. 中压环网接线为什么要划分供电分区，一般如何划分？
3. 什么是牵引计算？什么是牵引供电计算？

任务3　认识牵引变电所

学习目标

(1)掌握牵引变电所电气主接线图。
(2)熟悉牵引变电所一次系统及其设备编号原则。
(3)熟悉牵引变电所二次系统，进一步了解主要的继电保护配置。
(4)掌握牵引变电所的正常和非正常情况下的运行方式。
(5)掌握牵引供电直流回路和牵引供电电气原理。
(6)了解十二脉波整流的原理和等效二十四相脉波整流原理。

任务描述

本任务学习牵引变电所各电压等级的主接线，各电压等级的一次设备、二次设备和牵引变电所运行方式、牵引变电所直流回路、牵引供电电气原理、十二脉波整流以及等效二十四脉波整流；达到了解牵引变电所的构成和运行的目的；达到了解二十四脉波整流原理和牵引供电电气原理的目的。

知识讲解

牵引变电所(traction substation，TS)是电力牵引的专用变电所。牵引变电所是中压环网的组成部分之一，也是城市轨道交通牵引网的专用电源，牵引变电所将中压环网送来的电能通过整流转换为 DC 750 V 或 DC 1 500 V，然后送到沿轨道线的接触网，为车辆供电。

列车得到直流电后，经过变频调速系统(variable voltage and variable frequency，VVVF)控制，转化为不同电压和频率的交流电，驱动列车的交流牵引电机，交流牵引电机的转速略正比于其交流电源的频率，因而能够实现列车运行速度的调整。

这种 AC→DC→AC 的“交—直—交”模式主要是为了实现列车速度控制。在城市轨道交通中，牵引变电所实现 AC→DC 功能，列车实现 DC→AC 功能。铁路中的牵引变电所实现 AC→AC 降压功能，其牵引变电所输出的是 AC 25 kV，列车上实现 AC→DC→AC 功能。

另外，AC→DC→AC 的模式也用于变频器，变频器是轨道交通常用的节能装置，其基本原理是，轨道交通机电系统很多交流电动机输出功率 P 略正比于频率 f 的三次方，通过降低电动机电源的频率可以使电动机的功率大幅降低，从而实现节能。

由于主流的牵引网电压采用 DC 1 500 V，因此本书将以 DC 1 500 V 为主学习牵引供电和接触网的知识。

一、牵引变电所主接线

城市轨道交通牵引变电所主接线如图 2-9 所示。

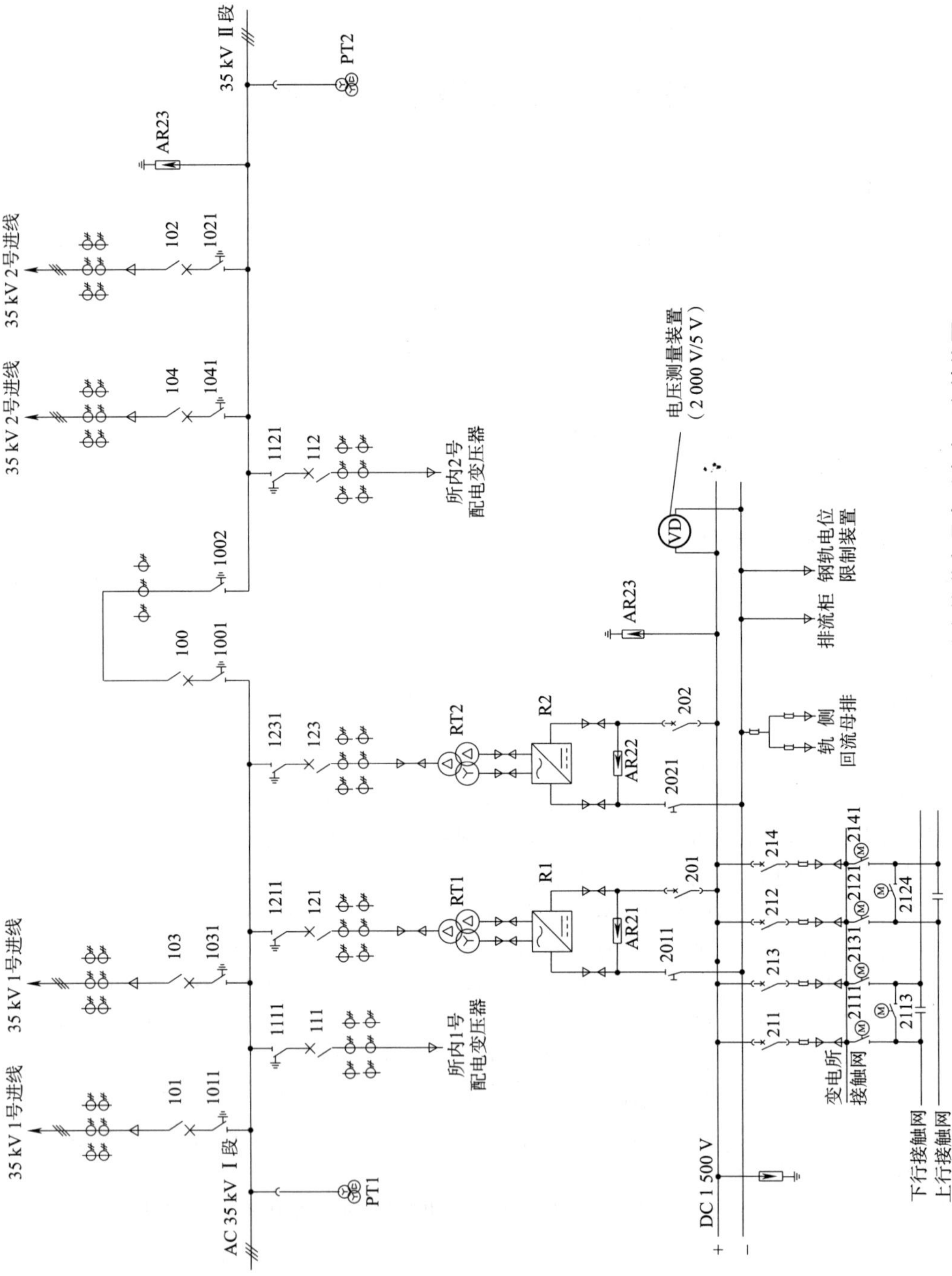

图 2-9 城市轨道交通牵引变电所主接线图

牵引变电所35 kV侧采用单母线分段接线方式，并设置母联开关。每段母线有一路进线和一路出线，构成35 kV二进二出的环网接线。两路35 kV进线电源来自本供电分区的前一个车站的35 kV变电所或者110 kV主变电所的35 kV侧。两路35 kV出线为本供电分区的下一个车站的35 kV变电所供电。在所有线路开关的进出线侧设有2～3组电流互感器，用于不同的继电保护和测量。每段35 kV母线还分别设置一组电压互感器、一组避雷器。

牵引变电所配置两台牵引变压器，DC 1 500 V牵引变电所的牵引变压器变比为35 kV/1 180 V。三绕组为△/△/丫接线。两台牵引变压器一次侧必须接在同一段35 kV母线上。每一台牵引变压器有两个二次侧，各带一套三相桥式整流器（6个二极管硅堆），每个三相桥式整流器是六脉波整流电路，两个三相桥式整流器并联在一起，形成十二脉波整流电路，称之为一台整流器。一台牵引变压器加一台整流器，构成一套整流机组。一套整流机组的输出为十二脉波的整流波形。两套十二脉波牵引整流机组的一次侧并联在同一段35 kV母线上，两台牵引变压器的一次侧相位角错开15°，使并联运行的两套整流机组构成等效二十四脉波整流。

DC 1 500 V侧采用单母线接线方式。直流母线的进线为整流器的输出，出线为直流馈线。直流的单母线不存在分段。进线开关也称为正极开关，采用直流快速断路器，馈线开关也是采用直流快速断路器。正线牵引变电所设置4路DC 1 500 V馈线，分别向车站的左右方向的上行区间、下行区间牵引网供电。一套整流机组包括一台牵引变压器和一台整流器，对于DC 1 500 V，牵引变压器35 kV交流变为1 180 V交流电压，理论上整流输出直流电压约为1 180 V×1.414＝1 668 V。

对于城市轨道交通牵引网，由于列车是移动的，且列车运行有加速、巡航、惰行、制动等工作状态，因此列车在牵引网的位置以及取流是动态的，接触网电压波动在1 500 V附近，电压范围是1 000～1 800 V。因此，我们按DC 1 500 V称呼，例如DC 1 500 V母线、DC 1 500 V接触网等，DC 1 500 V是额定电压的概念。

二、35 kV牵引变电所一次设备编号原则

城市轨道交通设备编号没有全国性统一标准，35 kV牵引变电所基本按照所在城市的轨道交通线网的标准进行编号。例如35 kV断路器，有的城市编号为1××，有的城市编号为3××。以3××编号规则为例：

1. 牵引变压器编号

两台牵引变压器编号是RT1、RT2。

2. 整流器编号

两台整流器编号是R1、R2。

3. 35 kV断路器编号

断路器编号由三位数组成，通常，第一位数为“3”，代表电压等级为35 kV，后两位为断路器序号，Ⅰ段母线为奇数，Ⅱ段母线为偶数，具体规定如下：

（1）母联断路器编号为300。

（2）Ⅰ段母线进线断路器为301，出线断路器为303、305等；Ⅱ段母线进线断路器为302，出线断路器为304、306等。在有跟随所情况下，Ⅰ、Ⅱ段母线出线会多于一路。

（3）Ⅰ段母线降压变压器侧断路器为311，整流机组侧断路器为321；Ⅱ段母线降压变压器侧断路器为312，整流机组侧断路器关为322。

4. 35 kV隔离开关编号

隔离开关采用四位数编号，前三位数与该隔离开关对应的断路器编号必须一致。第四位数为1表示是Ⅰ段母线侧的隔离开关；第四位数为2表示是Ⅱ段母线侧的隔离开关；第四位数为

3 表示是变压器侧或线路侧的隔离开关。

5. 35 kV 接地刀开关编号

接地刀开关编号由五位数组成,前四位为接地刀开关编号,第五位为字母“E”。

6. DC 1 500 V 断路器编号

DC 1 500 V 断路器编号由三位数组成:第一位数为“2”,代表电压等级为 DC 1 500 V;第二位数为“0”代表进线侧断路器,为“1”代表馈线断路器。

(1)R1 整流机组侧进线断路器为 201,R2 整流机组侧进线断路器为 202。

(2)DC 1 500 V 馈出线断路器为 211、212、213、214 等。

7. DC 1 500 V 隔离开关编号

隔离开关编号由四位数组成,前三位为对应的断路器编号。第四位为“1”表示直流开关的上网刀开关,如 2111、2121、2131、2141。

越区隔离开关前两位为对应的断路器前两位编号,第三位由相邻直流供电分区左侧馈出断路器末尾编号组成,第四位由相邻分区右侧馈出断路器末尾编号组成,如 2113、2124。

三、牵引变电所一次系统

35 kV 牵引变电所一次系统包括两大部分:35 kV 交流设备、DC 1 500 V 直流设备。

交流设备主要包括:牵引变压器(△/△/丫接线)、35 kV GIS 开关、35 kV 避雷器、35 kV 母线、电压互感器、电流互感器、交直流电源等。

直流设备主要包括:整流器、进线开关、直流正极母线、馈线开关、直流馈电线、负极柜(含负极母线)、回流线、单向导通装置、排流柜和钢轨电位限制装置等。

四、牵引变电所二次系统

1. 二次系统组成

牵引变电所二次系统包括:继电保护装置、自动控制装置、通信设备、自动化设备等。自动控制装置包括:(1)变电所 35 kV 母联开关设置自投装置,自投功能可在就地/远方进行投入/撤除操作;(2)变电所 DC 1 500 V 馈线设置带有故障性质判断的自动重合闸装置/功能;(3)变电所自用电系统的两路 0.4 kV 进线电源设置自投装置/功能。

2. 二次系统各部件继电保护类型

(1)35 kV 进出线

35 kV 进出线的继电保护有:光纤纵差保护(采用光纤通信的电流差动保护)、过电流保护、零序电流保护。

(2)35 kV 母联开关

35 kV 母联开关的继电保护有:过电流保护、零序电流保护。

(3)牵引整流机组

牵引变压器 35 kV 侧的继电保护有:电流速断保护、过电流保护、零序电流保护、过负荷保护、变压器温度保护。

整流器内部保护有:整流二极管保护、整流器交/直流侧过电压保护、整流器温度保护、整流器缺相保护。

(4)DC 1 500 V 进线

DC 1 500 V 进线继电保护有:大电流脱扣保护、过电流保护、逆流保护。

(5) DC 1 500 V 馈线

DC 1 500 V 馈线继电保护有:大电流脱扣保护、DDL 保护、过电流保护、低电压保护、过负荷保护。其中,大电流脱扣保护、DDL 保护和过电流保护具有双边联跳保护功能。

双边联跳保护工作原理:每一个直流供电分区由相邻的两个牵引变电所的各一个直流开关供电,当发生接触网短路时,两个直流开关均向短路点提供短路电流,此时,任何一个直流开关的双边联跳保护发出保护跳闸命令时,同时也通过光纤通信让对侧的直流开关动作于跳闸。

两个牵引变电所之间的接触网是一个上行直流供电分区和一个下行直流供电分区,一个直流供电分区由两个牵引变电所并联供电。直流供电分区的具体知识在接触网项目学习。

(6) 框架

基于杂散电流防护的需要,牵引变电所全所直流设备外壳不接地,当框架上的柜内直流设备对外壳泄漏电流时,轨电位可能大幅升高,导致严重的人身和设备安全问题。为此,需要设置一套框架泄漏保护,监测直流设备与柜体之间是否发生了漏电,保护设备安全和人身安全。框架保护安装在负极柜内,动作于全所直流开关两套整流机组切除。

五、牵引变电所运行方式

牵引变电所运行方式包括两个方面:(1)一次系统运行方式,即:主接线运行方式和中性点投切方式;(2)继电保护运行方式,包括保护投入和退出以及整定值的配合。继电保护运行方式必须与一次系统的运行方式相配合。

1. 一次系统运行方式

(1) 中性点投切

35 kV 侧没有中性点,因此牵引变电所 35 kV 侧中性点不接地。整流机组直流负极不能接地。

(2) 正常运行方式

牵引变电所的 35 kV 母联开关分闸,两路 35 kV 进线电源、两段 35 kV 母线分列运行,整流机组只接入一段母线,并联运行构成二十四脉波整流。

(3) 非正常运行方式

非正常运行方式有三种:一路 35 kV 进线电源解列、一套整流机组解列,以及牵引变电所的全所解列。

当牵引变电所变的一路 35 kV 进线电源解列时,35 kV 母联开关闭合,由另一路 35 kV 进线电源承担牵引和动力照明全部负荷。

当牵引变电所的一套整流机组解列时,由另一套整流机组承担该所供电范围的牵引负荷,此时直流系统为十二脉波整流。

当牵引变电所的全所解列时,由相邻牵引变电所单边供电或者大双边供电。采用大双边供电时,需要合上两个直流供电分区之间的联络刀开关。

2. 继电保护运行方式

继电保护的投入、退出以及定值的整定需要与一次侧的运行方式密切配合,保护定值应与之匹配。

六、牵引变电所直流回路

牵引变电所直流接线图如图 2-10 所示。

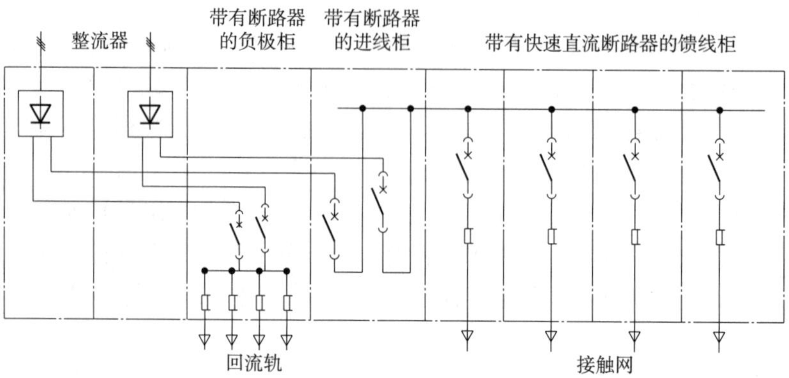

图 2-10　牵引变电所直流接线图

直流正极电流流向:整流器正极→进线直流快速断路器→直流正母线→馈线直流快速断路器→电动隔离开关→接触网直流供电分区。

直流负极电流流向:钢轨(回流轨)→回流线→负极柜母线→整流器负极。

若考虑杂散电流,负极电流还有一个流向:杂散电流收集网→回流线排流柜→负极柜母线→整流器负极。

直流供电分区电路如图 2-11 所示,两个牵引变电所之间的接触网是一个上行直流供电分区和一个下行直流供电分区。接触网直流供电分区分为上下行的左右侧接触网,共 4 个接触网直流供电分区。一个直流供电分区有两路电源,分别来自两个牵引变电所。

七、牵引供电电气原理

牵引供电指的是整流机组对牵引网的供电。牵引供电系统由牵引变电所和牵引网构成。在牵引变电所直流回路基础上,结合接触网和列车取流,可以得到完整闭环的直流电路。该电路反映了牵引供电电气原理。牵引网是电力机车供电和回流的流通回路的总称。

牵引网供电部分:牵引变电所至接触网的馈电线、上网刀开关、接触网。牵引网回流部分:钢轨、连接钢轨的回流线、钢轨之间的均流线、杂散电流收集网(也叫排流网)、连接排流网的回流线、排流柜等。牵引供电原理:牵引变电所整流机组正极向接触网供电,接触网向列车供电,电流经过车轮,流向钢轨。牵引回流经钢轨(含钢轨连接电缆)、单向导通装置上下行均流电缆、回流线流至牵引变电所负极柜的负极母线,从负极母线流至牵引整流机组负极,构成闭环回路。其中,单向导通装置用于连接两段绝缘的钢轨,使得直流回路单向畅通。

牵引网的负极部分有两个主要回路,一个是钢轨,另外一个是杂散电流收集网(即排流网)。流向车辆的正极电流 = 钢轨回流的负极电流 + 排流网排流柜回流负极电流。杂散电流收集网设置在轨道下方,用于收集从钢轨泄漏出去的电流,并将其通过回流线流至排流柜,再接入负极柜负极母线,最终流至牵引整流机组负极。

理论上牵引变电所 35 kV 中性点电位与整流器负极电位相等。由于轨道是直流系统的负极回路,因此从电路理论基本知识可以看出,在列车静态情况下,离整流器负极越远,其轨电位越高,在列车动态情况下,轨电位还与列车运行状态(加速、巡航、惰性、制动)相关,所以轨电位非常不确定。

轨电位过高会对乘客和运营人员的安全有直接影响,因此每座车站均设置钢轨电位限制装置。当轨电位高于 DC 120 V(可调)且延时 5 s 左右时,轨电位限制装置将钢轨直接接地,以确保区间运营人员和站台候车乘客安全。轨电位恢复正常后,轨电位限制装置断开接地,防止直流电流泄漏。

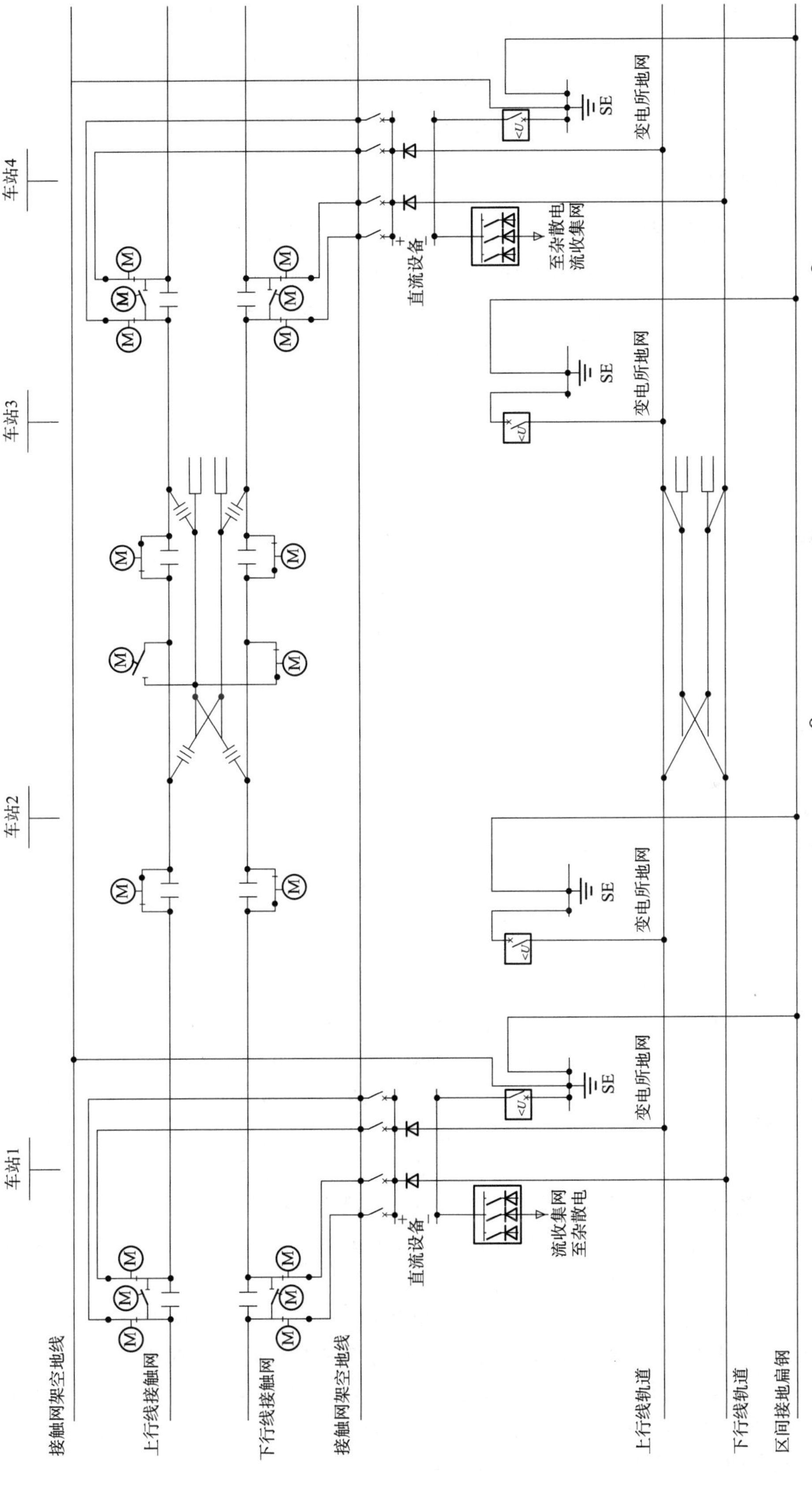

—直流快速开关； SE —变电所接地装置； —整流器； —排流柜； —常开电动隔离开关； —接触网绝缘锚段关节； —常闭电动隔离开关；
—接触网分段绝缘器； —钢轨电位限制装置。

图 2-11 直流供电分区电路图

注意:(1)站台门的门体是通过铜缆接钢轨的,门体电位等于轨电位。乘客同时接触门体和列车时,人体对地电阻小,但是没有跨步电压,能够确保人身安全。(2)钢轨属于轨道(工务)专业管理。(3)牵引变电所供电回路中,上网刀开关以上属于供电专业管理;上网刀开关及以下属于接触网专业管理;负极柜及以上属于供电专业管理;负极柜(不含)的回流线及以下属于接触网专业管理。

八、十二脉波整流原理

整流机组由牵引变压器和整流器组成,牵引变压器将 AC 35 kV 降到 AC 1 180 V。整流器将 AC 1 180 V 转换成 DC 1 668 V,向接触网供电。其中,$1\ 668 = 1\ 180 \times \sqrt{2}$。

十二脉波整流机组的牵引变压器网侧(一次侧)绕组采用△接法,阀侧(二次侧)有两个绕组,分别是△接法和丫接法。十二脉波整流机组电路如图 2-12 所示。

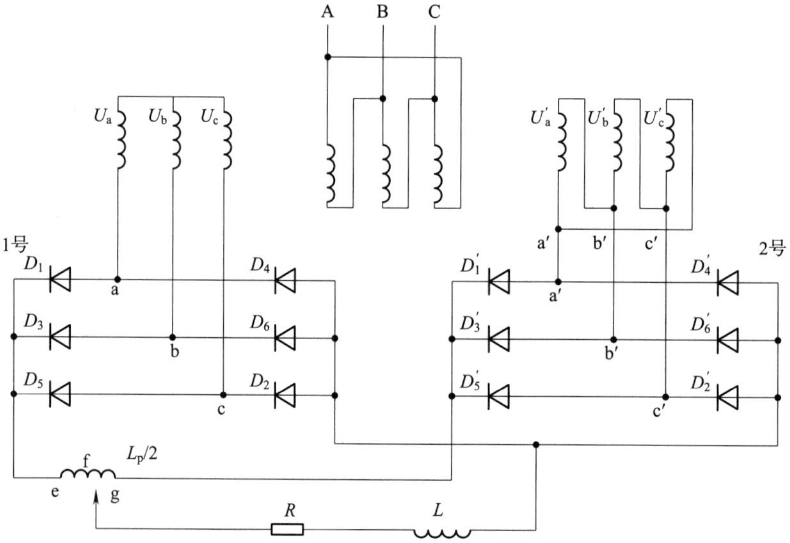

图 2-12　十二脉波整流机组电路图

整流器与牵引变压器相匹配,由两个三相六脉波全波整流桥组成,其中 1 号整流桥接至牵引变压器二次侧丫绕组,2 号整流桥接至牵引变压器二次侧△绕组。如图 2-13 所示,一次侧绕组是 A、B、C 三相,两个二次侧绕组分别是 a、b、c 三相和 a′、b′、c′三相。

牵引变压器二次侧的交流输出为 U_a、U_b、U_c 以及 U'_a、U'_b、U'_c,共 6 个输出电压,U_a、U_b、U_c 相位差为 120°,U'_a、U'_b、U'_c 相位差也是 120°,U_a、U_b、U_c 分别与 U'_a、U'_b、U'_c 同相,但是三相电源丫连接时,线电压超前相应的相电压 30°,所以 1 号整流桥连接的线电压 U_{ab}、U_{ca}、U_{bc} 要分别超前 U_a、U_b、U_c 相位 30°,而 2 号整流桥连接的线电压 U'_{ab}、U'_{ca}、U'_{bc} 分别与 U'_a、U'_b、U'_c 同相,则 1 号整流桥输出的六脉波分别超前 2 号整流桥输出的六脉波 30°。同时,令二次侧△绕组的每相匝数 N_2 比二次侧丫绕组每相匝数 N_1 多 $\sqrt{3}$ 倍,则二次侧两组绕组的线电压幅值相等。因此,两个六脉波的整流输出 V_{D_1}、V_{D_2} 波形相同,相位相差 30°,如图 2-14 所示。

图 2-15 中,在 30°的时段 1,$U_{D_1} > U_{D_2}$,在随后的 30°的时段 2,$U_{D_2} > U_{D_1}$。因此若无平衡电抗器 L_P,则在时段 1,1 号三相桥整流器导电输出,2 号整流器开关管受反压截止,在时段 2,则 2 号三相桥整流器导电输出,1 号整流器开关管受反压截止,后续区间如此交替往复。有了平衡电抗器 L_P 以后,任何时刻电压差 $U_P = U_{D_1} - U_{D_2}$,在平衡电抗器两个绕组上各压降 $U_P/2$。把 U_{D_1}、U_{D_2} 拉平,使两个三相桥整流器同时导电并共同承担负载 R 和 L。

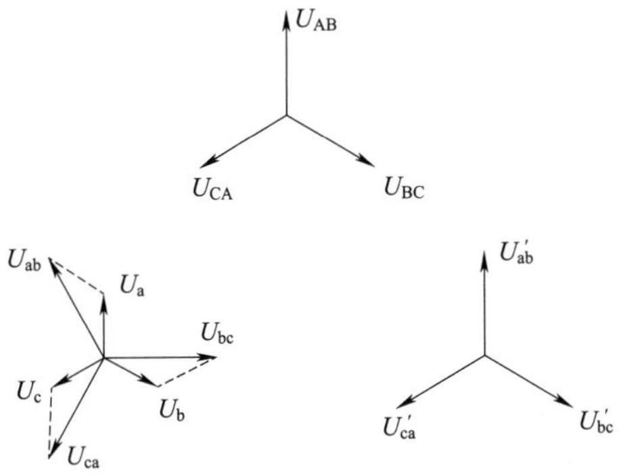

图 2-13　牵引变压器一次侧和两个二次侧电压相量图

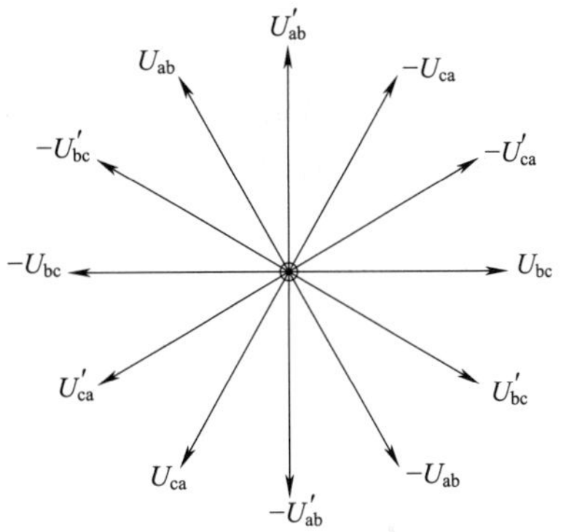

图 2-14　十二脉波整流相量图

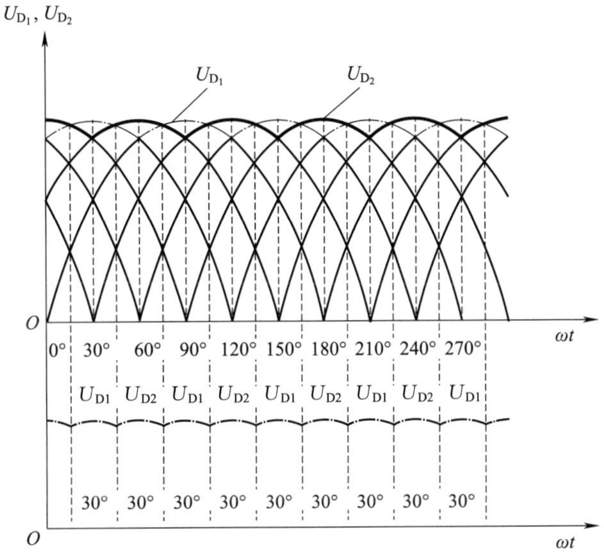

图 2-15　十二脉波整流输出电压波形图

一个正弦波周期内，十二脉波整流机组的导通关系见表 2-6。

表 2-6　十二脉波整流机组的导通关系表

时段	1	2	3	4	5	6	7	8	9	10	11	12
共阴极组导通开关管	D_1 D'_1		D_1 D'_1		D_3 D'_3		D_3 D'_3		D_5 D'_5		D_5 D'_5	
共阳极组导通开关管	D_6 D'_6		D_2 D'_2		D_2 D'_2		D_4 D'_4		D_4 D'_4		D_6 D'_6	
1#三相整流桥输出 U_{D_1}	$U_{D_1}=U_a-U_b$ $=U_{ab}$		$U_{D_1}=U_a-U_c$ $=-U_{ca}$		$U_{D_1}=U_b-U_c$ $=U_{bc}$		$U_{D_1}=U_b-U_a$ $=-U_{ab}$		$U_{D_1}=U_c-U_a$ $=U_{ca}$		$U_{D_1}=U_c-U_b$ $=-U_{bc}$	
2#三相整流桥输出 U_{D_2}	$U_{D_2}=U'_{ab}$ $=U'_{AB}$		$U_{D_2}=-U'_{ca}$ $=-U'_{CA}$		$U_{D_2}=U'_{bc}$ $=U'_b$		$U_{D_2}=-U'_{ab}$ $=-U'_b$		$U_{D_2}=U'_{ca}$ $=-U'_c$		$U_{D_2}=-U'_{bc}$ $=-U'_b$	
12 脉波输出电压	U_{D_1}	U_{D_2}	U_{D_1}	U_{D_2}	U_{D_1}	U_{D_2}	U_{D_1}	U_{D_2}	U_{D_1}	U_{D_2}	U_{D_1}	U_{D_2}
脉宽	30°	30°	30°	30°	30°	30°	30°	30°	30°	30°	30°	30°

九、等效二十四脉波整流

如图 2-16 所示，等效二十四脉波整流机组是由两台十二脉波整流机组并联而成。两台牵引变压器的网侧（一次侧）绕组采用延边△接线，相位角分别移动 ±7.5°，阀侧（二次侧）两个绕组分别采用△、丫接法，阀侧绕组的线电压相量互差 15°相位。

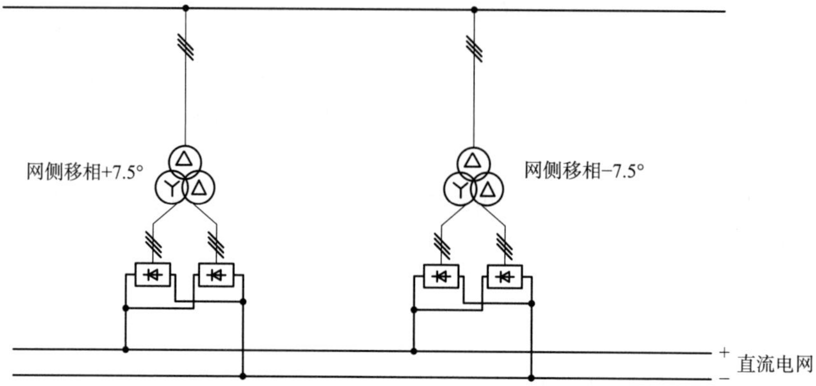

图 2-16　等效二十四脉波的整流

两台牵引变压器一次侧接在同一段 35 kV 母线上，两套整流机组并联运行，且相位角相差 15°。整流电压 U_D 每工频周期有 24 次脉动，形成二十四脉波整流，每个脉波导电时间为$\frac{2\pi}{24}=\frac{\pi}{12}$，每个脉波导通角为 15°。两个相位角差为 15°的 12 脉波整流输出波形叠加则为 24 脉动整流输出波形。

技能训练

任务工作单见表 2-7。

表 2-7　任务工作单

<table>
<tr><td colspan="7">认识牵引变电所</td></tr>
<tr><td colspan="2">姓名：</td><td colspan="3">班级：</td><td colspan="2">日期：</td></tr>
<tr><td rowspan="3">任务目标：
掌握牵引变电所的主接线。
掌握牵引变电所的直流保护</td><td>指导老师</td><td colspan="5"></td></tr>
<tr><td>团队成员</td><td></td><td></td><td></td><td></td><td></td></tr>
<tr><td>分工职责</td><td></td><td></td><td></td><td></td><td></td></tr>
<tr><td colspan="7">任务实施：
（1）根据图 2-9 所示的牵引变电所主接线，描述正常运行方式下的 35 kV 电路（从一条 35 kV 进线开始）；描述直流正极电路和负极电路（从整流器开始）。
35 kV 电路 1：

35 kV 电路 2：

</td></tr>
</table>

直流正极电路：

直流负极电路：

（2）观察图2-17，请回答：该直流馈线开关配有哪两类继电保护？同一类保护重复配置的主要用途是什么？

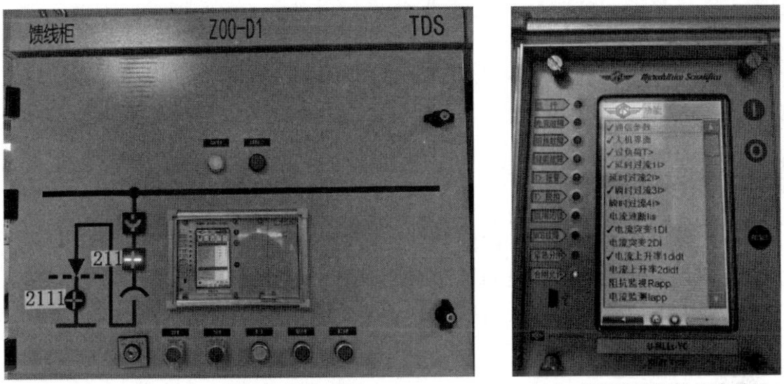

（a）直流馈线柜保护面板　　（b）直流馈线柜保护液晶屏

图2-17　直流馈线保护面板图

任务评价

任务评价见表2-8。

表2-8　任务评价表

序号	评价内容	评价标准	分数	评分记录		
				学生自评	组间互评	教师评分
1	两个35 kV电路	正确得30分，每错漏一处扣5分，扣完为止	30			
2	DC 1 500 V正负极电路	正确得30分，每错漏一处扣5分，扣完为止	30			
3	直流保护	正确得20分，每错漏一处扣5分，扣完为止	20			
4	团队合作精神	汇报时，没有体现团队分工合作的，扣1～20分	20			
总分						
综合成绩（学生自评占30%，组间互评占30%，教师评分占40%）						

巩固练习

1. 牵引变电所的非正常情况下有哪些运行方式?
2. 简述牵引供电电气原理。
3. 两台牵引变压器一次侧为什么必须接在同一段35 kV母线上?
4. 从整流电路分析,直流与交流是否电气直接连通?为什么?框架保护为什么必须跳交流侧,切除牵引变压器?

任务4　认识直流设备

学习目标

(1)熟悉牵引变电所的直流设备及其布置。
(2)掌握直流电路。

任务描述

牵引变压器输出AC 1 180 V,整流器将AC 1 180 V转换成DC 1 668 V,通过正极开关向直流母线供电,直流母线通过直流馈线开关向接触网供电。本任务对牵引变电所一次设备知识进一步补充和加强,学习并掌握直流开关排列柜、整流器排列柜以及其他直流设备和电路。

知识讲解

直流设备安装于变电所的直流设备室,直流设备室设备有:直流开关排列柜、整流器排列柜、排流柜和轨电位保护柜。

一、直流开关排列柜

直流开关排列柜由直流开关柜排列而成。

1. 直流开关柜

直流开关柜为户内金属封闭式结构,柜体分割成母线室、手车室、低压控制室等几个封闭空间,相互不受影响。开关柜上部是母线室,下部是手车室,开关柜前部是低压控制室。

(1)母线室

母线室用于外部电缆的连接,也称高压室。母线室与手车室间设有自动隔离装置,自动隔离装置连接母排和手车主回路的主触头,采用透明的绝缘材料,可方便地检查母排和主触头的位置。电缆进出开关柜均为下进下出方式,开关柜内一次侧接线端子应由高导电率铜材制成,表面镀锡。接线端子的型式及尺寸满足载流要求,且便于电缆端子的固定和安装。

(2)手车室

手车室用于存放高速断路器手车,是具有独立门的小室。在柜门关闭的状态下,通过手摇柄插入门上的小孔后按标识操作即可方便地使断路器手车在工作位和试验位之间移动。出于安全考虑,只有在前门紧闭的时候手车才能在两位置间移动,且在手车变位的过程中应用电气和机械脱扣确保断路器处于分闸状态。手车位于试验位时,其主触头和主母排与外送电缆连接铜排间将保持足够的安全隔离距离。

(3)低压控制室

在开关柜上部设有一独立开门的低压控制室。控制室内安装有保护、控制和通信一体的综合测控单元、继电器、按钮和指示元件等。由于对牵引侧高电压级别的信号进行了隔离，因此在低压室内不存在高电压级别信号。

2. 直流开关排列柜

直流开关排列柜通常由六面柜构成，两个进线开关（也叫正极开关）柜，四个馈线开关柜，其主接线图如图2-18(a)所示，排列柜接线图如图2-18(b)所示。端子柜置于直流开关排列柜旁，如图2-18(c)所示。

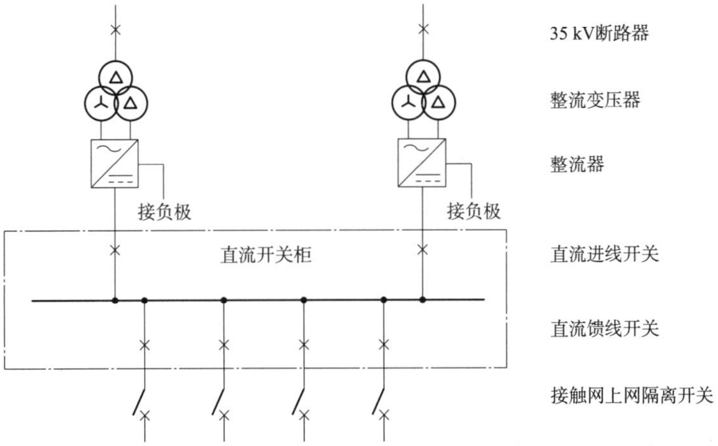

(a) 直流开关柜主接线图

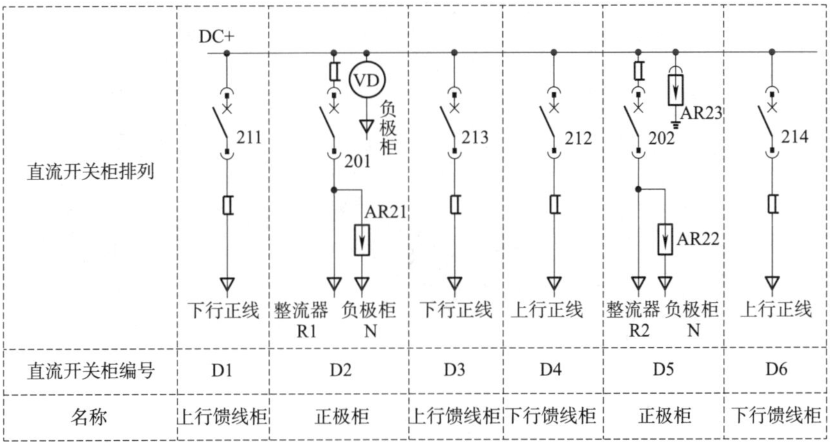

(b) 直流开关排列柜接线图

(c) 直流开关排列柜实物图

图2-18 直流开关排列柜

(1)正极柜

正极柜如图2-18(b)和图2-18(c)所示的左起第二、第五面柜。正极柜顶部设有直流正极母线。如图2-18(b)所示,正极柜是带有直流断路器的直流开关柜,该断路器具有正常和短路直流电流分断能力。正极柜直流断路器的一端连接正极母线,另外一端通过电缆连接整流器的正极,将整流器的直流电送到直流正极母线;另外一端(并联)连接避雷器,避雷器的另外一端通过电缆连接负极柜的负极母线。

正极柜里面还设置有直流电压变送器,用于测量直流电压,类似VT的作用。变送器的一端连接正极母线,另外一端通过电缆连接负极柜的负极母线。

(2)馈线柜

馈线正极柜如图2-18(b)和图2-18(c)所示的左起第一、第三、第四、第六面柜。馈线柜顶部设有直流正极母线。馈线柜是带有快速直流断路器的直流开关柜,该断路器具有正常和短路直流电流快速分断能力。如图2-18(b)所示,馈线柜直流断路器一端连接正极母线,另外一端通过馈线电缆连接至区间的直流上网刀开关,为接触网送电。

二、整流器排列柜

如图2-19所示,整流器排列柜包括整流器柜和负极柜,它们并排安装在一起,两侧是两个整流器柜,中间是一个负极柜。

(a)整流柜与负极柜实物排列图

(b)整流器柜内部图

图2-19　整流器排列柜图

1. 整流器柜

整流器柜设有两个三相整流桥,三相整流桥的输入是牵引变压器两个二次侧的a、b、c三相电缆,三相整流桥的输出是直流正极电缆和直流负极电缆。直流正极电缆连接至直流开关柜的正极柜,通过正极断路器接至直流正极母线。直流负极电缆通过负极柜的直流负极负荷开关,连接至直流负极母线。

2. 负极柜

负极柜如图2-20所示,顶端设有负极母线。负极柜是带有直流断路器的直流开关柜,该直流断路器具有正常直流电流的分断能力,相当于负荷开关。

(1)负极柜的直流负荷开关一端连接直流负极母线,另外一端通过电缆连接至整流器的负极,另外一端(并联)也通过电缆连接至正极柜避雷器的负极。

(2)负极柜的直流负极母线接入上下行回流线,用于接收来自上下行线钢轨的回流。

(3)负极柜的直流负极母线通过电缆连接排流柜。排流柜设有母线，用于连接回流线至杂散电流收集网。

(4)负极柜的直流负极母线通过电缆连接至正极柜电压变送器的负极。

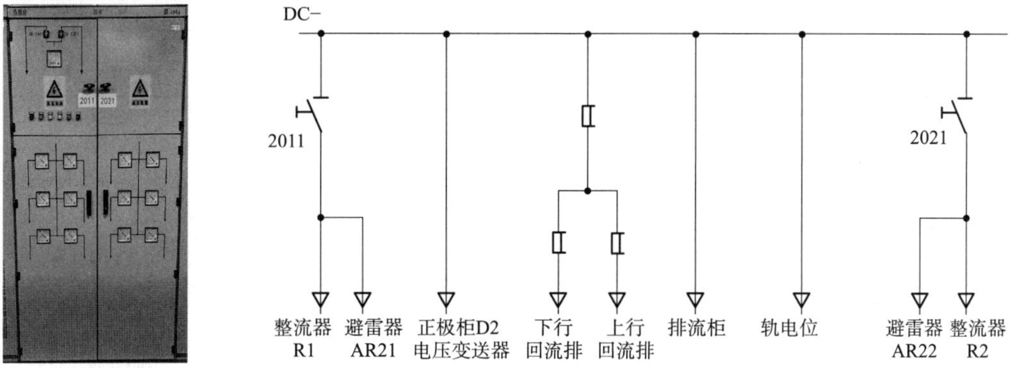

（a）负极柜实物图　　（b）负极柜接线图

图 2-20　负极柜

三、排流柜

排流柜单独布置在直流室，用于杂散电流收集。其内设有母线，母线的输出电缆接入负极柜的负极母线，输入电缆连接至杂散电流收集网的接线端子。

四、轨电位保护柜

轨电位保护柜也叫轨电位限制装置，轨电位限制装置单独布置在直流室，用于当钢轨电位过高时，延时 5 s 左右，进行钢轨接地。该装置有两条电缆，一条电缆连接至负极柜的负极母线，用以监测轨电位，另外一条电缆连接车站接地网的接线端子，用以延时 5 s 接地。

轨电位保护整定值需要与框架保护整定值应该相互配合，框架保护电压整定值大于轨电位保护的电压整定值。

技能训练

任务工作单见表 2-9。

表 2-9　任务工作单

<table>
<tr><td colspan="8">认识直流设备</td></tr>
<tr><td>姓名：</td><td colspan="4">班级：</td><td colspan="3">日期：</td></tr>
<tr><td rowspan="3">任务目标：
掌握牵引变电所直流设备及其电路</td><td>指导老师</td><td colspan="6"></td></tr>
<tr><td>团队成员</td><td></td><td></td><td></td><td></td><td></td><td></td></tr>
<tr><td>分工职责</td><td></td><td></td><td></td><td></td><td></td><td></td></tr>
<tr><td colspan="8">任务实施：
(1)列举直流一次设备及其安装位置。</td></tr>
</table>

(2)完整描述直流设备之间的电路(从整流器正极到整流器负极,包括电缆)。

任务评价

任务评价见表2-10。

表2-10 任务评价表

序号	评价内容	评价标准	分数	评分记录		
				学生自评	组间互评	教师评分
1	直流一次设备及其安装位置	正确得40分,每错漏一处扣5分,扣完为止	40			
2	直流设备之间的电缆联系	正确得40分,每错漏一处扣5分,扣完为止	40			
3	团队合作精神	汇报时,没有体现团队分工合作的,扣1~20分	20			
总分						
综合成绩(学生自评占30%,组间互评占30%,教师评分占40%)						

巩固练习

标准牵引变电站通常有多少面直流开关柜?其作用分别是什么?

任务5 认识杂散电流防护

学习目标

(1)熟悉杂散电流危害及防护措施。

(2)熟悉单向导通装置和绝缘节的作用和应用场所。

(3)了解排流柜。

任务描述

杂散电流防护基本原则是"以防为主、防排结合"。所谓"防",是指减少回流轨纵向电阻,降低钢轨电位,做好钢轨绝缘措施,使得轨道的泄漏电流小;所谓"排",是指通过杂散电流收集网和排流柜排放杂散电流至负极柜。单相导通装置和绝缘节是杂散电流防护的"防"的措施之一,其方法是降低保护区域的钢轨电流,达到减少泄漏电流的目的。

本任务学习并了解杂散电流的危害,掌握杂散电流的防护措施,达到城市轨道供电维修岗位要求。

知识讲解

一、杂散电流的危害

世界各国的城市轨道交通普遍采用直流供电制式,牵引电流通过轨道回流,由于钢轨与大地之间不是完全绝缘的,且在污水、弓网及轮轨摩擦产生的金属粉尘等的作用下,由钢轨回流的电流有一部分经由大地回流。

因为大地土壤导电性质的实时变化,这部分电流分布很广,电流路径不确定,故称之为杂散电流或迷流(迷走的电流)。泄漏到地下的这部分杂散电流会对沿线的建筑物钢筋和金属管线等造成腐蚀,对城市轨道交通安全运行带来隐患。

排流柜正是能有效地避免或减小这种隐患的专用设备。城市轨道交通在隧道施工时,在隧道底部敷设一层钢筋网,全线贯通。该钢筋网没有结构受力作用,完全用于杂散电流的导通,为杂散电流提供一个专门的通道,称为杂散电流收集网或排流网。在牵引变电所附近,从杂散电流收集网的引出端子,通过回流线与排流柜的排流母线接通。

有了杂散电流收集网和排流柜,可以大大减少流向结构钢筋的杂散电流,大大减少对相关设备或建筑的电腐蚀。

二、排流柜

如图2-21所示,排流柜安装在牵引变电所内,排流柜设一小母线,进线是连接排流网的回流线,出线是连接负极柜的负极母排的导线。排流柜核心部件是排流二极管,杂散电流流向为:杂散电流收集网→回流线排柜→负极柜母线→整流器负极。

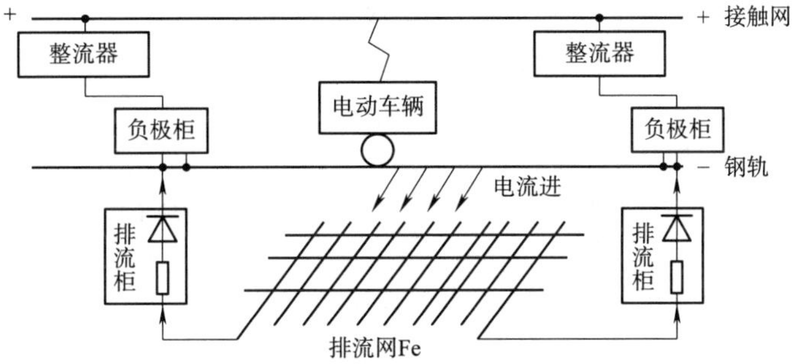

图2-21 杂散电流防护示意图

排流柜主要由五个排流主回路和一个单片机检测控制系统两大部分组成。每一个排流主回路对应一个排流支路。当需要投入排流支路时,操作负荷开关合闸,当需退出排流支路时,操作负荷开关分闸。

五个排流支路中:两个主排流网排流支路分别连接上行、下行道床排流网的引出端子;两个辅助排流网排流支路分别连接上行、下行侧壁排流网的引出端子;一个接地网排流支路连接车站接地网的引出端子。

图2-22中,排流主回路由接触器K(负荷开关)、硅二极管D、限流电阻R、快速熔断器FU及电流变送器串联构成排流电流主通道。排流电流从二极管阴极流回牵引变电所负极柜,二极管并联有RC阻容吸收保护装置。

当排流主回路接触器K闭合,电流变送器FL检测排流主回路电流,反馈至单片机检测控制系统自动调节绝缘栅双极晶体管(insulated gate bipolar transistor,IGBT)占空比,从而改变限流电

阻 R 大小，进而控制流回牵引变电所负母线的杂散电流大小，实现“以防为主、防排结合”。

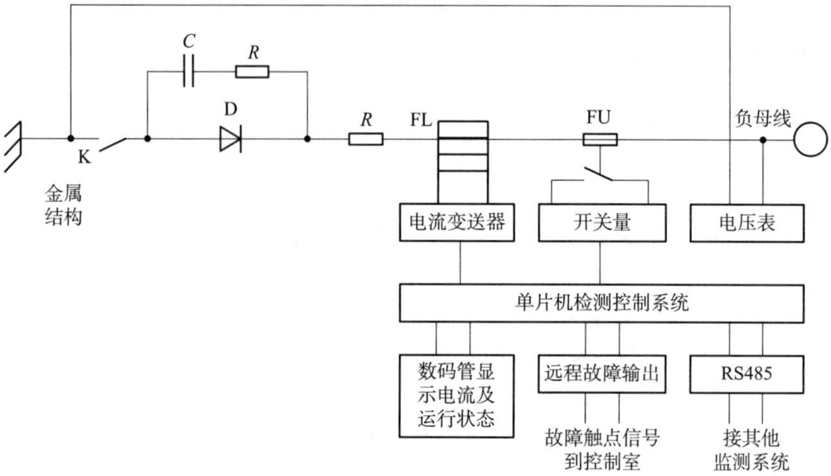

图 2-22 排流柜原理图

单片机检测控制系统通过数码管显示排流回路电压、电流及系统工作状态，并配置可与电力监控、杂散监测系统通信的 RS485 接口。

三、单向导通装置和绝缘节

在城市轨道交通供电系统中，尽管在道床下方设置了杂散电流收集网，但是仍然会有少量电流从钢轨泄漏到收集网以外的其他地方，形成对道床钢筋和周边建筑钢筋的电腐蚀。在特定的区域，例如过江隧道，需要重点防护结构钢筋的电腐蚀。

为此，在特定区域的轨道上设置绝缘结和单向导通装置，使得该区域轨道上的电流尽量小，从而泄漏电流也小，可减少对保护区段的杂散电流腐蚀。

1. 单向导通装置原理和功能

在钢轨之间加绝缘结，当钢轨之间隔离后，为保证电力机车运行时钢轨回流电流的正常流动，在有绝缘结的钢轨部位两端，并联一个单向导通装置，使钢轨中电流只流向一个方向。这样，保护区域的钢轨的电流只能从内向外流，不能从外向内流，进而减少保护区域的钢轨的电流，进而减少泄漏电流。

单向导通装置和绝缘节作用是减少杂散电流，但是不可能根治杂散电流。在地铁、轻轨及煤矿等轨道系统中，单向导通装置和绝缘节用于保护特定区域，其作用是非常重要的，不可或缺的。

2. 单向导通装置和绝缘节的用途

单向导通装置和绝缘节的用途主要有四种：地面和地下钢轨隔离、过江隧道内钢轨隔离、高架桥线路两端钢轨隔离以及车辆段钢轨隔离。

（1）地面和地下钢轨隔离

地面和地下钢轨隔离用于保护地上设施，防止腐蚀地面线周边的建筑。具体措施是：地面线路与地下线路钢轨之间设置绝缘结，防止地下段内的钢轨电流流进地面线的钢轨，进而减少地面线钢轨的泄漏电流，进而减少地面线周边建筑物的结构钢筋的腐蚀程度，如图 2-23 所示。

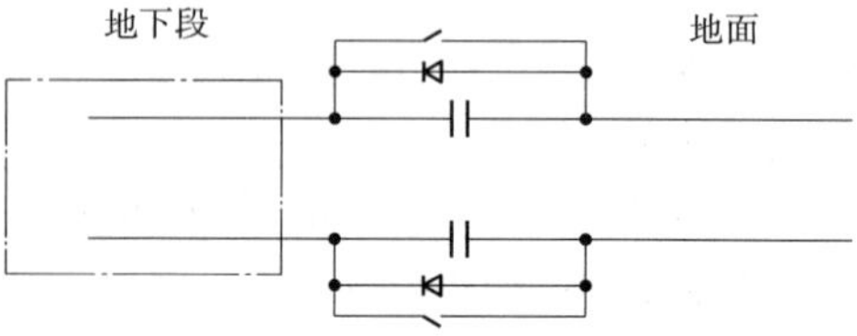

图 2-23 地面和地下钢轨隔离

(2)过江隧道内钢轨隔离

过江隧道内钢轨隔离用于保护过江隧道,过江隧道结构的稳定至关重要。具体措施是:过江隧道两端的钢轨上设置绝缘结。防止隧道外的钢轨电流流进隧道内的钢轨,进而减少隧道内钢轨的泄漏电流,进而减少隧道内结构钢筋的腐蚀程度,如图 2-24 所示。

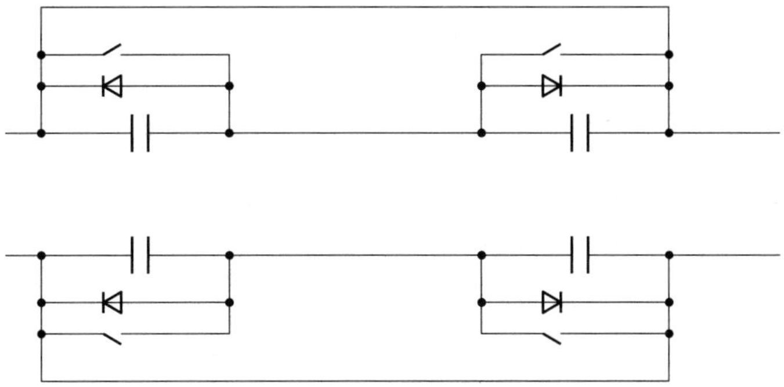

图 2-24　过江隧道内钢轨隔离

(3)高架线路两端钢轨隔离

高架线路两端钢轨隔离用于保护高架桥,高架桥结构的稳定至关重要。在高架线路两端,高架线路与地面线路的钢轨之间设置绝缘节,具体措施与过江隧道钢轨隔离类似。

(4)车辆段钢轨隔离

车辆段停车场广泛使用钢轨隔离措施,一方面是为了保护车辆段建筑,另一方面是为了在列车停电检修时钢轨尽量不带电。车辆段与正线之间通常也设置绝缘节,主要作用是保护车辆段。车辆段内各停车线和检修线的起点处均设置绝缘节,主要作用是停电检修时,防止钢轨带电。车辆段内绝缘节设置,其具体措施与地面和地下钢轨隔离类似。

技能训练

任务工作单见表 2-11。

表 2-11　任务工作单

<table>
<tr><td colspan="8">认识杂散电流防护</td></tr>
<tr><td colspan="8">姓名:　　　　　班级:　　　　　日期:</td></tr>
<tr><td rowspan="3">任务目标:
熟悉杂散电流防护的“防排”原理</td><td>指导老师</td><td colspan="6"></td></tr>
<tr><td>团队成员</td><td></td><td></td><td></td><td></td><td></td><td></td></tr>
<tr><td>分工职责</td><td></td><td></td><td></td><td></td><td></td><td></td></tr>
<tr><td colspan="8">任务实施:
杂散电流防护基本原则是“以防为主、防排结合”。请列举哪些措施是“防”,哪些措施是“排”,并简述“防排”的原理。
____
____
____
____
____
____
____</td></tr>
</table>

任务评价

任务评价见表2-12。

表2-12　任务评价表

序号	评价内容	评价标准	分数	评分记录		
				学生自评	组间互评	教师评分
1	杂散电流防护	正确且展开得40分,每错漏一处扣5分,扣完为止	40			
2	杂散电流排流	正确得40分,每错漏一处扣5分,扣完为止	40			
3	团队合作精神	汇报时,没有体现团队分工合作的,扣1~20分	20			
总分						
综合成绩(学生自评占30%,组间互评占30%,教师评分占40%)						

巩固练习

结合图2-21,描述从钢轨到整流器负极的直流电路,并在图2-21中补充杂散电流("迷流")走向。

任务6　认识降压变电所

学习目标

(1)掌握降压变电所电气主接线图。

(2)熟悉降压变电所一次系统及其设备编号原则。

(3)熟悉降压变电所二次系统配置。

(4)熟悉降压电所的正常和非正常情况下的运行方式。

(5)通过车站平面布置图的知识拓展,巩固牵引变电所和降压变电所的知识。

任务描述

降压变电所是中压环网系统的组成部分之一,城市轨道交通所有车站、车辆段或停车场以及控制中心必须设置降压变电所。降压变电所将来自中压环网的35 kV电压降为0.4 kV电压,并将0.4 kV电源提供给低压动力配电系统和照明配电系统,可为车站、车辆段和控制中心的动力和照明设备提供电源。

当降压变电所与牵引变电所合建时,将形成牵引降压混合变电所。降压变电所可以分为一般降压变电所、跟随式降压变电所,对于长大区间的区间风井等设备,往往在区间风井设置在跟随式降压变电所,就地配电。

本任务学习降压变电所的构成以及运行。学习内容包括:降压变电所各电压等级的主接线、各电压等级的一次设备、二次设备和降压变电所运行方式,了解降压变电所的构成以及运行。通过知识拓展,学习变电所各电压等级的设备房布置、设备房的设备及其电路关系。

知识讲解

城市轨道交通每个车站均设有降压变电所，在设有牵引变电所的变电站，牵引变电所往往和降压变电所合设，称为牵引降压混合变电所，简称为牵降所。

一、降压变电所主接线

降压变电所主接线如图 2-25 所示。

1. 35 kV 侧主接线

降压变电所 35 kV 侧采用单母线分段接线方式，并设置母联开关。每段母线有一路进线和一路出线，构成 35 kV 二进二出的环网接线。两路 35 kV 进线电源来自本供电分区的前一个车站的 35 kV 变电所或者 110 kV 主变电所的 35 kV 侧。两路 35 kV 出线为本供电分区的下一个车站的 35 kV 变电所供电。

降压变电所配置两台降压变压器（也叫配电变压器），每台降压变压器一次侧通过一台断路器接在不同段 35 kV 母线上。每段 35 kV 母线还分别设置一组电压互感器、一组避雷器。

注意，电压互感器具有二次侧开口△线圈，用于测量零序电压$\dot{U}_0$，$3\dot{U}_0=\dot{U}_a+\dot{U}_b+\dot{U}_c$。所有的 35 kV 开关的进出线侧均设置电流互感器，用于继电保护和测量。

2. 0.4 kV 侧主接线

0.4 kV 侧采用单母线分段接线方式，设置母联开关。同时，在Ⅰ段母线和Ⅱ段母线上分别串联设置一个断路器，将Ⅰ段母线和Ⅱ段母线都分成两部分，一部分带一级负荷和二级负荷，另外一部分带三级负荷，称为三级负荷母线。该母线串联的断路器称为三级负荷总开关。当需要切除三级负荷时，分断三级负荷总开关即可，此时三级负荷母线失电，所有三级负荷切除。火灾时“切非”，就是指分断三级负荷总开关。

二、一次设备编号原则

（1）降压变压器编号：ST1，ST2。

（2）35 kV 断路器和隔离开关编号：与牵引变电所一致。

（3）0.4 kV 断路器编号：断路器编号由三位数（除跟随所外）组成，第一位数为“4”，代表电压等级为 400 V，后两位为断路器序号。Ⅰ段母线侧进线（也就是变压器二次侧出线）断路器为奇数 401，Ⅱ段母线侧进线断路器（也就是变压器二次侧出线）为偶数 402，母联断路器为 400。Ⅰ段母线侧三级负荷总开关奇数 411，Ⅱ段母线侧三级负荷总开关奇数 421。跟随所Ⅰ段母线进线断路器为奇数（401A、401B），Ⅱ段母线进线断路器为偶数（402A、402B），母联断路器为 400A、400B。

三、降压变电所一次设备

降压变电所一次系统设备主要包括 35 kV 电压等级的一次设备和 0.4 kV 电压等级的一次设备。

1. 35 kV 电压等级的一次设备

35 kV 电压等级的一次设备主要包括：降压变压器（也叫配电变压器，采用△/Y 接线）、35 kV GIS 开关、35 kV 避雷器、35 kV 母线、交直流电源等。

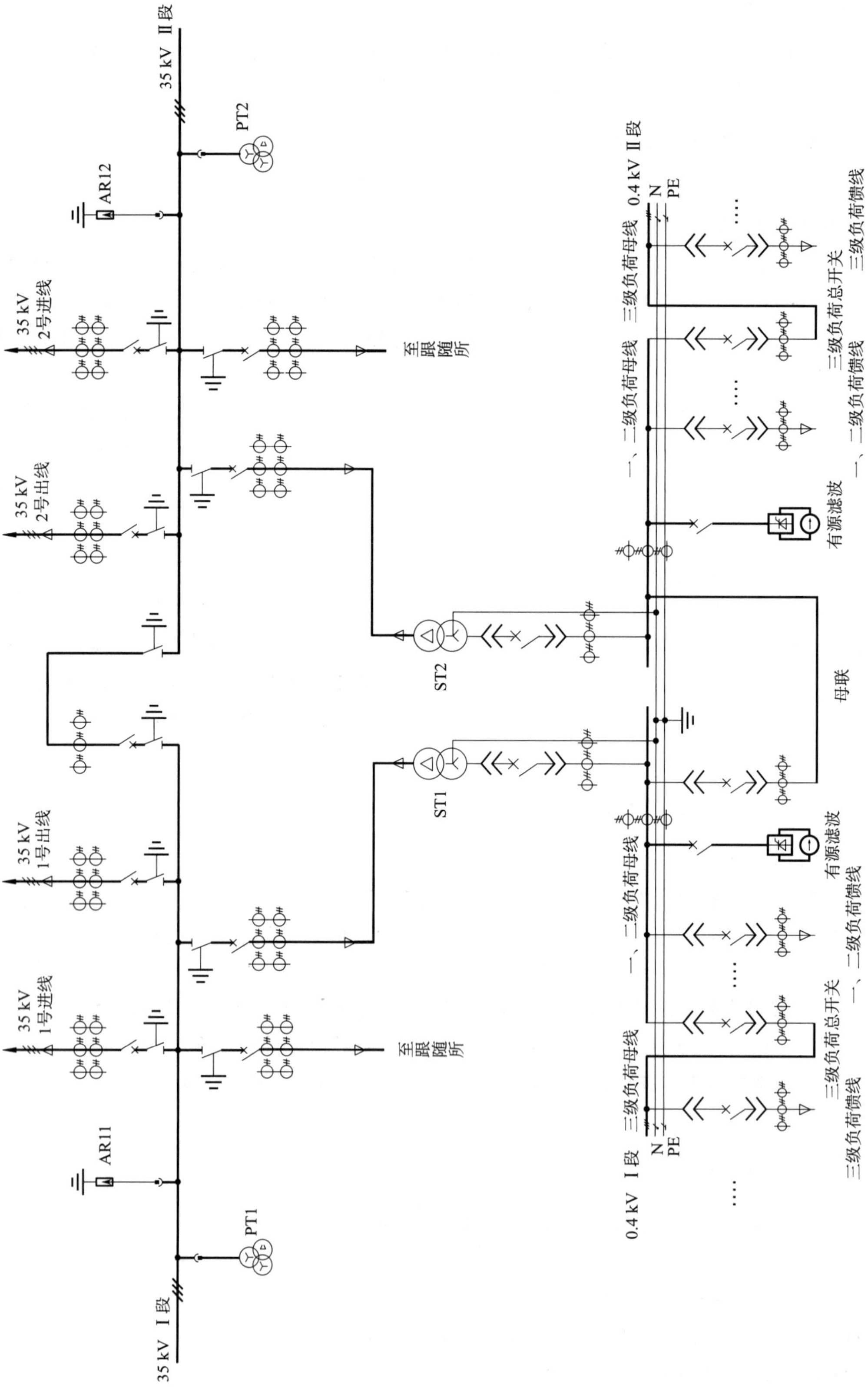

图2-25 降压变电所主接线

由于轨道交通车站，特别是地下车站的防火等级高，通常降压变压器采用干式变压器，而不是油浸式变压器。交直流电源是变电所自用电，包括35 kV/0.4 kV的站用变压器和变电所直流电源系统。该系统为变电所自身提供带蓄电池的交流电和直流电，例如变电所照明的220 V交流电，项目1任务8控制回路的KM电源(DC 220 V或DC 110 V)。

2. 0.4 kV电压等级的一次设备

0.4 kV电压等级的一次设备主要包括：0.4 kV开关、动态无功补偿功能和有源滤波装置等。每段0.4 kV母线各设置一套动态无功补偿装置和有源滤波装置，以提高轨道交通供电系统的供电质量，同时也减少对城市电力系统的污染。

四、降压变电所二次设备

1. 二次系统组成

降压变电所二次系统包括：继电保护装置、自动控制装置、通信设备、自动化设备等。自动控制装置包括：(1)变电所35 kV母联开关设置自投装置/功能，自投功能可在就地/远方进行投入/撤除。(2)变电所0.4 kV母联开关设置自投装置/功能。(3)变电所自用电系统的两路0.4 kV进线电源设置自投装置/功能。

2. 二次系统各部件继电保护类型

(1)35 kV进出线

35 kV进出线的继电保护有：光纤纵差保护(采用光纤通信的电流差动保护)、过电流保护、零序电流保护。

过电流保护可以是电流速断保护，也可以是定时限过流保护，还可以是三段式电流保护。

(2)35 kV母联开关

35 kV母联开关的继电保护有：电流速断保护、定时限过流保护以及零序电流保护等。

(3)降压变压器35 kV侧

降压变压器35 kV侧的继电保护有：电流速断保护、定时限过流保护、零序电流保护、过负荷保护、变压器温度保护。降压变压器采用干式变压器，因此不设瓦斯保护。

(4)0.4 kV开关

0.4 kV进线开关的继电保护有：短路瞬时保护(即电流速断保护)、短路短延时保护(即定时限过流保护)、过负载保护、接地故障保护、低电压保护。

0.4 kV母线分段开关的继电保护有：短路瞬时保护、短路延时保护、过负载保护。

0.4 kV三级负荷总开关的继电保护有：短路瞬时保护、过负载保护、失压脱扣(与另一段母线的三级负荷总开关联锁跳闸)。

0.4 kV馈线开关的继电保护有：短路瞬时保护、过负载保护、接地故障保护，其中消防设备回路的过负载保护只作用于告警信号，不作用于切断电路。

注：短路瞬时保护是电流速断保护在0.4 kV系统的称呼，短路延时保护是定时限过流保护在0.4 kV系统的称呼。

五、降压变电所运行方式

降压变电所运行方式包括两个方面：(1)一次系统运行方式，包括主接线运行方式和中性点投切方式；(2)继电保护运行方式，包括保护投入和退出，继电保护整定值的配合。继电保护运行方式必须与一次系统的运行方式相配合。

1. 一次系统运行方式

(1)中性点投切

降压变压器0.4 kV侧中性点接地刀开关投入,中性点直接接地。

(2)正常运行方式

降压变电所的35 kV、0.4 kV母联开关分闸,两路35 kV进线电源、两段35 kV母线、两台配电变压器和两段0.4 kV母线分列运行,两段0.4 kV母线各自承担其供电范围内的动力负荷和照明负荷。

(3)非正常运行方式

非正常运行方式有三种:一路35 kV进线电源解列、一台配电变压器解列以及降压变电所解列三种情况。

①当降压变电所的一路35 kV进线电源解列时,0.4 kV母联开关分闸,35 kV母联开关合上,两台降压变压器并联运行,由另一路35 kV进线电源承担该两路35 kV进线电源供电范围内的牵引和动力照明全部负荷。

②当降压变电所的一台配电变压器解列时,0.4 kV母联开关在满足合闸条件时自投,由另一台配电变压器承担该所供电范围的动力照明一、二级负荷。

③当降压变电所解列时,其供电范围内的动力照明负荷全部EPS或UPS供电。

2. 继电保护运行方式

继电保护的投入、退出以及定值的整定需要与一次侧的运行方式密切配合。特别是中性点投切发生变化,以及中压环网供电分区发生变化时,保护定值应与之匹配。

技能训练

任务工作单见表2-13。

表2-13 任务工作单

<table>
<tr><td colspan="7">认识降压变电所</td></tr>
<tr><td colspan="7">姓名:　　　　　　　　班级:　　　　　　　　日期:</td></tr>
<tr><td rowspan="3">任务目标:
掌握城市轨道交通降压变电所的主接线,设备布置以及设备之间的电路联系</td><td>指导老师</td><td colspan="5"></td></tr>
<tr><td>团队成员</td><td></td><td></td><td></td><td></td><td></td></tr>
<tr><td>分工职责</td><td></td><td></td><td></td><td></td><td></td></tr>
<tr><td colspan="7">任务实施:
(1)根据图2-25所示的降压变电所主接线,描述正常运行方式下的35 kV至0.4 kV的电路(从一路35 kV进线开始)。
____
____
____
____
____
____
____
____
____
(2)如图2-26所示,简述该35 kV GIS开关配有哪些继电保护?能够看出哪些保护定值?</td></tr>
</table>

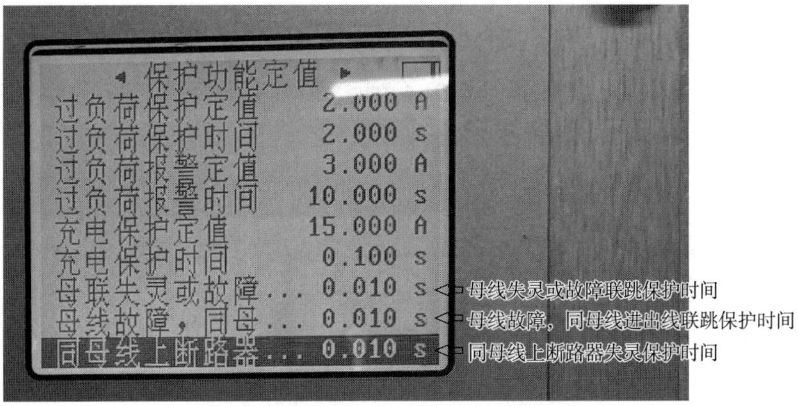

图 2-26　35 kV GIS 控制面板图

任务评价

任务评价见表 2-14。

表 2-14　任务评价表

序号	评价内容	评价标准	分数	评分记录		
				学生自评	组间互评	教师评分
1	35 kV 电路	正确得 30 分,每错漏一处扣 5 分,扣完为止	30			
2	0.4 kV 电路	正确得 30 分,每错漏一处扣 5 分,扣完为止	30			
3	继电保护配置	正确得 20 分,每漏一项扣 5 分	20			
4	团队合作精神	汇报时,没有体现团队分工合作的,扣 1 ~ 20 分	20			
总分						
综合成绩(学生自评占 30%,组间互评占 30%,教师评分占 40%)						

知识拓展

已经学习了城市轨道交通车站的两种牵引变电所和降压变电所,为了加深知识的理解,更加直观理解变电所的设备布置及电路,通过知识拓展,学习变电所的设备布置。首先从车站平面总图开始,认识车站三维图,从中寻找变电所和配电室的位置;再通过对变电所平面图的学习,熟悉各电压等级的设备的布置及其关联。

一、车站总图

车站总图体现了车站在城市地图的平面布置，包括车站主体结构和车站附属结构，如图 2-27 所示。车站主体结构是指车站站厅站台的主体部分。车站附属结构是指车站的风道和出入口部分。

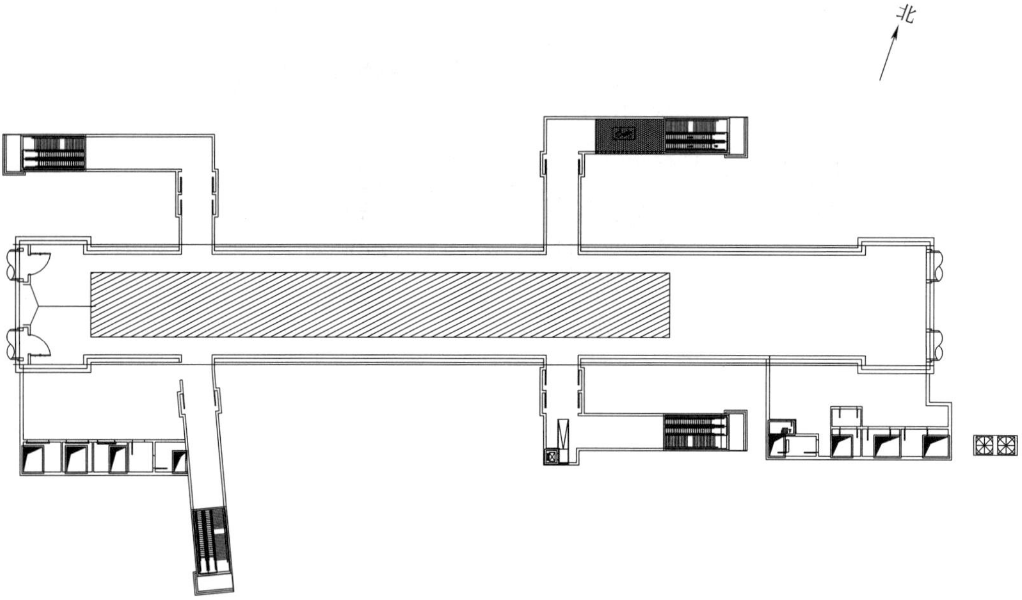

图 2-27　车站总图

二、典型车站剖面图

1. 线路方向的车站剖面图

线路方向的车站剖面图如图 2-28 所示。车站中间虚框部分为公共区，分为站厅公共区和站台公共区。车站两端（虚框外）为设备区，分站厅设备区和站台设备区。通常靠近线路起点的一端称为 A 端，靠近线路终点的一端称为 B 端；设备区也称呼为“大端”和“小端”，设备集中的一端称为“大端”，设备相对较少的一端称为“小端”；通常车站控制室、通信信号等弱电机房设置在大端站厅设备区，变电所也设置在大端站台设备区。在图 2-28 中，左侧为大端，右侧为小端。

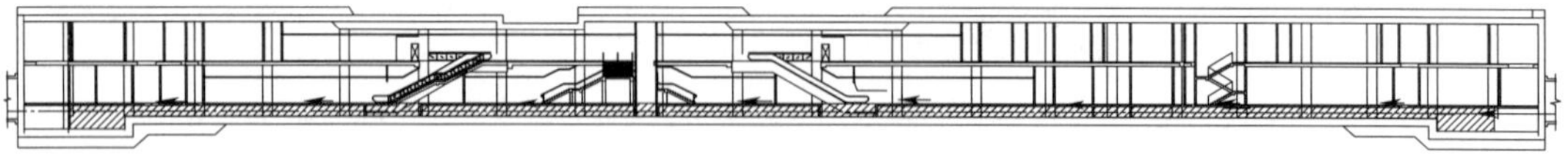

图 2-28　线路方向的车站剖面图

有效站台中心线也称为站台中心线，是公共区设备布局的物理界面，如照明系统按 A、B 端各负责半个公共区的照明配电。如图 2-28 所示，站台板底部阴影区域是供电专业专用的站台板下电缆通道，主要为供电系统的中压环网电缆和牵引直流正负极电缆。

2. 线路垂直方向的车站剖面图

线路垂直方向的车站剖面如图 2-29 所示，可反映电缆通道的俯视角度，还反映了车站顶板、中板和站台板。

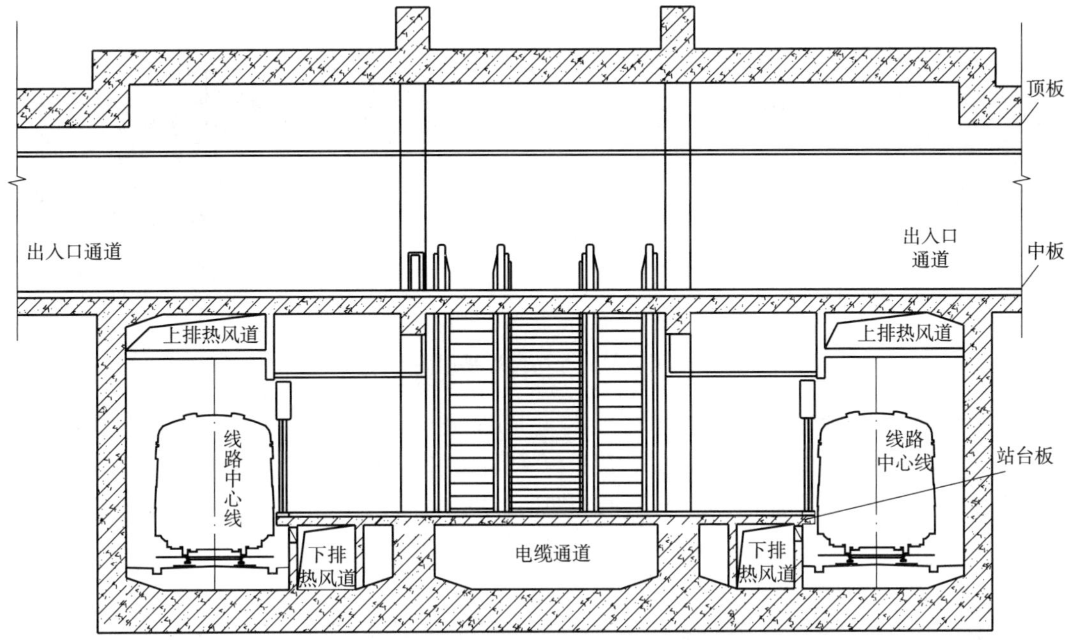

图 2-29　线路垂直方向的车站剖面图

3. 变电所局部剖面图

变电所局部剖面如图 2-30 所示,车站变电所设置在站台层紧邻区间隧道的位置。供电系统的车站变电所设置在站台层紧邻区间隧道区域的主要原因是:(1)便于变压器等大件设备的运输(建设和运营维护期间);(2)便于 35 kV 电缆的就近接入和接出,降低电缆成本;(3)避免高压强电穿越其他设备房,严重影响其他设备。

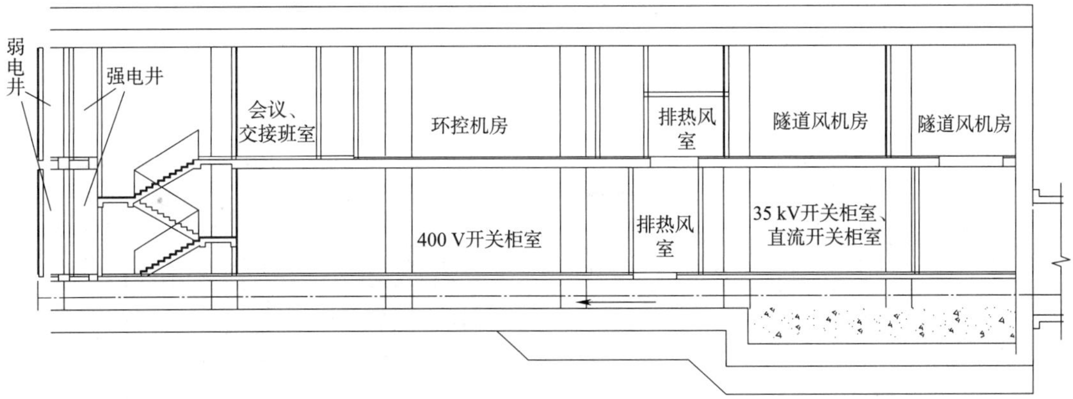

图 2-30　变电所局部剖面图

三、典型车站平面图

1. 车站站厅平面图

车站站厅平面如图 2-31 所示,通常车站站厅两端的设备区设置有环控电控室,用于对通风空调系统的单机设备配电;在站厅设备区与公共区邻近的房间设置有照明配电室,两个照明配电室分别对半个站厅公共区和一端站厅设备区进行照明配电。环控电控室和照明配电室是低压动照系统的设备房之一。

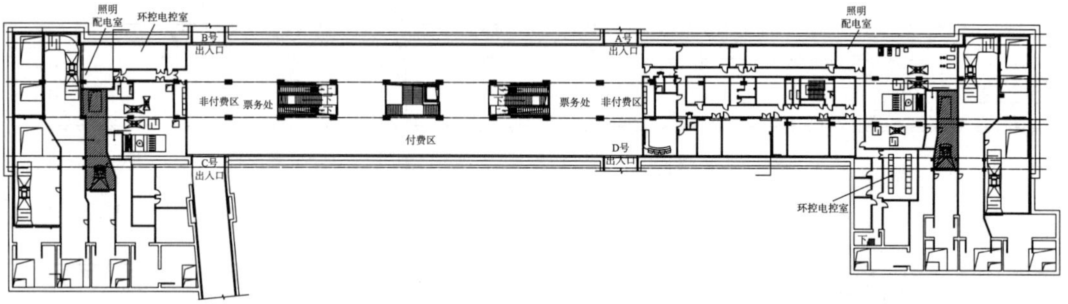

图 2-31　车站站厅平面图

2. 车站站台平面图

车站站台平面如图 2-32 所示，在站台层紧邻区间隧道区域设置有车站变电所，在站台设备区与公共区邻近的房间设置有照明配电室，两个照明配电室分别对半个站台公共区和一端站台设备区进行照明配电。

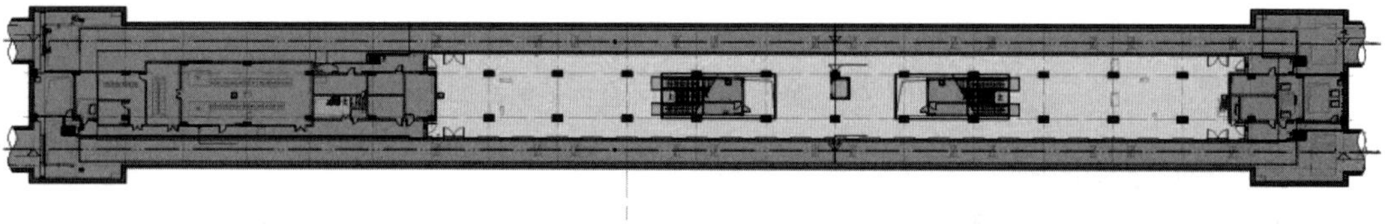

图 2-32　车站站台平面图

3. 变电所平面图

变电所平面如图 2-33 所示，变电所通常设置在大端的站台，且在最靠近隧道区间的设备房。从右到左设有：35 kV 牵引变压器，35 kV GIS 开关柜，直流设备（整流器、负极柜和直流开关柜），降压变压器，低压配电室等。

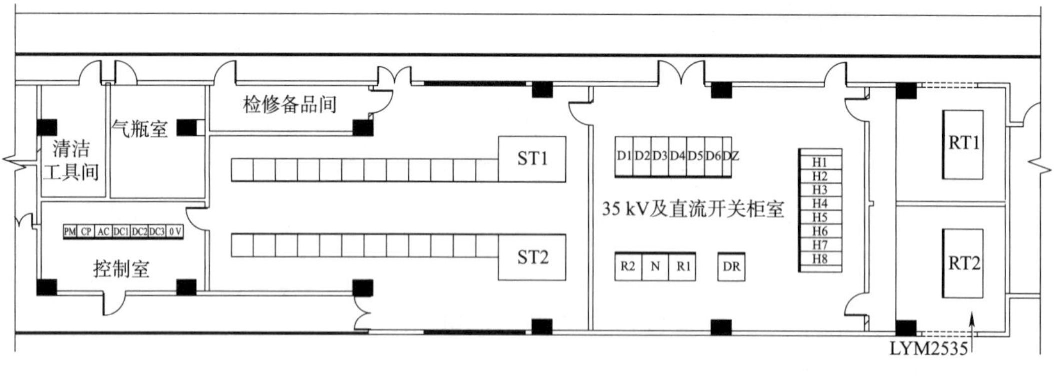

图 2-33　变电所平面图

结合牵引变电所和降压变电所主接线图，可以看出变电所供电路径大致如下：

（1）牵引变电所

以 I 段母线为例，牵引变电所设备联系如下：

①来自上一个变电所的 35 kV 环网电缆→35 kV 开关柜的 301 断路器→35 kV 开关柜的

35 kV 母线→35 kV 开关柜的 321 断路器→牵引变压器 RT1。

②RT1 牵引变压器 U_a、U_b、U_c、U'_a、U'_b、U'_c电缆→整流器柜的 R1 整流器(内设 1 号 2 号整流单元)。

③R1 整流器的正极电缆→直流开关柜的 201 直流正极开关→直流开关柜的直流正母线→直流开关柜的直流馈线开关→直流馈线电缆→接触网→电力机车→钢轨→回流线→整流器柜的负极柜→R1 整流器柜的整流器负极。

(2)降压变电所

以Ⅰ段母线为例,牵引变电所设备联系如下:

①来自上一个变电所的 35 kV 环网 35 kV 电缆→35 kV 开关柜的 301 进线开关→35 kV 开关柜的 35 kV 母线→35 kV 开关柜的 311 断路器→降压变压器 ST1→低压配电屏。

②低压配电屏→动力设备和照明设备。

巩固练习

简述正常情况和非正常情况下的降压变电所的运行方式。

项目3
城市轨道交通接触网

项目导入

城市轨道交通供电系统分为:主变电所、中压环网系统、接触网、动力照明配电系统和电力监控系统五部分。

在项目 2 我们学习了牵引供电的基本原理,牵引网是电力机车供电和回流的流通回路的总称,包括牵引变电所至接触网的馈电线、接触网、钢轨、回流线等。其中,接触网是牵引网的主要构成部分。牵引网系统示意图如图 3-1 所示。

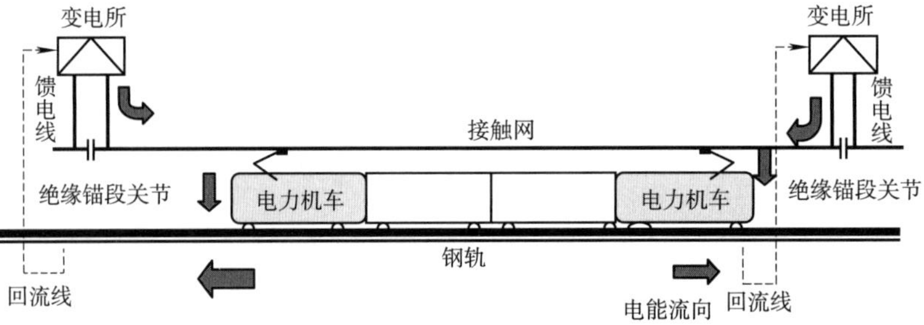

图 3-1　牵引网系统示意图

接触网(overhead lines)是沿着电气化轨道线路架设的、专门为机车安全提供电能的供电网络。接触网作用是通过受电弓与接触网的接触导体(接触线或第三轨)滑动接触,实现向高速移动的列车连续供电。

本项目主要针对架空刚性接触网和架空柔性接触网进行学习,接触轨知识未作讲解。接触轨知识可以部分参考架空刚性接触网知识,因为其主要差别是架空安装和轨旁安装,以及授流取电方式的差异。授流也可以称为受流,授流——接触网向列车供电;受流——列车接受接触网的供电;授流与受流二者表达的含义是一致的。接触网示意图和效果图如图 3-2 和图 3-3 所示。

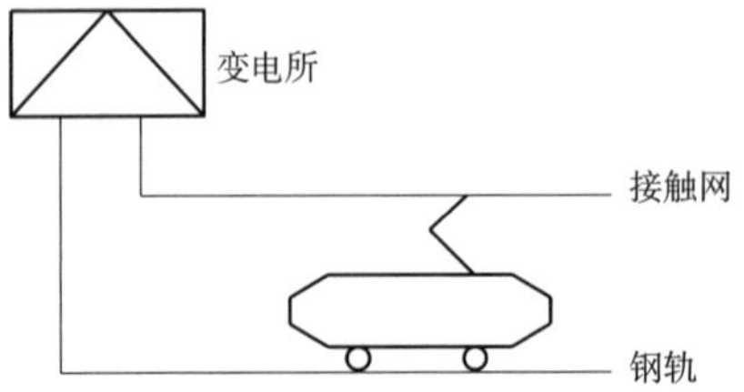

图 3-2　接触网示意图

图 3-3　接触网效果图

任务1 认识接触网的基本构成和分类

学习目标

(1)熟悉接触网构成的共性理念,为刚性接触网和柔性接触网的学习打下基础。

(2)掌握接触网分类。

(3)掌握接触网锚段、中心锚结和机械分段的用途。

任务描述

本任务学习并掌握接触网构成和分类,掌握接触网主要元件和参数的名词概念、接触网机械稳定的各种措施,以及从力学角度认识接触网,为柔性和刚性接触网的学习打下基础。

知识讲解

接触网设计方案需要考虑:供电的连续性、接触的平滑性、供电的电气故障范围尽可能小、供电的机械故障范围尽可能小。

1. 供电的连续性

供电的连续性是指确保列车能够连续获取电力。

工程措施:(1)每个直流供电分区通过电连接措施,使得接触线与牵引变电所保持电气接通,使得每个供电分区接触悬挂的接触线电气连通,最终确保供电分区的供电连续;(2)受电弓与接触线保持120 N左右的接触力,尽可能实现“弓网”连续接触,确保列车在移动状态下,其受电弓能够与接触线有效接触并连续获取电力。

2. 接触的平滑性

接触的平滑性确保列车连续获取电力时,受电弓与接触线的接触力必须合理,接触力过大会加速接触线和受电弓机械磨损,接触力过小会导致列车高速移动下出现“跳弓”和“打火”现象。

工程措施:受电弓移动过程中,接触线不能有硬点,否则会引起更大的电气腐蚀和机械磨损。所谓电气腐蚀是指接触面因为电气原因表面腐蚀和损伤。

3. 供电的电气故障范围尽可能小

万一发生接触网短路等故障,接触网能够防止电气故障范围扩大。

工程措施:设置接触网供电分区,把电气故障影响范围控制在接触网供电分区范围内。

4. 供电的机械故障范围尽可能小

万一发生接触网垮塌等机械故障,接触网能够防止机械故障范围扩大。

工程措施:接触网纵向(沿轨道方向)设置机械分段,机械分段称为锚段,每一个锚段在力学上是独立的,对接触悬挂形成独立的三维支持和支撑。锚段把接触网机械故障影响范围控制在锚段范围内,确保发生接触网垮塌时,不会影响到相邻锚段。

由于设置了机械分段,接触悬挂形成了物理断开,因此需要解决受电弓能够平滑且连续地从一个锚段滑动到相邻锚段的问题,为此设置了锚段关节;同时在机械分段处还需要实现供电的连续性,因此相邻的两个锚段电气上通过铜缆或者联络刀开关(也叫联络开关)相互连接,称为电连接。

一、接触网基本构成

1. 接触网构成概述

柔性接触网主要由接触悬挂、支持装置、定位装置、支柱与基础四部分组成。刚性接触网主要由支撑装置和接触悬挂两大部分构成。

接触网的核心是接触悬挂，支持和支撑装置的作用是从力学上将接触悬挂固定在轨道上方需要的位置（*XYZ* 三个维度）；接触悬挂的核心是接触线，定位装置的作用是将接触线的位置固定。

（1）接触悬挂

接触悬挂是具有承力作用纵向（沿轨道方向）布置的导电体。接触悬挂与受电弓接触的部位是接触线。接触悬挂特别是接触线必须被机械措施牢固地固定在空中某一位置点，确保弓网关系良好，确保受力稳定，很多机械措施均是围绕这一需求而产生的。接触悬挂主要作用有两个：①力学上，用来悬挂接触线；②电学上，增加导流面积。

柔性接触悬挂由接触线、承力索和吊弦等组成。承力索在最上方，通过吊弦悬吊接触线，承受接触线的重力。刚性接触悬挂由接触线和汇流排等组成。

（2）支持装置

支持是架空承载的意思，支持装置是一种受力的金属构件，一端承载着接触悬挂的承力索和接触线，另外一端固定在支柱或其他支撑装置上，用以支持和固定承力索和接触线，并将其受力传递给支柱。

（3）支撑装置

支撑是使立起的意思，支撑装置是支柱和基础，是接触网最终的受力部件，承载接触网的重力和横向拉力，并将接触悬挂支撑在空中。支撑装置一端固定在地面或隧道基础上，另外一端固定在接触悬挂上。接触悬挂在悬挂点进行悬挂。

柔性接触网的支柱和基础与刚性接触网的支撑装置作用类似，起到垂直方向对接触悬挂的支撑作用。每个刚性接触网悬挂点是一套支撑结构；每个柔性接触网的悬挂点是一套支撑装置、支持装置和定位装置。

2. 接触线与弓网关系

接触线是铜合金导线，是接触悬挂与电力机车受电弓的碳滑板进行滑动接触的线路。接触线作用是将电能从沿轨道线路固定的接触网传递到移动的列车。

（1）接触线硬点

接触网“硬点”是指接触线不平滑的现象，该不平滑处称为“硬点”，“硬点”必须消除。接触线必须保证机械的平滑性，没有“接触网硬点”，使得弓网关系良好。

弓网关系是指接触网和受电弓的关系。受电弓依靠约 120 N 的抬升力与接触网的接触线进行滑动接触，并从接触网取电，这种滑动接触引起的接触网和受电弓的机械特性和电气特性称为弓网关系。对于接触网来说，弓网关系的好坏主要体现在接触的平滑性，接触的平滑性主要体现在接触线高度的一致性。

受电弓装置内设有电动机或液压装置，通过驱动机构带动受电弓的上下运动，并调节受电弓的抬升力，以满足弓网关系的接触力要求。接触力过大将加剧接触线和受电弓的磨损，接触力过小将影响接触线和受电弓滑动接触的效果，甚至出现跳弓打火现象，尤其在“硬点”处常见。

（2）接触线的布置、拉出值、导高

由于受电弓始终处于轨道中心线，如果不采取工程措施，那么碳滑板始终在某一点进行滑动摩擦，这将大大影响碳滑板的使用寿命。为了减少碳滑板磨损消耗，接触线在轨道上方采用之字形布置，使得接触线在移动中可与列车碳滑板的不同位置进行滑动接触，形成“面”的接触，如图 3-4 所示。

拉出值是为了使受电弓碳滑板磨损均匀，把接触线交替地向线路中心线两侧偏移的数值，一般用符号“a”表示。定位器主要作用是按照拉出值固定接触线在空中的位置。

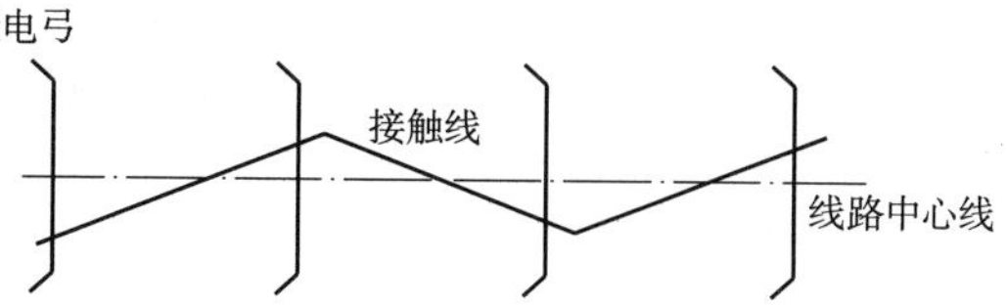

（a）直线

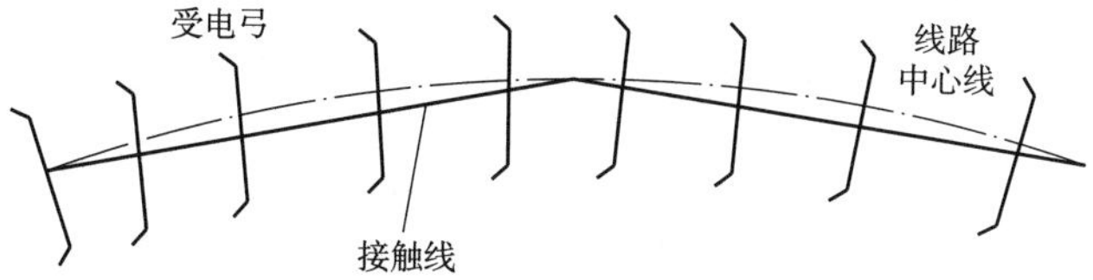

（b）曲线

图 3-4　之字形接触网

碳滑板宽度和接触网拉出值没有统一标准，但是接触网拉出值必须满足碳滑板工作宽度。碳滑板宽度为 1 050 mm 左右，刚性接触网拉出值范围为碳滑板宽度 ±200 mm，柔性接触网拉出值范围为碳滑板宽度 ±400 mm。接触线高度是接触线到钢轨顶面的垂直距离，简称导高，如图 3-5 所示。

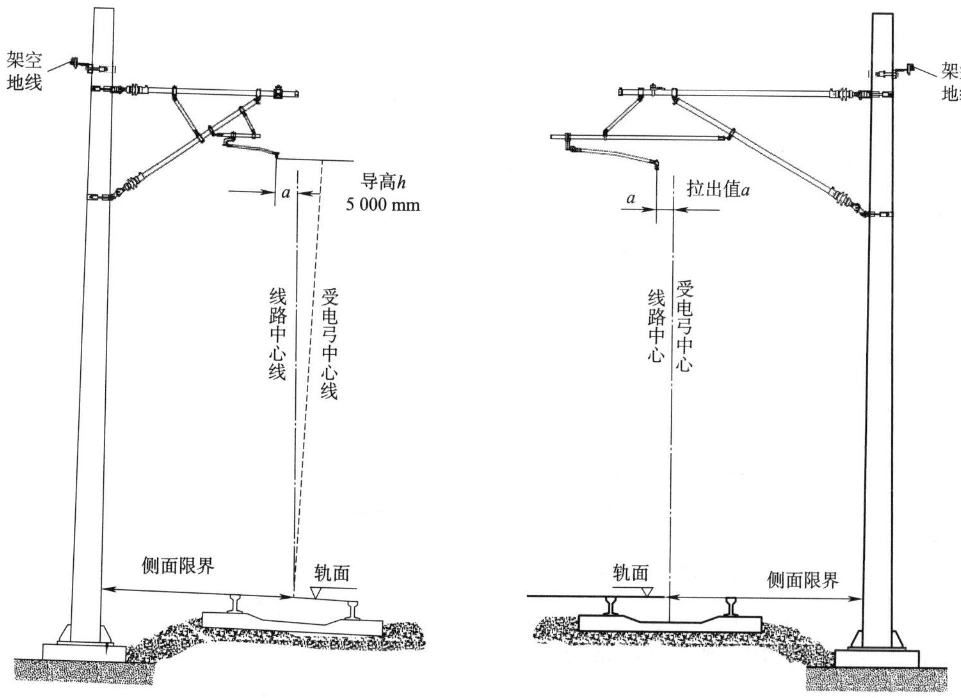

图 3-5　拉出值、导高示意图

隧道内的接触线导高主要受制于隧道的净空高度，在一定范围内导高越高，弓网关系越容易控制。刚性接触网导高范围一般在 4 040 ~ 4 400 mm，柔性接触网导高范围在 5 000 mm。

3. 锚段

一条线路的接触悬挂是由若干供电分区的接触悬挂连接而成，一个供电分区的接触悬挂则由若干锚段连接而成，相邻两个锚段采用联络刀开关或铜缆进行电气连接。如图 3-6 所示，1、2、3、4、5、6 是锚段，其中 2、3、4、5 锚段经过电气连接构成一个供电分区，该供电分区由 TS1 和 TS2 两个牵引变电所双边供电。

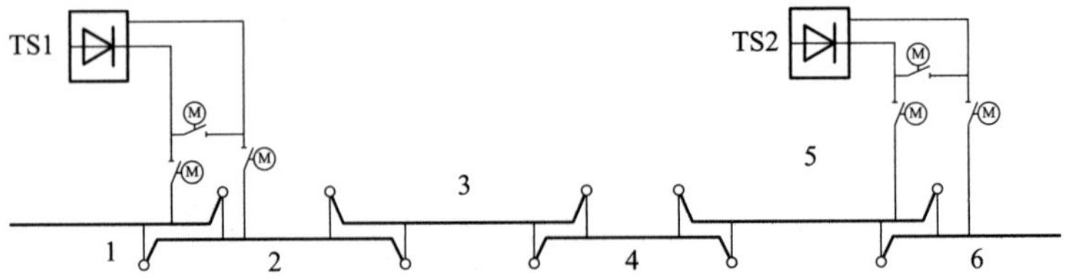

图 3-6　全线接触悬挂示意图

(1)跨

一个锚段内有若干悬挂点，也就是支撑点。两个支撑点之间称为一跨。“跨”是通用概念，例如建筑结构的混凝土支柱、钢结构建筑的钢支柱以及桥梁的桥墩等都有“跨”的概念。

相邻两悬挂点之间的距离称为跨距。跨距越大投资越少，但是悬挂性能指标会越差，例如柔性悬挂的弛度变大。每一跨的跨距与列车最高速度有关，线路允许速度越大，跨距越小。刚性接触网跨距一般为 6 ~ 12 m。柔性接触网跨距一般不大于 50 m。

一跨内的柔性接触悬挂如图 3-7 所示。由于重力影响，一跨内的接触线和承力索下垂的程度不一致，其衡量标准是弛度。弛度即跨距中间位置的导高与悬挂点的导高之差。弛度越小，受电弓受力越均匀。刚性接触网没有弛度。

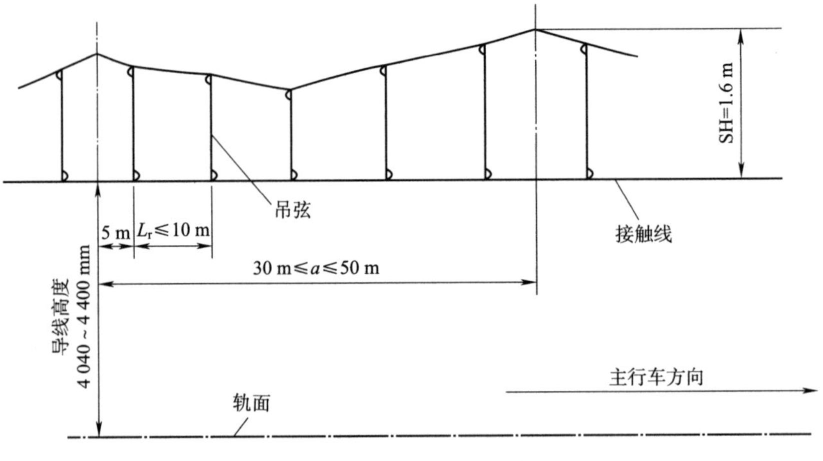

图 3-7　一跨内的柔性接触悬挂图

L_r 表示跨中等间距布置吊弦间的水平距离，“$L_r \leqslant 10$ m”表示等间距吊弦的布设距离应小于或等于 10 m。“5 m”表示第一根吊弦距定位点水平距离为 5 m。SH 表示接触悬挂的结构高度，“SH = 1.6 m”表示此柔性接触悬挂的结构高度为 1.6 m。

(2)锚段

锚段是指将接触网纵向分成一定长度并在结构上有独立机械稳定性的分段，所谓独立机械稳定性是指支撑体系是独立的，与相邻的锚段没有直接的机械受力的关系。

锚段作用为：①缩小机械事故范围，当发生断线或支柱折断等事故时，由于接触悬挂是分段的，从而使机械事故限制在一个锚段内，不致波及相邻锚段；②便于加设张力补偿装置，接触悬挂分段后，在承力索和接触线两端加设张力补偿装置，使其下锚处与中心锚结处的张力基本保持不变，保证弓网关系良好；③缩小因检修而停电的范围，在进行接触网检修时，可以打开绝缘锚段关节的隔离开关,使停电范围缩小,保证非检修锚段的正常供电;④设置电分段:锚段便于设置电分段,形成供电分区,以满足供电方式的需要。

①柔性接触网锚段如图3-8所示。一个锚段内有若干支柱,所有的支柱都是接触悬挂的悬挂点。支柱分为:下锚柱(也称为锚柱)、中心柱和中间柱。

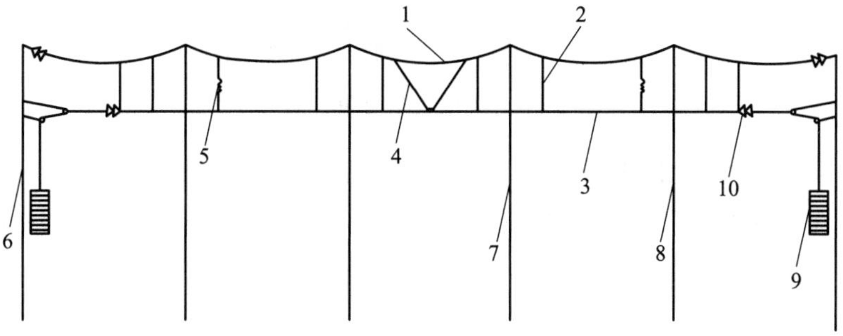

1—承力索;2—吊弦;3—接触线;4—中心锚结;5—电连接;6—下锚柱;7—中心柱;8—中间柱;9—张力补偿装置;10—绝缘子串。

图3-8 柔性接触网锚段

下锚柱:锚段两端支柱是下锚柱,用于支撑接触悬挂和锚段下锚。中心柱:锚段中心支柱是中心柱,用于支撑接触悬挂和设置中心锚结。中间柱:锚段中间普通支柱是中间柱,用于支撑接触悬挂。

柔性接触网,采用双边补偿时,锚段长度一般不大于1 500 m;采用单边补偿时,锚段长度一般不大于750 m。

②刚性接触网。每个锚段长度一般不超过250 m。接触网拉出值范围:±200 mm。

(3)下锚

下锚是指在锚段两端将承力索或接触线直接或通过补偿器固定到锚柱或其他支撑装置上。下锚目的是为实现锚段的独立机械稳定性,使得锚段内接触悬挂的受力与相邻锚段无关。下锚方式分为硬锚和张力补偿下锚两种方式。硬锚是将承力索或接触线通过绝缘子串接并固定在下锚柱上。张力补偿下锚是将承力索或接触线通过绝缘子串接并固定在下锚柱上,并且对承力索或接触线进行张力补偿。

接触线和承力索水平拉力即为张力。张力补偿装置是用以对接触导线或承力索进行张力调整的装置,通过调整接触线和承力索的高度,确保接触线和承力索的弛度在控制范围。城市轨道交通接触网线索张力一般为10~12 kN。锚段长度越短,所需的补偿力越小。

(4)中心锚结

中心锚结可防止锚段的接触线和承力索失去受力平衡沿铁轨方向往两边窜动,这种防窜作用的固定装置称为中心锚结。

柔性接触网中心锚结如图3-9所示,柔性接触网中心锚结由承力索中心锚结绳、接触线中心锚结绳和中心锚结线夹组成。图3-9为三跨式接触网中心锚结,在锚段中部通过承力索中心锚结绳锚在一跨内与承力索并接后,承力索中心锚结绳向两边下锚固定,将承力索牢固地固定在两侧下锚支柱上;并在该跨内通过接触线中心锚结绳、中心锚结线夹形成V形斜拉结构,使接触线与承力索间形成较稳定的三角形受力体系,避免在温度变化及意外断线情况下,锚段向一侧偏移及断线后接触线与承力索间大范围窜动的发生,从而缩小故障范围。

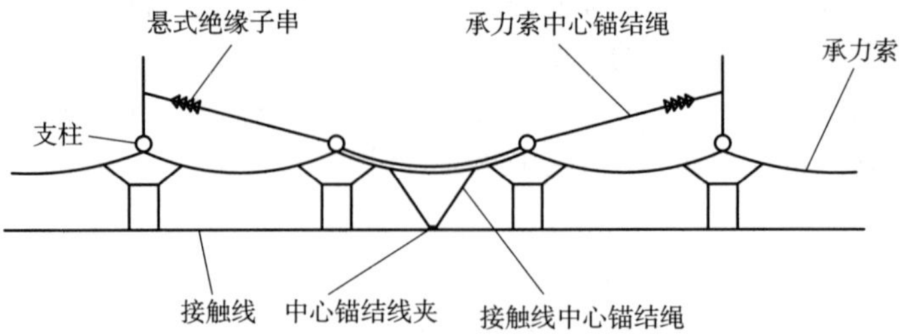

图 3-9 柔性接触网中心锚结

刚性接触网中心锚结如图 3-10 所示，刚性接触网中心锚结金属拉杆构件组成。接触网中心锚结从支撑构件引出两条金属拉杆，连接到汇流排中心锚结线夹，沿铁轨方向对汇流排进行位置固定。

中心锚结的作用是：(1)在一个锚段两端进行张力补偿时，防止张力补偿装置（也叫补偿器）向一侧滑动，特别是在具有坡度的线路上，设置中心锚结更加必要；(2)缩小事故范围，当中心锚结的一侧接触线断线时，不至于影响另外一侧的接触网，且容易尽快排除故障恢复运行。

在两端装有补偿器的锚段里，必须加设中心锚结，其布置原则是尽量使中心锚结两端张力相等，直线区段中心锚结设在锚段中部，曲线区段、曲线半径相同的整个锚段仍设在锚段中部，当锚段处于直线和曲线共有区段且曲线半径不等时，应设在靠曲线多、半径小的一侧。

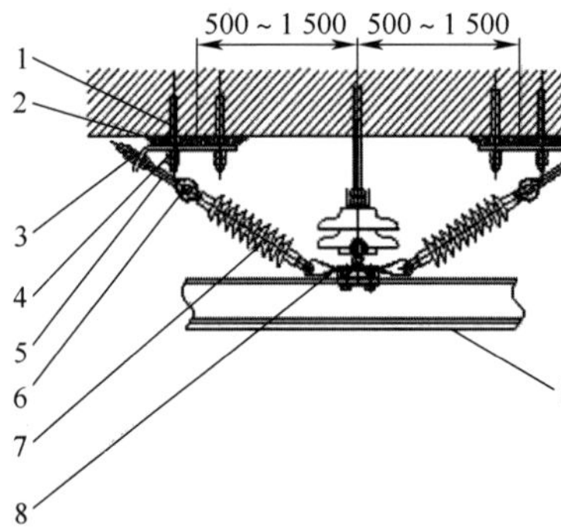

1—锚栓；2、3—调节螺栓；4—下锚底座；
5—调整螺杆；6—销钉；7—绝缘子；8—中心锚结线夹。

图 3-10 刚性接触网中心锚结（单位：mm）

(5)锚段的独立机械稳定性

锚段的独立机械稳定性体现在以下几个方面：

①为了保证接触线的机械稳定性，必须采用接触悬挂，用以增加接触线的机械稳定性。采用接触悬挂导电，大幅降低接触悬挂的阻抗，提高了接触线的能量传输。因此，接触悬挂具有增加接触线导电能力和悬挂接触线力学能力两项功能。

②支撑装置在垂直方向（*Z* 方向）通过支持装置支撑接触悬挂。

③支持装置连接支撑装置和接触悬挂，起到受力传导作用。

④下锚从沿轨道方向（*X* 方向）固定接触悬挂的承力索和接触线。

⑤中心锚结从沿轨道方向（*X* 方向）固定接触悬挂的中心点，防止接触悬挂沿轨道方向窜动。

⑥定位装置支持并固定接触线，可以从轨枕方向（*Y* 方向）对接触线的位置进行固定，实现接触线在轨道上方之字形布置。

以上措施在 *XYZ* 三个方向对接触悬挂进行了支撑和支持，实现了接触线的空间定位，从而保证了锚段的独立机械稳定性，以及接触线与受电弓的滑动接触的弓网关系。

4. 锚段关节

为确保弓网关系良好，使得受电弓和接触线没有“硬点”，两个相邻锚段必须有平滑的衔接区段。两个相邻锚段的衔接区段（重叠部分）称为锚段关节。锚段关节处两个锚段的接触线的水平投影是平行的，机车通过时，由于锚段对接触悬挂进行了机械分段，为使列车受电弓平滑通过两个锚段的衔接区域，可在相邻的两个锚段衔接处设置重叠区。重叠区的距离轨面的高度相同，即导高相同，可使受电弓同时接触两个锚段的接触线，然后从重叠区滑动到下一个锚段，实现平滑过渡。且重叠区域的两个锚段进行电气连接,确保电气的连续性。柔性接触网锚段和锚段关节如图 3-11 所示。

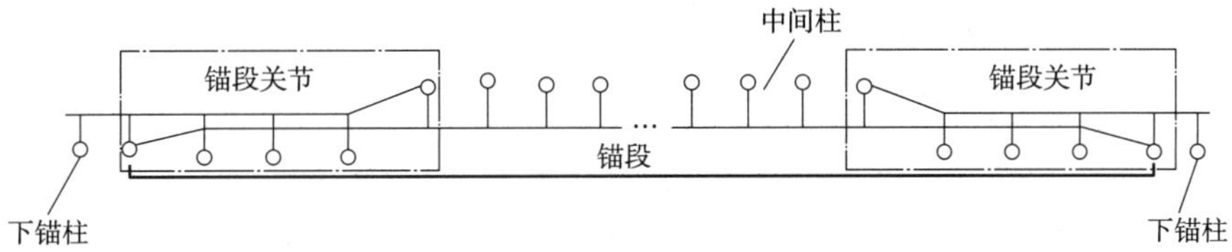

图 3-11　柔性接触网锚段和锚段关节

刚性接触网绝缘锚段关节如图 3-12 所示,刚性接触网锚段两端无须下锚,两个锚段在端头重叠,构成锚段关节。

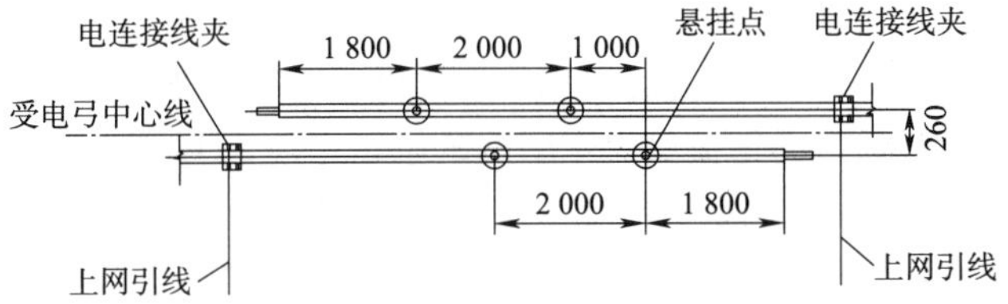

（a）结构图

（b）实物图

图 3-12　刚性接触网绝缘锚段关节(单位:mm)

接触网锚段关节通常设置在惰行区。理论上在惰行区列车无取流,通过锚段关节时,从一个锚段平滑过渡到另外一个锚段,不会出现“打火现象”;但实际上列车仍然有较小的取流,且使用一段时间后,由于机械锚固和土建变形等原因,锚段关节也会产生极小的高差,并形成“硬点”,列车通过锚段关节时,有可能出现“打火现象”,此时需要检修调整。锚段关节按用途可分为绝缘锚段关节和非绝缘锚段关节两种。

(1)非绝缘锚段关节

非绝缘锚段关节:在锚段关节处,两个锚段之间进行机械分段后,进行固定的电气连接实现电气直接连通,例如通过铜缆连接。非绝缘锚段关节的设置完全是为了机械受力方面的需要,例如防止接触网垮塌时垮塌范围的扩大。

(2)绝缘锚段关节

绝缘锚段关节:在锚段关节处,两个锚段之间进行机械分段后,没有进行固定的电气连接,而是设置隔离开关连接相邻的两个锚段,使相邻两个锚段通过隔离开关等电气元件进行电气连接或断开。绝缘锚段关节设置目的既有机械受力方面的需要,又有接触网供电分段的需要。

二、接触网分类

接触网按接触导体(接触线或第三轨)位置的不同划分,可以划分为架空接触网和接触轨。架空接触网可以划分为架空柔性接触网和架空刚性接触网,其中架空柔性接触网分为简单悬挂柔性接触网、简单链形悬挂柔性接触网、弹性链形悬挂柔性接触网。柔性接触网是指固定的接触导体在受流过程中在受电弓的作用下有一定程度的变形，如图 3-13(a)所示。刚性接触网是指固定的接触导体在受流过程中在受电弓或集电靴的作用下基本不变形，如图 3-13(b)所示。城市轨道交通地下线路多采用架空刚性接触网，地面(含高架)线路多采用简单链形悬挂的柔性接触网，车场采用简单悬挂的柔性接触网。

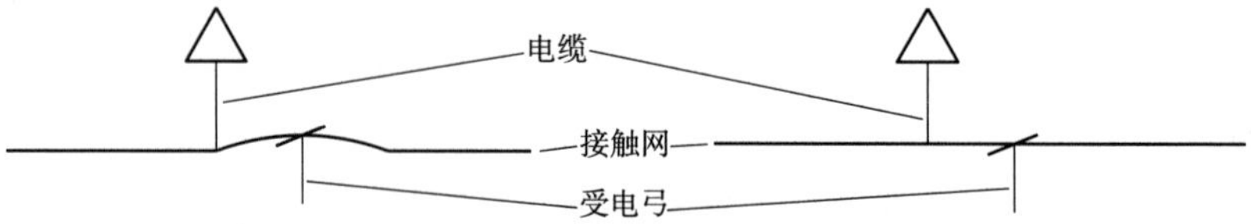

（a）柔性接触网弓网示意　　（b）刚性接触网弓网示意

图 3-13　接触网弓网示意图

接触轨按照其与电力机车受流器接触的方式，又可分为上部受流接触轨和下部受流接触轨。接触网的受电方式是指车辆从牵引网取电的方式；授电方式指牵引网向车辆供电的方式。两者内涵完全一样，均指牵引网的型式和与之对应的电力机车受电的方式。例如，× ×线的受电方式可以描述为 DC 1 500 V 架空接触网受电。

按电压等级划分，牵引网电压可以分为 DC 750 V、DC 1 500 V 和 AC 25 kV 三种。其中，国际电工委员会(international electro technical commission，IEC)推荐采用的直流供电电压标准为 750 V 和 1 500 V。城市轨道交通大多采用直流牵引网，目前主流直流牵引网的电压标准是 1 500 V；铁路则采用交流牵引网，牵引电压标准 AC 25 kV。接触网系统额定电压为 DC 1 500 V 时，电压允许波动范围 1 000 ~ 1 800 V。接触网系统额定电压为 DC 750 V 时，电压允许波动范围 500 ~ 900 V。接触网系统额定电压为 AC 25 kV 时，电压允许波动范围 AC 20 ~ 29 kV。

技能训练

任务工作单见表 3-1。

表 3-1　任务工作单

<table>
<tr><td colspan="8">认识接触网的基本构成和分类</td></tr>
<tr><td colspan="8">姓名：　　　　　　　　班级：　　　　　　　　日期：</td></tr>
<tr><td rowspan="3">任务目标：
(1)掌握接触网构成基本概念。
(2)掌握接触网分类</td><td>指导老师</td><td colspan="6"></td></tr>
<tr><td>团队成员</td><td></td><td></td><td></td><td></td><td></td><td></td></tr>
<tr><td>分工职责</td><td></td><td></td><td></td><td></td><td></td><td></td></tr>
<tr><td colspan="8">任务实施：
(1)简述接触悬挂的构成和作用。

(2)简述锚段和锚段关节含义和作用。

</td></tr>
</table>

(3)简述跨的含义和作用。

(4)简述支持装置的构成和作用。

(5)简述支撑装置的构成和作用。

(6)简述定位装置的构成和作用。

任务评价

任务评价见表3-2。

表3-2 任务评价表

序号	评价内容	评价标准	分数	评分记录		
				学生自评	组间互评	教师评分
1	接触悬挂的构成和作用	无法准确说出构成和作用,每项扣1~5分	10			
2	锚段和锚段关节含义和作用	无法准确说出含义和作用,每项扣1~5分	20			
3	跨的含义和作用	无法准确说出含义和作用,每项扣1~5分	10			
4	支持装置的构成和作用	无法准确说出构成和作用,每项扣1~5分	10			
5	支撑装置的构成和作用	无法准确说出构成和作用,每项扣1~5分	10			
6	定位装置的构成和作用	无法准确说出构成和作用,每项扣1~5分	10			
7	团队合作精神	汇报时,没有体现团队分工合作的,扣1~30分	30			
总分						
综合成绩(学生自评占30%,组间互评占30%,教师评分占40%)						

巩固练习

1. 简述接触网分类。
2. 简述接触网如何对接触线实现 *XYZ* 三个方向的固定。

任务2　认识柔性接触网

学习目标

(1)掌握柔性接触网的构成。

(2)掌握柔性接触网分类及其应用。

任务描述

本任务学习柔性接触网的构成、分类及其应用场所,达到城市轨道交通接触网维修岗位要求。

知识讲解

一、柔性接触网构成

柔性接触网都是架空布置,全称为架空柔性接触网。柔性接触网由接触悬挂、支持装置、定位装置、支柱与基础四部分组成,如图3-14所示。

1. 接触悬挂

(1)接触悬挂组成

如图3-15所示,架空柔性接触悬挂包括接触线、承力索、吊弦弹性吊索等。

图3-14　柔性接触网组成

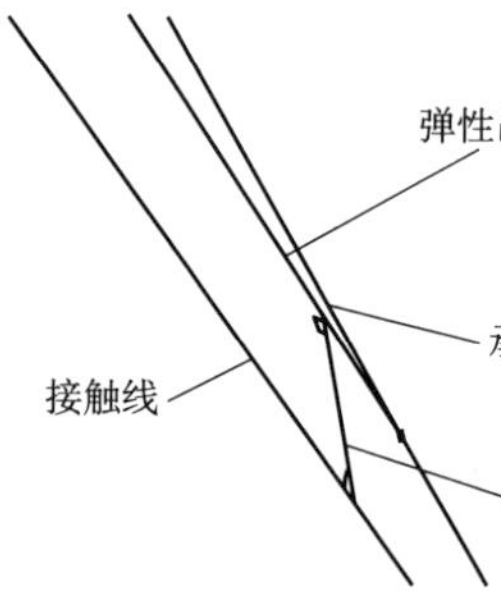

图3-15　柔性接触悬挂

承力索的主要功能是通过吊弦将接触线悬吊,承受接触线的重量,减少接触线的弛度。接触线的功能是向机车供电。由于接触线与受电弓直接接触,经常处于摩擦状态,因此不但要求其具有良好的导电性能,还应具有足够的机械强度和耐磨性。吊弦的功用是将接触线悬吊在承力索上,通过吊弦,调整接触线的弛度并改善受流质量。

(2)接触悬挂的弹性补偿

接触悬挂需要在不同的温度环境下保持一定的张力,以便使弓网关系良好,因此,锚段下锚时,需要对接触悬挂进行张力弹性补偿。

如图3-16所示,补偿装置设置在锚柱上,由坠砣通过滑轮组对张力进行补偿。接触悬挂的弹性补偿分为全补偿和半补偿两种。全补偿的下锚方式对承力索和接触线均进行弹性补偿。半补偿的下锚方式只对接触线进行弹性补偿。当锚段长度较长时，每个锚段两端设补偿下锚。当锚段长度较短时，只设单端补偿，即一端设硬锚，另一端设补偿下锚。

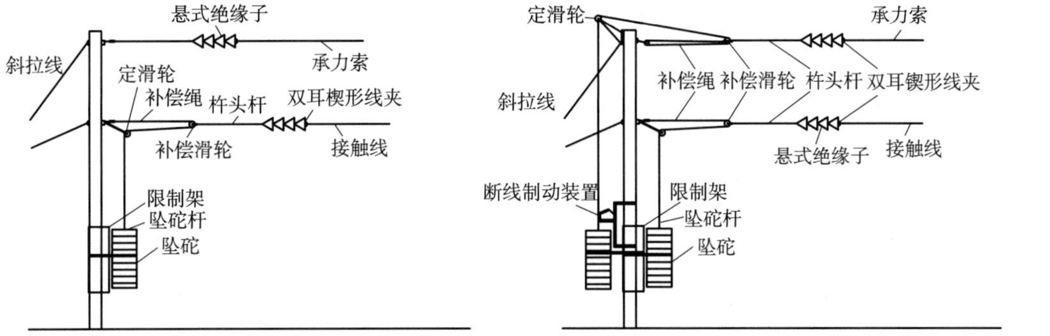

（a）半补偿链形悬挂　　（b）全补偿链形悬挂

图 3-16　柔性接触网弹性补偿装置

2. 支持装置和定位装置

支持装置固定在支柱上，用以支持接触悬挂，并将接触悬挂的受力传递给支柱。如图 3-17 所示，支持装置包括平腕臂、斜腕臂、悬式绝缘子串、棒式绝缘子及其他接触网支持设备。

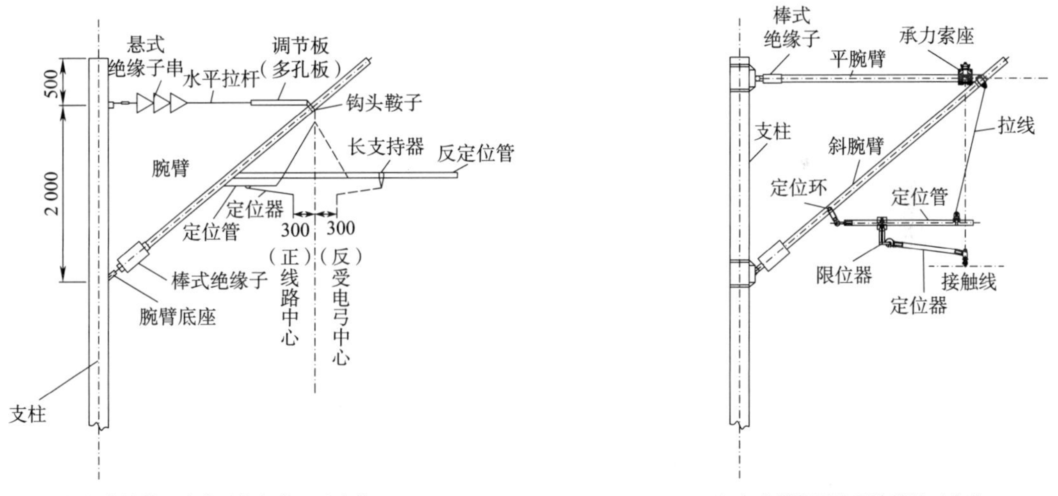

（a）支撑装置为水平拉杆的正反定位　　（b）支撑装置为平腕臂的正定位

图 3-17　支撑装置和定位装置（单位：mm）

平腕臂一端固定在支柱上，另外一端由斜腕臂支撑。平腕臂用于支持承力索，承力索位于平腕臂上方，承力索座托住并固定承力索。斜腕臂一端固定在支柱上，另外一端支撑平腕臂。定位装置包括定位管和定位器，可将接触线的水平负荷传给支持装置。定位管固定在斜腕臂上，通过定位器横向固定接触线，使接触线的位置在受电弓滑板运行轨迹范围内，保证接触线与受电弓不脱离。接触线固定在定位器下方。

3. 支柱与基础

支柱与基础用以承受接触悬挂、支持装置和定位装置的全部负荷，并将接触悬挂固定在规定的高度上。钢支柱固定在钢筋混凝土制成的基础上，由基础承受支柱传给的全部负荷，并保证支柱的稳定性。

二、柔性接触网分类

城轨交通系统中采用的柔性接触网悬挂类型主要有简单悬挂、简单链形悬挂、弹性链形悬挂等,如图3-18所示。

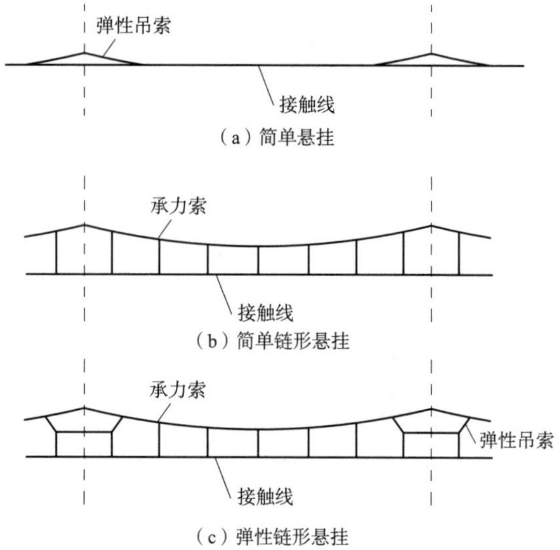

图3-18 柔性接触网悬挂类型

1. 简单悬挂

简单悬挂由接触线组成,没有专门的承力索和吊弦。在城市轨道交通只用于车库。简单悬挂如图3-19所示。

为补偿接触悬挂的张力,有效降低简单悬挂跨距内的弛度,在悬挂点处安装弹性吊索,起到改善弓网关系作用。这种悬挂称为弹性简单悬挂,如图3-20所示。

注意:弹性悬挂的弹性补偿设置在中间柱,用于补偿一跨内的张力;弹性链形悬挂的弹性补偿设置在锚柱,用于补偿锚段内的张力。

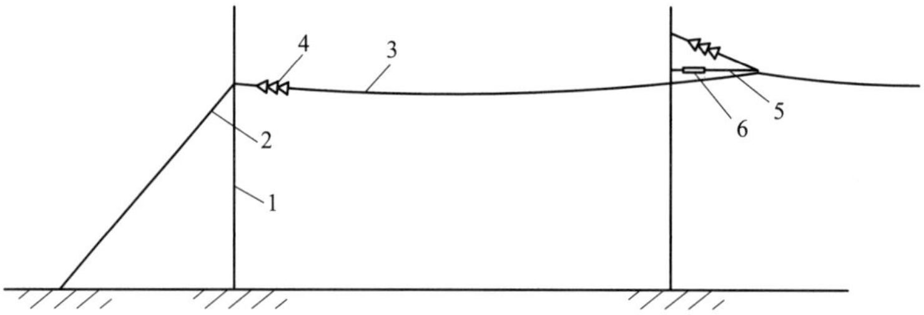

1—支柱;2—拉线;3—接触线;4—绝缘子串;5—腕臂;6—棒式绝缘子。

图3-19 简单悬挂

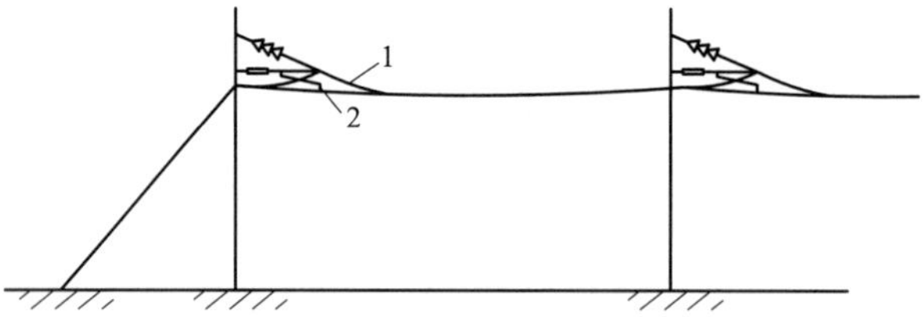

1—弹性吊索;2—定位器。

图3-20 弹性简单悬挂

2. 简单链形悬挂

简单链形悬挂由承力索和接触线等组成,接触线通过吊弦悬挂安装于承力索上,形成所谓的"链形"结构形式,如图3-21所示。

3. 弹性链形悬挂

在简单链形悬挂基础上,为补偿接触悬挂的张力,有效降低简单链形悬挂跨距内的弛度,在悬挂点处安装弹性吊索,起到改善弓网关系作用,如图3-22所示。地铁地上线和车场大多数采用简单链形悬挂或弹性链形悬挂。

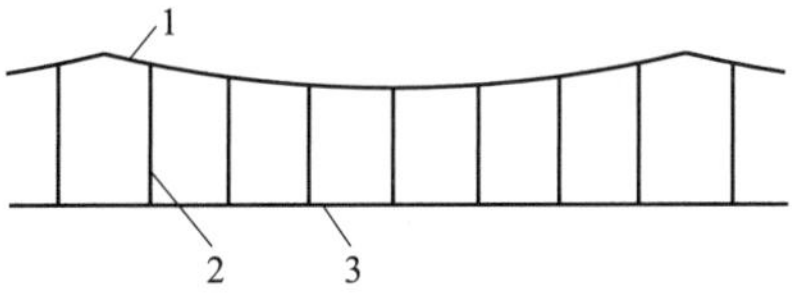

1—承力索;2—吊弦;3—接触线。

图 3-21　简单链形悬挂

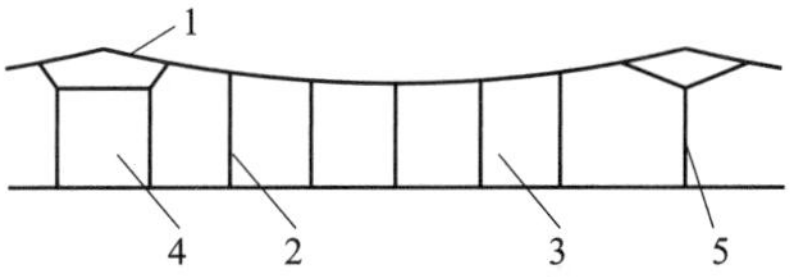

1—承力索;2—吊弦;3—接触线;
4—Ⅱ形弹性吊弦;5—Y形弹性吊弦。

图 3-22　弹性链形悬挂

技能训练

任务工作单见表 3-3。

表 3-3　任务工作单

<table>
<tr><td colspan="8">认识柔性接触网</td></tr>
<tr><td colspan="2">姓名:</td><td colspan="4">班级:</td><td colspan="2">日期:</td></tr>
<tr><td rowspan="3">任务目标:
掌握柔性接触网的构成</td><td>指导老师</td><td colspan="6"></td></tr>
<tr><td>团队成员</td><td></td><td></td><td></td><td></td><td></td><td></td></tr>
<tr><td>分工职责</td><td></td><td></td><td></td><td></td><td></td><td></td></tr>
<tr><td colspan="8">任务实施:
简述柔性接触网锚段的构成。
____
____
____
____
____________________</td></tr>
</table>

任务评价

任务评价见表 3-4。

表 3-4　任务评价表

<table>
<tr><td rowspan="2">序号</td><td rowspan="2">评价内容</td><td rowspan="2">评价标准</td><td rowspan="2">分数</td><td colspan="3">评分记录</td></tr>
<tr><td>学生自评</td><td>组间互评</td><td>教师评分</td></tr>
<tr><td>1</td><td>柔性接触网锚段部件、锚段构成</td><td>每错漏一项扣 5 ~ 10 分</td><td>80</td><td></td><td></td><td></td></tr>
<tr><td>2</td><td>团队合作精神</td><td>汇报时,没有体现团队分工合作的,扣 1 ~ 20 分</td><td>20</td><td></td><td></td><td></td></tr>
<tr><td colspan="4">总分</td><td></td><td></td><td></td></tr>
<tr><td colspan="4">综合成绩(学生自评占 30%,组间互评占 30%,教师评分占 40%)</td><td colspan="3"></td></tr>
</table>

巩固练习

运行中,为什么柔性接触网的导高和拉出值必须保持在设计范围内?

任务 3 认识刚性接触网

学习目标

掌握刚性接触网的构成。

任务描述

本任务进一步学习架空刚性接触网的构成、分类及应用场所，达到城市轨道交通接触网供电维修岗位要求。

知识讲解

刚性接触网分为接触轨和架空刚性接触网，本书重点讲架空刚性接触网。架空刚性接触网结构远比柔性接触网简单，没有柔性接触网的支持装置、定位装置、立柱等，如图 3-23 所示。

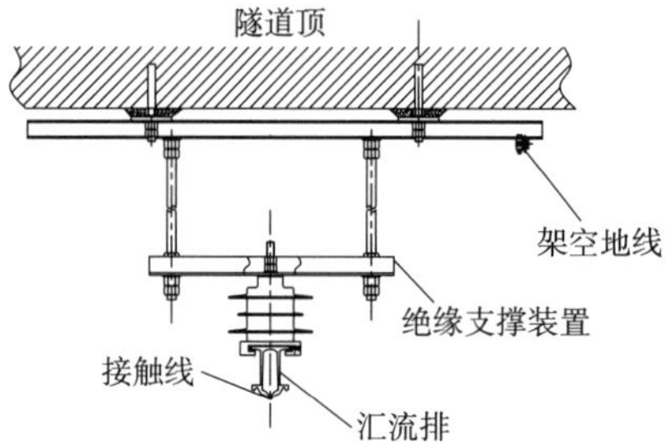

（a）矩形隧道或车站悬挂

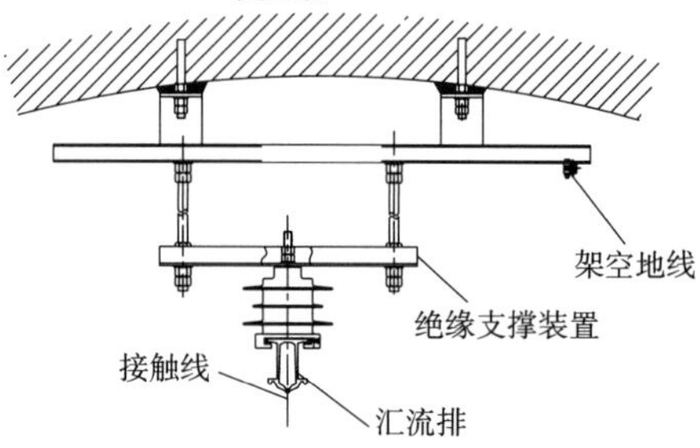

（b）圆形隧道或马蹄形隧道悬挂

图 3-23 架空刚性接触网

架空刚性接触网由接触悬挂和支撑装置构成，其中接触悬挂由绝缘子、汇流排、单根接触线和膨胀补偿元件等组成，支撑装置采用固定在隧道内的钢构件垂直方向支撑接触悬挂。

一、支撑装置

支撑装置是金属构件，通过绝缘锚栓直接固定在隧道顶部，极少数情况下固定在隧道侧面。支撑装置宽约 800 mm，通过绝缘锚栓固定在隧道顶部，绝缘锚栓具有一定绝缘作用，主要目的是防止杂散电流腐蚀。

刚性接触网支撑装置结构简单，直接固定汇流排，因此不需要采用柔性接触网复杂的腕臂结构。矩形隧道和圆形隧道的刚性接触网支撑装置如图 3-23 所示。

二、接触悬挂

刚性接触悬挂也称刚性悬挂，其重要部件为汇流排。支撑装置下部安装绝缘子，绝缘子悬挂汇流排。汇流排的接触线至轨面高度为 4 040 mm。

1. 汇流排

汇流排的功能是用来固定接触线并提高载流量，因此不但要求其具有良好的导电性能，还应具有足够的机械强度。

刚性接触网汇流排为铝型材“Π”形结构，起支承接触线和负载大电流的作用，它可通过内置的鱼尾板用螺栓连接成整体，两边的沟槽配合放线小车的外张导轮形成拉链式放线，将接触线卡入汇流排中，汇流排截面如图3-24所示。

图3-24 汇流排截面图

汇流排常用参数有：截面积为2 213 mm^2；制造长度为10～12 m；高度为85 mm或110 mm；铜当量截面为约1 300 mm^2；燕尾槽夹紧力为约10 kg/cm；材质为铝合金。每根汇流排之间通过汇流排接头连接构成锚段，汇流排接头如图3-25所示。

2. 中心锚结

中心锚结通常安装于一个锚段的中部，作用是防止汇流排窜动，中心锚结如图3-26所示。

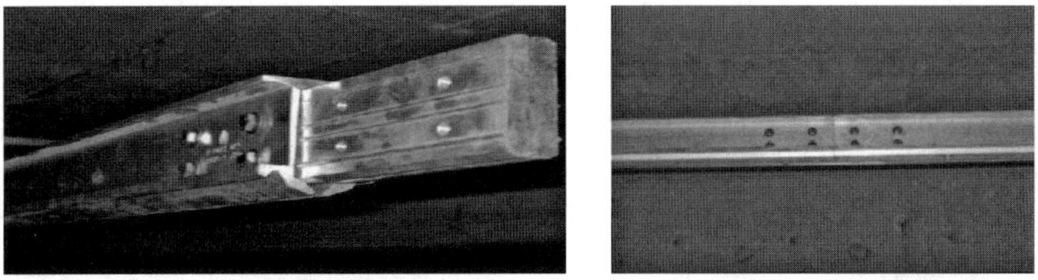

（a）汇流排接头实物　（b）汇流排接头的连接

图3-25 汇流排接头

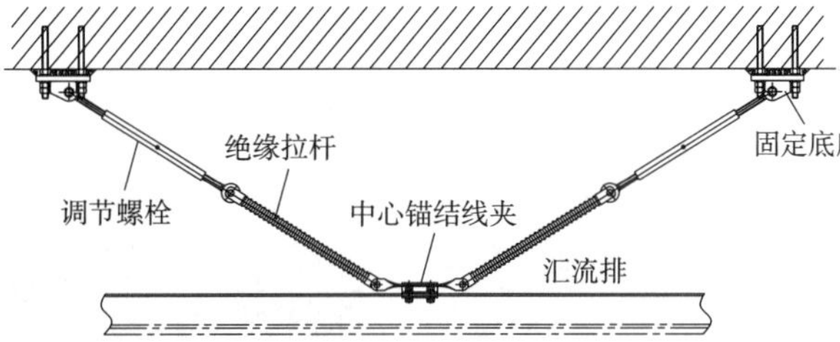

（a）中心锚结示意图

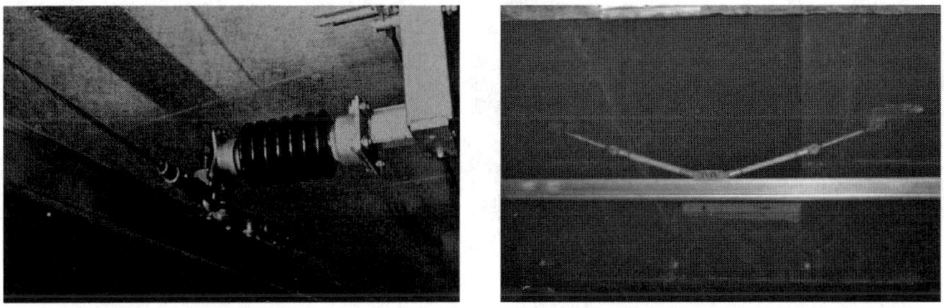

（b）中心锚结实物图

图3-26 中心锚结

3. 补偿装置

刚性悬挂汇流排和接触线无垂直方向的张力，因此没有弛度，因此不需要设置重力补偿装置。由于铝合金汇流排和接触线都存在热胀冷缩的物理现象，可沿轨道方向发生变形。为了消除因温度变化引起的接触线和汇流排的热膨胀误差。工程上，在刚性悬挂中的每一个锚段须具备伸缩性能,形成横向的张力补偿。横向的张力补偿形式分为锚段关节补偿和膨胀元件补偿两种方式。两种补偿方式的选用原则主要根据速度等级而定。

(1)锚段关节补偿

当运行速度小于 100 km/h 时,采用锚段关节补偿。锚段关节补偿是利用锚段的机械分段的天然特性,在锚段关节的位置,锚段天然具有热胀冷缩的空间,自身具备热补偿能力。

(2)膨胀元件补偿

当运行速度大于 100 km/h,使用膨胀元件(膨胀接头)补偿,如图 3-27 所示。连续性膨胀接头是一种内部可以热胀冷缩的特殊伸缩装置,它由两块尺寸相同的铝合金板组成,膨胀接头端部的铝合金板与两边的汇流排端部连接为一体,汇流排上的接触线连续地延伸并夹持在铝合金板上,以保证受电弓在膨胀接头上平稳滑过及受电,而不会产生任何机械上或电气上的断开现象;膨胀接头中部的铝合金板互相平行且错开,可以通过自由伸缩来补偿相邻两锚段铝汇流排热胀冷缩引起的相对移动;移动时,这种接头仍然可以保持刚性接触网供电和机械性能的连续性。

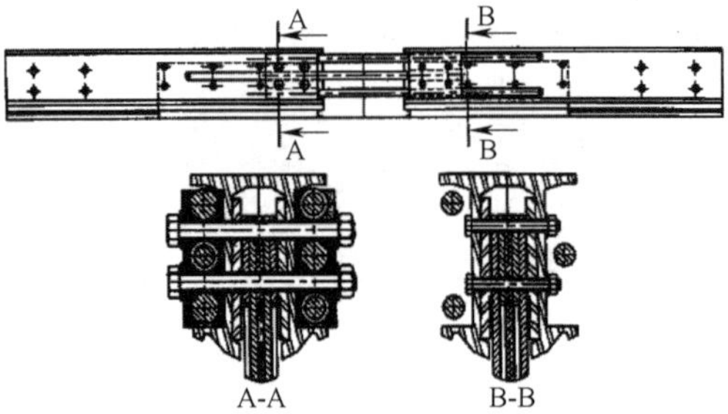

(a)结构图

(b)实物图

图 3-27 膨胀接头

4. 电连接

电连接可以通过铜缆将两个锚段进行电气连通。铜缆电连接实物图如图 3-28 所示。

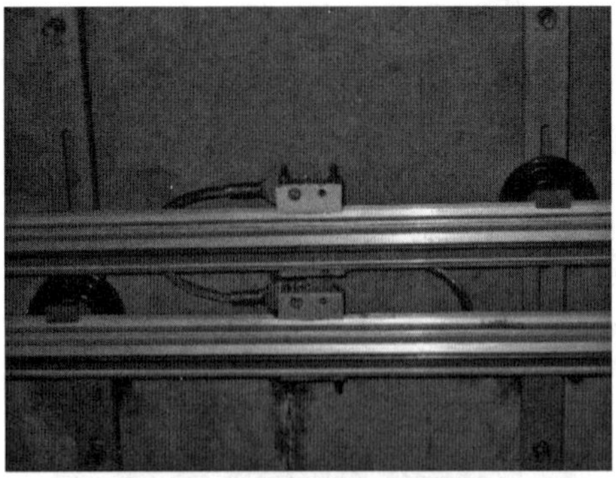
(a)仰视图

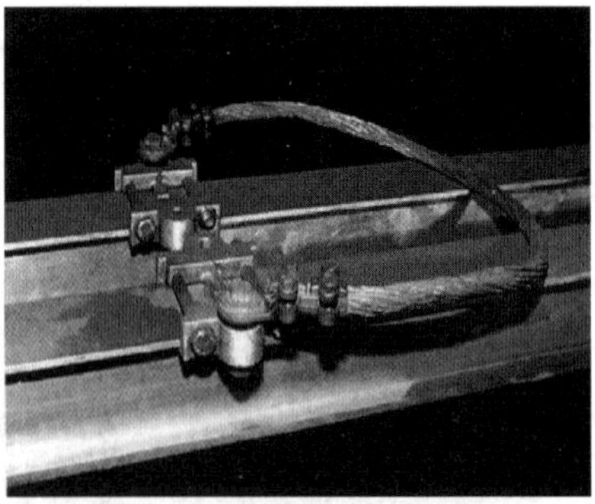
(b)俯视图

图 3-28 铜缆电连接实物图

5. 刚性悬挂的安装形式

刚性悬挂的安装形式,分为两种形式:(1)垂直悬挂安装;(2)水平腕臂安装。两种方式均应满足水平、垂直方向调整要求。

6. 刚性接触网特点

(1)刚性接触网相对于柔性接触网结构简单,零部件种类少。

(2)由于支撑的特殊要求,刚性接触网通常用于隧道区间。

(3)刚性接触悬挂的铝合金汇流排具有较大的载流截面(相当于 1 300 mm^2 的铜截面),替代了柔性悬挂承力索和辅助导线,使结构较柔性网紧凑,更能充分利用有限的隧道空间。刚性接触网安装通常利用净空为 380 mm,极端情况下为 280 mm,可节省隧道空间。

(4)不须设置重力补偿装置。

(5)刚性接触网内无外加应力,可避免断线事故。

(6)安全可靠、维护简便、运营检修成本低、使用寿命长。

技能训练

任务工作单见表 3-5。

表 3-5　任务工作单

<table>
<tr><td colspan="8">认识刚性接触网</td></tr>
<tr><td>姓名:</td><td colspan="4">班级:</td><td colspan="3">日期:</td></tr>
<tr><td rowspan="3">任务目标:
掌握刚性接触网的构成</td><td>指导老师</td><td colspan="6"></td></tr>
<tr><td>团队成员</td><td></td><td></td><td></td><td></td><td></td><td></td></tr>
<tr><td>分工职责</td><td></td><td></td><td></td><td></td><td></td><td></td></tr>
<tr><td colspan="8">任务实施:
简述刚性接触网锚段的构成。
____
____
____
____
____
____
____
____
____
____
____________________</td></tr>
</table>

任务评价

任务评价见表 3-6。

表 3-6　任务评价表

序号	评价内容	评价标准	分数	评分记录		
				学生自评	组间互评	教师评分
1	刚性接触网锚段构成	每错漏一项扣 5 ~ 10 分	80			
2	团队合作精神	汇报时,没有体现团队分工合作的,扣 1 ~ 20 分	20			
总分						
综合成绩(学生自评占 30%,组间互评占 30%,教师评分占 40%)						

巩固练习

相比于柔性接触网,刚性接触网有哪些优点?

任务4　认识接触网供电

学习目标

(1)掌握绝缘锚段关节和非绝缘锚段关节。

(2)掌握接触网机械分段的结构及分段过渡原理。

(3)掌握接触网电分段和电连接的各种形式及其应用场所。

(4)掌握接触网单边供电方式、小双边供电方式及大双边供电方式。

任务描述

从电气上,一条线路的接触网纵向(沿轨道方向)由若干供电分区连接而成,形成连续的电路。一个供电分区由若干电分段电气连接而成,一个电分段由若干非绝缘锚段关节机械连接而成。

本任务学习电分段与电连接知识、供电分区的形成及其运行方式,掌握接触网供电相关知识,达到城市轨道交通接触网供电维修岗位要求。

知识讲解

在本项目任务1中学习了锚段知识,为满足供电和机械受力方面的需要,需要将供电分区的接触网进行机械分段,形成具有独立机械稳定性的若干锚段。为保证接触网供电的连续性,必须确保各锚段之间的电气连接,相应的措施既有电分段还有电连接。

一、电分段

将接触网的电气回路沿轨道方向进行分段称为纵向电分段,绝缘锚段关节是电分段措施之一。城市轨道交通直流接触网的电分段只有纵向电分段,几乎没有横向电分段。接触网电分段主要作用是:(1)构成接触网供电分区,实现分区供电;(2)在发生电气故障时,能够缩小事故范围;(3)有利于分段检修。

1. 电分段工程措施

电分段工程措施主要有两种:绝缘锚段关节和分段绝缘器。不管是绝缘锚段关节还是分段绝缘器,当受电弓通过时,绝缘两侧的接触悬挂通过受电弓均实现电气连接,确保列车连续取电。两种电分段措施的适用环境不同,前者适用于正线,后者适用于车场和配线。

(1)绝缘锚段关节

绝缘锚段关节的电分段适用于正线,其长度约7~8 m,在一跨内实现分段绝缘。在直流供电分区内部,根据需要,还可以再次进行电气分段,也就是设置绝缘锚段关节。每个直流供电分区两端的绝缘锚段关节就是一处电分段点。通过对联络刀开关的操作,可以实现有分段检修。

如图 3-29 所示，牵引变电所附近的上行和下行接触网设有绝缘锚段关节，两个牵引变电所之间上行线和下行线接触网设为两个供电分区。上行线、下行线供电分区内均设置了两个绝缘锚段关节，形成三个电分段。

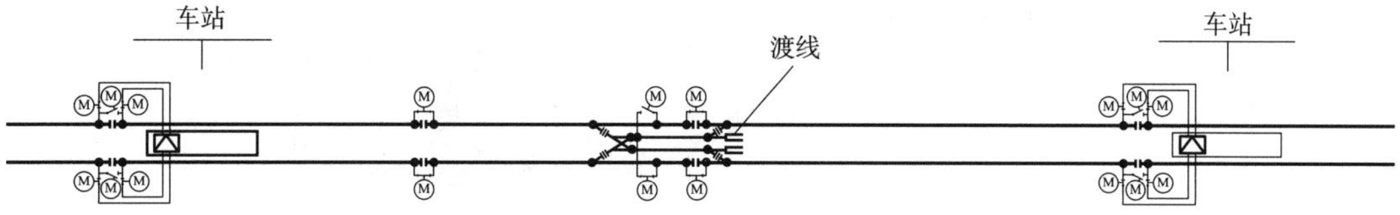

—站台；—牵引变电所；—绝缘锚段关节；—分段绝缘器；

—电气化线路；—直流馈电；—单台电动隔离开关(常闭)；

—单台电动隔离开关(常开)；—三台装电动隔离开关。

图 3-29 典型供电分区

正常情况下，供电分区内电分段的隔离开关都是合上的，保证供电分区的电气连通。非正常情况下，当某一电分段发生故障或因施工停电时，打开电分段处的隔离开关将该部分接触网断电，使其他部分能正常供电。

(2)分段绝缘器

分段绝缘器又称为分区绝缘器，是衔接相邻两个直流供电区段的接触式绝缘组件，其长度只有 1.5 m 左右。在渡线和车场，分段绝缘的空间较小，无法采用绝缘锚段关节，因此采用分段绝缘器。分段绝缘器在结构上既要保证受电弓带电平滑通过，又能满足两端接触网的电气隔离要求。

如图 3-30 所示，柔性接触网分段绝缘器由分段绝缘器主绝缘子、承力索硅橡胶绝缘子、金属部件、金属滑板(滑道)和绝缘滑板(滑道)等构成。受电弓通过绝缘区域时，同时接通多个滑道(滑板)，形成连续受电。

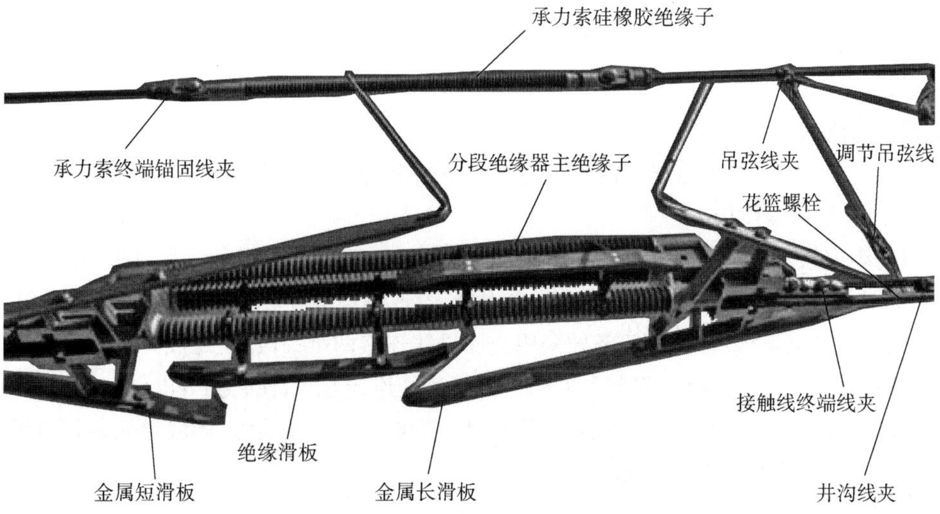

图 3-30 柔性接触网分段绝缘器实物图

如图 3-31 所示，刚性接触网分段绝缘器由主绝缘子、绝缘子、金属滑板(滑道)等构成，主绝缘子为汇流排 B 点和 G 点之间的绝缘子。

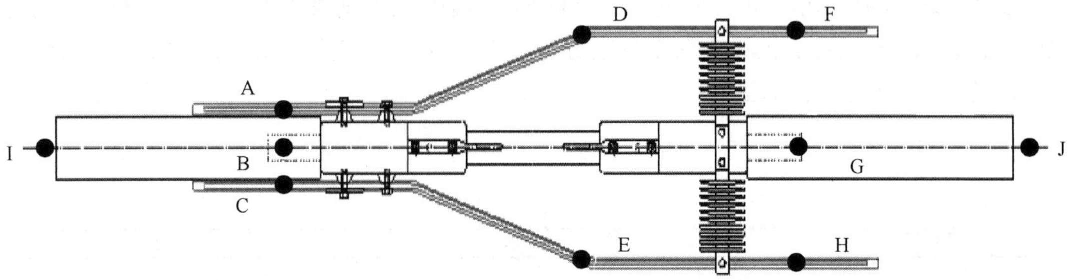

图 3-31 刚性接触网分段绝缘器图

图 3-31 中,A—D—F 和 C—E—H 是滑道,受电弓通过滑道(滑板)时,分别接触 A、B、C 三点与 F、G、H 三点。在分段绝缘区域,受电弓接触 D、E 两点。

①渡线的电分段。渡线的电分段通常设置在渡线与正线的连接处,通过分段绝缘器(刚性或柔性)进行电分段,使得整个渡线区域的接触网与正线绝缘。

渡线接触网通过两个隔离开关分别连接正线上下行直流供电分区,有利于增加运营灵活性,渡线区域的接触网纳入上行线供电分区或纳入下行线供电分区。

如图 3-29 所示,渡线区域的接触网是单独一个电分段,采用分段绝缘器使渡线区域与正线供电分区完全电气绝缘,但可以通过上行线联络刀开关的投切,使渡线区域电分段与上行线供电分区或下行线供电分区连通。这种方式可以防止在无车通过绝缘节时,上下行两个供电分区连通。

②车场的电分段。车场内各股道(包含库线和停车线)入口处接触网设置电分段,电分段采用分段绝缘器。每个股道的接触网入口处,通过柔性分段绝缘器进行电分段,通过隔离开关进行电分段与电分段之间的电气连接。车场每个停车位之间也设置分段绝缘器,确保检修作业安全。

二、电连接

电连接是指相邻两个导电体通过金属导线(铜线、铝线等)进行电气连接,分为横向电连接和纵向电连接。

1. 横向电连接

横向电连接主要是在承力索与接触线之间的增加金属导线连接,实现并联供电、减小接触网的阻抗,起到电气补强作用。

2. 纵向电连接

纵向电连接包括锚段关节电连接、道岔电连接、股道电连接等。

(1)锚段关节电连接:在锚段关节处采用金属导线连接两个锚段,使之成为非绝缘锚段关节。

(2)道岔电连接:用于渡线,将道岔处两支接触悬挂连接起来,使它们等电位。

(3)股道电连接:将各个股道接触网并联起来,当电力机车起动时,多股道接触网并联供电,可以向电力机车提供所需的大电流。

3. 电连接设置

电连接设置的基本原则如下:

(1)非绝缘关节和线岔处的接触网设置电连接。

(2)简单链形悬挂的承力索和接触线之间每隔约 60 m 设置横向电连接。

(3)车场内同一供电分区各股道的接触网之间设置股道电连接。

(4)柔性悬挂区段,在牵引变电所 DC 1 500 V 馈电电缆上网处设置电连接。

三、直流供电分区

1. 直流供电分区

为了保证供电的可靠性和灵活性,尽可能缩小电气故障的影响范围,城市轨道交通供电系统的 35 kV 中压系统和 DC 1 500 V 接触网系统均设置供电分区,采用分区供电。这两种供电分区是各自独立划分的,没有关联。

接触网供电分区是指两个牵引变电所之间的接触网构成一个上行线供电分区和一个下行线供电分区。直流供电分区由一个或多个电分段通过隔离开关连接而成。正常运行时,相邻的两个供电分区的接触网断开电气连接。

城市轨道交通接触网主要采用 1 500 V 直流电压,因此,接触网供电分区也称为直流供电分区。每一个供电分区具有独立的牵引供电回路,即:相邻两个牵引变电所各自馈出一路 DC 1 500 V 电源给一个供电分区。

供电分区的作用:

(1)每个供电分区的潮流分布相对简单。

(2)接触网的网压容易控制在设计范围内,例如 DC 1 000 ~ 1 800 V。

(3)整流机组的负载只受双边供电的上下行两个供电分区的影响。

(4)接触网发生电气故障时,故障范围仅局限在供电分区内。

直流供电分区图如图 3-32 所示,线路设有车站 1 ~ 车站 8 共八个车站,其中车站 1、车站 4、车站 6 和车站 8 设有牵引变电所。车站 1 和车站 8 是端头站,其牵引变电所分别向车站 1 和车站 8 的相邻两个区间供电。车站 4 是中间站,其牵引变电所向“车站 1 ~ 车站 4”的区间供电,向“车站 4 ~ 车站 6”的区间供电。车站 6 是中间站,其牵引变电所向“车站 4 ~ 车站 6”的区间供电,向“车站 6 ~ 车站 8”的区间供电。即此直流供电分区共有 6 个:“车站 1 ~ 车站 4”上下行供电分区,“车站 4 ~ 车站 6”上下行供电分区以及“车站 6 ~ 车站 8”上下行供电分区。

2. 牵引网供电方式

(1)正线牵引网的供电方式

①正常供电方式是小双边供电。正常运行时,两个供电分区之间的越区联络刀开关分开,供电分区由两座牵引变电所各馈出一路直流电源,经上网隔离开关给该供电分区供电。这种一个供电分区有两边供电的方式,叫“小双边供电”,如图 3-32 所示的“车站 1 ~ 车站 4”供电分区。

②非正常供电方式包括两种:大双边供电方式和单边供电方式。

a. 大双边供电方式。当一座牵引变电所(线路端头牵引变电所除外)退出运行时,该牵引变电所供电的两个供电分区之间的越区联络刀开关合上,由相邻供电分区的牵引变电所越区供电。这种模式叫“大双边供电”,如图 3-32 所示的“车站 1 ~ 车站 4 ~ 车站 6”供电分区。

b. 单边供电方式。当某一牵引变电所退出运行时,供电分区只由一座牵引变电所馈出一路直流电源供电。这种一个供电分区只有一边供电的方式,称为单边供电。

(2)车场牵引网的供电方式

停车场/车辆段设置有多座牵引变电所,专门用于车场牵引供电。正常运行方式:停车场/车辆段牵引网由车场牵引变电所单边供电。非正常运行方式:当停车场牵引变电所退出运行时,由邻近的正线牵引变电所向停车场牵引网越区供电。

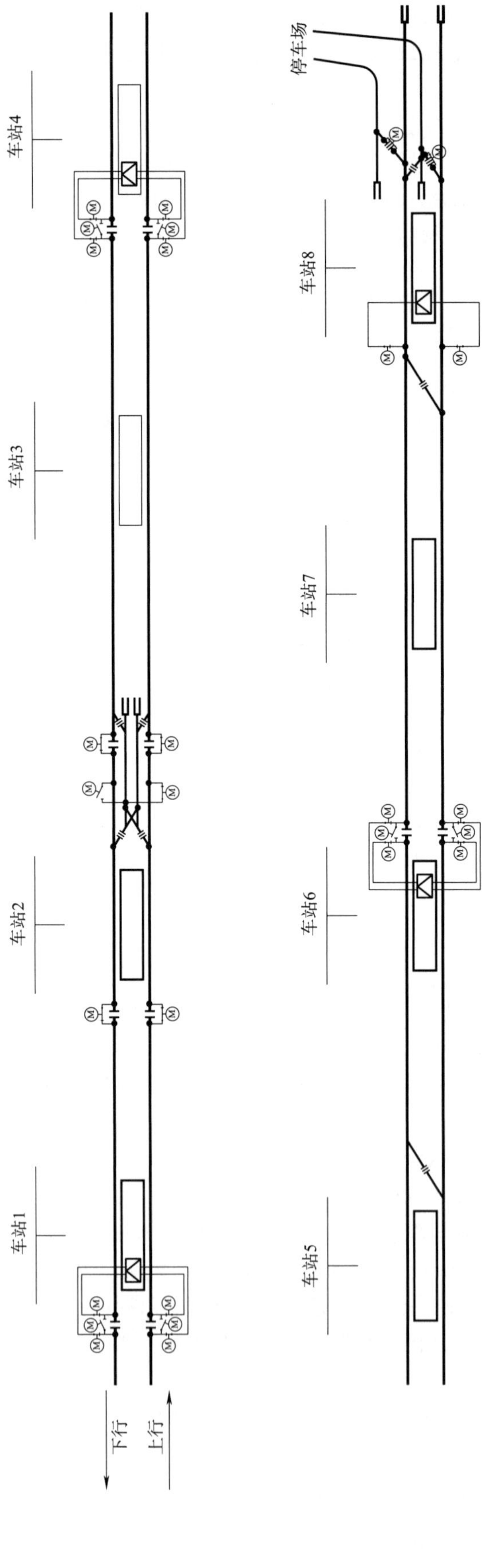

—站台；—牵引变电所；—绝缘锚段关节；—分段绝缘器；——电化线路；——直流馈线；

—单台电动隔离开关（常闭）；—单台电动隔离开关（常开）；—三台装电动隔离开关。

图3-32　直流供电分区图

技能训练

任务工作单见表3-7。

表3-7 任务工作单

<table>
<tr><td colspan="8">认识接触网供电</td></tr>
<tr><td colspan="8">姓名：　　　　　　　　班级：　　　　　　　　日期：</td></tr>
<tr><td rowspan="3">任务目标：
(1)掌握接触网电分段与电连接。
(2)掌握接触网供电分区及其运行方式</td><td>指导老师</td><td colspan="6"></td></tr>
<tr><td>团队成员</td><td></td><td></td><td></td><td></td><td></td><td></td></tr>
<tr><td>分工职责</td><td></td><td></td><td></td><td></td><td></td><td></td></tr>
<tr><td colspan="8">任务实施：
(1)简述电分段形式和用途。

(2)简述电连接的形式和用途。

(3)简述正线牵引网供电方式。</td></tr>
</table>

任务评价

任务评价见表3-8。

表3-8 任务评价表

序号	评价内容	评价标准	分数	评分记录		
				学生自评	组间互评	教师评分
1	电分段与电连接的形式和用途	每缺漏一项扣5分	40			
2	牵引网供电方式	每缺漏一项扣10	30			
3	团队合作精神	汇报时，没有体现团队分工合作的，扣1～30分	30			
总分						
综合成绩(学生自评占30%，组间互评占30%，教师评分占40%)						

巩固练习

全线接触网包含若干供电分区，两个供电分区之间通常设置绝缘锚段关节。在正常运行方式下全线接触网是电气连通的吗？为什么？

项目4 城市轨道交通动力照明配电系统

项目导入

城市轨道交通供电系统分为:主变电所、中压环网系统、接触网、动力照明配电系统和电力监控系统五部分。

广义的动力照明配电系统包括降压变电所、动力配电系统和照明配电系统。狭义的动力照明配电系统包括动力配电系统和照明配电系统。轨道交通行业动力照明配电系统通常指动力配电系统和照明配电系统,不包含降压变电所。

车站的动力照明配电系统是将35 kV降压变电所的0.4 kV电源为车站、区间、控制中心、停车场、车辆段等站点的所有动力设备提供低压电源,为所有照明设备提供照明电源。

任务1　认识配电

学习目标

(1)熟悉三相四线制配电。

(2)熟悉TN-S接地形式以及设备外壳接地对人身安全防护的原理。

(3)掌握双电源切换装置的原理。

(4)掌握轨道交通一级负荷、二级负荷和三级负荷的划分及其配电方式。

任务描述

配电是供电系统直接与用户或负载相连并向其分配电能的环节,从配电室馈出的A、B、C三相电源和N线(零线)通过电缆对负载进行三相四线制配电,负载采用TN-S接地。配电电压通常为AC 0.4 kV,0.4 kV从配电室馈出到设备附近,通常设备附近设有现场配电箱便于用电设备的维护检修,配电路径为"配电室—现场配电箱—设备"。城市轨道交通按负荷的重要性进行负荷分级划分,分为一级、二级和三级负荷。一级、二级和三级负荷配电方式是不同的。

本任务学习并掌握三相四线制配电和TN-S接地,一级负荷、二级负荷和三级负荷的配电方式,达到城市轨道交通供配电维修岗位要求。

知识讲解

一、三相四线制配电和TN-S接地

三相四线制配电是指对设备配电时,采用三相四线(A、B、C三相+N线)配电,即:由三根火

线和一根零线进行配电的方式。

火线(live,L)是电路中输送电的电源线,即A、B、C三相中间的一相,用红色表示。零线(neutral,N)是电路中输送电的地线,即从变压器中性点接地后的引出线,用蓝色表示。地线(earth,E;或 protecting earthing,PE)是用于设备外壳接地,起漏电保护作用,用黄绿相间的颜色表示,俗称花线。

在三相四线制配电系统中,把零线的两个作用分开,即一根线做工作零线(N线),N线是配电电路的负回路;另外用一根线专做保护零线(PE线)。设备外壳连接接地端子(PE线),正常情况下,PE线没有电流。国际电工委员会(IEC)称这样的接地形式为TN-S接地形式。

城市轨道交通动力照明系统配电形式为三相四线制,接地形式采用TN-S系统,如图4-1所示。土建施工时,在车站底部设有接地钢筋网,即接地网,并从接地网通过金属导线引出接线端子到车站每一个设备房和车站区间,使得设备附近均配置有接地端子(PE线)。

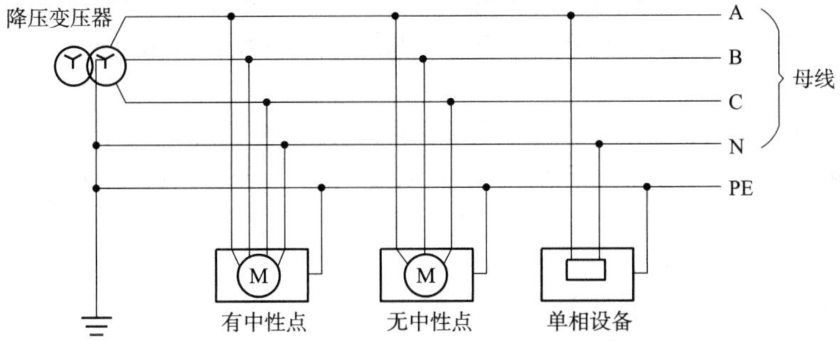

图4-1 三相四线制、TN-S接地示意图

该接线的特点是:

工作零线N一端在变压器中性点接地,另一端是电流的负回路。

保护零线PE,一端在变压器中性点接地,另一端用于连接设备外壳。当设备内部出现对外壳泄漏电流时,外壳可保持比较低的电位,从而实现人身安全的防护。PE线不是配电线,而是设备附近的PE接地端子。

假如设备外壳不接地,那么外壳可能存在感应电压和设备漏电等危险因素,则存在人身安全风险。假如设备外壳也连接N线,并通过N线接地,那么在三相负载不平衡的情况下,工作零线N有电流通过且带电,那么也存在人身安全风险。TN-S接线能用于单相负载、没有中性点引出的三相负载和有中性点引出的三相负载,因而得到广泛的应用。

在日常生活中,我们称呼的"火线、零线、地线"的含义是专指AC 220 V民用电的供电线路,它包括一根火线(L)、一根零线(N)和一根地线(PE),如图4-2所示。

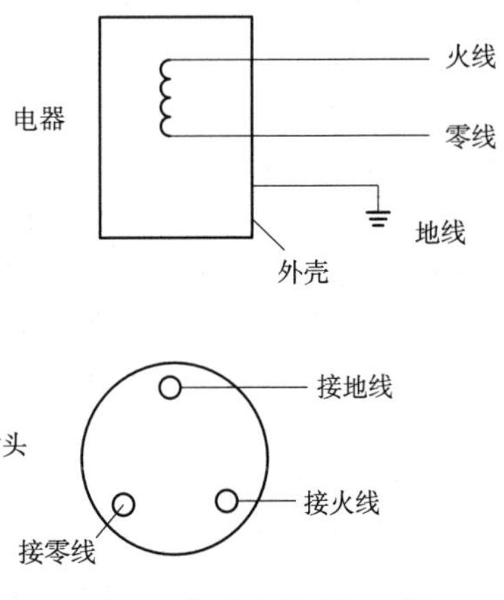

图4-2 日常供电线路示意图

二、负荷分级

动力照明负荷按重要性划分为一级、二级和三级负荷。一级、二级和三级负荷配电均从降压变电所的0.4 kV母线配出。降压变电所的0.4 kV母线分为Ⅰ段母线和Ⅱ段母线,其中Ⅰ段母线和Ⅱ段母线又分成两部分,一部分带一级负荷和二级负荷,另外一部分带三级负荷,称为三级负荷母线。

1. 一级负荷

一级负荷是特别重要的负荷，中断供电将导致政治、经济上的重大损失或导致人身伤亡。

(1)一级负荷种类

城市轨道交通一级负荷包括与消防相关的系统或设备、对运营非常重要的系统或设备。

与消防相关的系统或设备：应急照明、兼疏散用的自动扶梯、火灾自动报警系统设备、气体灭火消防系统、水消防系统、与消防联动相关的系统(综合监控系统等)、与消防通信相关的系统(通信系统等)以及防排烟系统或设备(排烟系统用风机及风阀)。

非常重要的系统或设备：站厅站台正常照明、区间正常照明、通信系统、信号系统、自动售检票系统、综合监控系统、站台门系统、人防系统设备、安检设备、防淹门、雨水泵、废水泵以及公共区的银行用电。

根据不同城市对消防规范的具体落实，有的城市公共区和区间正常照明也参与疏散照明，此时，这些照明列为一级负荷，否则列为二级负荷。一级负荷在火灾等紧急情况下不可切除。一级负荷中特别重要的负荷，例如应急照明，除由双电源供电外，还增设备用应急电源 EPS。

(2)一级负荷配电方式

一级负荷由降压变电所的 0.4 kV Ⅰ段和Ⅱ段母线分别引出一路电源，构成主备电源，在配电的末端设置双电源自动切换装置。正常时，由主回路供电；主回路失电时，双电源自动切换装置进行主备切换，输出一路电源配送给一级负荷。

一级负荷供电可靠性最高，如果一台配电变压器退出，那么 0.4 kV 母联开关合上，确保供电；如果两路配电线路中的主线路故障，则通过双电源自动切换装置进行主备线路切换。

(3)双电源自动切换装置

双电源自动切换装置(automatic transfer switching equipment，ATSE)是一种为了满足供电的高可靠性要求，而设置的能在两路电源之间进行可靠切换的开关装置，是一种简单的备自投装置。

双电源切换装置对两路供电电源的三相电压有效值及相位进行实时检测，当任一相发生过压、欠压、缺相，能自动从异常电源切换到正常电源。双电源自动切换装置原理图如图 4-3 所示。KM1 和 KM2 是主接触器，KA 是中间继电器，KT1 和 KT2 是时间继电器，用于防止双电源频繁切换。

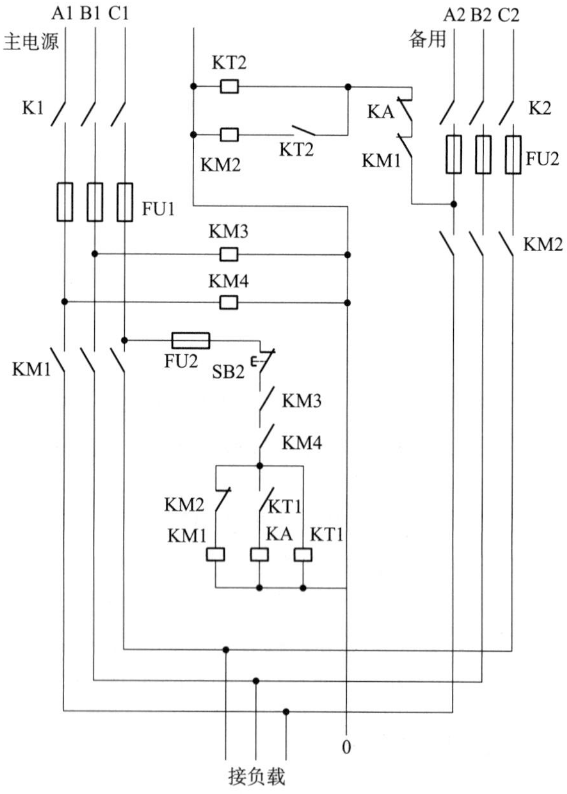

图 4-3　双电源自动切换装置原理图

ATSE 工作原理如下：

工作时，空气开关 K1 与 K2 均闭合，形成双电源供电。在接通 K1 瞬间，KM3 和 KM4 得电，KM3、KM4 常开触头闭合，使得 KM1 得电，KM1 常开触头闭合，主电源为负载供电。在接通 K2 瞬间，KT2 通电，KT2 常开触头延时闭合，使得 KM2 延时得电，在 KM1 得电后，KM1 常闭触头断开，切断 KT2 电源，使 KM2 无法吸合。该电路确保了 KM1 比 KM2 先动作，实现正常情况下由主电源供电。

当主电源因故障(断相)停电时,A 相断电,KM4 失电,KM4 常开接点分开,KM1 失电;B 相断电,KM3 失电,KM3 常开接点分开,KM1 失电;C 相断电,KM4 失电,KM4 常开接点分开,KM1 失电;KM1 失电,KM1 常闭接点闭合,常开主触头断开,KM1 和 KA 的常闭接点接通,使 KT2 吸合延时 1 ~ 2 s 后常开接点接通,使 KM2 通电吸合,再使 KM2 的常开主触头接通,备用电源为负载供电,同时 KM2 的常闭断开。

当工作电源恢复供电时,KT1 得电,并计时,1 min 后 KT1 延时闭合常开触头闭合,KA 得电吸合,其常闭触头断开,使 KT2 和 KM2 释放,KM2 的常闭触头接通使 KM1 能电吸合,又恢复主电源为负载供电。

2. 二级负荷

二级负荷是比较重要的负荷,中断供电将导致政治、经济上的较大损失或导致较大的影响。

(1)二级负荷种类

城市轨道交通中以下系统和设备采用二级负荷配电:站厅站台公共区和设备区正常照明、区间正常照明、污水泵、电梯、非消防疏散用自动扶梯,以及车站、区间维修电源等。二级负荷在火灾等紧急情况下可切除。

根据不同城市对消防规范的具体落实,有的城市公共区和区间正常照明也参与疏散照明,此时,这些照明列为一级负荷,否则列为二级负荷。

(2)二级负荷配电方式

二级负荷由降压变电所的 0. 4 kV Ⅰ段或Ⅱ段母线的一级负荷母线和二级负荷母线提供一路电源供电。二级负荷供电可靠性较高,如果一台配电变压器退出,那么 0. 4 kV 母联开关合上,确保供电。

3. 三级负荷

不属于一级和二级负荷者应为三级负荷,三级负荷允许短时停电。

城市轨道交通在火灾等紧急情况下必须切除三级负荷总开关,消防术语叫“切非”,即切除与消防无关的电源。三级负荷在某些供电系统运行方式下可以切除,例如一座 110 kV 主变电所退出。

(1)三级负荷种类

城市轨道交通中以下系统采用三级负荷配电:通风空调系统的水系统设备和空调制冷设备、电热设备、广告照明、附属房间电源插座、区间检修设备及清洁设备等。

(2)三级负荷配电方式

三级负荷由降压变电所的 0. 4 kV Ⅰ段或Ⅱ段母线的三级负荷母线提供单回路电源供电。三级负荷在三级负荷母线上设三级负荷总开关。三级负荷供电可靠性措施与二级负荷一样,如果一台配电变压器退出,那么 0. 4 kV 母联合上,确保供电。

技能训练

任务工作单见表 4-1。

表 4-1　任务工作单

<table>
<tr><td colspan="8">认识配电</td></tr>
<tr><td>姓名:</td><td colspan="4">班级:</td><td colspan="3">日期:</td></tr>
<tr><td rowspan="3">任务目标:
(1)掌握城市轨道交通三级负荷的划分。
(2)掌握双电源切换装置的原理和用途</td><td>指导老师</td><td colspan="6"></td></tr>
<tr><td>团队成员</td><td></td><td></td><td></td><td></td><td></td><td></td></tr>
<tr><td>分工职责</td><td></td><td></td><td></td><td></td><td></td><td></td></tr>
</table>

任务实施：

(1)城市轨道交通车站和区间如何进行设备外壳接地？PE 接地的目的是什么？

(2)城市轨道交通车站一级、二级和三级负荷分别有哪些？

(3)简述双电源切换装置的用途。

任务评价

任务评价见表 4-2。

表 4-2　任务评价表

序号	评价内容	评价标准	分数	评分记录		
				学生自评	组间互评	教师评分
1	PE 接地的措施和目的	每答对一项得 5 分,满分 30 分	30			
2	一级、二级和三级负荷	每缺漏一项扣 3 分	30			
3	双电源切换装置的用途	每答对一项得 5 分,满分 20 分	20			
4	团队合作精神	汇报时,没有体现团队分工合作的,扣 1 ~ 20 分	20			
总分						
综合成绩(学生自评占 30%,组间互评占 30%,教师评分占 40%)						

巩固练习

简述双电源切换装置的原理。

任务 2　认识车站动力配电系统

学习目标

(1)掌握降压所配电室、环控电控室等构成的放射式三级配电。

(2)掌握智能低压配电及其三级控制的原理。

任务描述

本任务学习并掌握地铁车站的动力三级配电方案、典型的智能低压配电的控制原理和控制优先级，了解智能低压柜与环境与设备监控系统（building automatic system，BAS）的现场总线关系，达到城市轨道交通供配电维修岗位要求。

知识讲解

动力设备用电通常是三相交流电，动力配电系统采用三相四线制，系统电压 0.4 kV，接地形式采用 TN-S 系统，动力负荷按负荷分级的原则进行配电。

按照经验，城市轨道交通低压配电屏/配电箱至用电设备的距离通常为 400 m 左右。由于配电距离的原因，从降压变压器二次侧至用电设备之间的低压配电需要采用多级配电，但是配电级数不宜超过三级。

动力设备采用放射式配电方式，配电给车站及车站两端相邻的半个区间的动力设备。放射式配电是指由上级配电装置，例如母线或配电箱，采用一对一的线路配电至下级配电装置或用电设备的配电方式。

一、动力配电方案

通常，一个车站有三个动力配电室：站台层的降压变电所低压室，站厅 A、B 端的环控电控室。

动力配电采用三级配电，一级配电屏设在降压变电所的低压室，其电源来自降压变压器；二级配电屏设在环控电控室，其电源来自低压室配电屏的一级配电；三级配电为局部配电，其电源来自环控电控室的二级配电屏的二级配电。典型车站动力配电如图 4-4 所示。

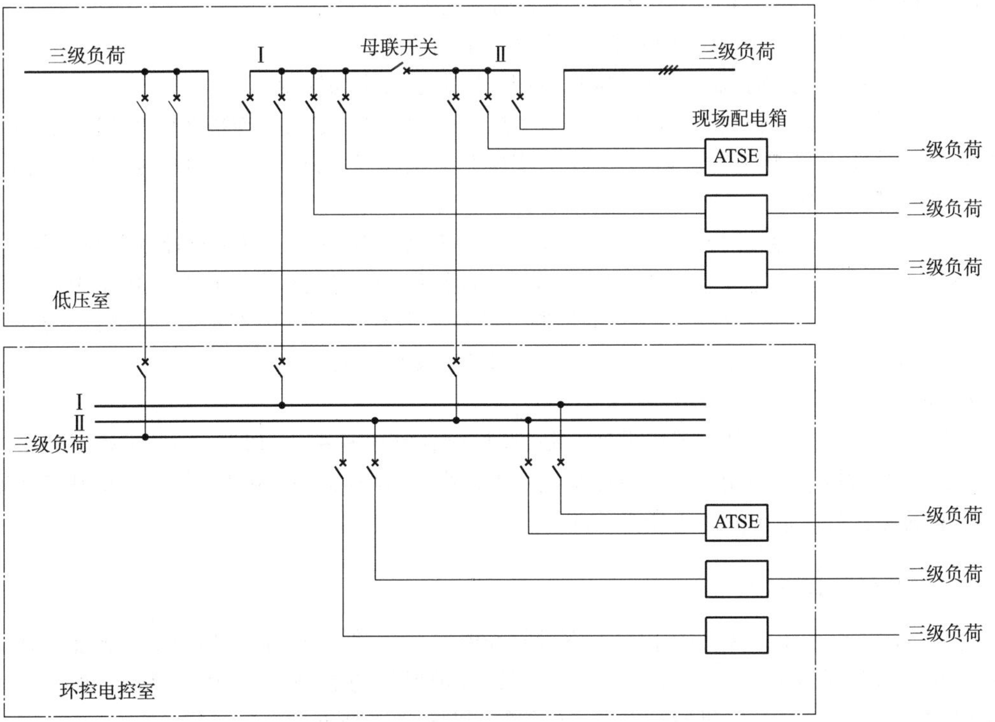

图 4-4　典型车站动力配电示意图

1. 第一级配电

第一级配电的电源来自降压变压器，第一级配电为降压变电所低压室配电，配出电源给系统级负荷、大容量负荷以及第二级配电电源（站厅 A、B 端的环控电控室）。

系统级负荷包括：通信系统、信号系统、售检票系统、综合监控系统、站台门等系统级负荷。

大容量负荷包括:冷水机组、扶梯、电梯、消防泵等大容量单机设备。通信、信号、综合监控等机电系统从降压变电所配出电源后,再通过本系统的 UPS 等电源给系统内的单个设备(包括各种终端设备)配电。第二级配电电源包括:A、B 端环控电控室电源。

2. 第二级配电

第二级配电的电源来自低压室,第二级配电为站厅 A/B 端的环控电控室配电,环控电控室主要对通风空调系统和给排水及水消防系统的设备进行放射式配电,例如风机、风阀、水泵、水阀等。

3. 第三级配电

第三级配电的电源来自环控电控室,第三级配电地点为个别设备房,如气体灭火保护区设备房,该设备房设有配电屏,用于给该设备房的各种防火阀配电。

二、动力设备控制和优先级

动力设备控制包括启停(启动、停止),开关(打开、关闭,分开、合上),正反转(正转、反转、停)等。动力设备控制方式通常采用就地控制、车站控制室控制和控制中心控制三种方式。就地控制包括现场手动控制和环控电控室手动控制,车站控制室控制包括车站控制室综合后备盘(integrated backup panel,IBP)控制和车站控制室综合监控控制。

1. 动力设备四级控制

城市轨道交通车站动力设备通常具备四级控制,也就是说可以在四种类型的设备上进行控制,分别是:现场手动控制、环控电控室手动控制、可编程逻辑控制器(programmable logic controller,PLC)控制(包括 IBP 手动控制)、车站综合监控系统控制。

(1)现场手动控制:在设备终端配电箱上进行手动控制。

(2)环控电控室手动控制:在环控电控室配电屏上进行手动控制。

(3)PLC 控制和车站控制室 IBP 控制:车站控制室 IBP 盘通过硬线连接 BAS 的 PLC,在 IBP 上进行手动控制时,命令传送给了 BAS 的 PLC,实现 PLC 对设备控制。另外,PLC 也具有人机界面,通过人机界面的操作也可以实现 PLC 对设备控制。

(4)车站综合监控系统控制:在车站控制室综合监控工作站上进行手动控制和自动控制,综合监控系统通过交换机通信连接 BAS 的 PLC,然后通过 PLC 实现对设备控制。控制中心综合监控控制:同上。控制中心和车站控制室的控制管理权限会有所不同,这是需要城市轨道交通综合监控系统(integrated supervisory control system,ISCS)定义权限的。

2. 控制的优先级

控制的优先级,由高到低:现场手动控制、环控电控室手动控制、PLC 控制(包括 IBP 手动控制)、车站综合监控系统控制。即就地控制优先级最高,车站控制室 IBP 控制次之,车站控制室和控制中心的综合监控系统控制优先级最低。

三、动力设备保护

降压变电所低压室 A、B 端环控电控室设有配电屏,也叫低压柜,低压柜均采用智能马达保护装置,如图 4-5 所示的 KR 装置。该装置可以配置各种保护功能,如短路瞬时保护、过载保护、接地保护、电流不平衡保护、电机堵转保护、电机过热保护、断相保护等。

通常,低压柜设以下保护方式:(1)0.4 kV 一、二级负荷级进线断路器设短路瞬时和短路延时保护、过负荷保护、接地保护;(2)0.4 kV 三级负荷进线断路器设短路瞬时保护、过负荷保护及接地故障保护;(3)0.4 kV 馈线(电机回路):短路瞬时保护、过载保护、接地保护、电流不平衡保护、电机堵转保护、电机过热保护、断相保护、消防回路取消过载保护;(4)0.4 kV 馈线(非电机回路):短路瞬时保护、过载保护、接地保护(根据需要设置)。

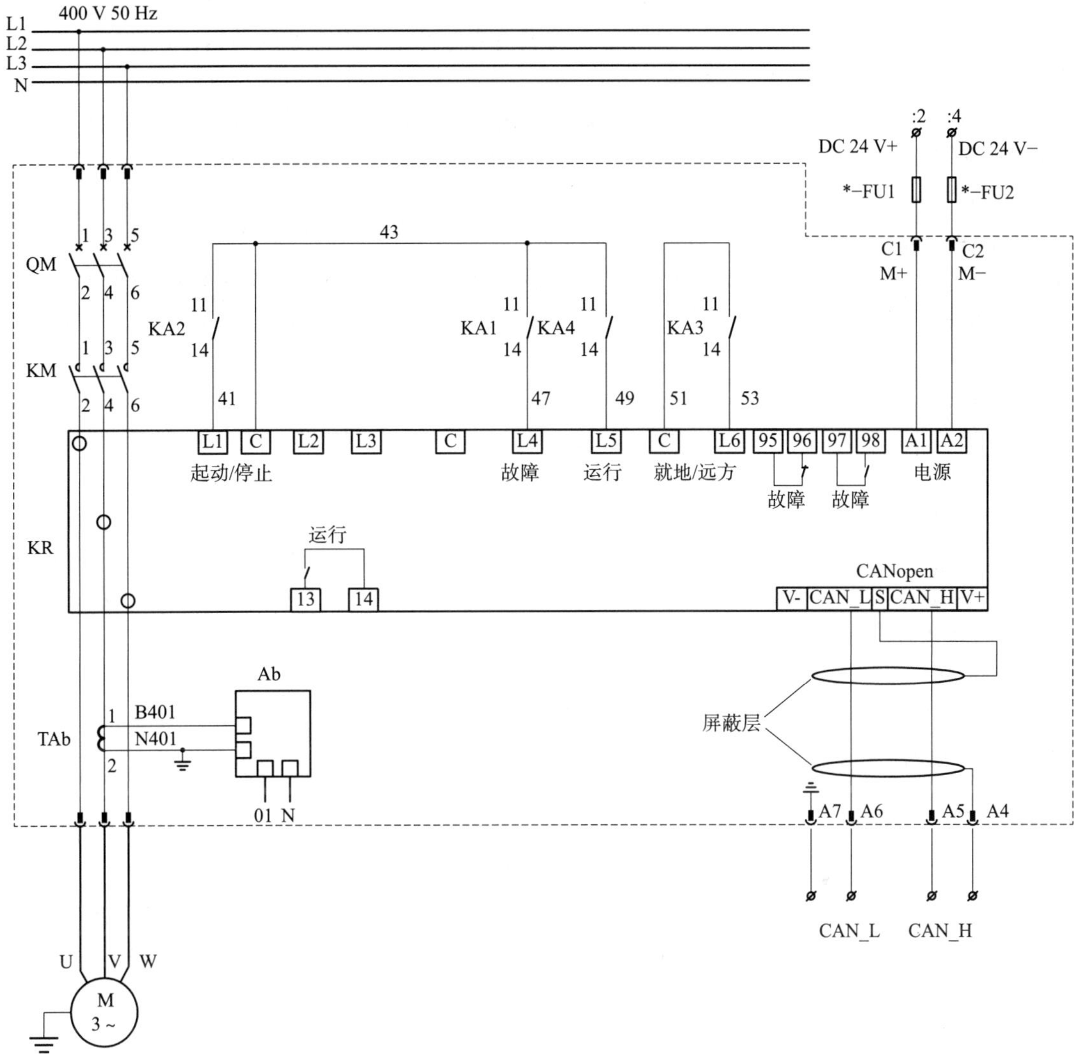

图 4-5　马达保护器低压配电一次接线

四、智能低压配电装置

动力配电屏由很多面抽屉式低压开关柜排列构成，设置于低压室。抽屉式低压开关柜主要由金属柜体、顶部的母线单元、多个功能单元以及电缆等四部分组成。每个功能单元是一个抽屉，抽屉从母线取电，经过功能单元，馈出给一路动力设备。每个抽屉都可以单独抽取，便于维修和更换。每个功能单元由断路器、智能模块及辅助电器单元等构成，其中断路器单元用于控制电路的断开和闭合，而辅助电气单元则可以实现对电动机进行保护和控制。

这种抽屉装置叫智能低压配电装置。智能低压配电装置是将进线、计量和测量、控制、保护、出线以及现场总线通信集成为一体的模块化的低压配电装置。

典型智能低压配电装置是带中央处理器（central processing unit，CPU）功能的马达保护器，在马达保护器基本功能上增加软启动功能就构成了软启动器，在马达保护器基本功能上增加变频功能就构成了变频器。相比于传统的分裂元件配电，智能低压配电接线非常简单，功能非常强大。

通常,隧道风机采用软启动器以降低启动冲击电流;大系统的回排风机和空调柜机等采用变频器以实现节能调节;其余的通风空调设备在通风空调电控室采用普通的马达保护器,通过马达保护器对各配电回路进行保护和控制。

以普通风机智能低压配电为例,一个普通风机配电设备是一个抽屉,采用马达保护器。马达保护器低压配电一次接线如图 4-5 所示。A、B、C 三相线路在低压配电系统经常标注为 L1、L2、L3,马达的 A、B、C 三相电源经常标注成 U、V、W。

如图 4-5 所示,虚线内为一个抽屉,抽屉内的主要设备有马达保护器、空气开关和控制回路;控制回路如图 4-6 虚线内所示,包括转换开关、按钮、继电器、指示灯等。图 4-5 虚线外为抽屉的输入、输出和现场总线,输入包括来自母线的三相电源、24 V 控制电源,输出指抽屉至设备的三相电源。

1. 智能模块引脚功能

KR 是马达保护器智能模块,三相电源贯穿 KR,由 KR 内部的互感元件测量三相电流,实现智能低压配电的测量、保护功能,KR 还具备控制、通信等功能。其中:

(1)A1-A2 一对引脚是马达保护器的工作电源。

(2)L6-C 一对引脚是就地/远方切换的外部控制输入。如果断开,则 KR 处于就地控制状态,并接受 L1-C 一对引脚的就地启停控制输入;如果接通,则 KR 处于远方控制状态,不接受 L1-C 一对引脚的就地启停控制输入,而是接受 CAN 总线 A5-A6 的控制。

(3)L1-C 一对引脚是就地启停控制输入,当 KR 处于就地控制状态时,如果 L1-C 接通,KR 输出启动命令,启动命令使 13-14 一对内部接点接通;如果 L1-C 断开,KR 输出停止命令,停止命令使 13-14 一对内部接点断开。

(4)13-14 一对引脚是马达保护器的控制输出,实现风机的启停控制。

(5)95-96 一对引脚和 97-98 一对引脚是马达保护器的故障输出,包括继电保护动作,接通后报故障,故障指示灯亮;故障时通过 13-14 引脚断开配电回路。

(6)L4-C 一对引脚是马达保护器的故障状态输入,如果接通则表示回路处于故障状态。

(7)L5-C 一对引脚是马达保护器的工作状态输入,如果接通则表示回路处于工作状态。

2. 智能模块外围配置

围绕智能模块需要配置继电器等构成完整的抽屉开关回路。QM 是负荷开关,也是该配电回路的总开关;KM 是风机控制总输出的中间继电器的常开触点。

当 QM 人工合闸,回路带电;当 KR 和 QM 没有故障,可以通过三种方式实现风机启停控制:就地控制箱手动控制、环控电控室手动控制和通过 CAN 总线的远方控制。

3. 智能低压配电控制原理

风机智能低压配电控制原理如图 4-6 所示。SA1 是风机就地控制箱的“就地/远方”控制转换开关,SA2 是风机在车站控制室配电箱的就地控制箱的“手动/自动”转换开关。

(1)就地控制箱手动控制

就地控制时,SA1 旋钮在“就地”位置。当 SA1 在“就地”位置时,SA1 的“1-2”接通,SA1 的“3-4”断开,控制级别最高。SA1 的“3-4”断开,使得 KA3 继电器失电,KA3 的常开接点断开,L6-C 回路断开,KR 处于就地控制状态,允许 L1-C 回路实现启停控制。

启动操作:SB3 手动按钮合上,KA2 继电器得电,KA2 的常开接点合上,形成自保持回路;KA2 常开接点接通马达保护器 L1-C 回路,马达保护器内部的 13-14 回路接通,KM 接触器得电,KM 常开接点闭合,风机一次回路接通,风机启动。

停止操作:SB4 手动按钮合上,KA2 继电器失电, KA2 常开接点分开,断开马达保护器 L1-C 回路,马达保护器内部的 13-14 回路分开,KM 接触器失电,风机一次回路断电,停止运行。

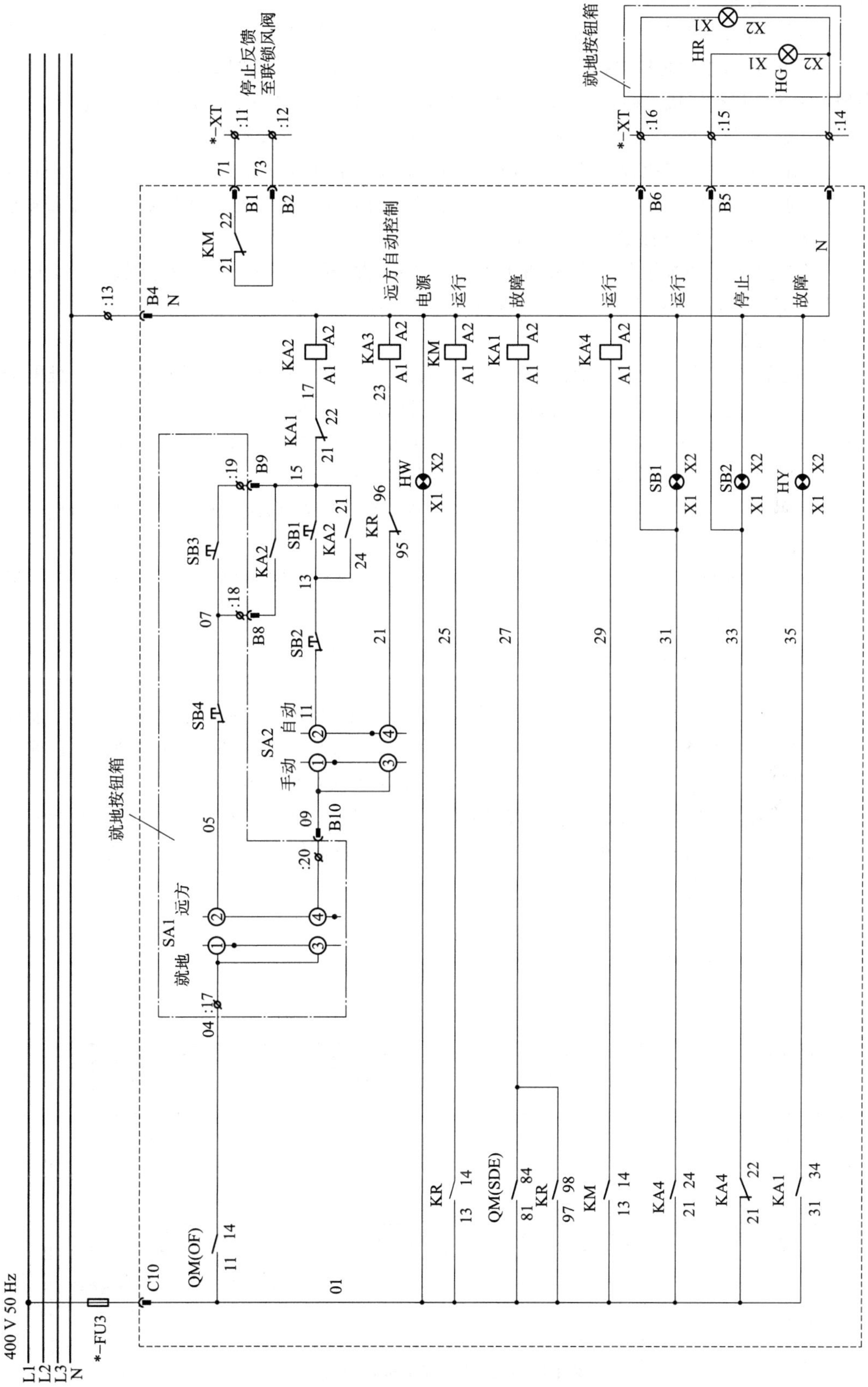

图4-6 风机智能低压配电控制原理

（2）环控电控室手动控制

环控电控室手动控制时，SA1 旋钮在“远方”位置。SA2 旋钮在“手动”位置。当 SA1 在“远方”位置时“3-4”接通，风机由环控电控室控制，SA2 在“手动”位置时，SA2 的“1-2”接通，SA2 的“3-4”断开，由 SB1 和 SB2 进行风机手动启停控制，控制级别次之。SA2 的“3-4”断开，使得 KA3 继电器失电，KA3 的常开接点断开，L6-C 回路断开，KR 处于就地控制状态，允许 L1-C 回路实现启停控制。

启动操作：SB1 手动按钮合上，KA2 继电器得电，KA2 的常开接点合上，形成自保持回路；KA2 常开接点接通马达保护器 L1-C 回路，马达保护器内部的 13-14 回路接通，KM 接触器得电，KM 常开接点闭合，风机一次回路接通，风机启动。

停止操作：SB2 手动按钮合上，KA2 继电器失电，KA2 常开接点分开，断开马达保护器 L1-C 回路，马达保护器内部的 13-14 回路分开，KM 接触器失电，风机一次回路断电，停止运行。

（3）远方控制

SA1 旋钮在“远方”位置，SA2 旋钮在“自动”位置时，SA1 和 SA2 的“3-4”均接通，KA3 继电器得电，KA3 的常开接点合上，接通马达保护器 L6-C 回路，此时马达保护器允许 CAN 总线对其进行控制，控制的输出仍然是马达保护器内部的 13-14 回路的分合控制。例如可以是来自 BAS 的 PLC 启停控制指令，由马达保护器的 CAN 总线进行风机启停控制。

启动操作：CAN 总线下达启动命令，马达保护器内部的 13-14 回路接通，KM 接触器得电，KM 常开接点闭合，风机一次回路接通，启动。

停止操作：CAN 总线下达停止命令，马达保护器内部的 13-14 回路分开，KM 接触器失电，风机一次回路断电，停止运行。

五、PLC 现场总线网络

以环控电控室为例，环控电控室的智能低压配电柜设有若干个智能抽屉开关（内含智能模块），一个抽屉开关对应一个用电设备，例如一台风机，一台水泵。抽屉开关均自带通信口，通过通信口与上位监控系统（BAS）连接，实现 BAS 对每个抽屉开关的监控和操作。

BAS 对环控电控室智能模块控制，即智能低压配电现场总线如图 4-7 所示。BAS 的控制器通常采用 PLC，PLC 的通信模块以现场总线方式与智能模块进行通信，实现各种监控功能。

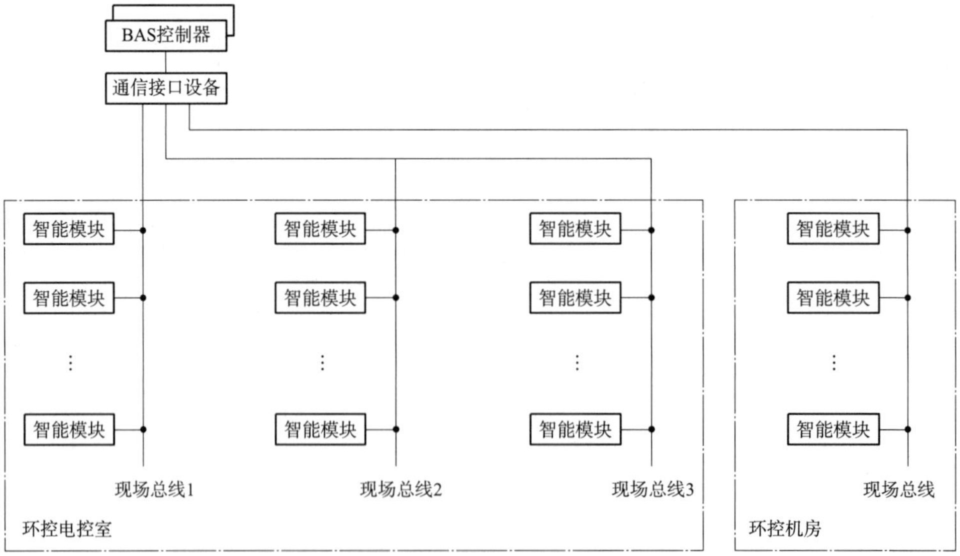

图 4-7　智能低压配电现场总线

技能训练

任务工作单见表4-3。

表4-3 任务工作单

<table>
<tr><td colspan="8">认识车站动力配电系统</td></tr>
<tr><td colspan="2">姓名：</td><td colspan="3">班级：</td><td colspan="3">日期：</td></tr>
<tr><td rowspan="3">任务目标：
(1)掌握车站动力三级配电。
(2)掌握马达保护器配电及其三级控制的原理</td><td>指导老师</td><td colspan="6"></td></tr>
<tr><td>团队成员</td><td></td><td></td><td></td><td></td><td></td><td></td></tr>
<tr><td>分工职责</td><td></td><td></td><td></td><td></td><td></td><td></td></tr>
<tr><td colspan="8">任务实施：
(1)一级、二级和三级配电分别给哪些系统或设备配电？

(2)简述智能电压配电的三级控制的用途和优先级。

</td></tr>
</table>

任务评价

任务评价见表4-4。

表4-4 任务评价表

序号	评价内容	评价标准	分数	评分记录		
				学生自评	组间互评	教师评分
1	三级配电对象	每答对一项得2分，满分30分	30			
2	三级控制的用途	每错漏一项扣10分	30			
3	三级控制的优先级	错漏扣1～20分	20			
4	团队合作精神	汇报时，没有体现团队分工合作的，扣1～20分	20			
总分						
综合成绩(学生自评占30%，组间互评占30%，教师评分占40%)						

巩固练习

以一台普通风机为例，简述其动力配电方案、控制方式和控制优先级。

任务3　认识车站照明配电系统

学习目标

(1)掌握降压变电所配电室、照明配电室等构成的三级配电。

(2)熟悉照明灯具"树干+放射"式配电。

(3)熟悉智能照明系统配电控制方式。

任务描述

本任务学习并掌握地铁车站照明系统三级配电方案,学习智能照明配电系统,达到城市轨道交通供配电维修岗位的要求。

知识讲解

照明配电系统采用三相四线制,系统电压380/220 V,接地形式采用TN-S系统;照明负荷按负荷分级的原则进行配电。照明采用放射式与树干式相结合的方式,以树干式配电方式为主,配电给车站及相邻区间的照明灯具。

放射式配电是指由上级配电装置,例如母线或配电箱,采用一对一的线路配电至下级配电装置或用电设备的配电方式,是放射式的,如图4-8(a)所示。树干式配电是指由上级配电装置,例如母线或配电箱,采用干线回路上T接若干支线回路的配电方式,是一对多T接式的,如图4-8(b)所示。

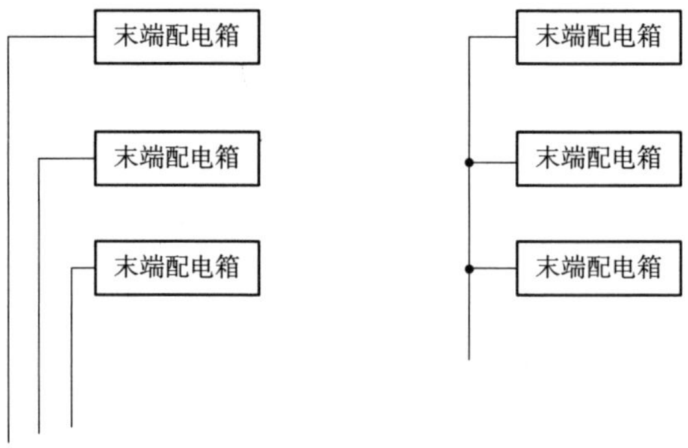

(a) 放射式配电　　(b) 树干式配电

图4-8　放射式配电与树干式配电示意图

一、照明种类

按用途划分:照明分为正常照明(包括公共区正常照明,设备区正常照明等)、应急照明(包括疏散照明和人防照明)、安全特低压照明、广告照明、导向照明、站外景观照明、区间照明等。

按位置划分:照明分为公共区照明、设备区照明、区间照明等。

通常车站照明采用智能照明控制系统配电,并实现对车站照明的智能化控制。

二、照明配电方案

照明配电采用放射式与树干式相结合的方式,以树干式配电方式为主。照明设备用电通常是两相220 V交流电,因此,多个照明配电箱的电源要均匀取自A、B、C三相,实现三相负载平衡。照明还需要考虑照度均匀,因此,两个照明配电箱对一组灯具交叉配电,防止单个照明配电箱故障时,照度不均匀。由于配电距离的原因,从降压变压器二次侧至照明设备之间的低压配电采用多级配电,但是配电级数不宜超过三级。

1. 照明配电室设置

车站照明配电区域以车站中心为界,划分站厅、站台公共区照明的配电范围。隧道配电区域以隧道中心线为界划分两个车站的配电范围。因此,通常每个车站有4个照明配电室:站厅层A、B端照明配电室,站台层A、B端照明配电室。站厅层A、B端照明配电室各负责半个公共区和一端设备区照明。站台层A、B端照明配电室各负责半个公共区和一端设备区照明，以及车站相邻的两个半个区间隧道照明，如图4-9所示，其中，1、2、3、4是4个照明配电室，设在站厅站台交界处的设备区。

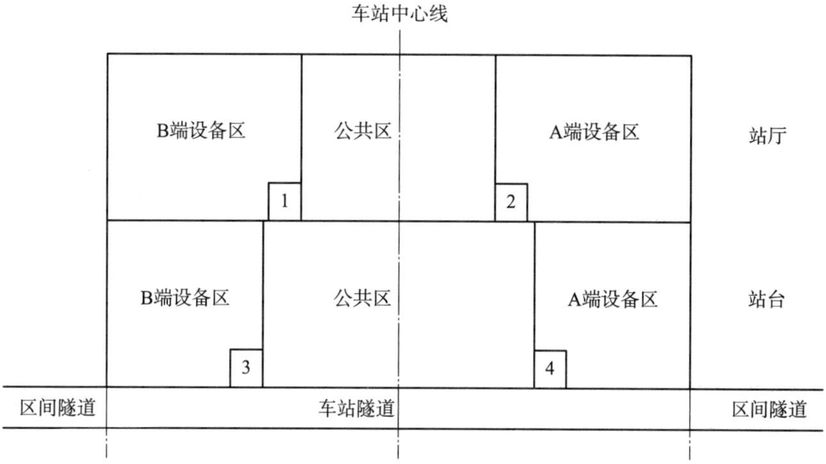

图4-9 照明配电室布置图

降压变电所为第一级配电，配出电源给站厅和站台的A、B端照明配电室。照明配电室为第二级配电。隧道区间正常照明分配电箱及应急照明分配电箱为第三级配电。

2. 照明配电方案

以站厅A端照明配电为例，设有A端站台照明配电室、A端站厅照明配电室和A端事故照明配电室（EPS电源室），如图4-10所示。

照明配电室的电源来自低压配电室的Ⅰ段母线、Ⅱ段母线、三级负荷母线以及来自EPS室的应急电源。

在照明配电室，根据照明的一级负荷、二级负荷、三级负荷的分类进行配电，也就是说，一级照明配电箱是双电源配电，二级照明配电箱是Ⅰ段母线或Ⅱ段母线的单电源配电，三级照明配电箱是三级负荷母线配电。

3. 照明配电室的配电

每个照明配电室内，每个照明种类各设若干个照明总配电箱。例如，设置两个照明总配电箱时，由每个照明总配电箱各带50%灯具，以交叉方式供电，确保其中一个总配电箱故障时，照明区域的亮度仍然是均匀的。同时，由于照明配电箱是两相电，不是三相电，因此，照明配电箱还得处理好A、B、C三相负载平衡的问题。从照明配电总箱到照明末端配电箱以树干和放射相结合的方式配电。

正常照明：每个照明配电室内设两个照明总配电箱，每个照明总配电箱各带50%灯具，以交叉方式供电。

应急照明：车站站厅、站台的每个配电室内各设一套应急照明总配电箱，对车站公共区及附属房间、相邻半个隧道区间的应急照明灯具配电。

EPS电源室可以单独设置，也可以纳入各个照明配电室，EPS电源柜的蓄电池容量应能满足事故情况下车站及两侧相邻隧道内半个区间应急照明持续工作90 min以上供电的需要。

广告照明：每个照明配电室内设一个广告照明总配电箱。

安全特低压照明：站台照明配电室设置配电总箱，为站台板下电缆通道提供交流24 V安全特低压照明。

区间照明:区间照明的服务范围为车站相邻两端的半个区间。区间正常照明总配电箱设在站台层的照明配电室内。

区间正常照明分配电箱及应急照明分配电箱每隔 200 m 设置一处,然后进行第三级照明配电,配电给相应的灯具。

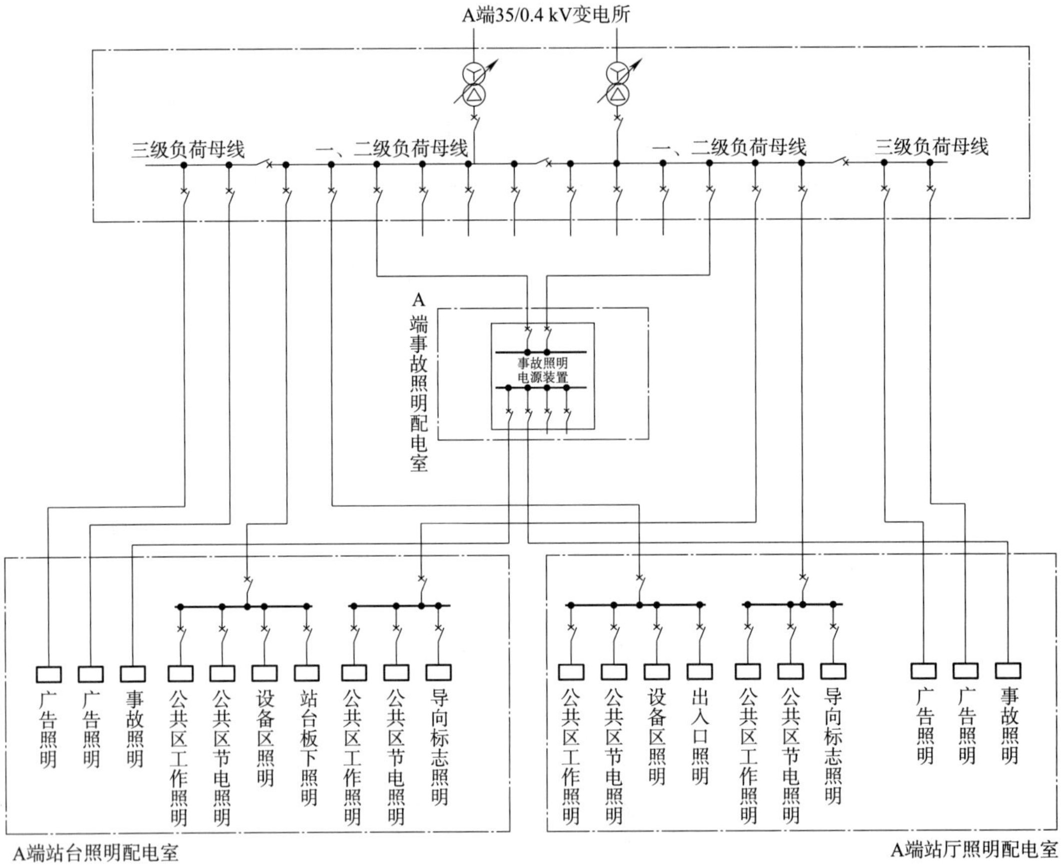

图 4-10　站厅 A 端照明配电

三、照度标准

按照《城市轨道交通照明》(GB/T 16275—2008)和《建筑照明设计标准》(GB/T 50034—2024)的规定,车站照度标准值见表 4-5。

表 4-5　车站照度标准值

序号	场　　所	平均照度参考值 lx	应急照明照度 lx	照明功率密度 W/m^2
1	车站站厅(地下)	200	20	10
2	车站站台(地下)	150	15	9
3	出入口、换乘通道、楼梯	150	15	9
4	车站控制室	300	150	9
5	站长室	300	150	9
6	售票室、售票亭	300	150	9

续表

序号	场　　所	平均照度参考值 lx	应急照明照度 lx	照明功率密度 W/m^2
7	一般管理用房	200	—	7
8	变电所、配电室、电源设备室	200	100	7
9	消防用环控机房	150	15	7
10	冷冻机房	150	15	7
11	一般泵房	100	10	7
12	消防用泵房、气瓶间	100	100	7
13	走廊	100	10	7
14	卫生间	100	—	7
15	车站风道	10	5	2
16	地下隧道区间	5	3	
17	区间道岔区	50	5	
18	区间联络通道	20	10	

从表4-5中可以看出，有人场所照度较高，且从地面到站厅再到站台直至隧道深处，照度逐渐变暗，以节约能源。

四、照明控制

车站照明采用智能照明控制系统，智能照明控制系统由安装在配电箱内的开关模块、总线、网络设备、监控主机、控制面板等组成。通常，智能照明自成系统，配套BAS系统通信实现监控。

照明控制方式通常采用照明配电室就地控制、车站控制室控制两种方式。就地控制包括：在照明配电室，通过智能控制面板进行手动控制，通过照度感应器进行自动控制。车站控制室控制包括：在智能照明系统的监控主机上进行手动控制，以及综合监控工作站上进行手动控制和自动控制。

智能照明控制现场总线如图4-11所示。各种类的照明控制方式如下：

(1)车站公共区正常照明采用照明配电室就地集中控制和车站控制室远方控制。

(2)出入口地面部分、楼梯间的正常照明由就地设置的传感器自动控制或由车站控制室综合监控系统控制。

(3)区间正常照明采用照明配电室就地集中控制和车站控制室远方控制。

(4)广告照明采用照明配电室就地集中控制和车站控制室远方控制，同时设置带有电度计量的配电箱。

(5)车站公共区和区间应急照明为常明灯，不设控制，兼作夜间列车停运后的值班照明，可在EPS柜处手动控制。

(6)所有的疏散照明及安全出口指示为常明灯，不设控制。

(7)车站设备区的应急照明采用就地或就近控制方式，设双控开关，通过火灾自动报警系统(automatic fire alarm system，FAS)可以强启。

技能训练

任务工作单见表4-6。

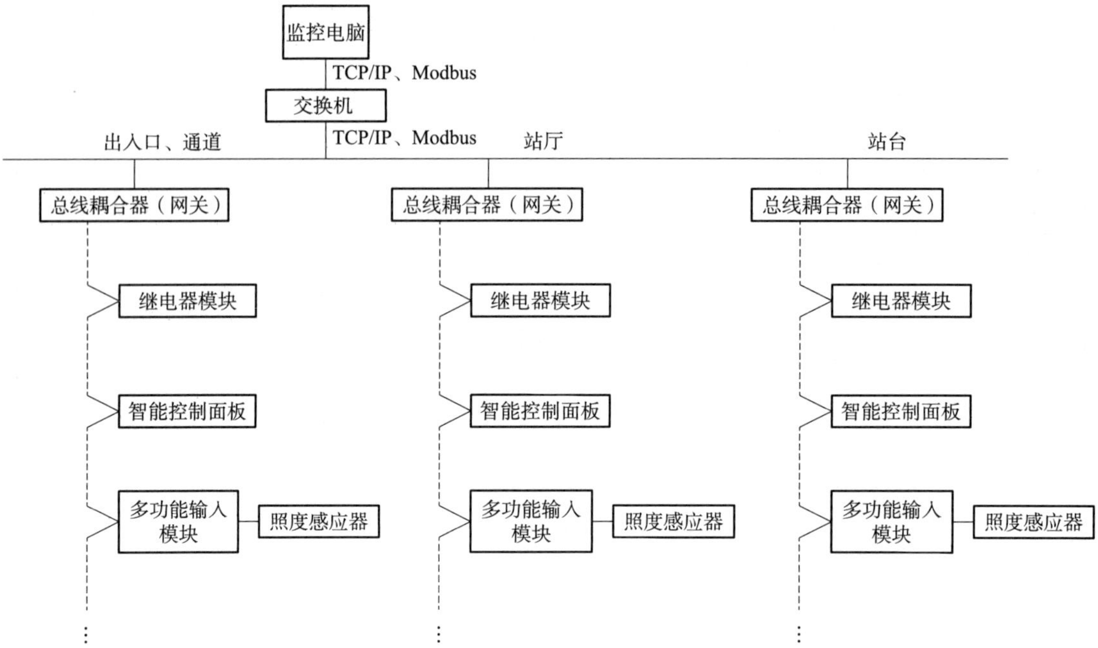

图 4-11 智能照明控制现场总线图

表 4-6 任务工作单

<table>
<tr><td colspan="7">认识车站照明配电系统</td></tr>
<tr><td colspan="7">姓名：　　　　　　　　班级：　　　　　　　　日期：</td></tr>
<tr><td rowspan="3">任务目标：
(1)掌握照明种类划分。
(2)掌握照明配电方案</td><td>指导老师</td><td colspan="5"></td></tr>
<tr><td>团队成员</td><td></td><td></td><td></td><td></td><td></td></tr>
<tr><td>分工职责</td><td></td><td></td><td></td><td></td><td></td></tr>
<tr><td colspan="7">任务实施：
(1)按用途划分,照明种类有哪些?
____
____
____
(2)站台照明配电室有哪些种类的照明配电箱,给哪些灯具配电?
____
____
____
____
____
____________________</td></tr>
</table>

任务评价

任务评价见表 4-7。

表 4-7　任务评价表

序号	评价内容	评价标准	分数	评分记录		
				学生自评	组间互评	教师评分
1	照明种类	每答对一项得 5 分,满分 40 分	40			
2	站台照明配电室配电箱种类及用途	每缺漏一项扣 5 分	40			
3	团队合作精神	汇报时,没有体现团队分工合作的,扣 1 ~ 20 分	20			
总分						
综合成绩(学生自评占 30%,组间互评占 30%,教师评分占 40%)						

巩固练习

相比于动力配电方式,照明配电方式有何不同?

项目5
城市轨道交通电力监控系统

项目导入

城市轨道交通供电系统分为:主变电所、中压环网系统、接触网、动力照明配电系统和电力监控系统五部分。电力监控系统(power supervisory control and data acquisition,PSACDA)是以计算机、通信设备和测控单元为基础,对电力系统进行实时数据采集、开关状态监测及远程控制的自动化实时监控系统。

城市轨道交通的电力监控系统的构成分三级,即中央级系统、车站级系统和就地级系统;电力监控系统的管理分为二级,即中央级管理和车站级管理;形成了“三级监控、二级管理”的体系。

中央级系统具有全线电力监控功能和调度管理职能,设置在 OCC。中央级管理界面设置在 OCC 调度大厅,电调和行调人员均使用 PSACDA 工作站。车站级系统设置在车站,具有本车站或站点的电力监控功能职能。车站级也就是站点级,站点包括车站、车场和 OCC 大楼。车站级管理界面有两处,一是车站控制室 PSACDA 工作站,二是变电所控制室 PSACDA 工作站。就地级具有变电所独立的所内自动化功能,包括变电所控制室的监控功能和间隔层的就地监控功能。

PSCADA 系统的中央级和车站控制室的车站级由综合监控系统 ISCS 专业建设和维护管理,PSCADA 系统的变电所控制室的车站级和就地级由供电专业建设和维护管理。PSCADA 系统的变电所控制室的车站级和就地级就是变电所所内自动化。

城市轨道交通全线 35 kV 变电所按无人值班设计;主变电所按初期有人值班,近、远期有人值守无人值班设计。无人值班:指自动化程度高,由远方进行电力系统设备的监控,例如 OCC 监控。无人值守:指自动化程度非常高,不仅仅由远方进行监控,而且由远方进行巡视和安全管理。

任务1　认识电力监控系统构成

学习目标

(1)认识电力监控系统“三级控制、二级管理”。

(2)熟悉所内自动化系统网络构成。

任务描述

本任务学习并掌握电力监控系统三级构成和所内自动化系统,达到城市轨道交通供电维修岗位的要求,储备电力调度岗位知识。

知识讲解

城市轨道交通所有的站点(车站、车场、主变电所以及 OCC 大楼)等均设置 PSCADA 系统。通常 PSCADA 系统集成进 ISCS。PSCADA 系统分为三级,中央级系统、车站级系统和现场级系统。ISCS 的构成示意图如图 5-1 所示。

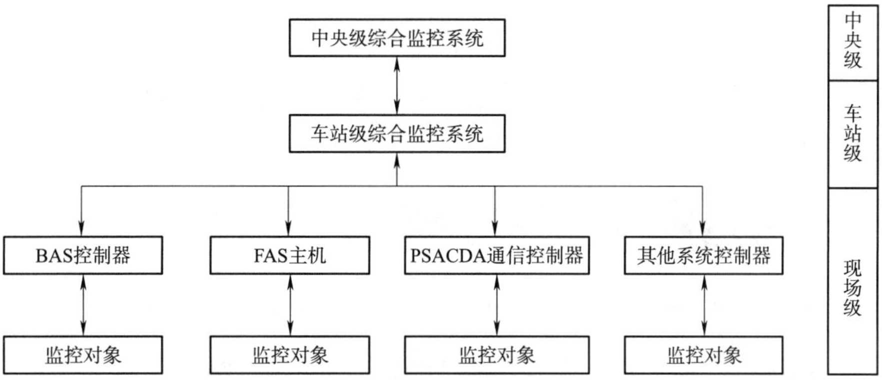

图 5-1 ISCS 的构成示意图

PSCADA 的中央级和车站级由 ISCS 组网并实现,现场级由所内自动化系统构成。所内自动化系统由供电专业建设和运营维护。在国家电力系统中往往将所内自动化系统称为变电所综合自动化系统。

一、PSCADA 系统中央级构成

PSCADA 系统中央级设备包括实时服务器、历史服务器、工作站、前置机、大屏等。在城市轨道交通,PSCADA 系统中央级硬件和软件通常由 ISCS 集成。典型 ISCS 的 OCC 级系统构成如图 5-2 所示。

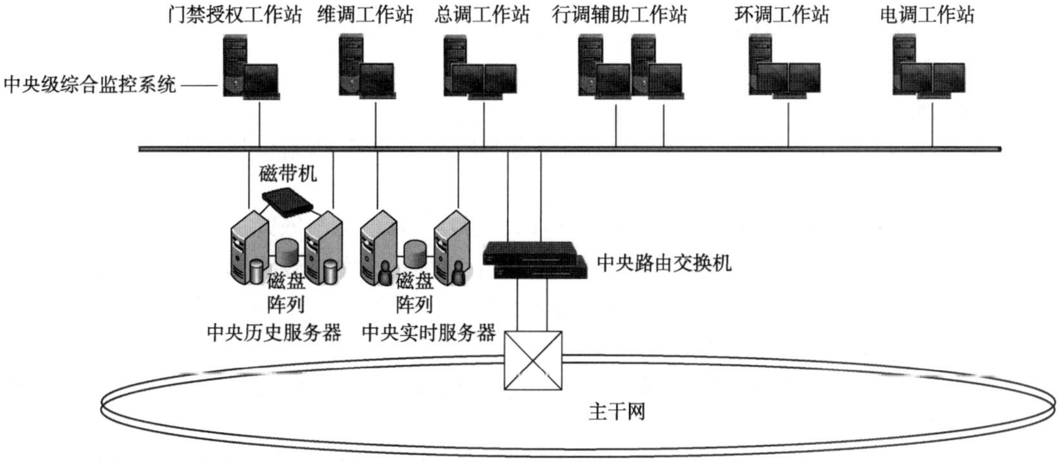

图 5-2 典型 ISCS 的 OCC 级系统构成

OCC 设有一个中央级以太网,该以太网接入线路骨干通信网。中央级以太网在 OCC 综合监控设备室配置一套数据服务软硬件(包括实时数据服务器、历史数据服务器、实时数据库和历史数据库软件模块),实现全线 PSCADA、BAS、FAS 等子系统集成。多系统集成有利于城市轨道交

通在复杂的场景下实现多系统联动。ISCS 在 OCC 调度大厅为电力调度设置工作站和大屏。

二、PSCADA 系统车站级构成

ISCS 车站级是一个车站级以太网络，由车站级数据服务器、工作站、以太网交换机和数据通信处理器等构成。该以太网接入线路骨干通信网。ISCS 车站级系统如图 5-3 所示。

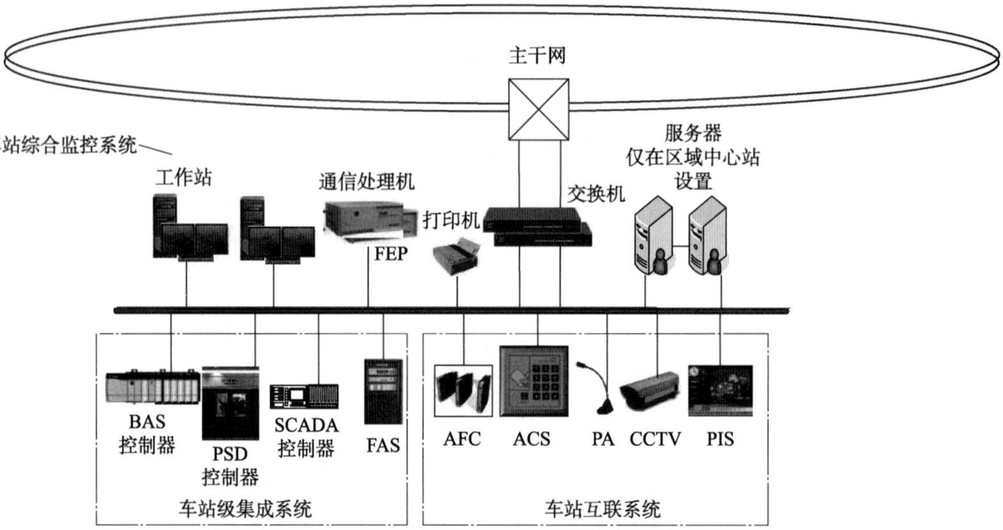

图 5-3　ISCS 车站级系统

车站级以太网在车站综合监控设备室配置一套数据服务软硬件（包括实时数据服务器器、历史数据服务器、实时数据库和历史数据库软件模块），实现全线 PSCADA、BAS、FAS 等子系统集成。ISCS 在车站控制室设置了 ISCS 工作站，供站务员监视该车站的变电所信息，但是不能控制。

三、所内自动化系统构成

所内自动化系统构成如图 5-4 所示。变电所所内自动化系统分为两级：变电所控制室级和现场级。

1. 变电所控制室级

变电所控制室级位于变电所控制室，控制室设有控制信号屏，由通信控制器、以太网交换机及工控机等组成。

以太网交换机：构成以太网络，该以太网络接入工控机、通信控制器以及现场总线。

工控机：既是工作站也是服务器。作为服务器，工控机具有实时数据库、历史数据库以及服务管理功能；作为工作站，其显示器是变电所控制室的人机界面，供电专业工作人员或值班人员可以通过人机界面实施本车站的监控操作。

通信控制器：用于实现服务器（工控机）和 ISCS 数据通信，并将所内自动化系统接入综合监控系统车站级。

现场总线：用于实现以太网交换机与间隔层测控一体化装置以及其他智能装置进行通信连接。

2. 现场级

PSCADA 现场级由变电所间隔层的测控一体化装置和智能电子设备（intelligent electronic device，IED）等组成。现场级 PSCADA 系统构成如图 5-4 所示。

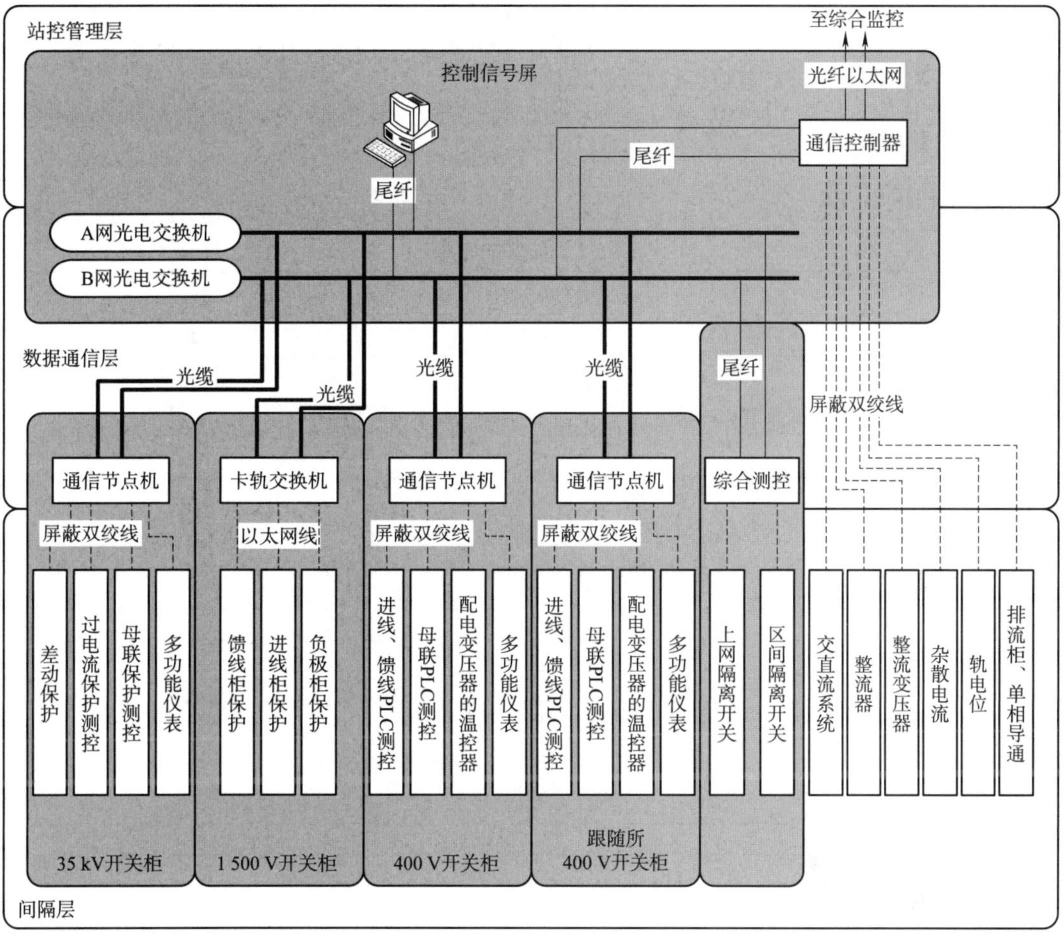

图 5-4　现场级 PSCADA 系统构成

(1)测控一体化装置

牵引降压混合变电所和降压变电所的 35 kV 系统、DC 1 500 V/DC 750 V 系统采用继电保护、控制、测量、通信一体化设备,直接安装于开关柜内,实现对供电系统一次设备的控制、保护、状态监视、数据测量等功能。测控一体化装置带有通信板卡,该板卡通过现场总线接入以太网交换机通信模块,实现通信规约转换。

0.4 kV 进线断路器、母联断路器和三级负荷总开关等通常采用智能马达保护器,具有总线通信功能,其通信口也是通过现场总线接入以太网交换机通信模块,实现通信规约转换。

(2)智能电子设备

变电所的交直流屏、钢轨电位限制装置、变压器温控装置、杂散电流防护系统等设备和系统都自带监控系统,通常将这些系统接入通信控制器的通道处理单元,逐个进行规约转换和数据的前置处理,然后将数据发送给所内自动化的交换机。

(3)远端测控单元(remote terminal unit,RTU)

控制信号屏自带的测控一体化装置具备 RTU 的 I/O 功能,带有 AI、DI、DO 功能模块,这些模块对监控对象采用硬线连接而不是通信线连接。所谓硬线连接是指直接对 I/O 接点进行连接,而不是通过通信手段进行连接。

接触网上网电动隔离开关等设备不具备通信功能，通常对其遥测、遥信、遥控采用硬线连接至测控一体化装置的 AI、DI、DO 模块，然后测控一体化装置与以太网通信，实现数据交换。RTU 带有以太网通信模块，可以直接接入以太网交换机。

技能训练

任务工作单见表 5-1。

表 5-1　任务工作单

<table>
<tr><td colspan="7">认识电力监控系统构成</td></tr>
<tr><td>姓名：</td><td colspan="3">班级：</td><td colspan="3">日期：</td></tr>
<tr><td rowspan="3">任务目标：
(1)掌握电力监控系统“三级控制、二级管理”。
(2)掌握所内自动化系统网络构成</td><td>指导老师</td><td colspan="5"></td></tr>
<tr><td>团队成员</td><td></td><td></td><td></td><td></td><td></td></tr>
<tr><td>分工职责</td><td></td><td></td><td></td><td></td><td></td></tr>
<tr><td colspan="7">任务实施：
(1)电力监控系统具有中央级控制、车站级控制、现场级控制，请问哪些岗位使用这三级控制？在什么情况下使用？
____
____
____
____
(2)控制信号屏由哪些设备构成？如何与 ISCS 通信？如何与间隔层通信？
____
____
____
________________</td></tr>
</table>

任务评价

任务评价见表 5-2。

表 5-2　任务评价表

<table>
<tr><td rowspan="2">序号</td><td rowspan="2">评价内容</td><td rowspan="2">评价标准</td><td rowspan="2">分数</td><td colspan="3">评分记录</td></tr>
<tr><td>学生自评</td><td>组间互评</td><td>教师评分</td></tr>
<tr><td>1</td><td>三级控制的使用</td><td>每正确一项得 1～5 分</td><td>30</td><td></td><td></td><td></td></tr>
<tr><td>2</td><td>控制信号屏的构成和通信</td><td>每正确一项得 1～10 分</td><td>50</td><td></td><td></td><td></td></tr>
<tr><td>3</td><td>团队合作精神</td><td>汇报时，没有体现团队分工合作的，扣 1～20 分</td><td>20</td><td></td><td></td><td></td></tr>
<tr><td colspan="4">总分</td><td></td><td></td><td></td></tr>
<tr><td colspan="4">综合成绩(学生自评占 30%，组间互评占 30%，教师评分占 40%)</td><td colspan="3"></td></tr>
</table>

巩固练习

1. 简述电力监控系统的构成。
2. 简述变电所所内自动化系统的构成。

任务2　认识电力监控系统的功能

学习目标

(1)了解自动化系统的输入输出。
(2)熟悉电力监控系统的事件顺序记录。
(3)熟悉电力监控系统中央级、车站级和现场级功能。
(4)掌握电力系统遥控的特点。

任务描述

任何监控系统都包括监控功能、显示功能、日志及告警管理功能、权限管理功能和网络管理功能等五项功能,作为电力调度员和供电维检修人员必须熟悉这些功能。

本任务首先学习自动化系统的通用 I/O 知识,再学习电力监控"四遥"的基本概念,在此基础上进一步学习电力监控系统功能,达到城市轨道交通供电维修岗位的要求,储备电力调度岗位知识。

知识讲解

PSCADA 功能分为中央级、车站级和现场级三级功能,每级功能又分为监控功能、显示功能、日志及告警管理功能、权限管理功能、网络管理功能等。

变电所控制方式采用三级控制方式:(1)OCC 级,电力调度调度员远动监控;(2)车站级,车站控制室监视,变电所控制室监控;(3)就地级,开关柜就地操作。就地级控制权限最高。

一、电力监控输入输出

电力监控输入输出流程如图5-5所示。

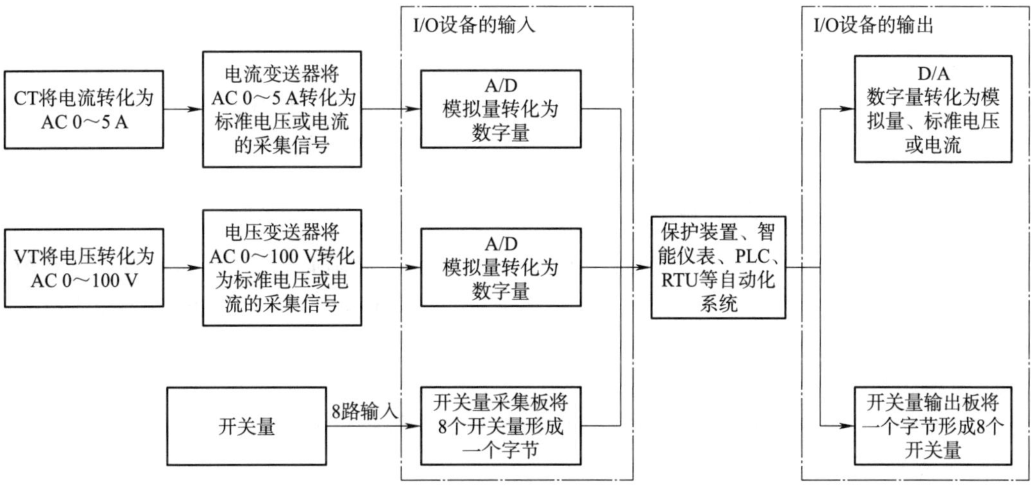

注:标准电压或电流:DC 0～5 V,DC 0～20 mA,DC 4～20 mA。

图5-5　电力监控输入输出流程

1. 互感器

电流互感器(CT)的作用是把交流电路中的大电流转换为 0～5 A 的二次电流,以供测量和继电保护之用。

电压互感器(VT)的作用是把高电压按比例关系变换成 0～100 V 的二次电压,以供测量和继电保护之用。

2. A/D 和 D/A

A/D 转换是模数转换,就是把模拟信号转换成数字信号。

D/A 转换是数模转换,把数字量转换为模拟量。

A/D 和 D/A 的模拟量通常为 3 种直流信号:0～5 V、0～20 mA、4～20 mA。

3. 遥测

遥测泛指通过通信媒体对远距离被测对象进行测量的技术。工业控制领域的遥测特指模拟量输入(anlog input,AI)。遥测对应的计算机数据库的值为 byte 字节:8 位或 16 位。

例如,对变电所电流的遥测,该遥测要经过三个环节:(1)通过 CT 把电流转化为 0～5 A 的交流电流;(2)把 0～5 A 的交流电流通过变送器转为 0～5 V 直流电压;(3)D/A 模数转换为计算机数据总线可以读取的 8 位或 16 位 byte。之后计算机 I/O 设备可以读取了。

4. 遥信

遥信特指通过通信媒体对远距离被测对象的状态(开关量)进行测量的技术。工业控制领域的遥信特指开关量输入(digital input,DI)。例如对开关的位置信号、保护装置的动作信号的远方测量。遥信对应的计算机数据库的值为 bit 位:0、1。

5. 遥控

遥控指通过通信媒体对远距离被控对象进行控制的技术。工业控制领域的遥控特指开关量输出(digital output,DO)控制。例如对开关的合闸、分闸操作。遥控对应的计算机数据输出为 bit 位:0、1。

6. 遥调

遥调指通过通信媒体对远距离被控对象进行调节的技术。工业控制领域的遥调特指模拟量输出(anlog output,AO)控制。AO 对应的计算机输出值为 byte 字节:8 位或 16 位,I/O 设备通过 D/A 转换成模拟量,用于调节控制。

在变电所电力监控系统的遥调特指对变压器抽头的调节,实际上是特殊的 DO。变压器抽头通常有 8 个,那么对应的抽头调节也是 8 个 DO。值得注意的是 AO 通常称为 PID 调节,很少称呼为遥调。例如,AO 的在地铁应用于 PID 调节,控制空调水系统的水阀开度。

二、PSCADA 中央级功能

PSCADA 中央级是电力调度的核心,调度员通过人机界面(画面和菜单)实现对电力系统的运行管理。PSCADA 主要功能由综合监控系统实现,包括:监控功能、显示功能、日志及告警管理功能、权限管理功能、网络管理功能等。

1. 监控功能

监控功能包括:遥测功能、遥信功能、遥控功能、遥调功能和 SOE 功能。

(1)遥测功能

遥测对象包括变电所主要电流、电压、有功功率、无功功率、电度等模拟量和保护整定值等数字量。遥测过程如下:

电流电压经过电流互感器 CT 和电压互感器 VT 转化为 0～5 A 和 0～100 V。CT 电流和 VT 电压接入变送器模块,变送器模块输出标准电流电压信号:DC 0～5 V 的电压信号、0～20 mA 或

4～20 mA 的直流电流环信号。标准电流电压信号接入测控一体化装置(也叫综合测控装置)的A/D 转换模块,实现测控一体化装置 I/O 功能,测控一体化装置进行继电保护计算和各种模拟量的 AI 计算。

(2)遥信功能

遥信对象包括:断路器和刀开关位置信号,有载调压变压器抽头位置信号,继电保护发出的事故信号、预告信号和动作信号,测控一体化装置的自检信息和通信通道状态信息等。遥信量通过硬线接入测控一体化装置 DI 采样模块。

(3)遥控功能

遥控操作步骤包括:检查遥控闭锁条件、选象、校验、执行。当遥控闭锁条件满足时,才能执行"选象、校验、执行"的遥控步骤,以防止误操作。"选象"是选择遥控对象,选择后被控对象的图标闪烁;"校验"是调度端向间隔层发出控制命令之后,被控对象反送特征信息,以校验被控对象是否正确、控制通道是否畅通;"执行"是指调度端收到正确的"校验"信息后,调度员确认遥控执行。

遥控方式分单控和程控两种方式,遥控还必须具备控制闭锁、遥控试验等功能。

①单控。在电力调度工作站的人机界面上,通过鼠标(键盘)操作对单个遥控对象进行操作,如开关设备的分/合闸、自动装置的投/切、继电保护设备进行投/切以及继电保护动作复归等。单控操作界面通常是主接线图。

②程控。程控(sequence of control,SOC)是将若干个单控组合在一起,形成按顺序进行分/合闸控制的群控组。这种群控组一旦制定可以卡片的形式保存,便于今后使用,也可以定义为人机界面的下拉式菜单,通过菜单一次性完成供电系统所内、所间数个开关的倒闸作业。SOC 操作界面通常是下拉菜单。

在程序控制执行前,首先自动检查各控制对象是否具备控制条件,若不具备控制条件,列出不具备控制条件的控制对象,并提醒调度员注意。

程控执行方式也可分单步执行和自动执行。程控执行成功或失败均有相应的中文提示,任何一种程控方式均可因控制过程中事故的出现而自动中止或由调度员手动中止。

程控序列可以由系统管理员事先配置,并可以由有权限的调度员对预先配置的程控序列进行调整或增加新的程控序列。这种一系列的控制组合可以制作成为"卡片",称为程控卡片。程控卡片以纸质形式保存并在 PSCADA 系统内进行软件配置。

程控可以有以下执行方式:

a. 手动方式:调度员通过人机界面手动启动程控。

b. 定时方式:系统设置程控执行的启动条件为某个特定时刻,如规定停/送电的时间点,在定义的时刻到达时,自动启动相关程控画面,经调度员人工确认后执行。

c. 条件判断方式:系统设置程控执行的启动条件为某个特定事件,如当电力系统发生某些故障时,自动对该故障设备或区段进行切除操作。考虑到供电系统的安全性,该启动方式需要人工确认后才能执行。

③控制闭锁。当现场供电设备故障时,其继电保护装置会动作于开关跳闸。此时,故障尚未排除,因此不允许故障链上的一系列开关被合闸送电,因此相关的遥控对象应自动"控制闭锁"。只有当人工解锁后才能进行操作。在实时库配置被控对象时,可编辑输入与之相关开关对象的闭锁条件,也就是说 DO 点应具备闭锁属性。

④遥控试验。变电所控制信号屏的通信控制器内一般设置有软件模拟开关。电力调度工作站可以通过对其进行控制,用以测试信息传输通道是否正常。

(4)遥调功能

遥调功能特指对变压器抽头调节的遥控功能。通过电力调度工作站可对主变电所主变压器有载调压开关分接头进行DO控制,实现进行升/降调节功能。

(5)SOE功能

事件顺序记录(sequence of event,SOE)用于记录主要断路器和保护信号的状态和动作时间。SOE记录状态变位时,会在该变位记录上附加时标信息,根据时标形成动作顺序表,用以帮助电力运营和维护人员判明系统事故起因和断路器跳闸顺序。为了精确地分辨出各个重要变位记录的先后,SOE记录必须达到1 ms甚至更小的分辨率。

2. 显示功能

显示功能是指PSCADA系统的人机界面功能。PSCADA系统中央级用户画面包括:全线供电设施分布图、各变电所主接线图、接触网线路图、遥信开关量表、程控显示画面、遥测曲线画面、电度量直方图、日报报表、月报报表、年报报表、开关跳闸次数统计报表、事件顺序记录(SOE)、日志画面(含操作记录)、告警列表画面等。

(1)遥测信息的显示

对于实时信息,遥测的人机界面一般是主接线图、遥测模拟量表、曲线、棒图等形式。

对于历史信息,ISCS系统定时保存各AI点的历史遥测值以及越限告警信息。历史遥测值保存在ISCS系统的历史数据库中,通过人机界面进行报表、曲线、棒图等形式的查询和打印。越限告警信息保存在ISCS系统的告警日志里,记录内容包括:遥测对象、越限值和时间等。告警信息通过人机界面的告警管理功能进行查询和打印。

(2)遥信信息的显示

对于实时信息,遥信的人机界面一般是主接线图、遥信开关量表。

对于历史信息,遥信信息只保存故障信息和告警信息,信息保存在ISCS系统的历史库和告警日志里,记录内容包括:遥信对象、动作状态和时间等。告警信息通过人机界面的告警管理功能进行查询和打印。

(3)遥控的人机界面

遥控操作的人机界面一般是主接线图。遥控的历史信息保存在ISCS系统的历史库和事件日志信息里,每完成一项遥控操作后,在ISCS系统事件日志中自动记录遥控过程。记录内容包括:操作员标识、控制对象、命令发出时间、遥控性质、执行结果等。日志信息通过人机界面的日志功能可以查询和打印。

3. 日志及告警管理功能

(1)日志管理

日志信息指PSCADA系统所有的用户登录信息、操作信息、开关量正常变位信息等。通过人机界面的日志功能可以按条件查询和打印日志信息。

(2)告警管理

告警信息指PSCADA系统所有的开关量异常变位信息和模拟量越限信息等。通过人机界面的告警管理功能可以按条件查询和打印告警信息。

①事故告警。当事故发生时,ISCS系统自动推出故障所在的变电所主接线画面,相应的开关自动闪烁,在告警栏显示事故内容,同时发出音响告警并在打印机上打印告警信息。操作员按"确认键"后解除音响,按"闪光复归键"后停止闪烁。

②预告告警及越限告警。当发出预告信号或越限告警时,在工作站告警信息栏上显示详细告警内容,并可在打印机上打印告警信息。但是可以不自动弹出相关画面。告警的确认、复归处理方式与事故处理方式相同。

③告警统计查询。告警的统计查询由告警管理器完成,通过多种条件组合查询和统计告警,如某站、某时间段等。

4. 权限管理功能

权限管理功能包括操作员权限和设备控制权限。操作员权限指操作员监视、控制、浏览PSCADA的权限。控制权限指设备被OCC控制或车站控制或变电所控制室控制的权限。

5. 网络管理功能

ISCS系统对PSCADA系统全线设备进行模块级的状态监测和网络通道监测管理。

三、PSCADA系统车站级功能

PSCADA系统车站级功能包括车站控制室(车控室)PSCADA功能和变电所控制室PSCADA功能。

1. 车控室PSCADA功能

车控室PSCADA功能与中央级PSCADA功能基本一致,只是监控范围有所差别,车站级PSCADA只能监控本车站变电所范围内的电力设备。该功能由ISCS实现。

2. 变电所控制室PSCADA功能

变电所控制室PSCADA功能由所内自动化系统实现。所内自动化系统功能包括:变电所控制室PSCADA功能和现场级PSCADA功能。变电所控制室PSCADA功能是监控本车站变电所范围内的电力设备,该功能由所内自动化系统实现,而不是由ISCS实现。所内自动化控制室设有PSCADA人机界面,具备变电所全监控功能,是供电专业工作人员重要的监控手段和维护管理工具。

四、PSCADA系统现场级功能

PSCADA现场级功能由控制信号屏、变电所间隔层的保护测控一体化单元和智能电子设备等实现,包括保护、控制、测量和通信四部分功能。

1. 继电保护功能

变电所各电压等级母线、线路、变压器等均设置保护测控一体化单元,内含继电保护装置。

2. 控制功能

变电所各电压等级的断路器、调压开关、电动隔离开关、负荷开关等设备均配置保护测控一体化单元或智能单元,以实现分/合闸、保护投退、闭锁解除、自动装置的投入/撤除等控制功能。对于开关等设备还具有现场手动操作功能。

变电所控制功能采用三级控制方式,就地级手动操作功能权限最高。

3. 测量功能

通过保护测控一体化单元或智能单元等对变电所内供电设备的状态信息、故障信息、保护动作信号等开关量状态进行实时采集,对电流、电压、有功功率、无功功率等模拟量进行实时采集,并转发至控制中心数据服务器。

4. 变电所内网络通信功能

通过变电所所内自动化网络实现控制信号屏对间隔层各下位监控单元设备的数据交换。通过控制信号屏与综合监控系统提供的数据传输通道连接,实现变电所与综合监控系统的数据交换。

技能训练

任务工作单见表5-3。

表 5-3　任务工作单

<table>
<tr><td colspan="8">认识电力监控系统的功能</td></tr>
<tr><td colspan="2">姓名：</td><td colspan="4">班级：</td><td colspan="2">日期：</td></tr>
<tr><td rowspan="3">任务目标：
掌握电力系统遥控</td><td>指导老师</td><td colspan="6"></td></tr>
<tr><td>团队成员</td><td></td><td></td><td></td><td></td><td></td><td></td></tr>
<tr><td>分工职责</td><td></td><td></td><td></td><td></td><td></td><td></td></tr>
<tr><td colspan="8">任务实施：
(1)什么叫程控卡片？程控卡片 SOC 作用是什么？
____
____
____
(2)根据图 2-9，车站上行线左侧直流供电分区需要进行接触网检修，请编制该供电分区接触网停电和送电的程控卡片。
____
____
____
____
____</td></tr>
</table>

任务评价

任务评价见表 5-4。

表 5-4　任务评价表

<table>
<tr><td rowspan="2">序号</td><td rowspan="2">评价内容</td><td rowspan="2">评价标准</td><td rowspan="2">分数</td><td colspan="3">评分记录</td></tr>
<tr><td>学生自评</td><td>组间互评</td><td>教师评分</td></tr>
<tr><td>1</td><td>SOC 定义和作用</td><td>正确得 20 分，基本正确得 10～19 分，不准确得 0 分</td><td>20</td><td></td><td></td><td></td></tr>
<tr><td>2</td><td>接触网送电 SOC</td><td>正确得 30 分，不正确得 0 分</td><td>30</td><td></td><td></td><td></td></tr>
<tr><td>3</td><td>接触网停电 SOC</td><td>正确得 30 分，不正确得 0 分</td><td>30</td><td></td><td></td><td></td></tr>
<tr><td>4</td><td>团队合作精神</td><td>汇报时，没有体现团队分工合作的，扣 1～20 分</td><td>20</td><td></td><td></td><td></td></tr>
<tr><td colspan="4">总分</td><td></td><td></td><td></td></tr>
<tr><td colspan="4">综合成绩(学生自评占 30%，组间互评占 30%，教师评分占 40%)</td><td colspan="3"></td></tr>
</table>

巩固练习

1. 什么是电力监控系统的“三级控制、二级管理”？
2. 电力监控的遥控 DO 与环控系统的遥控 DO 相比，执行过程有什么区别？

项目6 备用电源

项目导入

备用电源是指当正常电源被切断时，用来对电气装置继续供电的电源。城市轨道交通各机电系统根据系统配置有不同种类、容量和后备时间的备用电源，如 UPS、EPS、变电所交直流电源、站台门交直流电源、通信系统交直流电源和信号系统交直流电源。

UPS 电源特点是，蓄电池始终处于输出状态，当外部电源退出时，蓄电池继续工作，理论上输出不会中断。EPS 电源特点是，正常时由外部电源直接输出，蓄电池始终处于备用状态；当外部电源退出时，蓄电池才投入工作，因此，输出存在秒级的切换时间。变电所交直流电源、站台门交直流电源和通信信号电源在正常模式下蓄电池处于输出状态，可以认为它们具有 UPS 特性，属于专用的 UPS 电源。

任务　认识备用电源

学习目标

认识 UPS 电源、EPS 电源、变电所交直流电源、站台门交直流电源。

任务描述

城市轨道交通供电系统备用电源主要有变电所交直流电源和 EPS。本任务学习并掌握轨道交通机电系统涉及的各种备用电源：UPS、EPS、变电所交直流电源和站台门交直流电源。其中，站台门交直流电源是复杂的备用电源，负载有交流也有直流，且直流有多个电压等级。

【小知识】

整流和逆变技术是 UPS 和 EPS 的基本技术。整流就是把交流电变为直流电的过程，利用具有单向导电特性的器件，可以把方向和大小交变的电流变换为直流电。逆变就是把蓄电池的直流电变为交流电的过程。

一、半波整流电路

半波整流电路如图 6-1 所示，它由电源变压器 B、整流二极管 D 和负载电阻 R_{fz} 组成。变压器把市电电压（多为 AC 220 V）变换为所需要的交变电压 E_2，D 再把交流电变换为脉动直流电。半波整流波形如图 6-2 所示。

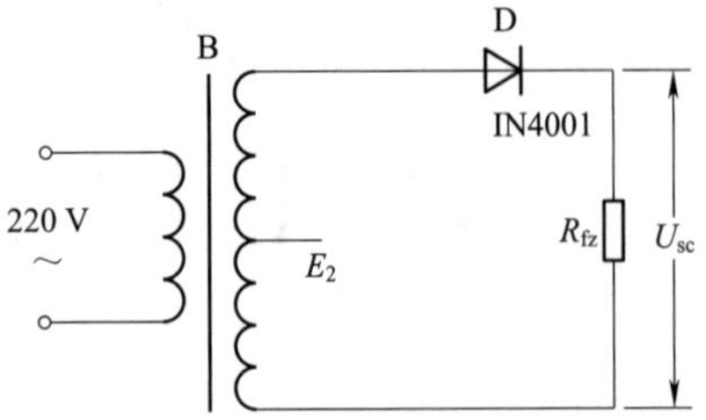

图 6-1　半波整流电路

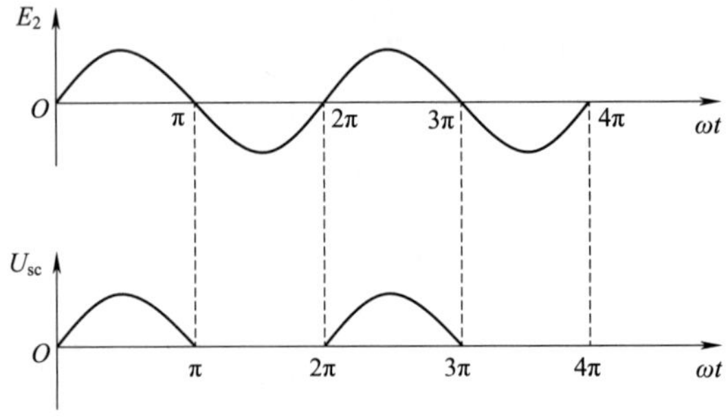

图 6-2　半波整流波形

整流原理如下：在 0 ~ π 周期内，E_2 为正半周即变压器二次侧上端为正、下端为负。此时二极管 D 承受正向电压而导通，E_2 通过 D 加在负载电阻 R_{fz} 上；在 π ~ 2π 周期内，E_2 为负半周，变压器二次侧下端为正，上端为负，这时 D 承受反向电压，不导通，R_{fz} 上无电压。

如此反复，交流电的负半周就被"削"掉了，这种除去半周、留下半周的整流方法，叫半波整流。不难看出，半波整流是以牺牲一半交流为代价而换取整流效果的，电流利用率很低（计算表明，整流得出的半波电压在整个周期内的平均值，即负载上的直流电压 $U_{sc}=0.45E_2$）。因此，工业领域很少采用。

二、全波整流电路

如果把半波整流电路的结构作一些调整，可以得到一种能充分利用电能的全波整流电路，全波整流电路如图 6-3 所示，全波整流波形如图 6-4 所示。

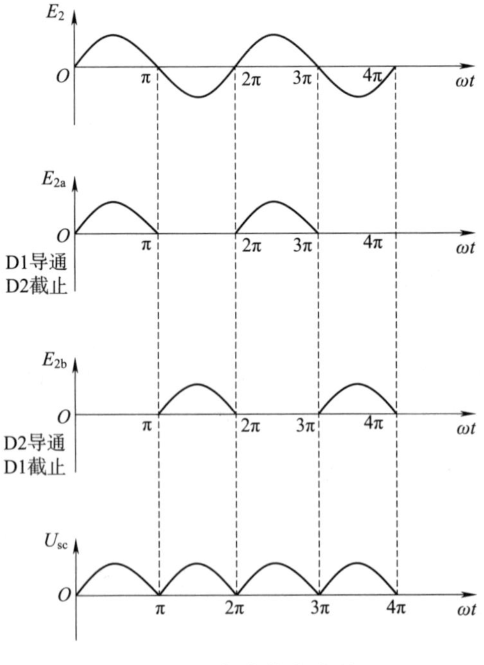

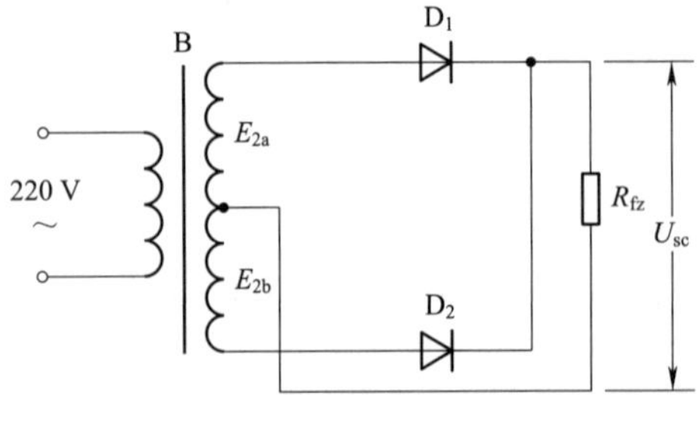

图 6-3　全波整流电路

图 6-4　全波整流波形

全波整流电路可以看作是由两个半波整流电路组合成的。变压器二次侧线圈中间需要引出一个抽头，把二次侧线圈分成两个对称的绕组，从而引出大小相等但极性相反的两个电压 E_{2a}、E_{2b}，构成 E_{2a}、D_1、R_{fz} 与 E_{2b}、D_2、R_{fz} 两个电流回路。

整流原理如下：在 $0 \sim \pi$ 周期内，E_{2a}对 D_1 为正向电压，D_1 导通，在 R_{fz}上得到上正下负的电压；E_{2b}对 D_2为反向电压，D_2 不导通；在 $\pi \sim 2\pi$ 时间内，E_{2b}对 D_2 为正向电压，D_2 导通，在 R_{fz}上得到的仍然是上正下负的电压；E_{2a}对 D_1 为反向电压，D_1 不导通。

如此反复，由于两个整流元件 D_1、D_2轮流导电，结果负载电阻 R_{fz}上在正、负两个半周作用期间，都有同一方向的电流通过，因此称为全波整流，全波整流大大地提高了整流效率（$U_{sc}=0.9E_2$，比半波整流时大一倍）。

全波整滤电路需要变压器有一个使两端对称的二次侧中心抽头，这给制作上带来很多的麻烦。另外，这种电路中，每只整流二极管承受的最大反向电压，是变压器二次侧电压最大值的两倍，因此需用能承受较高电压的二极管。

三、桥式整流电路

桥式整流电路是使用最多的一种整流电路。这种电路只要增加两只二极管连接成桥式结构，便具有全波整流电路的优点，同时在一定程度上克服了全波整流电路的缺点，原理如图 6-5 所示。

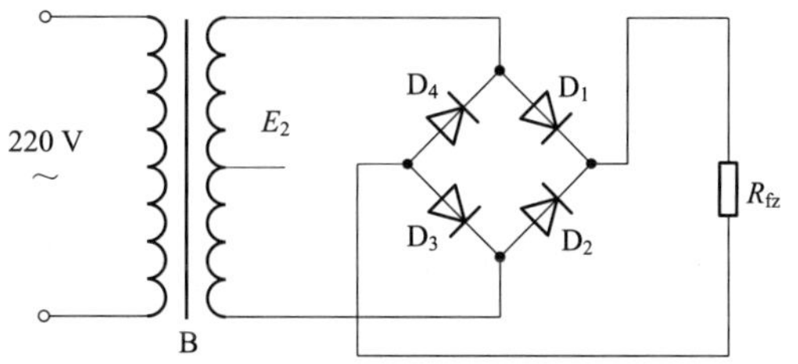

图 6-5 桥式整流原理图

桥式整流电路的工作原理如下：E_2 为正半周时，对 D_1、D_3 加正向电压，D_1、D_3 导通，对 D_2、D_4 加反向电压，D_2、D_4 截止，电路中构成 E_2、D_1、R_{fz}、D_3 通电回路，在 R_{fz}上形成上正下负的半波整流电压，如图 6-6(a)所示；E_2 为负半周时，对 D_2、D_4 加正向电压，D_2、D_4 导通，对 D_1、D_3 加反向电压，D_1、D_3 截止，电路中构成 E_2、D_2、R_{fz}、D_4 通电回路，同样在 R_{fz}上形成上正下负的另一个半波的整流电压，如图 6-6(b)所示。

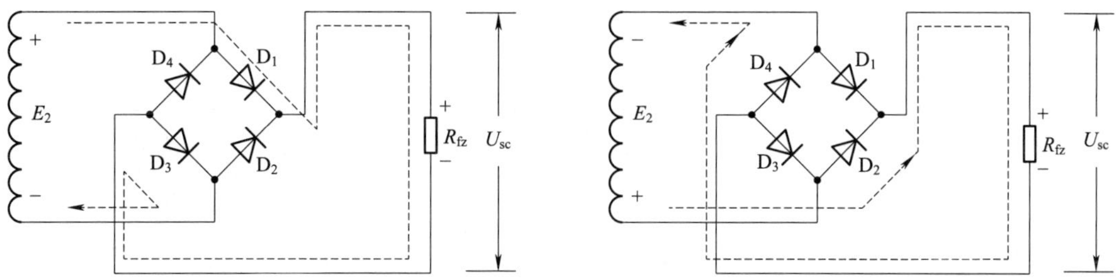

（a）桥式整流正半周电流回路图　　（b）桥式整流负半周电流回路图

图 6-6 桥式整流电流回路图

如此重复下去，结果在 R_{fz}上便得到全波整流电压。其波形图和全波整流波形图是一样的。从图 6-6 中不难看出，桥式电路中每只二极管承受的反向电压等于变压器二次侧电压的最大值，比全波整流电路小一半。

四、逆变器

逆变器是通过半导体功率开关的开通和关断作用，把直流电能转变成交流电能的一种变换装置，是整流变换的逆过程，高频升压逆变控制电路原理图如图 6-7 所示。

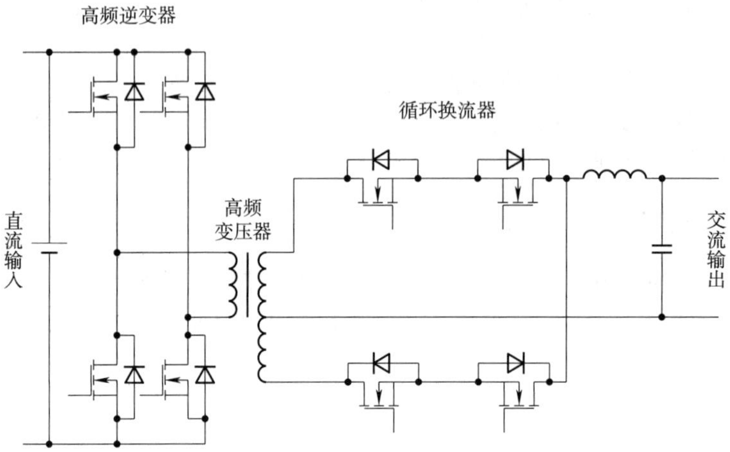

图 6-7　高频升压逆变控制电路原理图

基本原理是：

（1）通过高频脉宽调制（pulse width modulation，PWM）开关电源技术，由高频逆变器将直流电转换成 30～50 kHz、220 V 左右的交流电。

（2）高频变压器对高频逆变器的输出进行隔离。

（3）利用桥式整流、滤波、脉宽调制及开关功率输出等技术，将 30～50 kHz、220 V 左右的交流电转换成 50 Hz、220 V 的交流电。

知识讲解

一、UPS 电源

UPS 电源由电源输入电路（包括主路和旁路）、AC/DC 变换的整流器、DC/AC 变换的逆变器、逆变和旁路输出切换电路以及蓄能电池五部分组成。UPS 原理如图 6-8 所示。

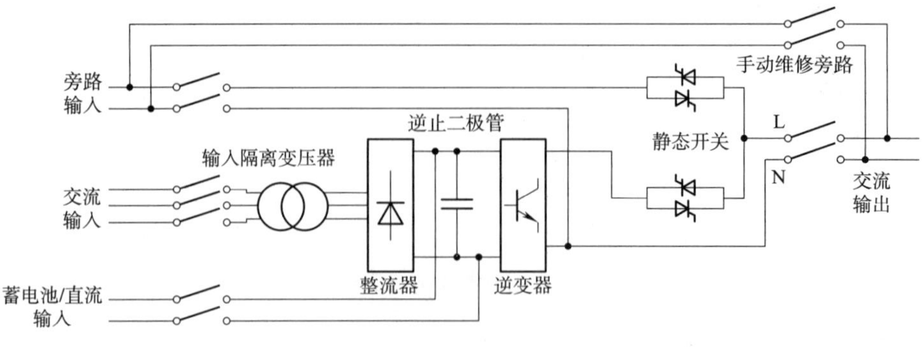

图 6-8　UPS 原理图

1. UPS 工作原理

当市电正常时，如图 6-8 所示的交流输入-交流输出回路，交流电经过输入隔离变压器隔离，经整流滤波后给逆变器供电；再经过逆变器中的高频隔离变压器隔离后给负载供电。

当市电断电时，如图6-8所示的直流输入-交流输出回路，由蓄电池经逆止二极管给逆变器供电，再经过逆变器中的高频隔离变压器隔离后给负载供电。

当UPS出现故障时（如蓄电池断电、逆变器过载或故障），如图6-8所示的旁路输入-交流输出回路，由静态开关自动切换至旁路供电。

综合监控系统、机电设备监控系统、火灾报警系统、门禁系统、自动售检票系统等自动化系统要求切换时间为毫秒级的连续供电，因此，这些系统的备用电源采用UPS。由于它们的负载性质和供电要求基本一致，且设备房彼此临近，因此这些系统的UPS可以整合在一起。城市轨道交通通常采用模块化的UPS，如图6-9所示。

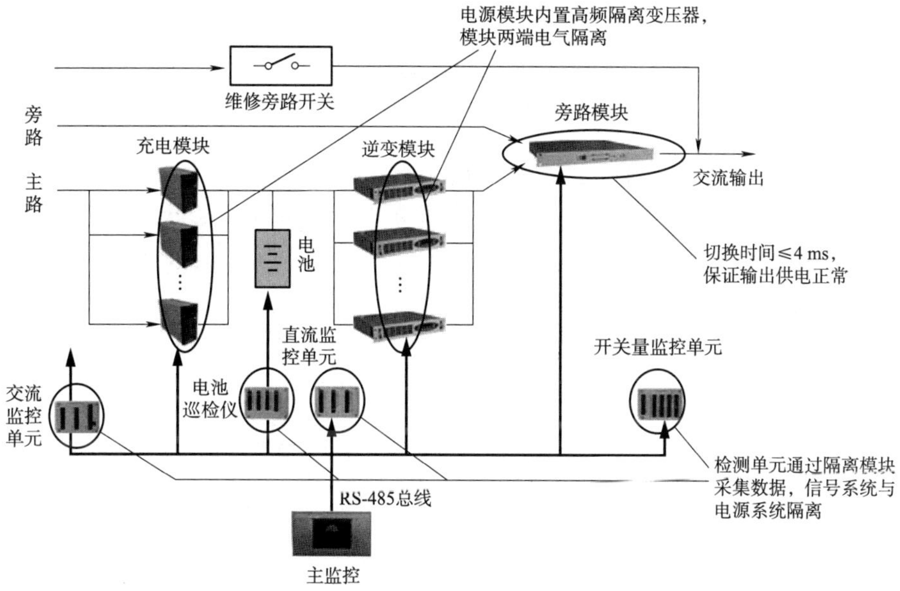

图6-9 模块化UPS

2. UPS特点

模块化UPS的原理与传统UPS的原理基本一致。其特点是：

(1)系统输入与输出完全电气隔离，蓄电池完全独立于输入输出系统，可靠性高。

(2)全数字化控制。采用数字信号处理(digital signal processing，DSP)全数字化正弦脉宽调制(sinusoIdal pulse wIdth modulation，SPWM)控制技术，具有抗干扰能力强、运算速度快、智能化程度高、控制精度和输出波形质量高等特点。

(3)并联冗余。整流模块和逆变模块都能够方便地组成并联冗余系统，配置灵活，可靠性大大提高。并联冗余原理如图6-10所示。

(4)自主均流。各模块的运行及并联均由内置DSP独立控制完成，不须另加控制或并联单元，均流效果好。

(5)智能电池管理以及全系统监控技术。智能电池管理：UPS具有智能的电池巡检和充电管理。全系统监控：UPS的监控系统对所有功率模块都能够直接与通信，实现监控功能。

二、EPS电源

EPS电源又称应急电源，它主要由输入输出单元、充电模块、电池组、逆变器、监控器、输出切换装置等部分组成。EPS原理如图6-11所示。

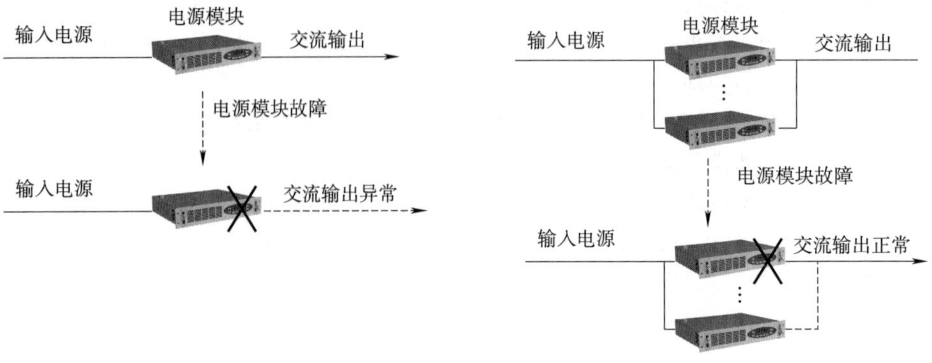

（a）传统单机模式　　（b）并联冗余模式

图 6-10　并联冗余原理图

1. EPS 工作原理

EPS 原理如图 6-11 所示。当市电正常时，由静态开关直接给负载供电。此时，充电模块工作，并对蓄电池充电或浮充；逆变模块不工作。当市电断电时，则由静态开关自动切换至逆变模块供电。此时，充电模块不工作；由蓄电池对逆变模块供电，逆变后给负载供电。

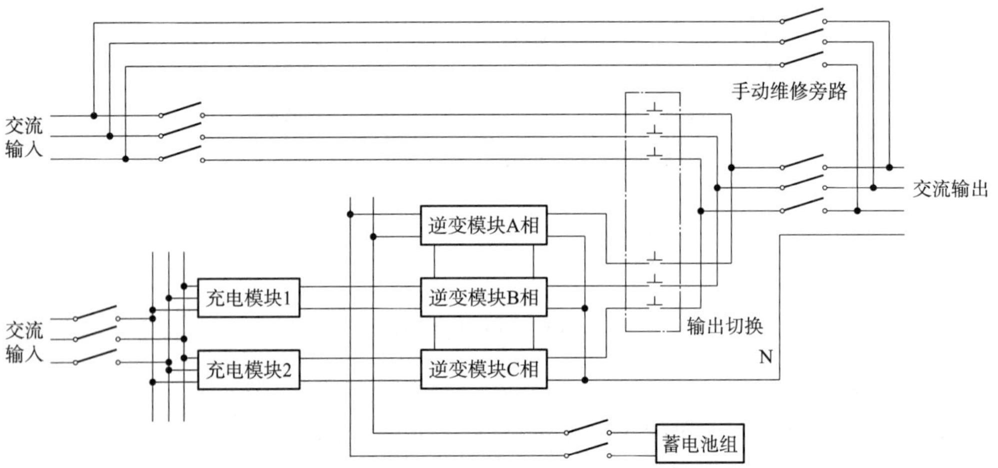

图 6-11　EPS 原理图

城市轨道交通 EPS 主要用于应急照明。车站应急照明的 EPS 设在车站照明配电室（通常每个车站设 4 个：站厅和站台的 A 端、B 端）。消防应急照明的 EPS 应通过消防部门认证。

2. EPS 电源与 UPS 电源的区别

（1）应用不同

EPS 电源主要用于消防，强调能够持续供电这一功能。UPS 电源一般用于精密仪器负载，如城市轨道交通的各种通信和自动化专业。UPS 电源除了强调持续供电之外，还要求逆变切换时间短、供电质量较高。通常要求其切换时间小于 5 ms，供电质量包括输出电压谐波含量和频率稳定要求。

（2）功能不同

EPS 电源与 UPS 电源两者都具有市电旁路及整流逆变电路，在功能上的区别是：①EPS 电源一般对逆变切换时间要求不高，正常情况下由旁路供电，市电停电时才转为逆变供电，电能利用率高。②UPS 电源为了达到毫秒级切换要求，无论市电是否停电，UPS 均由整流/逆变电路供电，蓄电池处于浮充状态，当市电停电时才由蓄电池向逆变器供电，并输出给负载。这样确保了切换时间短。只有当逆变器故障或超载时才转为旁路供电。这种供电方式导致电能利用率不高，一般为 80%～90%。

随着 EPS 的技术的发展，其切换时间可以达到 10 ms 以内。为了节能，部分使用 UPS 的场所已被逆变切换时间极短（小于 10 ms）的 EPS 取代。

(3)负载不同

UPS 电源负载一般是计算机类设备，属于容性负载。EPS 电源负载一般是为应急消防产品，如电机、水泵和照明等设备，属于感性负载。负载性质不同会对 UPS、EPS 的元器件选型和内部结构产生影响。

三、变电所交直流电源系统

每一个变电站必须有自用电系统，变电所自用电系统分为交流自用电系统和直流自用电系统，称为变电所交直流电源系统，该系统由站用变压器、交流配电系统和直流电源系统组成。变电所交直流屏如图 6-12 所示，从左到右依次是：0. 4 kV 交流配电屏、直流馈电屏、直流充电屏和蓄电池柜。

图 6-12　变电所交直流屏

变电所自用电中，大部分负荷为直流负荷，少部分负荷为交流负荷。本任务重点学习直流电源系统。

1. 直流电源系统

(1)直流电源系统的组成

直流电源系统主要由交流配电、充电模块、监控模块、母线调压（降压硅链）、直流馈电（包括合闸回路、控制回路）、绝缘监测、蓄电池组等几大部分组成，其原理如图 6-13 所示。

充电模块：三相桥式整流电路，将 AC 0. 4 kV 整流为 DC 110 V 或 DC 220 V。

合闸母线：用于合闸电磁铁或合闸储能电机的电源总线称为合闸母线，也就是直流屏连接到各断路器的合闸电源线路。

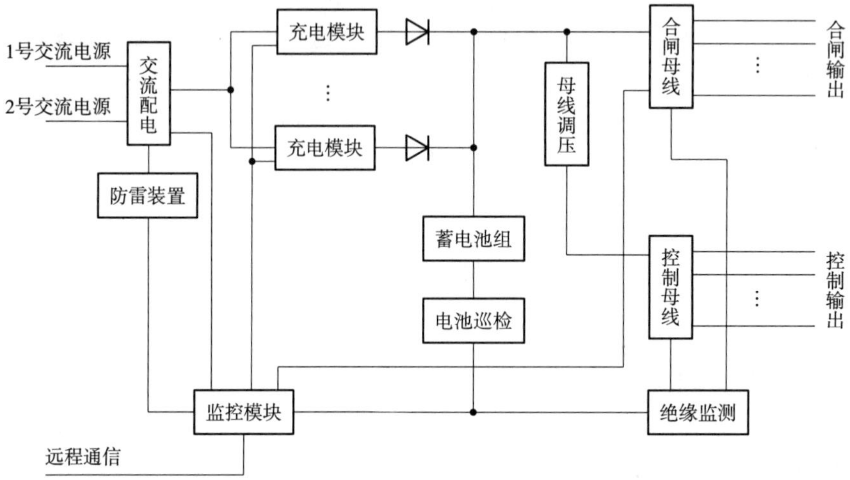

图 6-13 直流电源系统原理图

合闸电源:在变电所里,提供给断路器合闸回路的电源叫合闸电源,合闸电源由直流屏提供。

控制母线:用于控制或信号指示的所有控制回路总线称为控制母线,也就是直流屏连接到各断路器控制屏的控制电源线路。

控制电源:在变电所里,提供给控制断路器分、合闸的电源,如继电保护装置、控制装置以及自动化装置的电源,叫控制电源,控制电源由直流屏提供。

(2)合闸母线与控制母线的区别

①控制母线提供持续的,较小负荷的直流电源;而合闸母线提供瞬时较大的电源,平时无负荷电流。在合闸时电流较大,会造成母线电压的短时下降。

②控制母线电压一般为 DC 220 V 或 DC 110 V,合闸母线电压稍高一些,为 DC 240 V 或 DC 125 V。

这两种母线一般情况下均共用负极母线,区别在于控制母线的电流远小于合闸母线电流,熔断体的选择及导线有区别,标记也不一样。合闸母线必须与控制母线分开,以防止合闸电流冲击扰动二次设备引起误动作。

2. 直流屏工作原理

直流系统主要分成两部分:直流屏和蓄电池组。直流屏由充电模块、直流母线以及直流系统内部监控系统组成。蓄电池组由蓄电池模块串并联组成。

直流屏工作原理如下:

(1)正常情况下,由充电单元对蓄电池进行充电的同时并向经常性负载(继电保护装置、控制设备等)提供直流电源。

(2)当控制负荷或动力负荷需较大的冲击电流(如断路器的分、合闸)时,由充电单元和蓄电池共同提供直流电源。

(3)当变电所交流中断时,由蓄电池组单独提供直流电源。

从图 6-13 中不难看出,无论变电所交流是否中断,蓄电池一直处在工作状态,且直流投入的时间小于 5 ms,因此变电所直流电源可以划为 UPS 电源一类。

四、站台门电源

1. 站台门系统的电源构成

站台门系统对电源的要求是:当两路交流电源均发生故障时,保证站台门在 30 min 内能够正常地开门/关门循环 5 次,控制电源可以维持长达 30 min,使乘客能够上下车。

站台门电源系统主要由交流配电、充电模块、监控模块、母线调压(降压硅链)、交流逆变、绝缘监测、蓄电池组、直流馈电(包括控制回路、驱动回路)、交流馈电(包括控制回路)等几大部分组成,站台门电源原理如图 6-14 所示。

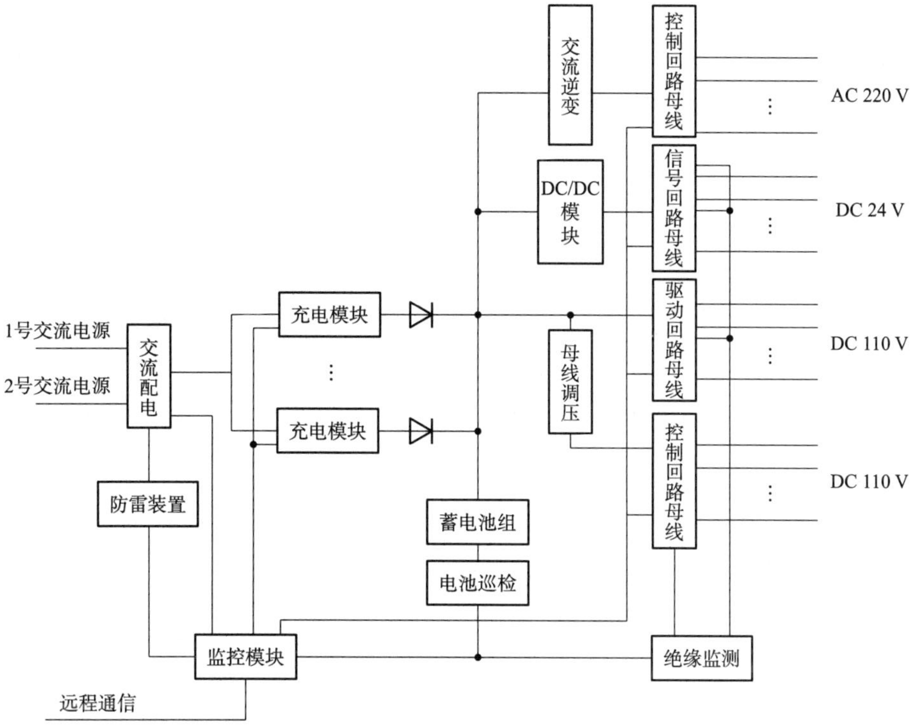

图 6-14　站台门电源原理图

2. 站台门电源工作原理

站台门电源工作原理如下:

(1)正常情况下,利用外部电源,充电单元对蓄电池进行充电,充电模块向逆变和直流模块供电,可为门机和门控等经常性负载提供不间断电源。

(2)当控制负荷或动力负荷需较大的冲击电流(如站台门开启的瞬间)时,由充电单元和蓄电池共同提供直流电源和交流电源。

(3)当外电源交流中断时,由蓄电池组单独提供直流电源和交流电源。

从图 6-14 中不难看出,无论交流输入是否中断,蓄电池一直处在工作状态,且直流投入的时间小于 5 ms,因此变电所直流电源可以划为 UPS 电源一类。

3. 站台门电源的工程应用

(1)驱动电源

驱动电源向站台门驱动装置供电,用于开关门。

(2)控制电源

控制电源向单元控制器(platform emergency door controller,PEDC)和就地控制盘(PSL)供电。

(3)信号电源

信号电源为 DC 24 V,主要用于与信号专业接口的信号继电器电源。

技能训练

任务工作单见表 6-1。

表 6-1　任务工作单

<table>
<tr><td colspan="7">认识备用电源</td></tr>
<tr><td colspan="2">姓名：</td><td colspan="3">班级：</td><td colspan="2">日期：</td></tr>
<tr><td rowspan="3">任务目标：
掌握变电所交直流电源和应急电源</td><td>指导老师</td><td colspan="5"></td></tr>
<tr><td>团队成员</td><td></td><td></td><td></td><td></td><td></td></tr>
<tr><td>分工职责</td><td></td><td></td><td></td><td></td><td></td></tr>
<tr><td colspan="7">任务实施：
(1)简述变电所交直流电源的组成和作用。
____
____
____
____
____
____
____
(2)EPS 和 UPS 区别是什么？EPS 在供电系统的用途是什么？
____
____
____
____
____
______________________________</td></tr>
</table>

任务评价

任务评价见表 6-2。

表 6-2　任务评价表

<table>
<tr><td rowspan="2">序号</td><td rowspan="2">评价内容</td><td rowspan="2">评价标准</td><td rowspan="2">分数</td><td colspan="3">评分记录</td></tr>
<tr><td>学生自评</td><td>组间互评</td><td>教师评分</td></tr>
<tr><td>1</td><td>变电所交直流电源的组成和作用</td><td>正确得 40 分，每错漏一处扣 5 分，扣完为止</td><td>40</td><td></td><td></td><td></td></tr>
<tr><td>2</td><td>EPS 和 UPS 区别</td><td>正确得 20 分，每错漏一处扣 5 分，扣完为止</td><td>20</td><td></td><td></td><td></td></tr>
<tr><td>3</td><td>EPS 的用途</td><td>正确得 20 分，每错漏一处扣 5 分，扣完为止</td><td>20</td><td></td><td></td><td></td></tr>
<tr><td>4</td><td>团队合作精神</td><td>汇报时，没有体现团队分工合作的，扣 1 ~ 20 分</td><td>20</td><td></td><td></td><td></td></tr>
<tr><td colspan="4">总分</td><td></td><td></td><td></td></tr>
<tr><td colspan="4">综合成绩(学生自评占 30%，组间互评占 30%，教师评分占 40%)</td><td colspan="3"></td></tr>
</table>

巩固练习

变电所交直流电源设置在交直流屏，其直流电源的用途是什么？直流电源故障的后果是什么？

项目7
城市轨道交通供电系统维检修

项目导入

城市轨道交通供电系统设备维检修工作分日常维护和系统大修。日常维护包括日常巡视、周期检修、状态检修、预防性试验及故障维修；系统大修一般单独立项，并以项目工程形式开展，是针对某一机电系统的全面维修升级。

日常巡视：对设备外观进行对标观察，判断其运行状态是否正常。

周期检修：周期性对设备状态进行检查，并通过更换受损部件，恢复设备运行功能，并使其处于良好运行状态。一般分日检、周检、月检、季检、半年检、年检等。

状态检修：通过设备状态监测和诊断技术，预判设备运行状态发展趋势，在设备运行状态恶化及故障发生前进行维修。

预防性试验：为发现设备运行隐患，预防设备损坏或事故发生，对设备进行的检查、试验或监测，通常包括停电试验、带电检测和在线监测。

故障维修：设备故障后为恢复其原有功能而进行的维修工作。主要包括非运营时间故障维修和故障抢修，属事后维修。

系统大修：更新主要元器件或升级系统，恢复系统设备的设计参数，确保满足规范要求，使系统设备稳定运行。

任务1　巡视变电所

学习目标

1. 了解巡视变电所的重要性。
2. 了解巡视变电所的巡视类型。
3. 掌握巡视变电所的基本流程。

任务描述

本任务将学习巡视变电所的意义、内容要点、基本流程、路线规划及安全注意事项，为接下来的供电系统维检修学习奠定基本知识和技能基础。同时，作为轨道交通供电从业人员，形式规范良好的巡视技能，能更全面地认识变电所各系统设备的运行特点、理解系统间接口关系、掌握从表及里由构件到系统的基本认识方法和技能，对技能成长大有裨益。

知识讲解

一、巡视变电所的重要性

通过定期或不定期的变电所设备巡视，能及时发现设备运行中的异常情况，比如过热、声音异常、漏油、绝缘损坏等，及时处理小问题，避免小故障演变成大故障；通过巡视检查，可以对设备进行适时的维护和保养，从而有效延长电气设备的使用寿命，减少更换和维修成本；定期巡视也能够系统收集设备运行数据，为后续的维护计划和资产管理提供依据，使得运维工作更加高效有序。综上所述，巡视变电所不仅是日常运维的基础工作，更是电力系统安全、稳定、经济运行的关键保障措施。

二、变电所巡视主要内容及要点

变电所巡视是确保电力系统安全稳定运行的关键环节，其重要性不言而喻。巡视工作的主要内容和要点主要包含下几个方面：

1. 外观检查

检查变电所内所有电气设备的外观，如变压器、断路器、隔离开关、避雷器、互感器等，确认是否有破损、锈蚀、裂纹、放电痕迹或异物附着等情况。

2. 温度监测

利用红外测温仪检查电气连接点和设备的运行温度，确保没有过热现象，因为过热往往是设备故障的前兆。

3. 声音监听

监听设备运行时的声音，异常噪声如放电声、振动声等可能指示内部部件存在问题。

4. 绝缘状态

检查高压设备的瓷瓶、套管等绝缘部分是否清洁、无裂纹，结合部位的密封胶是否完好，以确保良好的绝缘性能。

5. 油位与油质

对于注油设备如变压器，需检查油位是否在标准范围内，油色是否正常、有无渗漏，并按需进行油质分析。

6. 二次回路与仪表

检查继电保护装置、自动化控制系统、表计指示是否正常，接线是否牢固，有无异常告警信号。

7. 安全措施

确认安全警示标识清晰可见，安全防护设施（如围栏、门锁）完好有效，消防设施完备且处于可用状态。

8. 环境条件

评估变电所内的清洁度、通风、湿度等环境因素，确保环境条件符合设备运行要求。

9. 记录与报告

详细记录巡视过程中发现的所有情况，无论是正常还是异常，都需要准确无误地填写巡视报告，并及时上报和跟进处理发现的问题。

三、巡视路线确定

城市轨道交通变电所受用地、设备区房间布局及满足电磁环境要求，变电所各设备间布局存在差异，需结合城市轨道交通每处主变电所、开闭所、牵引降压变电所及降压变电所的现场设备平面布局，制定合理的巡视路线。巡视路线应覆盖所有设备及其主要部位，并在地面设辅助导向标贴，以便提高巡视质量和效率。巡视路线确定一般遵循以下的原则：

（1）布局分析：根据变电所内电气设备的实际布局，包括户内、外设备的位置，了解各设备间的关系和相互依赖性，进行综合考虑。

（2）不遗漏、不重复：制定的巡视路线应确保能够覆盖所有需要检查的设备和区域，同时避免重复，以提高巡视效率。

（3）路线最优化：尽量规划一条路径，使得从一个设备走到下一个设备的距离最短，减少不必要的行走，节省时间。

（4）户外与户内策略：户外站，通常从控制室或入口开始，按照由近及远、分块分区的原则，对户外设备逐一进行巡视，并考虑天气和光照条件，合理安排巡视时间；户内站，可按照楼层顺序，对各个设备区进行逐层巡视，确保巡视路径不会干扰到正在运行的设备和其他工作人员。

（5）关键设备优先：将主控室、变压器、高压室等核心设备和区域放在巡视路线的优先位置，这些区域的设备对整个变电站的运行至关重要。

（6）安全考虑：确保巡视路线避开潜在的安全风险区域，如设置安全警戒线，保持与带电设备的安全距离，并确保巡视人员知晓紧急出口和安全设备的位置。

（7）实际操作与反馈：初次制定路线后，实际执行并根据执行过程中的体验进行调整优化。收集巡检人员的反馈，不断改进路线设计。

（8）制定书面指南：基于以上原则，制作详细的巡视路线图和作业指导书，明确标注巡视顺序、检查点和注意事项，供巡检人员参考执行。

四、变电所的巡视类型

变电所设备巡视分为三类：日常巡视，定期巡视和特殊巡视。

（1）日常巡视：日常巡视一般包含每天的交接班巡视和按照运行监测规程开展的设备全面巡视。

（2）定期巡视：是按规定周期开展，定期巡视是对设备进行较完整的巡视检查，巡视时间较长，巡视时要做好巡视记录。

（3）特殊巡视：是根据实际情况和规定的要求而增加的巡视，如高峰负荷巡视、异常天气（台风、高温、冰冻、大雾等）下开展的巡视、新投运或大修后首次投运设备及设备故障跳闸后的巡视等。

五、巡视变电所基本流程

1. 申报计划

城市轨道交通变电所是地铁安全运行的要害场所，实行封闭及属地许可管理。城市轨道交通主变电所选址一般远离居住区，为独立单体建筑，须同时设围墙、门禁等安防设施予以封闭管理。车站变电所归入轨道交通一类设备重要用房进行管控，进入变电所巡视须提报对应作业计划，经施工作业管理部门批准后方可实施。

2. 办理登记

变电所巡视人员须到变电所对应车站的控制室（或有人值守变电所的控制室）按申报计划办理登记，一般登记巡视人员姓名、巡视地点、巡视项目等信息后，经车站或变电所控制室当值人员确认并报中心调度（一般为电力调度）审核许可后，方可进入变电所开展巡视作业。

3. 开展巡视

巡视一般由两名作业人员进行，巡视过程中不得操作设备，并与带电设备保持安全距离，对照巡视标准在巡视中做到手指口呼，对设备外观、状态灯指示、运行声音、温度等进行巡视，巡视中发现设备运行异常须应急处置时，需做好安全措施一人监护一人操作，并向中心调度做好汇报。

4. 结束巡视

结束巡视时，关闭设备柜门、巡视照明及房门等，恢复设备正常运行环境及状态，对应做好相关巡视记录，将巡视发现的异常情况及时反馈上级主管，返回属地进行完工销记。

六、巡视变电所的安全注意事项

(1)自变电所设备第一次受电开始，相关设备均视为带电设备，之后开展的设备巡视及检修均须遵照电力系统安全规则开展。

(2)巡视人员佩戴安全防护用品，如绝缘鞋、安全帽、便携照明灯具等，同时携带常用的工具，如红外测温仪。

(3)巡视中按照“一看、二听、三闻、四触”巡视方法，即先观察设备外观，再听设备运行声音，然后闻是否有异味，在保证无触电风险的情况下，再通过触摸判断设备运行振动及温度。

(4)巡视变电所设备时，巡视人员与带电设备间的距离应大于安全距离。不同电压下最小安全距离规定是：10 kV 及以下高压为 0.7 m，35 kV 为 1 m，110 kV 为 1.5 m。

(5)巡视只许在遮栏外边进行，禁止移开或越过遮栏。遮栏距带电导体的最小安全距离规定是：10 kV 及以下高压为 0.35 m，35 kV 为 0.6 m，110 kV 为 1.5 m。

(6)巡视时不得对设备进行任何操作或工作，且禁止接触高压电气设备的绝缘部分。雷雨天气需要巡视室外高压设备时，应穿绝缘靴并不得靠近避雷针和避雷器。

七、巡视变电所的示例

以巡视车站牵引降压混合变电所为例，按电压等级及设备房布局，巡视一般包含控制室、交流高压设备室、直流设备室、牵引变压器室、配电变压器及开关室等，通过查看电力监控后台和设备本体运行状态相结合的方式完成巡视。35 kV 开关柜巡视内容见表 7-1。

表 7-1　35 kV 开关柜巡视内容

序号	项目	巡视内容	现场图片
1	后台遥信、遥测查看	查看后台控制信号屏一次图，断路器、隔离开关位置在合位，控制模式在远方位置，与本体一致	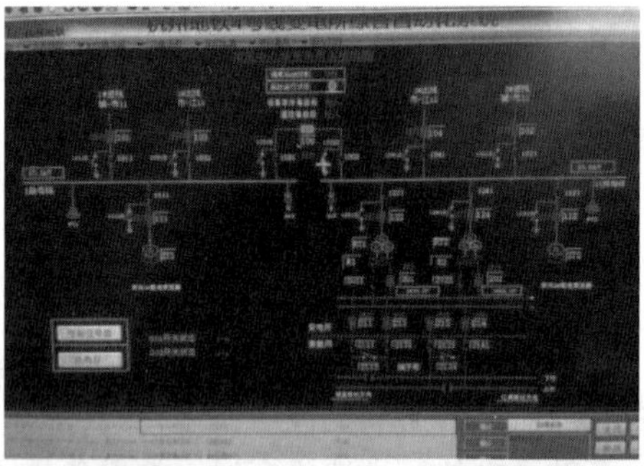
2		查看后台控制信号屏一次图，母联开关 100 设备本体备自投在投入并显示红色，与本体一致；母线开关 100 在分位，母线隔离开关 1001、1002 显示在合位，与本体一致	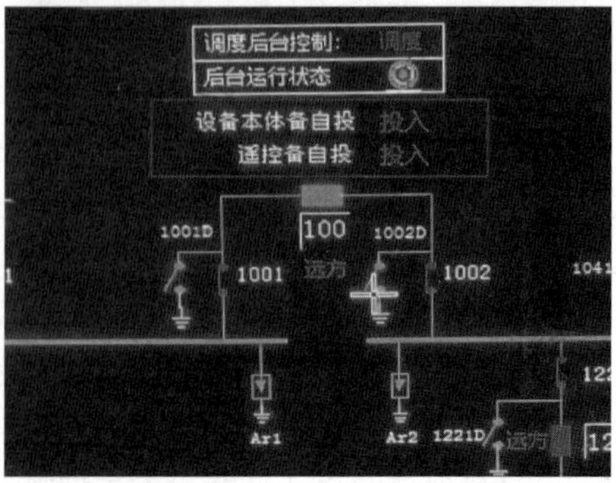

续表

序号	项目	巡视内容	现场图片
3	后台遥信、遥测查看	查看后台计算机内网络拓扑图，相关设备的通信无中断现象	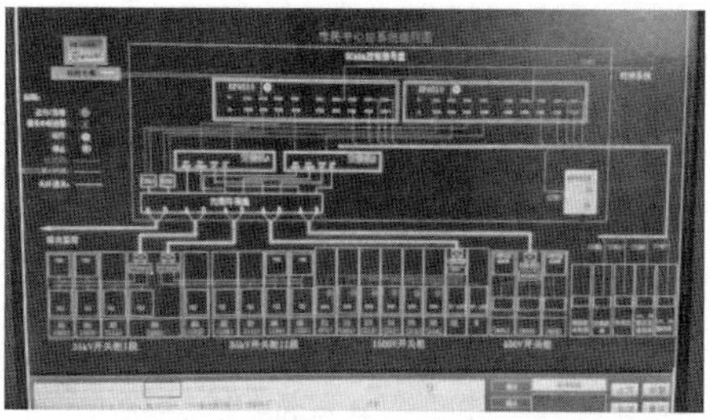
4		查看进、出线柜(101、103)、配电柜(111、112)、整流柜(121、123)、母联柜(100)遥信状态无故障告警，遥测量与本体一致	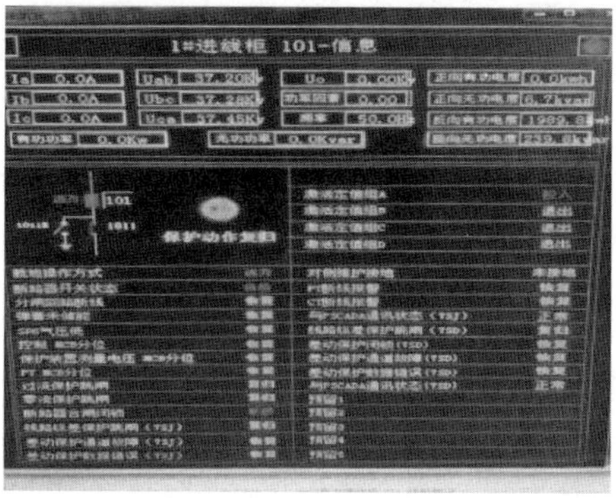
5	设备本体查看	断路器101在合位、隔离开关1011在合位、接地开关1011D在分位、断路器101运行在合闸状态；断路器100在分位、隔离开关1001在合位、接地开关1001D在分位、断路器100运行在热备状态	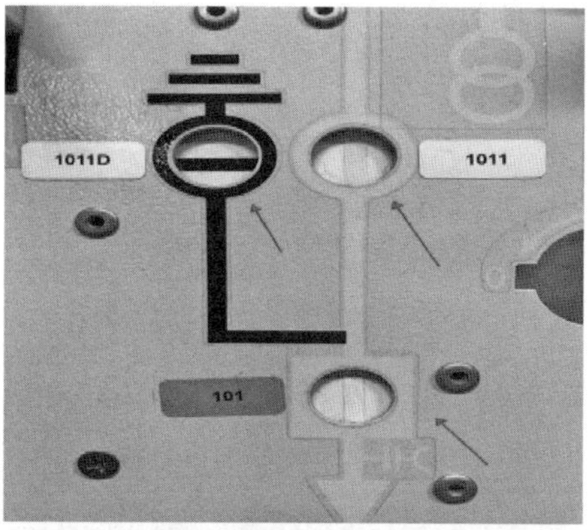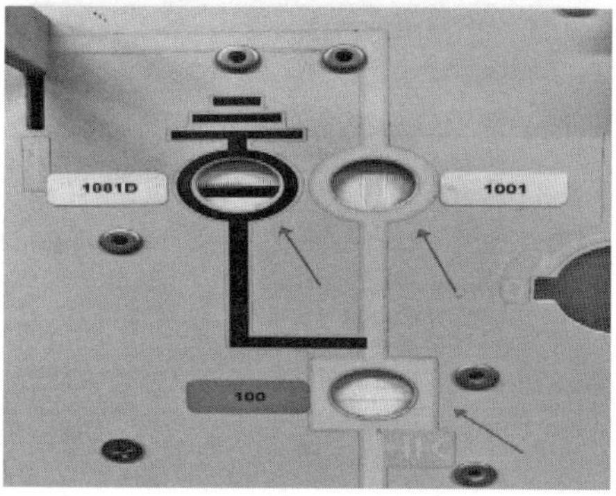

续表

序号	项目	巡视内容	现场图片
6	设备本体查看	检查进出线开关柜硬压板状态： (1)断路器101差动保护1跳闸压板在投入位置。 (2)断路器101差动保护2跳闸压板在投入位置。 (3)后备保护跳闸压板在投入位置。 (4)转换开关在远方位置	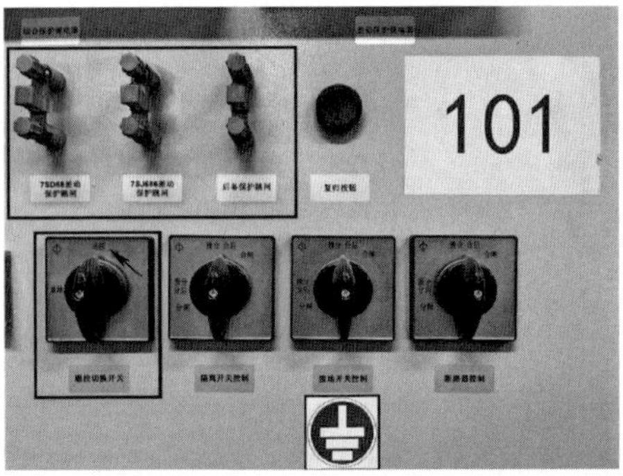
7		检查配电变开关柜硬压板状态： (1)保护跳闸压板在投入位置。 (2)变压器超温跳闸压板在投入位置。 (3)保护联跳400 V压板在投入位置。 (4)转换开关在远方位置	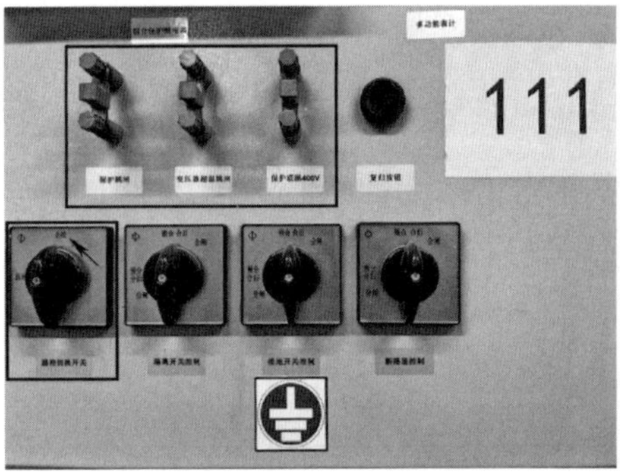
8		检查整流变开关柜硬压板状态： (1)保护跳闸压板在投入位置。 (2)整流变超温跳闸压板在投入位置。 (3)整流器故障跳闸压板在投入位置。 (4)框架保护跳闸压板在投入位置。 (5)逆流保护跳闸压板在投入位置。 (6)对侧联跳转换开关在退出位置。 (7)转换开关在远方位置	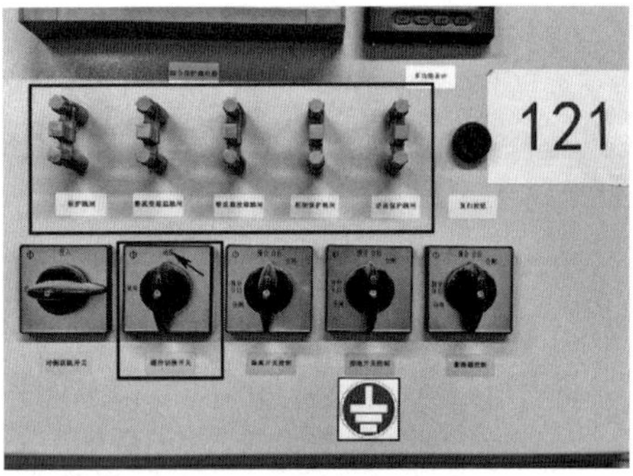
9		检查母联开关柜硬压板状态： (1)备自投合闸压板在投入位置。 (2)保护跳闸压板在投入位置。 (3)合环允许压板在退出位置。 (4)转换开关在远方位置	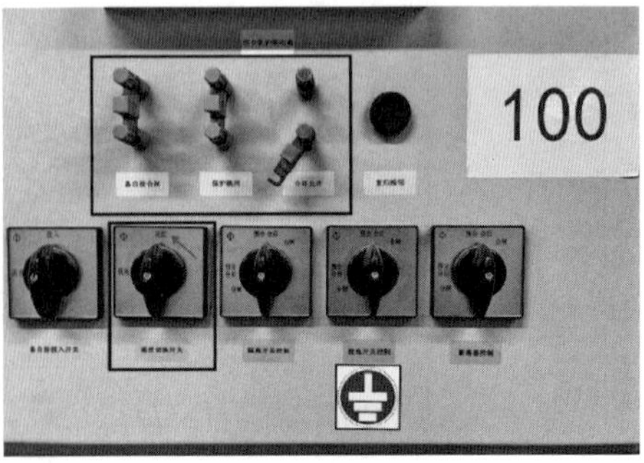

续表

<table>
<tr><th>序号</th><th>项目</th><th>巡视内容</th><th>现场图片</th></tr>
<tr><td>10</td><td rowspan="2">设备本体查看</td><td>检查各开关柜上保护装置显示状态，无装置告警或保护动作信号，对应也无故障信号状态指示灯亮</td><td>

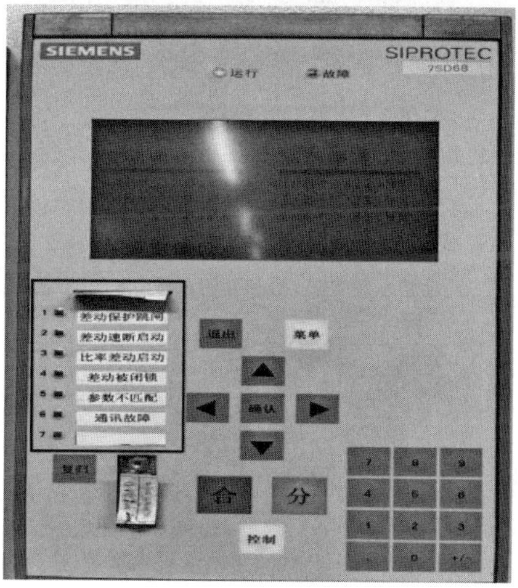
</td></tr>
<tr><td>11</td><td>检查母线室、断路器室 SF_6 气体压力：
轻轻敲击母线室、断路器室外玻璃，观察气体压力表指针晃动情况，轻微晃动则表示指针未卡滞，且指针位于正常标定范围的划线刻度处</td><td>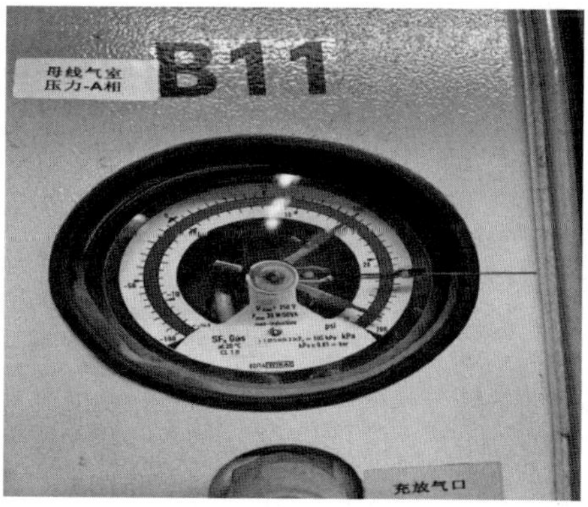
</td></tr>
</table>

续表

序号	项目	巡视内容	现场图片
12	设备本体查看	断路器本体机械机构弹簧储能指示在"已储能"状态，计数器正常	
13		检查带电显示器、温湿度控制器显示正常	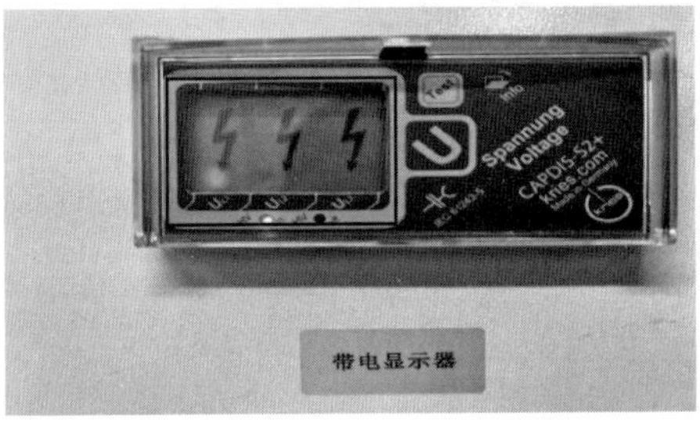

DC 1 500 V 开关柜巡视内容见表 7-2。

表 7-2　DC 1 500 V 开关柜巡视内容

序号	项目	巡视内容	现场图片
1	进线柜、馈线柜	检查各开关柜、端子柜柜体前后绝缘垫合格日期，绝缘垫无破损、老化、凹凸不平、发霉有异味等情况	
2		检查进线开关柜、馈线开关柜保护装置无告警信号，工作状态、通信状态指示灯亮绿灯，无其他告警信号（显红），上方电压表数值为 1.5 ~ 2 kV 之间	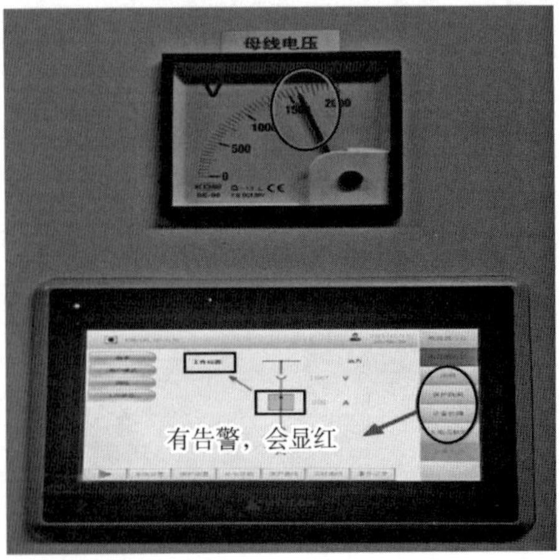

续表

序号	项目	巡视内容	现场图片
3	进线柜、馈线柜	检查小车断路器指示灯位置为合闸位置,对应上网隔开在合闸位置	
4		检查进线开关柜、馈线开关柜下方小车巡视窗口内小车位置在合闸位置,且在红色工作位	
5	端子柜	检查端子柜内通信状态,通信模块运行正常亮绿灯,各空气开关(简称空开)在合闸位置	
6		检查端子柜越区隔离开关位置正确(正常为分位),且远方/当地旋钮在远方位置	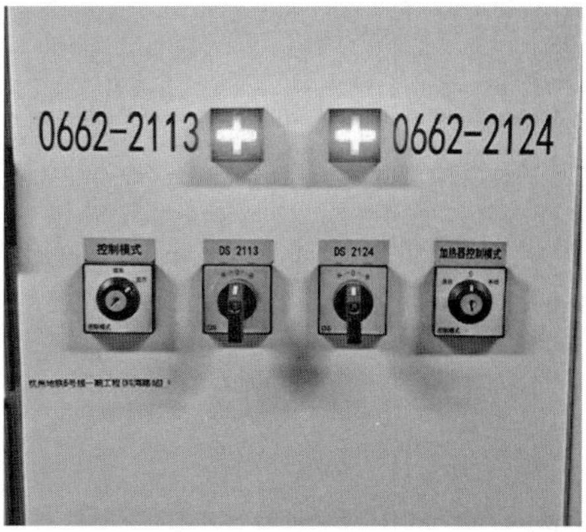

续表

<table>
<tr><th>序号</th><th>项目</th><th>巡视内容</th><th>现场图片</th></tr>
<tr><td>7</td><td>端子柜</td><td>端子柜内各馈线开关的二次联跳控制空开在合位</td><td></td></tr>
<tr><td>8</td><td>轨电位限制装置</td><td>工作状态和通信状态指示灯正常（绿灯），无闭锁或告警信号（红灯）</td><td>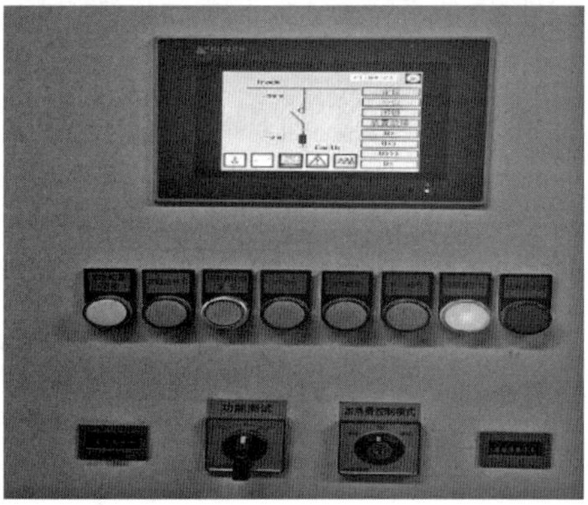</td></tr>
<tr><td>9</td><td rowspan="2">负极柜</td><td>负极隔离开关位置与指示灯显示一致（红色合闸位置）、直流开关柜框架保护告警、整流器框架保护告警指示灯均不亮</td><td>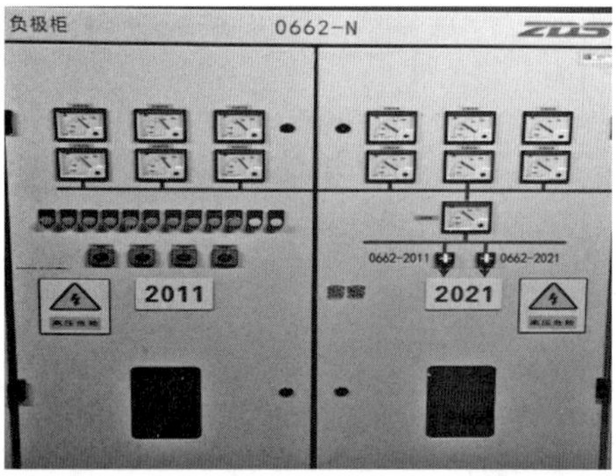
</td></tr>
<tr><td>10</td><td>负极柜上电流表指针随电客车启停电流变化而动作，指示刻度在正常范围</td><td>
</td></tr>
</table>

整流器巡视内容见表7-3。

表7-3 整流器巡视内容

序号	项目	巡视内容	现场图片
1	后台遥信查看	查看控制信号屏内整流器柜设备运行状态，查看无报文，通信正常，图源内无告警信号	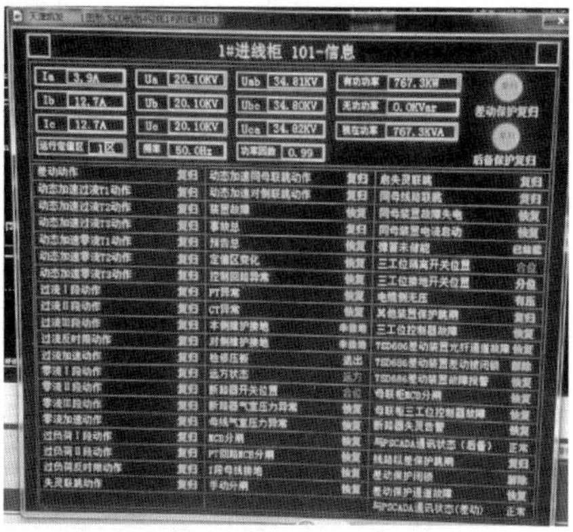
2	设备本体查看	检查整流器前柜上方指示灯在合闸位置，各电流表、电压表显示正确，表面无破损、指针无卡滞等现象。柜体上方2个电压表数值为AC 1 180 V，下方电压表数值在1.5～2 kV范围内	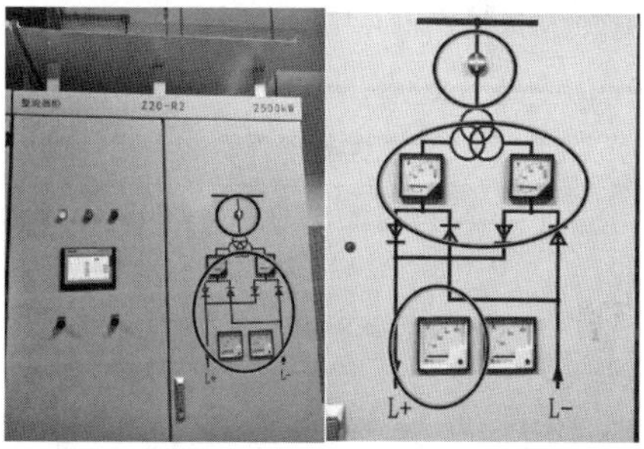
3		检查整流器R1、R2保护显示装置通信、温度显示正常，无告警信号（开门告警、熔断器告警跳闸、母排超温告警跳闸、整流管散热器超温跳闸、压敏电阻损坏）	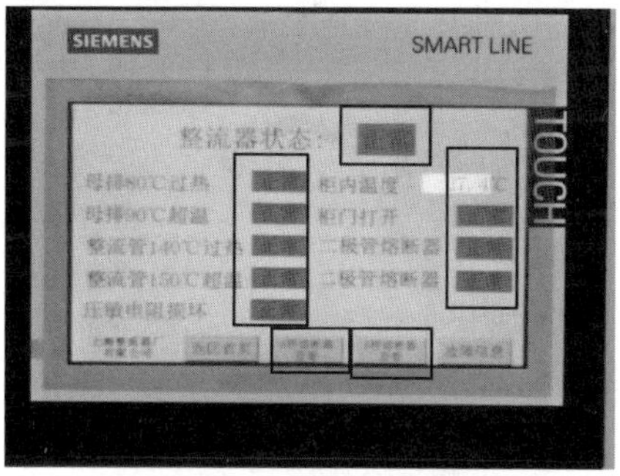
4		检查整流器R1、R2保护显示装置屏幕有无破损、模糊等情况，电源指示正确，开门告警投入，加热器装置旋钮在切除位	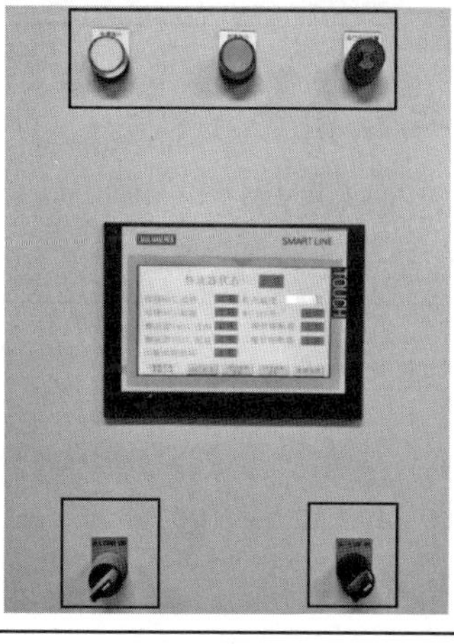

技能训练

任务工作单见表 7-4。

表 7-4　任务工作单

<table>
<tr><td colspan="8">巡视变电所</td></tr>
<tr><td colspan="8">姓名：　　　　　　　　班级：　　　　　　　　日期：</td></tr>
<tr><td rowspan="3">任务目标：
（1）熟悉巡视变电所路线合理规划设计的原则。
（2）了解巡视 35 kV 开关柜、DC 1 500 V 开关柜及整流器项目和内容。
（3）了解巡视变电所种类、流程及安全注意事项</td><td>指导老师</td><td colspan="6"></td></tr>
<tr><td>团队成员</td><td></td><td></td><td></td><td></td><td></td><td></td></tr>
<tr><td>分工职责</td><td></td><td></td><td></td><td></td><td></td><td></td></tr>
<tr><td colspan="8">任务实施：
（1）变电所设备平面布局图如图 7-1 所示，铺画合理的变电所巡视路线图。
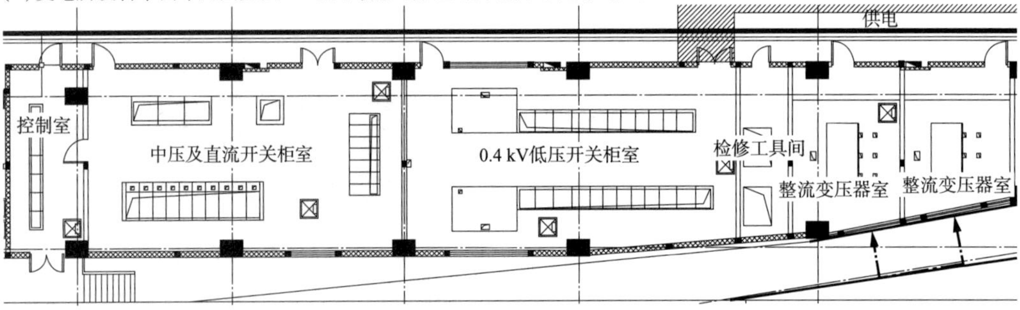

图 7-1　变电所设备平面布局图
（2）设计制作一份变电所巡视记录表，体现 35 kV 开关柜、DC 1 500 V 开关柜及整流器设备的巡视项目和内容。

（3）简述巡视变电所种类、流程及安全注意事项。

</td></tr>
</table>

任务评价

任务评价见表 7-5。

表 7-5　任务评价表

<table>
<tr><td rowspan="2">序号</td><td rowspan="2">评价内容</td><td rowspan="2">评价标准</td><td rowspan="2">分数</td><td colspan="3">评分记录</td></tr>
<tr><td>学生自评</td><td>组间互评</td><td>教师评分</td></tr>
<tr><td>1</td><td>巡视路线设计</td><td>路线与设备布局一致，覆盖所有设备，每漏一项扣 5 分</td><td>30</td><td></td><td></td><td></td></tr>
<tr><td>2</td><td>巡视记录表设计</td><td>记录表内包含基本的巡视项目、内容要点，每漏一项扣 5 分</td><td>30</td><td></td><td></td><td></td></tr>
</table>

续表

序号	评价内容	评价标准	分数	评分记录		
				学生自评	组间互评	教师评分
3	巡视种类、流程及注意事项	每漏一项扣5分	20			
4	团队合作精神	汇报时,没有体现团队分工合作的,扣1~20分	20			
总分						
综合成绩(学生自评占30%,组间互评占30%,教师评分占40%)						

巩固练习

巡视变电所有哪些特殊巡视项点?

任务2　倒闸操作

学习目标

(1)了解倒闸操作的概念。

(2)掌握倒闸操作制度。

(3)掌握倒闸操作流程及要求。

任务描述

本任务学习供电系统倒闸操作的基本概念、术语、电气设备运行的四种基本状态、操作原则和程序,能够结合电气主回路设备运行状态,养成填写倒闸操作票及形成规范倒闸操作的行为习惯,具备保障设备运行和人身安全的基本倒闸操作技能。

知识讲解

一、倒闸操作的基本知识

倒闸操作的基本知识包括:倒闸操作的概念及基本顺序、电气设备运行状态、倒闸操作实现方式及倒闸操作术语。

1. 倒闸操作的概念及基本顺序

倒闸操作是指将电气设备或电力系统由一种运行状态转变为另一种运行状态所进行的一系列有序操作,以改变电气设备的运行状态,满足系统运行方式调整或相关作业的要求。

倒闸操作主要停送电基本顺序如下:

(1)变电所送电

送电顺序为:变压器高压侧线路送电→变压器高压侧母线充电→变压器充电→变压器低压侧母线充电→变压器低压侧各馈线送电。

(2)间隔送电

间隔送电顺序为:合上线路侧隔离开关→合上母线侧隔离开关→合上断路器。

(3)变电所停电

停电顺序为:变压器低压侧各馈线停电→变压器低压侧母线停电→变压器停电→变压器高压侧线路停电。

(4)间隔停电

间隔停电顺序为:断开断路器→拉开母线侧隔离开关→拉开线路侧隔离开关。

2. 电气设备运行状态

电气设备运行状态分为运行、热备用、冷备用和检修四种,如图 7-2 所示。

(1)运行:设备的倒闸及开关都在合上位置,保护和自动装置以及二次设备按规定投入,设备带有规定电压的状态。

(2)热备用:设备的开关断开,而刀开关在合上位置,此状态下无特殊要求,保护均应在运行状态。

(3)冷备用:设备无故障,开关均在断开位置,可随时投入运行状态。

(4)检修:设备的所有开关均断开,并装设接地线或为合上接地刀开关的状态。

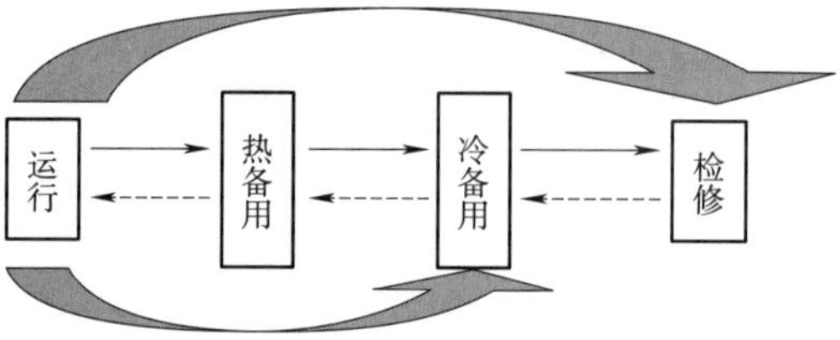

图 7-2 电气设备运行状态图

3. 倒闸操作实现方式

倒闸操作可以通过就地操作、遥控操作、程序操作完成。

4. 倒闸操作术语

为确保倒闸操作沟通规范有效,倒闸操作术语规定见表 7-6。

表 7-6 倒闸操作术语

被操作对象	操作术语	举例说明
断路器	“合上”“同期合上”“断开”	合上(或同期合上)/断开××断路器
隔离开关或接地隔离开关	“合上”“拉开”	合上/拉开××隔离开关或接地隔离开关
保护压板	“投入”“退出”	投入/退出××断路器××保护×××压板
熔断器	“装(放)上”“取下”	放上/取下××熔断器
小开关	“合上”“断开”	合上/断开××小开关
切换开关或转换把手	“由××切至××位置”	将××保护柜××切换开关(或转换把手)由××切至××位置

二、倒闸操作制度

(1)操作票制度:进行倒闸操作前,必须填写操作票,明确操作任务、步骤、安全措施等。

(2)操作许可制度:倒闸操作须经电力系统调度或现场运行值班负责人许可。

(3)操作监护制度:倒闸操作过程中,应有专人负责监护,确保操作正确、安全。

三、倒闸操作基本要求及流程

1. 倒闸操作基本要求

(1)倒闸操作人员应熟悉电力系统运行方式,变电所一、二次设备功能、用途及操作方法,掌握有关运行规程及规定,如安全规程、运行规程及倒闸操作规定等,并经培训考核合格。

(2)停电倒闸操作应按照断路器(开关)—负荷侧隔离开关(刀开关)—电源侧隔离开关(刀开关)的顺序依次进行,送电倒闸操作应按与上述相反的顺序进行。

(3)变压器停、送电操作。

变压器停电操作,一般先停低压侧、再停中压侧、最后停高压侧,先将变压器两侧断路器(开关)断开,再按照由低压侧到高压侧的顺序断开隔离开关(刀开关);送电操作顺序与此相反。对应的开关、刀开关的操作顺序如下:

①停电:开关—负荷侧刀开关—电源侧刀开关。

②送电:电源侧刀开关—负荷侧刀开关—开关。

③监护操作时,操作人在操作过程中不准有任何未经监护人同意的操作行为。

④操作中发生疑问时,应立即停止操作并向发令人报告。待发令人再行许可后,方可进行操作。不准擅自更改操作票,不准随意接触闭锁装置。

2. 倒闸操作流程

一般倒闸操作有操作准备、接令、操作票填写、模拟操作、操作监护、终结手续、汇报调度、填写记录、质量检查9个流程,如图7-3所示。

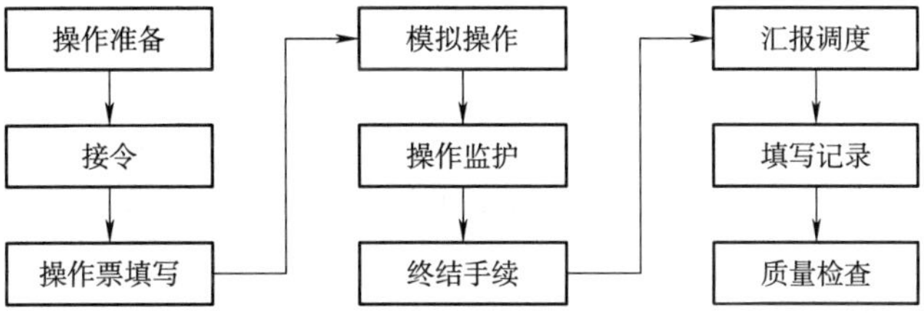

图7-3 倒闸操作流程

(1)操作准备

准备倒闸操作必须的个人安全工器具、操作工器具及必需的设备钥匙等。

(2)接令

倒闸操作须调度值班员发布操作命令,一般分预令和正令两种形式。

①预令。接令人接受调度预令时,应向调度值班员问清楚操作任务、操作目的、预定操作时间,并与本站设备实际运行方式进行核对,有疑问及时与调度值班员联系,接令过程须电话录音,并在值班日志中记录。预令是拟写倒闸操作票的依据,但不作为操作命令执行。

②正令。调度值班员发布正令是操作任务开始执行的依据,受令人应复诵调度操作命令并电话录音,及时将调度正令记入值班记录操作命令栏内。操作监护人、操作人共同听取调度正令电话录音并与调度操作预令、操作票中操作任务核对无误。

(3)填写操作票

填写操作票是正确执行操作的基础,通过操作票规定内容及步骤,将操作任务、操作目的及操作方案具体化。操作票由操作人填写,一张操作票只能填写一个操作任务,填写完成后先由操作人审查后,再由监护人复审,审查无误后监护人、操作人签名。操作票表格样式见表7-7。

表 7-7　倒闸操作票

<table>
<tr><td colspan="6">变电站倒闸操作票
变电所名称(或操作地点):
操作票编号:</td></tr>
<tr><td colspan="3">操作开始时间:____年___月___日___时___分</td><td colspan="3">操作结束时间:____年___月___日___时___分</td></tr>
<tr><td colspan="6">操作任务:
如将某线路由运行状态转换为检修状态(或具体倒闸目标)</td></tr>
<tr><td colspan="6">操作步骤:</td></tr>
<tr><td>序号</td><td>操　作　项　目</td><td>操作时间</td><td>操作人签名</td><td>监护人签名</td><td>备注</td></tr>
<tr><td></td><td></td><td></td><td></td><td></td><td></td></tr>
<tr><td></td><td></td><td></td><td></td><td></td><td></td></tr>
<tr><td></td><td></td><td></td><td></td><td></td><td></td></tr>
<tr><td>安全措施</td><td colspan="5">(1)操作前检查绝缘手套、验电器、接地线等工具完好。
(2)操作中严格执行“唱票复诵”制度。
(3)禁止无监护单人操作或跨步骤操作</td></tr>
</table>

(4)模拟操作

正式操作前,操作人、监护人先在模拟图(或微机监控终端、微机“五防”防护装置)上进行核对性模拟操作,执行监护、复诵模式,按操作票顺序和内容开展模拟操作,即监护人按照拟定的操作票逐项唱票,操作人根据监护人唱票内容在模拟屏上手指预操作设备模拟操作并复诵监护人操作命令,监护人核对操作人复诵操作任务、手指设备编号及模拟操作无误后,下令“正确,执行”。操作人在得到监护人准许操作的命令后改变模拟图板中设备运行位置。操作人模拟操作后应向监护人汇报操作结果。监护人核对无误再进行下一步操作。

(5)操作监护

操作时监护人手持操作票,根据操作顺序逐项唱票,操作人复诵,监护人确认无误后,发出“对,执行”的命令后,操作人执行,每操作完一项,由监护人在操作票中打“√”,如此进行下一步操作。

(6)终结手续

操作完成后,监护人、操作人共同检查并确认所有操作步骤已执行完毕,由监护人在操作票上填写操作完成时间,并在操作票上加盖“已执行”章,并将倒闸操作工器具归位。

(7)汇报调度

倒闸操作任务结束后,及时汇报调度值班员并核对操作后系统设备运行状态一致。

(8)填写记录

将倒闸操作任务执行情况,对应填入系统设备运行日志或值班日志内。

(9)质量检查

对倒闸操作任务完成情况进行回顾检查总结,不断提升倒闸操作质量。

技能训练

任务工作单见表 7-8。

表 7-8 任务工作单

倒闸操作							
姓名：		班级：				日期：	
任务目标： (1)掌握电气设备倒闸操作的四种运行方式。 (2)掌握变压器停电倒闸操作票填写。 (3)掌握变压器送电倒闸操作票填写	指导老师						
	团队成员						
	分工职责						

任务实施：

(1)如图 7-4 所示为主回路电气运行状态图，将主回路运行状态与准确状态表述对应连线。

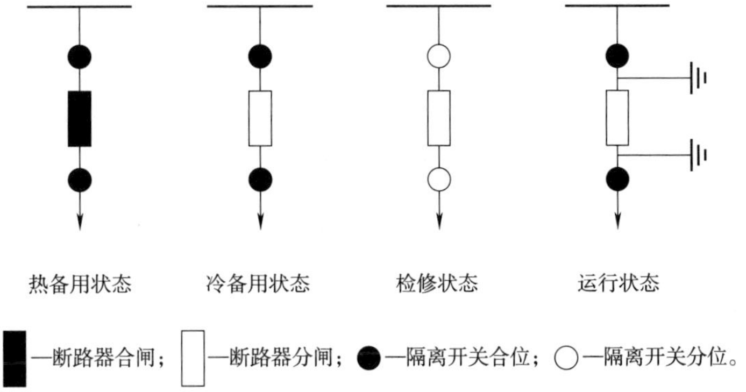

图 7-4 主回路电气运行状态图

(2)1 号主变压器(主变)运行模拟图如图 7-5(a)所示，结合倒闸操作基本要求，按表 7-7 所示模板填写 1 号主变停电倒闸操作票。

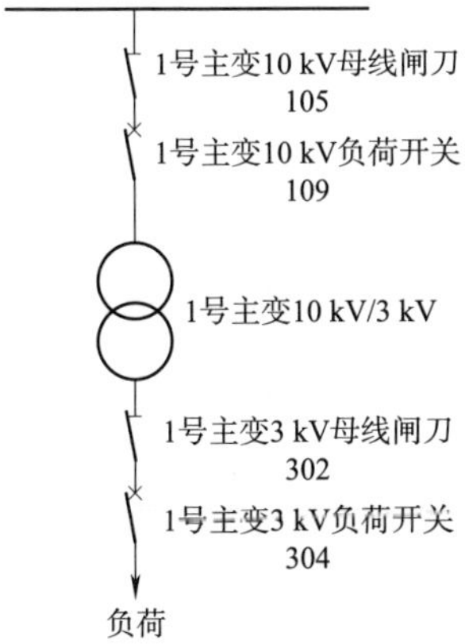

（a）1号主变运行模拟图

变电站倒闸操作票					
变电所名称（或操作地点）： 操作票编号：					
操作开始时间：__年__月__日__时__分			操作结束时间：__年__月__日__时__分		
操作任务：					
操作步骤：					
序号	操　作　项　目	操作时间	操作人签名	监护人签名	备注
安全措施					

（b）1号主变停电倒闸操作票

图 7-5 停电倒闸操作

(3)2 号主变运行模拟图如图 7-6(a)所示,结合倒闸操作基本要求,按表 7-7 所示模板填写 2 号主变送电倒闸操作票。

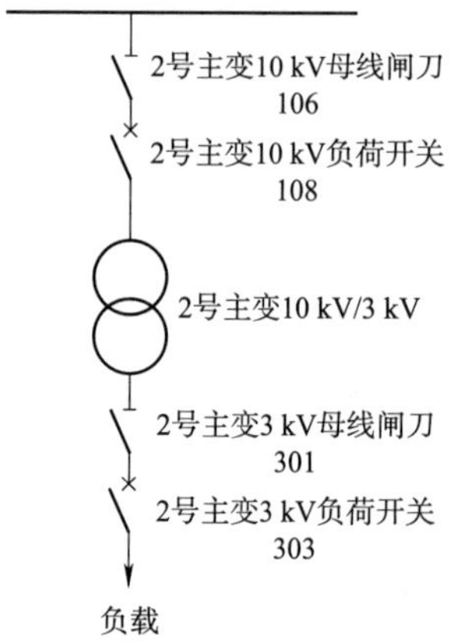

(a)2号主变运行模拟图

变电站倒闸操作票					
变电所名称(或操作地点): 操作票编号:					
操作开始时间:__年__月__日__时__分			操作结束时间:__年__月__日__时__分		
操作任务:					
操作步骤:					
序号	操 作 项 目	操作时间	操作人签名	监护人签名	备注
安全措施					

(b)2号主变送电倒闸操作票

图 7-6　送电倒闸操作

任务评价

任务评价见表 7-9。

表 7-9　任务评价表

序号	评价内容	评价标准	分数	评分记录		
				学生自评	组间互评	教师评分
1	主回路电气运行状态辨识	准确辨识四种电气运行状态,每错漏一项扣 5 分	20			
2	1 号变压器停电倒闸操作票填写	按倒闸操作基本要求写出正确倒闸操作步骤及内容,术语表达准确,每错漏一项扣 5 分,顺序颠倒不得分	30			
3	2 号变压器送电倒闸操作票填写	按倒闸操作基本要求写出正确倒闸操作步骤及内容,术语表达准确,每错漏一项扣 5 分,顺序颠倒不得分	30			
4	团队合作精神	汇报时,没有体现团队分工合作的,扣 1 ~ 20 分	20			
总分						
综合成绩(学生自评占 30%,组间互评占 30%,教师评分占 40%)						

巩固练习

1. 倒闸操作的实现方式有哪些?
2. 电气设备的热备用和冷备用运行状态有什么区别?

任务3 维护变压器

学习目标

(1)了解变压器设备的日常维护项目。

(2)掌握变压器日常维护保养内容及要点。

任务描述

变压器是电力系统实现不同电压等级变换的主要设备,本任务主要学习变轨道交通常用油浸式和干式变压器的日常巡视、日常保养及预防性试验内容,掌握变压器日常维护保养基本技能。

知识讲解

变压器设备的日常维护包括日常巡视、日常维护保养与预防性试验。

一、日常巡视

城市轨道交通 110 kV 主变电所主变压器一般采用油浸式变压器,实物如图 7-7(a)所示;牵引变电所、降压变电所的牵引变压器、配电变压器采用干式变压器,实物如图 7-7(b)所示;110 kV 主变电接地变压器一般采用干式变压器。两类变压器日常巡视内容见表 7-10。

(a) 油浸式变压器实物图

(b) 干式变压器实物图

图 7-7 变压器实物图

表 7-10 变压器(油浸式/干式)日常巡视内容

序号	类型	巡视内容
1	主变压器(油浸式)	(1)检查主变压器的油温计显示、温度正常并记录数值。 (2)检查套管有无破裂、渗油及放电痕迹。 (3)检查变压器的器身有无渗油、漏油现象。 (4)检查油枕油量在正常油位线。 (5)铁芯接地引出套管和本体外壳的接地应可靠。 (6)对引线接头、电缆终端及母线处进行测温,温度正常。 (7)有载分接开关的位置及电源指示正常。 (8)检查压力释放器或安全气道及防爆膜状态正常。 (9)检查气体继电器内是否充满油。 (10)自动加热吸湿器运行正常,吸附剂干燥或吸附剂的吸潮变色在正常范围。 (11)检查各控制箱和二次端子箱密封及柜门关闭正常

续表

序号	类型	巡视内容
2	干式牵引变压器、配电变压器及接地变压器	(1)检查温控器显示装置时间与母钟时间一致,绕组、铁芯运行温度正常并记录数值。 (2)检查进线电缆头带电显示装置工作正常。 (3)检查母线及辅助设备清洁无垢,相色标识正确,绝缘件无破损、裂纹及放电痕迹。 (4)检查连接螺栓、垫圈,无松动、无锈蚀、无发热现象。 (5)熄灯检查设备是否存在放电、电晕现象。 (6)检查接地变压器、接地电阻运行无异响,后台机显示无接地电流

二、日常维护保养

1. 油浸式变压器

城市轨道交通变电所油浸式变压器的日常保养周期、工作内容、步骤一般参照《电力变压器检修导则》(DL/T 573—2010)的相关规定制定,各运营单位结合自身设备特点、运维策略在而形成适用的修程修制。油浸式主变压器的日常保养内容见表7-11。

表7-11　油浸式主变压器日常维护保养内容

序号	项目	质量标准要求
1	高低压侧引线及电缆	对高、低压套管进行检查,套管应无破损
2	变压器器身	本体(含外壳、散热器、油枕、进出线、套管等各部分)及端子箱进行清扫,应无明显积灰
3	绝缘子	对绝缘子瓷体进行检查,瓷釉剥落面积不超过300 mm^2
4	油枕	对油标、油阀、油位、油温、油色进行检查,各项状态应正常
5	瓦斯继电器	瓦斯继电器内应充满油,无渗油、无气体存在现象
6	爆压力释放阀	防爆压力释放阀应无破裂、密封良好
7	中性点接地	检查并记录避雷器动作次数,接地线应连接牢固、接触良好,放电间隙应无异常
8	有载调压开关	挡位显示应正常,各零部件应完好,应安装牢靠
9	呼吸器	呼吸器外观应完好,工作指示灯应显示正常,线缆连接应牢固
10	冷却装置	各管路应正常,风扇电机功能正常
11	预防性试验	详见"三、预防性试验"(1)~(9)

2. 干式变压器

干式变压器日常维护保养一般包含清扫、检查、紧固及试验等,见表7-12。

表7-12　干式变压器日常维护保养内容

序号	项目	质量标准要求
1	引线接头、电缆、母线	对高压套管、低压母排、连接杆进行清扫、检查、紧固,并对电缆接头、母线接头、变压器引线接头等易发热的部位进行红外测温,通过测温检查,各测温接触点不应超过80 ℃,且三相同一部位温差不得超过30 ℃
2	卫生清洁	使用吹风机清扫线圈绕组筒壁之间、蜂窝孔内的灰尘,确保没有积灰
3	运行情况检查	监视变压器的负荷(电流表、电压表、温升、环境温度有无异常),及时记录各种上限值,发现问题及时处理
4	温控器	对温控箱进行清扫、检查、紧固,确保温控箱无积灰。电源指示灯正常,温度传感器线缆连接紧固,门锁正常
5	响声、异常振动检查	检查外壳、铁板有无振音,有无接地不良引起的放电声,变压器声音的嗡嗡声是否异常变大,有无新的杂音发生

续表

序号	项目	质量标准要求
6	中性点接地	对接地线与接地点连接进行检查,对螺栓进行紧固,确保接地情况良好
7	分接挡位	对变压器档位进行检查,档位应连接可靠,封堵无缺失
8	冷却风机	对变压器风机(若有)进行清扫、检查,风机无积灰且各接线牢固
9	预防性试验	详见“三、预防性试验”(1)(4)(5)(6)(7)(8)(9)

三、预防性试验

变压器的预防性试验是确保其安全稳定运行的关键措施,主要是通过试验发现变压器运行中存在的潜在故障,及时介入维护,避免故障突发造成影响扩大。以下是一些常见的变压器预防性试验项目。

(1)绝缘电阻测量:使用兆欧表测量变压器绕组和其他绝缘部件的绝缘电阻,以评估绝缘状况,检测是否存在贯穿性缺陷或整体受潮。

(2)绝缘油试验:分析变压器油的理化特性,包括油的击穿电压、含水量、酸值、介质损耗因数等,以判断油质是否合格及变压器内部是否存在潜伏性故障。

(3)油色谱分析:通过气相色谱仪检测变压器油中溶解气体的种类和含量,如氢气(H_2)、甲烷(CH_4)、乙烷(C_2H_6)等,以此来判断变压器内部的绝缘状况和可能发生的故障类型。

(4)交流耐压试验:通过施加高于额定电压一定倍数的正弦工频交流试验电压,持续1 min,以检验变压器绕组连同套管的主绝缘强度,判断其能否承受在运行中可能出现的过电压。同时可以发现变压器主绝缘受潮等隐性缺陷,如绕组主绝缘开裂、绕组松动位移、引线绝缘距离不足等缺陷,这些缺陷在其他非破坏性试验中可能难以被发现,而交流耐压试验能更有效地检测出来。

(5)泄漏电流测量:在交流耐压试验过程中,监测泄漏电流的大小,评估绝缘性能的变化。

(6)变比测试:验证变压器各侧电压比是否符合铭牌标注值,确保其正确运行。

(7)直流电阻测量:测量变压器各绕组的直流电阻,并与初始值比较,判断是否存在过热、接头松动或匝间短路等情况。

(8)电流电压互感器检测:对变压器上的电流电压互感器进行检测和校准,确保保护装置的准确性。

(9)局部放电试验:在某些情况下,会进行局部放电试验,以检测变压器内部是否存在微小的绝缘缺陷,这些缺陷可能在常规试验中不易被发现。

技能训练

任务工作单见表7-13。

表7-13 任务工作单

<table>
<tr><td colspan="8">维护变压器</td></tr>
<tr><td>姓名:</td><td colspan="3">班级:</td><td colspan="4">日期:</td></tr>
<tr><td rowspan="3">任务目标:
(1)掌握变压器日常巡视内容及要点。
(2)掌握变压器日常保养内容及要点</td><td>指导老师</td><td colspan="6"></td></tr>
<tr><td>团队成员</td><td></td><td></td><td></td><td></td><td></td><td></td></tr>
<tr><td>分工职责</td><td></td><td></td><td></td><td></td><td></td><td></td></tr>
<tr><td colspan="8">任务实施:
(1)主变压器调压挡位显示图如图7-8所示,依次说明主变压器在有载调压开关指示表、变压器测控柜及变电所监控后台对应显示的挡位值。</td></tr>
</table>

（a）载调压开关指示表　（b）变压器测控柜　（c）变电所监控后台

图 7-8　主变压器调压挡位显示图

____

____

____

____

(2)请辨识图 7-9 中变压器的类型,并从上到下依次简述该变压器日常保养内容及要点。

图 7-9　变压器

____

____

____

(3)设计制作变压器巡视维护记录表,体现日常保养内容及要点。

____

____

____

____

任务评价

任务评价见表 7-14。

表 7-14 任务评价表

序号	评价内容	评价标准	分数	评分记录		
				学生自评	组间互评	教师评分
1	变压器挡位值辨识	准确说明有载调压开关指示表、变压器测控柜及变电所监控后台档位值，每错漏一项扣 5 分	30			
2	变压器日常保养项目辨识	对照变压器外形图片说明各部位日常保养内容要点，每漏一项扣 5 分	30			
3	变压器日常保养记录表格设计	表格设计包含日常保养主要内容要点，每漏一项扣 5 分	20			
4	团队合作精神	汇报时，没有体现团队分工合作的，扣 1 ~ 20 分	20			
总分						
综合成绩(学生自评占 30%，组间互评占 30%，教师评分占 40%)						

巩固练习

1. 变压器的日常巡视维护要点有哪些？
2. 油浸式变压器和干式变压器日常保养有哪些异同？

任务 4 维护交流高压开关

学习目标

(1)进一步了解交流高压开关运行巡视的内容及要点。
(2)了解交流高压开关日常保养项目。
(3)熟悉交流高压开关的试验项目。

任务描述

交流高压开关是供电系统运行状态切换的主要开关设备，本任务以 GIS 为例，学习交流高压开关的巡视、日常保养及试验，掌握高压直流开关的维护要点，对开关系统结构有更深入的了解，并明确主回路状态与开关动作间的关系。

知识讲解

一、高压开关“五防”功能

城市轨道交通主变电所较多采用 110 kV 和 35 kV 的 GIS 开关柜(以下称交流高压开关)，开关柜每个单元的断路器、隔离开关及接地开关等一次设备均在汇控柜上进行操作，且在机械和电气设计上具备“五防”功能。“五防”是为确保人身安全，对高压电气设备应具备五种防误功能的简称，具体包括：

(1)防止误分、合断路器；(2)防止带负荷拉、合隔离开关；(3)防止带电挂接地线(合接地刀开关)；(4)防止带地线合闸；(5)防止误入带电间隔。

二、交流高压开关日常维护

交流高压开关设备的日常维护主要包含日常巡视、日常维护保养与预防性试验。

1. 交流高压开关日常巡视

交流高压开关日常巡视确认各面板表计指示正常、刀开关的位置指示器与实际状态相符合、面板上的信号无异常、综保装置显示正常、无故障告警灯亮、各开关柜内无异声异味、风扇运转正常、设备外壳无严重锈蚀、接地良好、支架基础无严重破损和剥落。交流高压开关日常巡视项目见表 7-15。

表 7-15　交流高压开关日常巡视项目

序号	巡视项目
1	断路器、隔离开关及接地隔离开关等一次设备柜体机构和汇控柜上的位置指示是否与设备实际状态一致
2	检查 SF_6 气体的压力指示标志是否在绿色压力指示区域
3	断路器、隔离开关及接地隔离开关的闭锁位置是否正常
4	汇控柜上的光字牌指示是否正常，加热器是否按规定投入或切除
5	密度计、压力表、开关液压泵的指示值是否正常
6	断路器、避雷器的指示动作次数是否正常，母线避雷器的泄漏电流是否正常
7	二次端子有没有发热现象，保险丝、熔断器的指示是否正常
8	在开关设备附近有无异味、异声，设备有无漏气、漏油现象
9	所有阀门的开、闭位置是否正常
10	金属支架有无锈蚀、发热现象
11	可见的绝缘件，有没有老化、剥落、裂纹现象
12	二次端子有无发热现象，熔丝、熔断器的指示是否正常，二次电缆接头有无松动、脱落
13	开关柜的防护门是否关严、密封

2. 交流高压开关日常保养

交流高压开关日常保养是为了确保各元器件无积灰、松动，保护装置信号正常及开关功能正常。交流高压开关日常保养内容见表 7-16。

表 7-16　交流高压开关日常保养内容

序号	项目	质量标准要求
1	SF_6 断路器	（1）拆除操作机构盖板（拆除盖板前储能机构释能），清洁及检查二次线路触头、触点及接线，紧固二次线路。 （2）检查分、合闸脱扣器动作的正确性，能可靠分闸。 （3）检查二次电气元件动作的正确性，能可靠动作。 （4）检查操作机构和传动机构，操作过程中无卡滞现象。 （5）检查合闸连锁机构。 （6）清洁及润滑机械活动位及机械联锁系统。 （7）检查断路器在手动及电动储能下的操作状况：手动储能一次，进行一次分、合闸；然后再电动储能一次，进行一次分、合闸。 （8）操作计数器，检查指示读数动作正常；记录维修前、后的读数
2	三工位开关	（1）利用 110 kV 保护装置操作三工位开关，检查其分/合闸时动作开关有无异常响动。 （2）利用操作手柄手动操作三工位开关，检查其操作机构动作是否正常。 （3）分、合闸时检查动作开关与位置传感器指示是否正常。 （4）拆除操作机构面板，清洁润滑操作机构

续表

序号	项目	质量标准要求
3	互感器	(1)检查互感器和所有的螺栓、螺母,检查接地线端。 (2)吸尘器清洁互感器表面灰尘,用擦布清洁互感器。 (3)用接点清洁剂清洁二次连接端子。 (4)紧固所有二次电路连接端子,检查并确保电流互感器二次侧无开路,电压互感器无短路现象。 (5)用 500 V 直流绝缘测量仪测量二次侧对地绝缘值
4	避雷器	(1)检查避雷器和所有的螺栓、螺母。 (2)用吸尘器清洁避雷器表面灰尘。 (3)检查避雷器放电计数器的数字
5	电缆室	(1)检查电缆舱,盖板,绝缘支撑,绝缘围板,胶罩,电缆绝缘护套。 (2)检查电流互感器,绝缘套管,避雷器,接线。 (3)检查接地线,接地片,电缆密封套,接地点

3. 交流高压开关预防性试验

交流高压开关柜试验一般包含导电回路电阻测试、绝缘电阻试验、交流耐压试验,以验证开关的绝缘及电气等特性满足要求。

(1)导电回路电阻测试

导电回路电阻测试是对断路器触头接触是否良好的定量试验,也是断路器预防性试验的主要项目,测量原理是在断路器合闸状态下施加不小于 100 A 的测试电流,测量断路器两端电压,并根据欧姆定律 $R=U/I$ 算出阻值,即导电回路电阻。

(2)绝缘电阻测试

绝缘电阻测试是将交流高压开关壳体可靠接地,合上交流高压开关,采用绝缘电阻测试仪,分别测量 A、B、C 三相对地的绝缘电阻。将交流高压开关分闸,将试验电压施加在断路器和隔离开关断口间,断口的一侧与试验电源相连,另一侧与接地的外壳相连。每次测试一相,按照上述测试步骤,直至完成所有相高压开关断口间的耐压测试。

(3)交流耐压试验

交流高压开关在投入运行前,通过交流工频耐压试验检验其在工频电压下的绝缘性能。在交流耐压试验前,断路器、隔离开关、接地开关能正常操作并处于分闸位置或接地位置,开关本体及汇控柜的接地状态良好(被试设备接地电阻 $<2\ \Omega$)。

技能训练

任务工作单见表 7-17。

表 7-17 任务工作单

<table>
<tr><td colspan="7">维护交流高压开关</td></tr>
<tr><td>姓名:</td><td colspan="3">班级:</td><td colspan="3">日期:</td></tr>
<tr><td rowspan="3">任务目标:
(1)熟悉交流高压开关内部结构及功能。
(2)掌握绘制一次侧接线图。
(3)掌握交流高压开关运行状态显示</td><td>指导老师</td><td colspan="5"></td></tr>
<tr><td>团队成员</td><td></td><td></td><td></td><td></td><td></td></tr>
<tr><td>分工职责</td><td></td><td></td><td></td><td></td><td></td></tr>
<tr><td colspan="7">任务实施:
(1)如图 7-10 所示为某型交流高压开关柜内部结构图,根据布局特点,将标注的字母与对应器室名称进行连线。</td></tr>
</table>

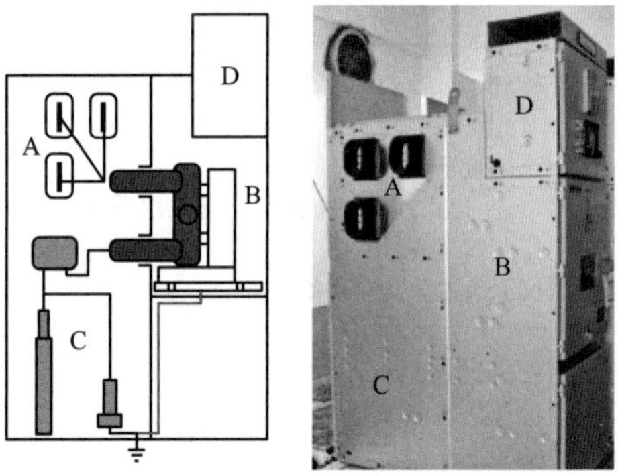

A　继电器室

B　母线室

C　电缆室

D　断路器室

（a）示意图　（b）实物图

图 7-10　交流高压开关内部结构图

（2）如图 7-11 所示为交流高压开关一次侧结构图，请绘制对应开关的一次接线图。

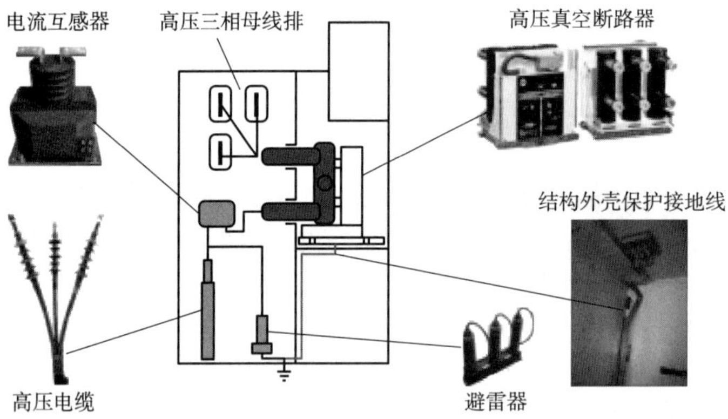

一次接线图：

图 7-11　交流高压开关一次侧结构图

（3）如图 7-12 所示为交流高压开关面板指示图，请分别简述 101、1011、1011D 的运行位置状态。

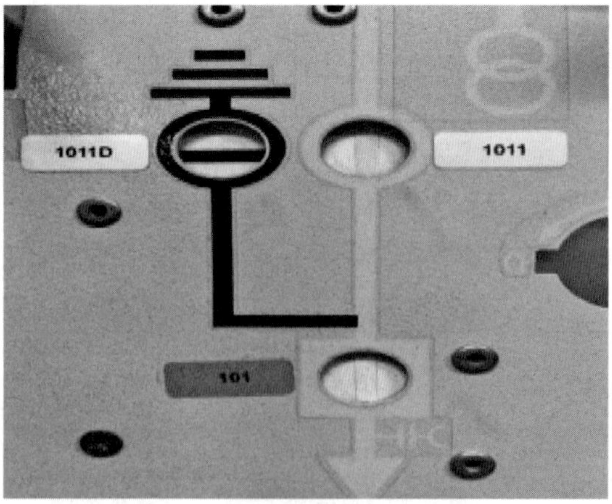

图 7-12　交流高压开关面板指示图

任务评价

任务评价见表7-18。

表7-18 任务评价表

序号	评价内容	评价标准	分数	评分记录		
				学生自评	组间互评	教师评分
1	交流高压开关内部结构辨识	内部结构器室对应准确,每错漏一项扣10分	40			
2	绘制交流高压开关一次图	绘图符号准确,并体现母线、断路器、避雷器、电流互感器及电压互感器,每错漏一项扣5分	25			
3	交流高压开关运行状态辨识	根据开关面板指示,准确表述开关、刀开关运行状态,每错漏一项扣5分	15			
4	团队合作精神	汇报时,没有体现团队分工合作的,扣1~20分	20			
总分						
综合成绩(学生自评占30%,组间互评占30%,教师评分占40%)						

巩固练习

1. 交流高压开关柜为何要设计“五防”功能?

2. 交流高压开关绝缘电阻测试和导电回路电阻测量分别对应验证开关哪些性能?其测量原理有何异同?

任务5 维护整流器

学习目标

(1)进一步了解整流器运行巡视的项目。

(2)了解整流器的日常保养及异常情况处置。

任务描述

本任务对整流器日常巡视、维护保养及异常情况处理进行学习,了解整流器设备运行维护要点,能够进行简单故障判断及处置。

知识讲解

整流器的日常维护主要包含巡视、日常保养与预防性试验。

一、整流器的巡视

整流器纳入变电所巡视项目和周期内,结合其工作特点,主要巡视要点如下:

(1)整流器柜无异响、异味,柜内温度正常,无告警信号。

(2)整流器柜交流进线电压、直流输出电压、电流正常。

(3)整流器柜体、进出线电缆、螺栓无锈蚀、变形或松脱。

(4)整流器柜门锁扣到位,各表计显示均应在正常范围内、读数无异常。

二、整流器的日常保养

整流器日常保养内容见表7-19。

表7-19　整流器日常保养内容

序号	项目	质量标准要求
1	进出线电缆及连接检查	(1)引线绝缘完好,无变形、变色。电缆吊牌齐全、完整。 (2)接头表面平整、清洁、光滑无毛刺,不得有其他杂质;引线及接头处无过热现象,引线固定牢靠。 (3)连接螺栓紧固,无发热、放电烧伤痕迹。 (4)电缆穿柜处防火、防小动物的封堵完好、齐全
2	检查二极管、熔断器及熔断器的附件	(1)连接螺栓紧固,无发热、放电烧伤痕迹。 (2)散热片之间无杂物、无积灰;散热片无裂痕、缺损、变色。 (3)熔断器的导通良好,阻值正确;本体完好、无裂痕、无积灰。 (4)装置的固定完好,功能正常。装置接线连接牢固、可靠、齐全
3	检查电阻、电容及其他元器件	(1)本体无积灰、无裂痕、无变色。 (2)连接无松动、无脱落、无发热痕迹。 (3)固定无松动、无缺失
4	柜体各表计及装置检查	(1)固定无松动、无缺失。 (2)连接无松动、无脱落、无发热痕迹。 (3)本体无积灰、无裂痕
5	各端子排及其他二次接线检查	无积灰,连接无松动、无脱落、无裸露、绝缘良好
6	各告警、保护装置检查	(1)门告警行程开关动作灵活、可靠,信号准确。 (2)保护装置信号准确,上传正确
7	支持绝缘子的检查	绝缘子固定应牢靠,表面清洁,无爬电和碳化现象
8	检查各绝缘件,检查紧固件、连接件	(1)表面无爬电痕迹和炭化现象,绝缘无损坏。 (2)紧固件、连接件无松动
9	小母排本体的检查	安装牢固,无倾斜、变形、变色
10	信号测试	(1)开门告警测试,将柜门打开,显示屏显示对应保护且蜂鸣器响,关闭柜门,打开告警消除模块复位后蜂鸣器停响。 (2)直流辅助电源失电告警,断开保护回路电源空开,后台应发出对应报文。 (3)快熔跳闸,拔出同一桥臂两个熔断器微动开关,短接辅助触点,显示屏及后台应发出对应告警,且对应交流输入侧断路器应闭锁

三、整流器保护动作及处理

通常按照“五告警三跳闸”配置整流器继电保护参数,“五告警三跳闸”含义如下:

(1)五告警:分别为开门告警、一个熔断器熔断或不同整流桥两个熔断器熔断告警、压敏电阻损坏告警、整流管散热器温度140 ℃告警、母排温度80 ℃告警。

(2)三跳闸:分别为同一桥两个熔断器熔断跳闸、整流管散热器温度150 ℃跳闸、母排温度90 ℃跳闸。

整流器不同保护动作对应故障现象、原因分析及处置方法见表7-20。

表7-20 整流器不同保护类型特点

保护动作	故障现象	原因分析	处理方法	备注
告警	快速熔断器损坏	同一桥臂有一只二极管损坏或不同桥臂各有一只二极管损坏	根据液晶显示屏提示信息记录故障二极管	继续运行
	电流传感器±15 V电源故障	DC 220 V/DC ±15 V电源模块故障	检查电源模块	
	温度超过告警设定值	散热网堵塞或环境温度过高	清扫散热网	
跳闸	快速熔断器损坏	同一桥臂两只二极管损坏	更换二极管	停止运行，进行维修
	温度超过跳闸设定值	二极管超过工作温度或散热网堵塞、散热不利、环境温度过高	检查二极管、清扫散热网	

技能训练

任务工作单见表7-21。

表7-21 任务工作单

维护整流器						
姓名：	班级：			日期：		
任务目标： (1)熟悉整流器日常保养项目。 (2)掌握整流器信号测试项目。 (3)熟悉整流器的告警和跳闸阈值设置	指导老师					
	团队成员					
	分工职责					
任务实施： (1)整流器日常保养包含哪些项目？各项目有哪些质量标准要点？ (2)整流器基本信号测试包含哪些？ (3)根据整流器“五告警三跳闸”保护设置值，在正、负母排温度到达80 ℃、90 ℃，散热器温度到达140 ℃、150 ℃对应输出什么信号？						

任务评价

任务评价见表7-22。

表 7-22　任务评价表

序号	评价内容	评价标准	分数	评分记录		
				学生自评	组间互评	教师评分
1	整流器日常保养项目	错漏一项扣 5 分	30			
2	整流器基本信号测试项目及内容要点	错漏一项扣 5 分	30			
3	整流器“五告警三跳闸”保护	错漏一项扣 5 分	20			
4	团队合作精神	汇报时,没有体现团队分工合作的,扣 1 ~ 20 分	20			
总分						
综合成绩(学生自评占 30%,组间互评占 30%,教师评分占 40%)						

巩固练习

1. 整流器运行中,若同一桥臂的两个二极管发生短路击穿故障,请分析对应启动的保护动作类型。

2. 在整流器日常巡视中,可否直接打开柜门查看?

任务 6　维护直流开关

学习目标

(1)进一步了解直流开关运行巡视的项目。

(2)了解直流开关的日常保养。

(3)熟悉直流开关的测试项目。

任务描述

本任务学习直流开关的巡视、日常保养及常规测试项目,可初步掌握各直流开关的维护要点。

知识讲解

一、直流开关日常维护

直流开关主要包含进线柜、馈线柜、端子柜、负极柜及钢轨电位限制柜,日常维护包含巡视、日常保养和预防性试验。

1. 直流开关柜巡视(见表 7-23)

表 7-23　直流开关柜巡视

序号	巡视项目	巡视质量要点
1	通用巡视项目	(1)设备安装牢固、无倾斜,外壳无严重锈、接地良好。 (2)开关机械位置指示正确,与开关柜电气指示一致,与所内 PSCADA 系统主界面显示一致。 (3)正常运行时,“就地/远方”切换开关应在“远方”位,相应保护、联跳功能应投入。 (4)综合保护装置及可编程控制器电源正常,低压控制室内继电器指示正常、无异常信号显示

续表

序号	巡视项目	巡视质量要点
2	进线柜、馈线柜	(1)进线和馈线的电压、电流显示正确。 (2)保护装置显示正确,无告警或保护动作信号。 (3)低压控制室内继电器指示正常。 (4)低压控制室内电源空开位置正确,端子接线良好
3	端子柜	(1)PLC 装置工作正常,继电器指示正常。 (2)转换开关在“远方”“投入”位置。 (3)分/合闸位置指示正确,指示灯显示正常。 (4)电源空开位置正确,端子接线良好
4	负极柜	(1)负极柜运行正常,刀开关位置状态指示正确,与电气状态指示一致,与所内 PSCADA 系统主界面显示一致。 (2)PLC 装置工作正常,电流表指示正常
5	钢轨电位限制柜	(1)钢轨对地电流、电压正常,无异常告警、指示正常。 (2)控制装置隔室内继电器指示正常。 (3)控制装置隔室凝露监视器、电源转换装置正常。 (4)柜内行程螺栓正常,划线重合,无松动

2. 直流进、馈线柜日常保养(见表 7-24)

表 7-24　直流进、馈线柜日常保养

序号	日常保养质量要点
1	对一次柜前后、断路器小车、二次室进行清扫、检查,确保柜内无积灰、二次线缆紧固、线缆插排紧固
2	对断路器、隔离开关位置进行检查,确认显示位置与保护、电力监控后台显示的一致性
3	对紧急分闸脱扣滑块进行检查,确认螺栓紧固,微动开关能可靠动作、回弹,断路器小车摇至工作位后,脱扣滑块与脱扣杆距离满足规定要求
4	对断路器小车航空插头进行检查,确保插针完整,无缩针、断针情况,航空插头锁固装置完好
5	对电流变送器、电压变送器、本体大电流装置挡位进行检查,确保设定挡位与给定值一致
6	对二次柜内空开、继电器、端子排进行清扫、检查,确保无积灰、线缆连接紧固,继电器与底座紧固
7	对线检接触器进行手动触发测试,触点动作应正常,闭合后接触电阻应符合要求
8	对断路器小车灭弧罩内部进行清扫、检查,确保无积灰、异物
9	对断路器小车灭弧栅、触头进行清理、检查,对烧灼严重的触头、灭弧栅进行更换
10	对动、静触头磨损情况进行检查,接触表面应光滑,对超过规定标准的触头进行打磨,必要时进行更换
11	对避雷器进行清洁、检查,接地线连接应牢固、接触良好,对局部烧毁深度较大的避雷器进行更换
12	对各指示灯进行检查,确保显示正常,进行灯检测试
13	对断路器计数器记性记录,分/合闸一次查看计数是否相应变化
14	对馈线断路器小车线路检测回路进行检查并测量线路检测电阻值,确保线路检测回路功能正常、电阻值正常
15	将断路器小车分别摇至工作/测试位,位置行程开关可靠动作
16	对线路检测回路的接触器动作情况进行测试,线检接触器应能正确受电动作,触点闭合后阻值应满足要求
17	对断路器工作位、试验位、紧急脱扣等信号进行模拟,确保对应继电器可靠动作

3. 负极柜日常保养(见表7-25)

表7-25　负极柜日常保养

序号	日常保养质量要点
1	对一次柜内、二次室进行清扫、检查,确保柜内无积灰,确保一次、二次线缆紧固
2	对指示灯显示检查,确保各断路器、隔离开关显示位置与实际位置一致
3	对分流器、电流变送器、电压变送器挡位、线缆进行检查、紧固,确保挡位正确,线缆连接紧固
4	对负极隔离开关清扫、检查,必要时涂抹电力复合脂。对负极刀开关电磁锁进行检查,应能正常完成机械闭锁逻辑功能
5	对负极柜PLC、保护装置进行检查,电源正常、通信正常,各模块应无告警故障信号

4. 直流开关端子柜日常保养(见表7-26)

表7-26　直流开关端子柜日常保养

序号	日常保养质量要点
1	对柜内进行清扫、检查,确保柜内无积灰,二次线缆紧固
2	对继电器进行清扫、检查,确保线圈插接牢靠,电源接线和触点接线牢靠,继电器无发热现象、无拉弧痕迹
3	对电源模块进行检查,电源模块应运行正常
4	对负极刀开关电磁锁进行检查,应能正常完成机械闭锁逻辑功能
5	对PLC进行检查,电源正常、通信正常,各模块应无告警故障信号

5. 钢轨电位限制装置日常保养(见表7-27)

表7-27　钢轨电位限制装置日常保养

序号	日常保养质量要点
1	对一次柜内、二次室进行清扫、检查,确保柜内无积灰,确保一次、二次线缆紧固
2	对电流变送器、电压变送器档位进行检查,确保挡位满足要求
3	对电源模块进行检查,电源模块应运行正常
4	对电气连接部分进行检查、紧固,应连接牢固、接触良好、无发热,划线吻合、清晰
5	对主触头进行检查,触头应无变形、烧伤痕迹,必要时使用平板锉或砂纸进行打磨
6	对各计数器进行检查,计数器应能正常动作计数
7	完成手动分/合闸测试、闭锁功能测试、辅助电源故障测试、加热器测试等,各测试结果均应正常,满足要求

6. 直流开关预防性试验

直流开关柜预防性试验主要包含绝缘测试和回路电阻测试。

(1)DC 1 500 V直流进线、馈线开关柜预防性试验

①断路器绝缘测试。使用绝缘电阻测试仪分别测量断路器上触头对框架、下触头对框架、上下触头间的绝缘电阻,测试电压为1 000 V,持续60 s,读数应大于20 MΩ。

②框架绝缘测试。首先拆除直流正极母排处直流接地线,绝缘电阻测试仪L端连接直流正极母排L+,E端连接直流开关柜框架,测试接线如图7-13所示。设定测试电压为1 800 V,测试时间60 s,测试结果要求大于等于2 MΩ,测试结束后记录数据。测试结束后,等待绝缘电阻测试仪放电完成,关闭绝缘电阻测试仪电源。

图 7-13 直流进线、馈线开关柜框架绝缘测试接线图

③回路电阻测试。首先合上直流小车断路器，将回路电阻测试仪电源线和接地线可靠连接后，将测试线末端的测试钳分别夹到断路器上触头及下触头两端，测试接线如图 7-14 所示。打开回路电阻测试仪电源，测试电流选择 100 A。等待充电完成，记录数据，参考值小于等于 60 μΩ。测试完成，关闭回路电阻测试仪电源，对被测触头放电。

（2）DC 1 500 V 负极柜预防性试验

①框架绝缘测试。首先确认负极隔离开关在分闸位置，将绝缘电阻测试仪的 L 端连接直流负极母排 L－，E 端连接直流开关柜框架，测试接线如图 7-15 所示，设定测试电压为 1 000 V，测试时间 60 s，测试结果要求大于等于 2 MΩ，测试结束后记录数据。测试结束后，等待绝缘电阻测试仪放电完成，关闭绝缘电阻测试仪电源，对直流负极母排 L－进行放电。

图 7-14 直流进线、馈线开关柜回路电阻测试接线图

图 7-15 负极柜框架绝缘测试接线图

②回路电阻测试。首先确认负极隔离开关在合闸位置，拆除负极回流母排处的直流接地线，将回路电阻测试仪的测试线夹钳分别连接负极隔离开关动触头及静触头，测试接线如图 7-16 所示。设定测试电流为 100 A，测试结果要求小于等于 100 μΩ，测试结束后记录数据并关闭回路电阻测试仪电源。

图 7-16　负极柜回路电阻测试接线图

二、直流开关分、合闸过程动作原理

直流开关虽种类较多，但内部电磁、机械结构类似。以国内应用较早的某型直流开关柜为例，结合内部机构特点（见图 7-17），其分、合闸过程动作原理为：

（1）直流开关合闸

当接收一个合闸脉冲，分/合闸装置推动拨叉，使动触头合上并压紧主触头，动触头带动推杆移动并使辅助触点变位。合闸时的振动力会被止动器所吸收。一旦主触头合上，动触头压紧触头的压力将由分/合闸装置提供，即被减小的保持电流（电保持型）或永久电磁铁（磁保持型）持续施加触头间压紧力，持续保持直流开关在合闸位置。

（2）直流开关分闸

直流开关分闸可通过过流脱扣命令或常规分闸命令实现。过流脱扣命令分闸过程：某个电流超过了最大电流设定值，过流使释放杆产生一个向上的举起力，举起拨叉，从而释放动触头。常规分闸命令分闸过程：远方分闸命令切断分/合闸装置（电保持型）的保持电流或施加一个逆向脉冲电流（磁保持型），拨叉缩回，推杆顶动触头，使辅助触点变位。主触头间电弧通过角板引入灭弧室内，被灭弧栅 1 分隔，电离气体在灭弧栅 2 内被中和。

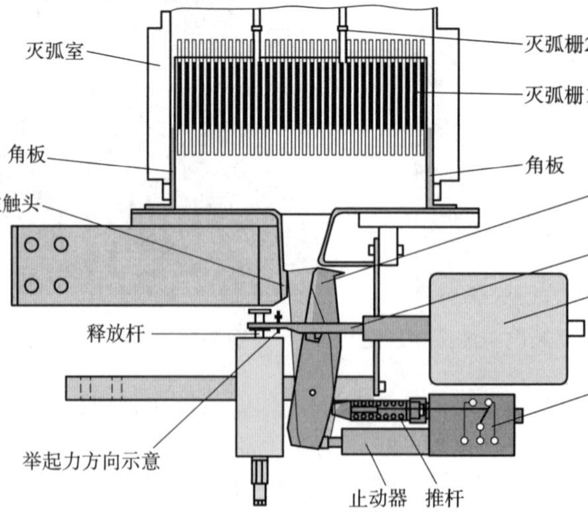

图 7-17　某型 DC 1 500 V 直流开关内部机构图

技能训练

任务工作单见表7-28。

表7-28 任务工作单

<table>
<tr><td colspan="7">维护直流开关</td></tr>
<tr><td colspan="2">姓名：</td><td colspan="3">班级：</td><td colspan="2">日期：</td></tr>
<tr><td rowspan="3">任务目标：
(1)掌握直流开关日常巡视项目及质量要点。
(2)掌握直流开关合闸过程。
(3)掌握直流开关分闸过程</td><td>指导老师</td><td colspan="6"></td></tr>
<tr><td>团队成员</td><td></td><td></td><td></td><td></td><td></td><td></td></tr>
<tr><td>分工职责</td><td></td><td></td><td></td><td></td><td></td><td></td></tr>
<tr><td colspan="8">任务实施：
(1)直流开关日常巡视包含哪些项目？各项目有哪些质量标准要点？
______
______
______
(2)如图7-17所示为某型DC 1 500 V直流开关内部机构图，对机构分、合闸联动过程对照图片进行模拟指画，并说明电保持型与磁保持型直流开关的区别。
______
______
______</td></tr>
</table>

任务评价

任务评价见表7-29。

表7-29 任务评价表

<table>
<tr><td rowspan="2">序号</td><td rowspan="2">评价内容</td><td rowspan="2">评价标准</td><td rowspan="2">分数</td><td colspan="3">评分记录</td></tr>
<tr><td>学生自评</td><td>组间互评</td><td>教师评分</td></tr>
<tr><td>1</td><td>直流开关日常巡视</td><td>日常巡视项目及质量标准错漏一项扣5分</td><td>30</td><td></td><td></td><td></td></tr>
<tr><td>2</td><td>直流开关合闸</td><td>模拟合闸过程正确，每处关键动作错漏一项扣5分</td><td>30</td><td></td><td></td><td></td></tr>
<tr><td>3</td><td>直流开关分闸</td><td>模拟分闸过程正确，每处关键动作错漏一项扣5分</td><td>20</td><td></td><td></td><td></td></tr>
<tr><td>4</td><td>团队合作精神</td><td>汇报时，没有体现团队分工合作的，扣1～20分</td><td>20</td><td></td><td></td><td></td></tr>
<tr><td colspan="4">总分</td><td></td><td></td><td></td></tr>
<tr><td colspan="4">综合成绩(学生自评占30%，组间互评占30%，教师评分占40%)</td><td colspan="3"></td></tr>
</table>

巩固练习

1. 直流开关短路故障后为何要对主触头检查并对灼伤部位进行打磨维护？

2. 在完成直流开关柜绝缘试验后，为保证人员接触设备外壳的安全性，需执行完成哪一项关键的安全措施？

任务7　维护0.4 kV开关柜及变电所交直流电源柜

学习目标

(1)了解0.4 kV开关柜及交直流电源柜组成及功能。

(2)熟悉0.4 kV开关柜及交直流电源柜巡视项目。

(3)熟悉0.4 kV开关柜、交直流电源柜日常保养及现场维修项目。

任务描述

本任务学习0.4 kV开关柜及交直流电源柜的运行巡视、日常保养、常规测试及故障处置等项目,可初步掌握0.4 kV开关柜、交直流电源柜的维护要点。

知识讲解

一、0.4 kV系统开关柜组成

0.4 kV系统开关柜一般分进线开关柜(进线柜)、母联开关柜(母联柜)、馈出开关柜(馈出柜)、有源滤波柜和无功补偿柜。进线开关柜和母联开关柜一般由断路器本体、脱扣单元和附件等组成。

1. 进线柜

进线柜柜体分为断路器主体(一次部分)、控制回路(二次部分),如图7-18所示。(1)断路器本体:将变压器低压侧输出的电压经过断路器及母排输送到各个馈线部分。(2)控制回路:控制断路器本体的分/合闸状态以及其他信息的采集、反馈、输入、输出等。

2. 母联柜

正常状态下母联柜断路器分闸,当其中一路电源失电后,母联柜断路器合闸将另一台电源经过桥母线送电至失电母线支援供电,起到双电源切换作用。当失电回路恢复供电时,母联柜断路器分闸,两路电源恢复独立供电,即实现0.4 kV供电系统"自投自复"功能。

3. 馈线柜

馈线柜如图7-19所示,一般采用抽屉式开关,每个抽屉构成一个独立配电回路,每个抽屉通过内部塑壳断路器将电源输送至下级负荷。

图7-18　进线柜

图7-19　馈线柜

4. 有源滤波柜

有源滤波柜，由指令电流运算电路和补偿电流发生电路两部分组成。指令电流运算电路实时监视线路电流，并将模拟电流信号转换为数字信号，送入高速数字信号处理器 DSP 对信号进行处理，将谐波与基波分离，并以脉宽调制 PWM 信号形式向补偿电流发生电路送出驱动脉冲，驱动 IGBT 或智能功率模块(intelligent power module，IPM)，生成与电网谐波电流幅值相等、极性相反的补偿电流注入电网，对谐波电流进行补偿或抵消，主动消除电力谐波。

5. 无功补偿柜

无功功率补偿柜内配备了功率因数控制器，通过检测电力系统功率因数，当功率因数低于设定的阈值时，通过补偿负载产生的无功功率，使功率因数达到合理的范围，以提高电力系统的效率和稳定性。

二、交直流电源柜

交直流电源柜一般由交流充电屏、直流充电屏、直流馈电屏及蓄电池屏组成。

(1)交流电源部分

车站变电所交流电源一般分别从两段低压配电柜输入，进入交流屏后经双电源切换装置来实现双电源的主备用切换。主变电所的电源一般引自所用变压器。

(2)直流电源部分

直流电源部分主要由直流电源屏、直流馈线屏、直流充电屏和蓄电池屏组成。直流电源一般从交流屏引出独立电源至直流电源屏，经高频整流模块整流后输出直流电供至直流馈线屏，同时将蓄电池屏接入馈线屏，作为交流电源屏失电情况下的临时备用电源，向直流屏供电，满足变电所开关控制、保护等用电需要。

三、0.4 kV 系统开关柜及交直流电源柜日常维护

日常维护分巡视、日常保养和预防性试验。

1. 0.4 kV 系统开关柜巡视(见表 7-30)。

表 7-30　0.4 kV 开关柜巡视

序号	巡视项目	巡视质量要点
1	进线、母联开关	(1)开关位置指示是否正确，断路器位置是否与后台一致。 (2)转换开关是否位于“远方”“自投自复”“投入”位置。 (3)各指示灯应显示正确，功能转换开关应在正确的位置
2	抽屉开关	(1)抽屉柜各开关位置指示是否正确，无故障跳闸。 (2)抽屉柜是否有异常停送电情况。 (3)各指示灯应显示正确，功能转换开关应在正确的位置
3	仪表	(1)电流、电压、功率因数等显示正常。 (2)运行参数显示是否正确
4	无功补偿柜	(1)装置显示是否正常，无告警信号。PLC 装置工作正常，电流表指示正常。 (2)柜内元件是否正常，端子接线是否正常
5	有源滤波柜	(1)装置显示是否正常，无告警信号。 (2)柜内元件是否正常，端子接线是否正常。 (3)温湿度控制器显示是否正常
6	交流屏	(1)进线开关位置与微机监控装置位置显示一致，电压表、电流表显示正常。 (2)自动转换开关(automatic transfer switching equipment，ATS)是否正常，无告警。 (3)各馈线开关位置是否正确、无跳闸，指示灯是否正常

续表

序号	巡视项目	巡视质量要点
7	直流屏	(1)高频开关电源模块是否工作正常,电压、电流显示是否正常。 (2)检查充电模块、供电模块输出电压应正常。 (3)检查直流正、负母线对地电压应平衡,各支路绝缘状态正常。 (4)蓄电池工作是否正常,无腐蚀现象。 (5)接地端子无发热现象,金属外壳的温度在正常范围

2. 0.4 kV 系统开关柜日常保养(见表 7-31)

表 7-31 0.4 kV 开关柜日常保养

序号	项目	日常保养质量要点
1	0.4 kV 进线、母联、各馈线柜	对 0.4 kV 进线、母联、各馈线柜进行清扫、检查,各框架断路器、塑壳断路器、二次室、风扇口无明显积灰、污渍
2	仪表	对各表计进行检查、线缆进行紧固,确保表计显示正常、通信畅通、本体与后台信号一致
3	一、二次线缆	对各一、二次线缆进行检查,各电气连接部分应连接安装牢固,接触良好、无发热
4	孔洞封堵	对各孔洞封堵情况进行检查,确保防火泥无缺失
5	二次室各继电器	对二次室各继电器进行清扫、检查,确保各电压继电器、时间继电器、中间继电器线缆连接紧固、与底座固定牢固
6	保护定值	对断路器保护定值进行核对确认,各保护投退与定值设置应与定值单保持一致
7	PLC 模块	对 PLC 进行检查,电源正常、通信正常,各模块应无告警故障信号
8	无功补偿柜、有源滤波柜	对无功补偿柜、有源滤波柜进行检查,装置无告警、运行正常

3. 交直流电源柜日常保养(见表 7-32)

表 7-32 交直流电源柜日常保养

序号	项目	日常保养质量要点
1	对屏柜清洁紧固检查	对交流屏、直流屏、蓄电池屏进行清扫、检查,确保各连接端子紧固,封堵完好、无积灰
2	交流进线电流互感器	对交流进线电缆处电流互感器进行检查,外壳无破损、接线紧固、接地良好
3	交、直流屏各空气开关	对交、直流屏各空气开关进行检查、紧固,空开应无发热、端子接线应紧固
4	整流模块	对整流模块进行清扫、检查,应无告警信号、各数据显示正常
5	蓄电池组	对蓄电池组进行清扫、检查、紧固,各端子应连接紧固,蓄电池应无任何明显的表面损伤,温控探头位置正确
6	监控单元	从监控单元查看蓄电池电压、交流进线电压、直流母线电压、直流母线绝缘情况,均应处于良好状态

(1)直流电源故障

直流电源故障主要体现为直流母线电压消失或过低,当直流系统(直流母线)全部失压,一般应急处理如下:

①有人值守的变电所,值守人员应立即向电力调度汇报并开展检查、处理。1 min 仍然不能恢复时,应立即向电力调度申请(联系)越区供电,将本所设备退出运行。当有倒闸操作时,应申请手动操作。

②蓄电池故障时,由整流充电装置单独供电。蓄电池组因故障退出运行后,应立即报告电力调度。当有倒闸操作时,应申请手动操作。

(2)应急处理程序、方法及注意事项

①直流母线电压消失:可能为交流电源故障,如在整流装置单独供电时,可能为整流元件击穿、直流回路内存在两点接地造成熔断器熔断、直流接触器或空气开关跳闸等;在蓄电池组单独供电时,可能是其引线接触不良、直流回路内存在两点接地造成熔断器熔断、直流正负极直接短路等。

②直流母线电压过低:可能为交流输入电源电压过低或缺相运行;直流回路中各元件或触点接触不良;直流回路绝缘不良或一点接地以及蓄电池极板短路。

③当出现直流母线电压消失或过低时,应首先判断故障范围。当母线有明显短路时,应立即将故障母线负荷转移到另一段母线运行,然后对故障母线停电检修。若蓄电池电压异常,可能是蓄电池内部短路或断路,须及时更换蓄电池。

4. 0.4 kV 系统开关柜及交直流电源柜的预防性试验

(1)0.4 kV 系统开关柜绝缘测试

①母排对地绝缘测试。用绝缘电阻测试仪(测试电压 500 V)分别测试断路器各一次端子排对地绝缘电阻:A 相对地、B 相对地、C 相对地、N 相对地(参考值大于等于 0.5 GΩ)。接线如图 7-20 所示。

②相间绝缘测试。使用绝缘电阻测试仪分别测试断路器相间绝缘电阻:A 相对 B 相、B 相对 C 相、C 相对 A 相、N 相对 A 相(参考值大于等于 0.5 GΩ)。接线如图 7-21 所示。

图 7-20 0.4 kV 开关柜母排对地绝缘测试接线

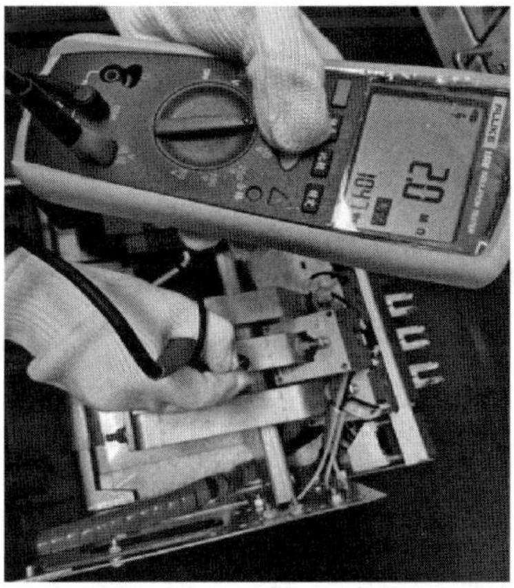

图 7-21 0.4 kV 开关柜相间绝缘测试接线

(2)交直流电源柜测试

直流系统为站内控制、保护、信号等回路提供直流电源,蓄电池组则是保障在交流失电的情况下对直流系统不间断供电的核心设备,须定期开展蓄电池组放电测试,检查蓄电池容量,核查老化电池并及时更换。

①测试接线。先用万用表确定蓄电池组放电空开的正负极,将蓄电池放电测试仪红色电流线接入放电空开正极,黑色线接放电空开负极,同时将电压采集线并接在放电空开正负极上,装置可靠接地,测试接线如图 7-22 所示。

②安装单节电池监测模块。蓄电池组每个单体一般为 12 V 蓄电池,每个模块可检测一节电池。检查蓄电池组的正负接线位置,将监测模块从负极向正极依次接线,正确接线完成,监测模块的运行灯出现闪烁,再将主控模块连接到蓄电池负载特性测试仪。

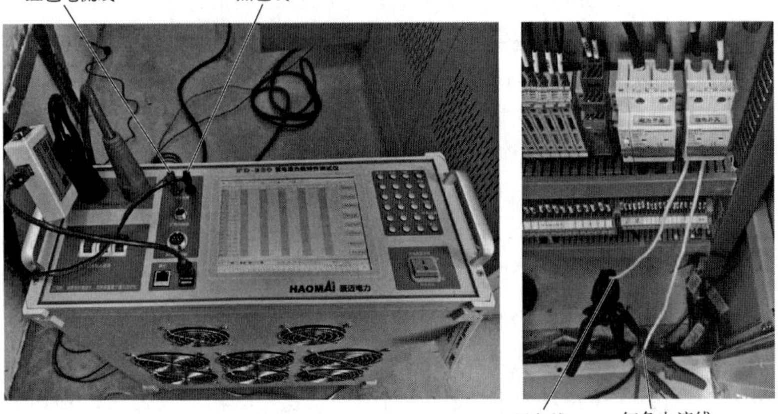

（a）蓄电池放电测试仪　　（b）被放电空开

图 7-22　蓄电池放电测试现场接线图

③参数设置。根据实际输入单体蓄电池总数、单体电池电压等参数，放电电流为蓄电池组放电电流，一般设置为蓄电池组容量的 0.1 倍，即 0.1C（C 为蓄电池组的容量，单位为 A · h）。按照厂家说明设置全核对性放电电流，电池组下限电压阈值，单体电池下限电压阈值，放电时间等参数。

④测试。试验参数设置完成后，合上直流屏后的放电空开，然后合上仪器上的直流输入空开，即可开始试验。试验开始后可在放电界面查看各电池参数，通过组端曲线可直观地看到整个放电过程中蓄电池组端电压和电流的变化趋势，结合放电时间判断蓄电池组的容量。单体数据和历史数据可监测每节电池实时电压和电流值，反映出电池状态。单体棒状图可显示每节电池电压大小。

试验过程中，电池组端电压或者单节蓄电池到达下限阈值后，须停止放电并记录监测模块，锁定存在问题的蓄电池，方便后期进行更换。若所有蓄电池状态正常，放电达到预设时间后自动停止并保存报告，通过测试可掌握蓄电池组容量和单节电池性能。

技能训练

任务工作单见表 7-33。

表 7-33　任务工作单

<table>
<tr><td colspan="8">维护 0.4 kV 开关柜及变电所交直流电源柜</td></tr>
<tr><td>姓名：</td><td colspan="4">班级：</td><td colspan="3">日期：</td></tr>
<tr><td rowspan="3">任务目标：
（1）掌握直流电源柜蓄电池组的放电测试时间估算方法。
（2）掌握满足直流电源容量的蓄电池组配置数估算方法。
（3）掌握 0.4 kV 开关“自投自复”动作逻辑</td><td>指导老师</td><td colspan="6"></td></tr>
<tr><td>团队成员</td><td></td><td></td><td></td><td></td><td></td><td></td></tr>
<tr><td>分工职责</td><td></td><td></td><td></td><td></td><td></td><td></td></tr>
<tr><td colspan="8">任务实施：
（1）直流屏蓄电池组规格是 DC 220 V/500 Ah，现对蓄电池进行放电测试，放电电流设定为 50 Ah，理论上需多长时间可以满容量释放？
______
______
______
（2）220 V 直流屏选用 12 V/100 Ah 的蓄电池，为满足电压需串联多少块蓄电池？
______</td></tr>
</table>

(3)如图7-23所示为0.4 kV系统主接线图,其中QF1～QF4为0.4 kV断路器,请简述根据自投自复模式下开关动作过程,并在图7-23上进行开关逻辑动作过程进行指画。

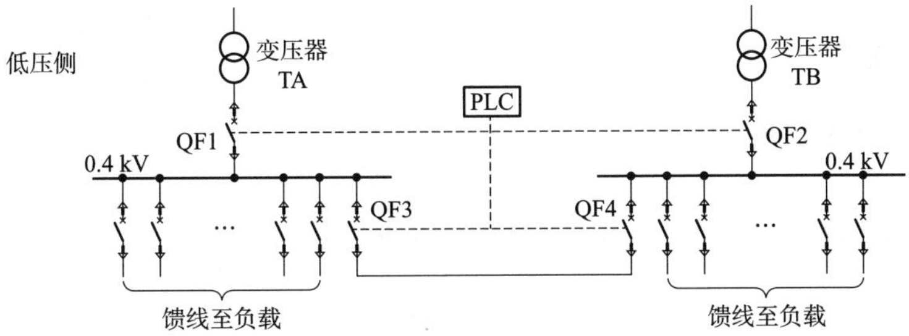

图7-23 0.4 kV系统主接线图

当QF1回路失电时,自投过程:QF1回路失电时,经延时后QF1自动分闸,QF3、QF4自动合闸。此时系统处于:QF3、QF4和QF2合闸,QF1分闸。自复过程:QF1回路恢复供电,延时后QF3、QF4自动分闸,QF1前端检测装置确认电源参数正常,自动合闸。最终系统处于:QF1、QF2合闸,QF3、QF4分闸的状态

任务评价

任务评价见表7-34。

表7-34 任务评价表

序号	评价内容	评价标准	分数	评分记录		
				学生自评	组间互评	教师评分
1	直流电源柜蓄电池组的放电测试时间计算	计算结果准确	30			
2	满足直流电源容量,蓄电池组配置数计算	计算结果准确	30			
3	0.4 kV开关“自投自复”动作逻辑指画	依照各开关动作要点指画“自投自复”过程正确,每处关键动作错漏一项扣5分	20			
4	团队合作精神	汇报时,没有体现团队分工合作的,扣1～20分	20			
总分						
综合成绩(学生自评占30%,组间互评占30%,教师评分占40%)						

巩固练习

1. 直流电源发生接地故障时会对变电所设备运行带来哪些影响?
2. 阐述有源滤波柜和无功补偿柜在电能质量改善方面的作用机理。

任务8　维护杂散电流防护系统

学习目标

(1)了解杂散电流防护系统组成及功能。

(2)熟悉杂散电流防护系统巡视项目。

(3)熟悉杂散电流防护系统日常保养项目及常见故障处置。

任务描述

本任务学习杂散电流防护系统设备的运行巡视、日常保养及故障处置等项目,其中包含监测系统设备、排流柜、杂散电流收集网及单向导通装置,通过学习初步掌握杂散电流防护系统设备的维护要点。

知识讲解

一、杂散电流防护系统组成

杂散电流防护系统一般由监测系统(一般包含参比电极、传感器、监测装置和杂散电流监测终端等)和排流系统(一般包含收集网、单向导通装置和排流柜等)等构成,杂散电流监测系统如图7-24所示。

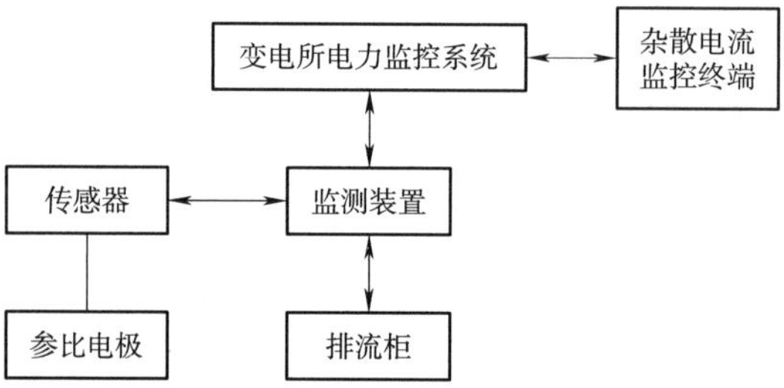

图7-24　杂散电流监测系统

根据《地铁杂散电流腐蚀防护技术标准》(CJJ/T 49—2020)的规定,杂散电流防护主要有以下3种防护类型,见表7-35。城市轨道交通采用直流制式的早期线路一般采用表7-35内第2、3防护类型,这两种类型虽较成熟但在隧道潮湿易脏污运行环境下,轨道回流系统绝缘弱化失效比较普遍,对杂散电流防护效果有限。2020年12月23日宁波轨道交通4号线投入运营,作为中国首条采用专用轨绝缘回流系统技术的地铁线路,其系统图如图7-25所示,专用回流轨现场照片如图7-26所示,该系统技术方案从根本上解决了杂散电流对地铁沿线道床和设备的危害,在城轨行业起到示范带动效应,目前专用轨绝缘回流系统是备受行业推崇的杂散防护类型为系统性绝缘。

表7-35　杂散电流防护类型

序号	防护类型	回流导体	回流网	技术要求特征
1	系统性绝缘	专用轨	绝缘回流系统	绝缘要求与接触网相同
2	加强绝缘+监测	走行轨	轨道回流系统	由地铁杂散电流引起的地铁结构电位偏离应小于自然电位
3	绝缘+监测+排流	走行轨	轨道回流系统	由地铁杂散电流引起的地铁结构电位偏离应小于危险电位,使地铁结构处于保护电位

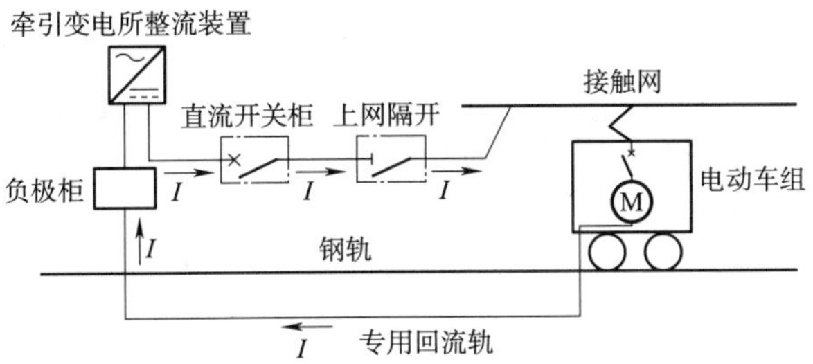

图 7-25 专用轨绝缘回流系统图

图 7-26 专用回流轨现场照片

(1)杂散电流监测系统

①参比电极:其电极电位在特定条件下保持不变,作为观察、测量指示电极或工作电极电位的参照物。在测量时,将待测定的电极与具有精确已知电极电势数值的参比电极构成电池,通过测定这个电池的电动势数值,计算被测定电极的电势。参比电极一般采用铜/硫酸铜参比电极和氧化钼电极,实物及剖面如图 7-27、图 7-28 所示。

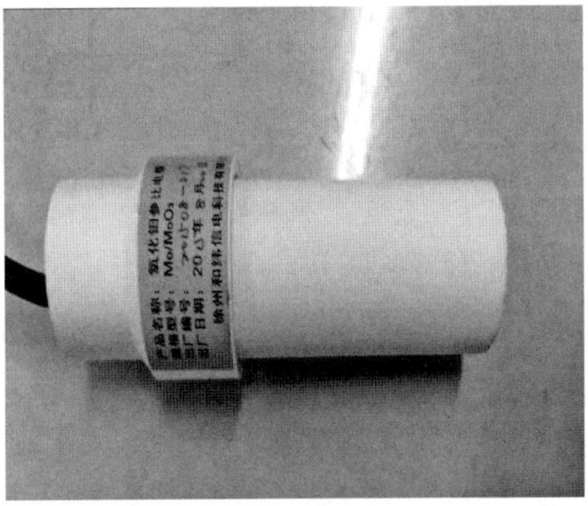

图 7-27 参比电极实物图

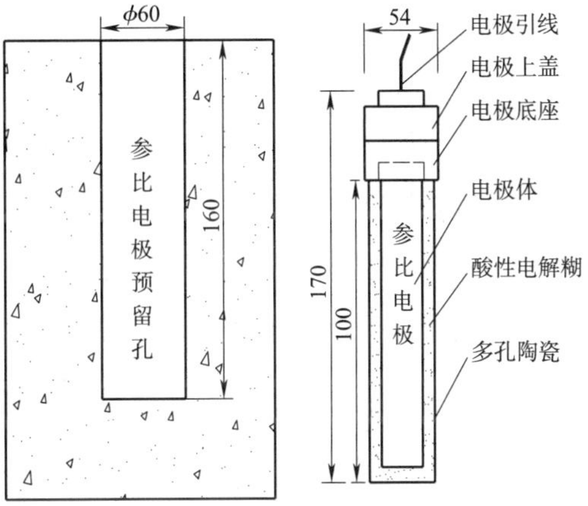

图 7-28 参比电极剖面图(单位:mm)

②传感器:以单片机为核心的数据采集装置,进行各种模拟量的采集与处理,具有一定的存储容量,传感器接口示意图、现场实物图分别如图 7-29、图 7-30 所示。

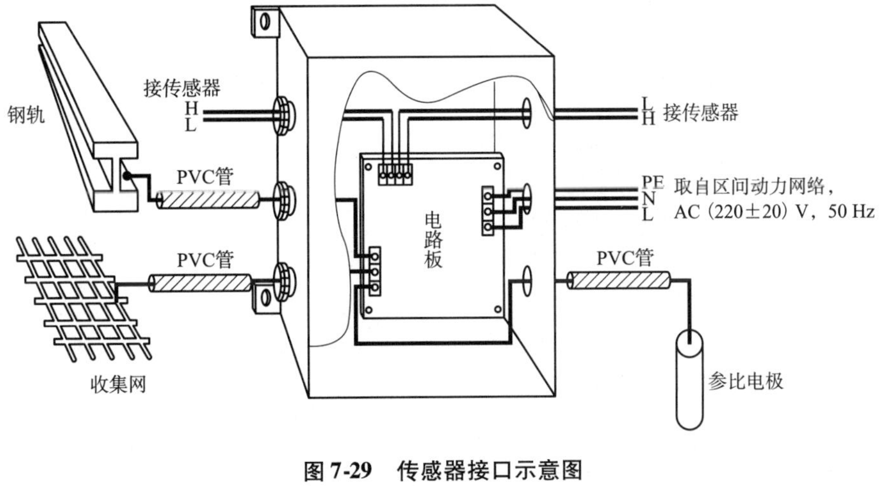

图 7-29 传感器接口示意图

图 7-30　传感器现场实物图

③监测装置：与传感器、单向导通装置及排流柜间进行通信并收集信号，通过信号输出口将信号输送至变电所电力监控系统。

④杂散电流监测终端：对前端传感器、监测装置采集输送的全线极化电位、钢轨电压、过渡电阻等杂散电流危险性指标进行监控，实现数据保存、查看、检索、报表、曲线、分析与处理。

(2)排流系统

①收集网。收集网由道床、隧道两部分构成，利用道床、隧道结构中敷设的辅助钢筋网，在电气上连接形成一个收集网络。当杂散电流从钢轨泄漏出来后，收集网为杂散电流提供了一条电阻较小的通路，使杂散电流能够沿着收集网流动，减少杂散电流向金属管线、结构钢筋的扩散。

②单向导通装置。

单向导通装置主要是利用二极管单向导通性使钢轨回流单方向导通，起到减少杂散电流的作用，单向导通装置分为普通型和消弧型。一般在正线与车辆段(场)、车辆段(场)库内外、过江(河)等区段钢轨处设置绝缘结对钢轨回流进行电气分段，同时须在钢轨绝缘结位置设置单向导通装置，满足正常供电方式下钢轨回流单方向导通流动。

③排流柜。排流柜主回路为大功率二极管，其中正极端接隧道结构钢筋(或桥梁结构钢筋)、道床结构钢筋及变电所接地母排，负极端接直流系统负极回流母排，利用二极管单向导通原理，将收集在结构钢筋中的杂散电流单方向流回牵引变电所负极，减少杂散电流。

二、杂散电流防护系统日常维护

杂散电流防护系统日常维护分为巡视、日常保养和常见故障处理。

1. 杂散电流防护系统巡视(见表 7-36)

表 7-36　杂散电流防护系统巡视

序号	巡视项目	巡视质量要点
1	均、回流	(1)均、回流线外护套和固定卡子良好、无开裂、老化、脱落情况。 (2)检查均、回流线连接可靠，膨胀螺栓无松动。 (3)检查均、回流母排在钢轨上焊接牢固，与电缆连接牢固可靠。 (4)回流箱内回流母排连接螺栓紧固无松脱、母排无放电烧损、绝缘子无缺损干净，箱体锁闭良好、内外无锈蚀。 (5)均、回流箱的箱体(及箱盖开启时)不得侵入设备限界，箱内绝缘子绝缘电阻和空气绝缘距离满足要求
2	单向导通装置、排流柜	(1)面板上仪表、指示灯显示正常。 (2)内部电气元器件固定连接良好，二极管、熔断器、可控柜、阻容回路、压敏电阻、电压传感器等外观无烧伤、变形、变色情况。 (3)装置内电缆端子与母排连接螺栓紧固无松脱、母排无放电烧损、绝缘子无缺损干净，箱体锁闭良好、内外无锈蚀
3	杂散电流监测终端	(1)检查监测装置的时间与变电所母钟系统是否一致。 (2)监测装置内外部件、接线、框架状态良好。 (3)监测装置软件运行正常，无告警记录。 (4)传感器指示灯显示正常，运行状态与监测装置、上位机显示状态一致。 (5)传感器外壳、连接线缆、参比电极、测试端子固定良好，检查杂散微机管理终端登录、各组态工作是否正常。 (6)检查杂散微机管理终端系统内组态数据(查看有无告警)。 (7)检查杂散微机管理终端通信及运行工况是否正常

2. 单向导通装置、排流柜日常保养(见表7-37)

表7-37 单向导通装置、排流柜日常保养

序号	日常保养质量要点
1	对内部绝缘子进行检查,清扫电阻、电容、二极管、熔断器及散热孔等处积灰
2	检查电容器有无漏油,过压吸收阻容有无过热烧损
3	检查所有电气连接位置弹簧垫片已压平及螺栓紧固,并用力矩扳手复紧检查
4	检查断路器及清洁主触头,视情况打磨触头无毛刺和孔洞
5	测量电源模块输出电压、二极管正向和反向导通电压,符合规定
6	检查控制回路、加热回路、PLC运行正常
7	电动、手动测试隔离开关控制电机运转是否正常,有无卡滞现象

3. 常见故障处理

(1)单向导通装置运行中,常见故障分析及处理见表7-38。

表7-38 单向导通装置常见故障分析及处理

序号	状态	可能的原因	处理方法
1	信号盘接到故障信号	快速熔断器熔断	更换快速熔断器
		二极管反向击穿	更换整流二极管
2	柜内照明灯不亮	灯泡未加电	打开照明灯开关,检查端子排上是否有电,若无检查系统电源
		灯泡损坏	更换灯泡
3	电加热器不加热	电加热器未加电	打开电加热器开关,检查端子排上是否有电,若无检查系统电源
		电加热器损坏	更换电加热器
4	信号盘未接到故障信号	二次接线未连接好	检查端子排上输出线
		柜内检测系统损坏	更换检测板

(2)杂散监测传感器运行故障处理。

杂散监测传感器通过本机指示灯或系统软件告警,当传感器故障时,可先通过上位机调其瞬时值,无数据或数据不正确时,就地将传感器复位,检查其指示灯,判断故障类型,常见故障分析及处理见表7-39。

表7-39 杂散监测传感器常见故障分析及处理

序号	故障现象	故障原因	排除方法
1	电源指示灯熄灭	配电箱断电	检查配电箱送电
		保险丝熔断	更换保险丝
		电源指示灯损坏	更换电源指示灯
		主板故障	更换主板
2	通信指示灯常亮	通信接线接触不良	检查并紧固接线
		通信线有断线	检查通信线断点续接
3	通信灯与故障灯常亮	主板地址整定错误	检查并整定主板地址
		主板故障	更换主板

续表

序号	故障现象	故障原因	排除方法
4	通信灯与故障灯同时以 2 s 间隔闪烁	通信地址冲突	检查同一数据转接器下其他传感器（地址相同传感器的通信灯同时闪烁），修正重复的通信地址
5	故障灯点亮	通信总线错误	检查通信线路有无短接或反接
		主板故障	更换主板

技能训练

任务工作单见表 7-40。

表 7-40　任务工作单

<table>
<tr><td colspan="8">维护杂散电流防护系统</td></tr>
<tr><td colspan="8">姓名：　　　　　　　　班级：　　　　　　　　日期：</td></tr>
<tr><td rowspan="3">任务目标：
（1）辨析线路单向导通装置设置方式下的回流电流方向。
（2）辨析杂散排流回路的电流流向。
（3）具备对不同杂散电流防护方案的优缺点分析能力</td><td>指导老师</td><td colspan="6"></td></tr>
<tr><td>团队成员</td><td></td><td></td><td></td><td></td><td></td><td></td></tr>
<tr><td>分工职责</td><td></td><td></td><td></td><td></td><td></td><td></td></tr>
<tr><td colspan="8">任务实施：
（1）如图 7-31 所示为线路上单向导通设置方式，指画线路上轨道上回流电流流向。
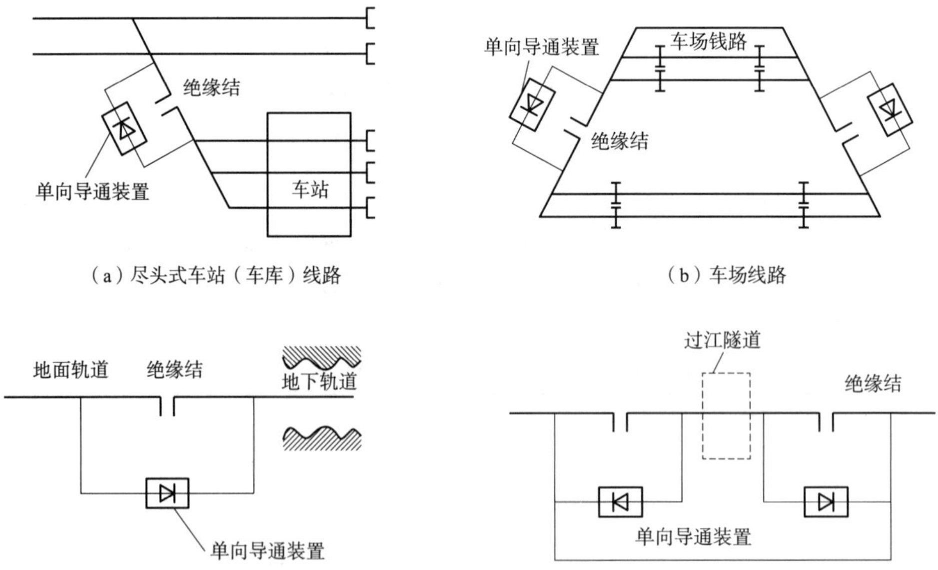

（a）尽头式车站（车库）线路　（b）车场线路
（c）地下铁道和地面铁路之间线路　（d）过江隧道线路
图 7-31　线路上单向导通设置方式
（2）如图 7-32 所示为杂散电流排流回路图，指画杂散电流回流流向。</td></tr>
</table>

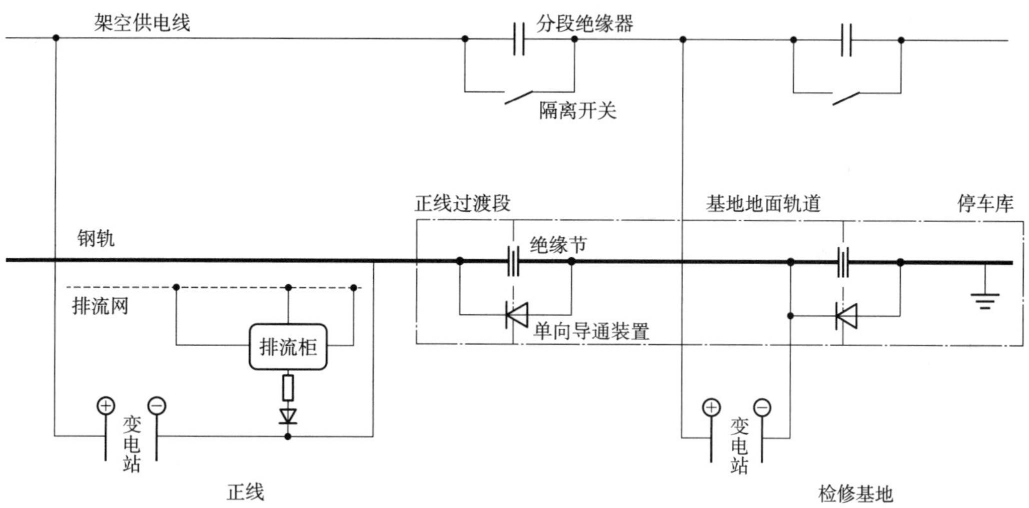

图 7-32　杂散电流排流回路图

(3)根据《地铁杂散电流腐蚀防护技术标准》(CJJ/T 49—2020)内的三种杂散电流防护类型,从杂散电流防护有效性、建设成本及维护三个维度对三种防护类型的优缺点分析。

____

____

____

任务评价

任务评价见表 7-41。

表 7-41　任务评价表

序号	评价内容	评价标准	分数	评分记录		
				学生自评	组间互评	教师评分
1	单向导通装置设置方式下的回流电流方向辨识	指画回流方向准确,错误扣一处扣 5 分	30			
2	杂散电流排流方向辨识	指画回流方向准确,错误扣一处扣 5 分	30			
3	三种杂散电流防护类型优缺点分析	能从有效性、建设成本及维护方面提出合理的分析论点	20			
4	团队合作精神	汇报时,没有体现团队分工合作的,扣 1 ~ 20 分	20			
总分						
综合成绩(学生自评占 30%,组间互评占 30%,教师评分占 40%)						

巩固练习

1. 单向导通装置与排流柜日常维护项目有何异同?
2. 将排流柜长期投运是否就可消除杂散电流的影响?

任务9　巡视接触网

学习目标

(1)了解巡视接触网的重要性。

(2)了解巡视接触网的种类和技术发展方向。

(3)掌握巡视接触网的基本安全注意事项。

(4)掌握巡视接触网的基本流程。

任务描述

本任务对巡视接触网的种类、流程及安全注意事项等内容开展学习,同时对巡视接触网的新技术发展方向进行拓展,可对巡视接触网有初步的认识。

知识讲解

一、巡视接触网的重要性

接触网是沿地铁线路架设的向电力机车供电的特殊输电线路,属无备用供电设备,一旦发生故障,会中断城市轨道交通正常运营。为确保城市轨道交通接触网正常可靠运行,接触网巡视人员须根据周期对接触网设备巡视检查,通过巡视接触网设备的运行状态,及时发现各类设备缺陷,并采取一定的措施进行维修,以防止事故进一步扩大。在完成巡视作业后,巡视人员做好巡视记录,对异常情况进行记录并及时予以处理。巡视接触网是保障设备安全可靠供电的有效措施。

二、巡视接触网的种类及内容

刚性和柔性接触网巡视分为步行巡视、登乘电客车巡视和工程车(梯车)巡视等方式。

1. 接触网步行巡视

(1)检查接触网设备及机具有无侵入限界、影响列车正常运行的障碍。

(2)检查隧道有无漏水、异物垂落等危及或损坏接触网设备和影响行车安全的现象。

(3)检查各类型支架配件完整齐全,地线连接正常、无变形锈蚀痕迹。

(4)检查高架区段各种支柱、门形架有无锈蚀情况。

(5)巡查支柱基础、悬挂装置、定位装置状况。

(6)观察绝缘部件(包括避雷器)是否有异响和放电现象。

(7)检查各种线索、零部件有无烧伤和损坏。

(8)检查补偿装置有无损坏,动作是否灵活。

(9)检查限界门、安全挡板或网栅、各种标志是否齐全、完整。

(10)观察均回流箱、电缆转换箱与钢轨间电缆连接是否完好,电缆有无外破损,固定是否牢固。

2. 登乘电客车巡视

登乘电客车巡视一般1次/天,主要巡视观察接触悬挂、支持装置和定位装置状态及弓网间取流状态。若电客车上安装有弓网视频监视系统,巡视人员可在司机室通过观察电客车的前弓或后弓实时监控,记录弓网燃弧点位置,纳入维护保养计划并予以修复。

3. 工程车(梯车)巡视

工程车(梯车)巡视一般1次/季,对全线接触网设备利用接触网检测车(梯车)观察、测量接触悬挂及其支持装置和定位装置的状态及参数，完成对支柱及基础、单向导通装置、回流箱、均流箱及其电缆、隔离开关、线岔、分段绝缘器、锚段关节、避雷器装置、电连接、刚柔过渡、中心锚结等设备的巡视、检查。检查箱内电缆连接是否可靠，无过热现象；检查连接电缆，不得有断股、散股现象，并有防腐措施。

4. 巡视接触网的技术发展

结合新技术发展，接触网运维朝着智能化方向发展，近年来在接触网智能运维领域出现智能巡检系统、无人机巡视、大数据与人工智能分析、物联网与传感器技术、激光雷达与3D建模等新技术的应用，提高接触网运行状态监测的及时性和准确性。

（1）智能巡检系统

通过综合检测车搭载的高清摄像头和其他传感器组成的智能巡检系统如图7-33所示，可实现对接触网设备的全面、快速、精准巡视，在铁路线路应用较多，即接触网"6C"巡检系统。"6C"是包括弓网综合检测装置（1C）、接触网安全巡检装置（2C）、动车组车载接触网运行状态检测装置（3C）、接触网悬挂状态检测监测装置（4C）、受电弓滑板监测装置（5C）、接触网及供电设备地面监测装置（6C）的高铁供电安全检测监测装置。在"6C"系统里，每个装置都互相补充、不可替代，为接触网设备全方位地体检，呈现接触网状态的"全身体检影像"。这类系统能够在短时间内完成整条线路的外观检查，大大提高了效率，并能准确识别接触网的潜在问题，如部件松动、磨损、腐蚀等。

（2）无人机巡检

无人机技术也被应用于接触网的巡视中，特别是在难以到达或危险区域，如图7-34所示，无人机可以携带高清相机、红外热像仪等设备，进行高空作业，收集接触网的高清图像和热成像数据，有效检测过热点、发现损坏部件。

图7-33 智能巡检系统

图7-34 无人机巡检

（3）大数据与人工智能分析

收集到接触网的巡视数据后，通过大数据分析和人工智能算法进行处理，能够自动识别异常状况，如通过图像辅助分析接触线燃弧和硬弯缺陷，如图7-35所示，预测维护需求，减少人工分析的工作量和误判率。这不仅提高了问题识别的准确性，还能为制定预防性维护计划提供科学依据。

（4）物联网（IT）与传感器技术

在接触网上安装各类传感器，如振动传感器、温度传感器等，实现对接触网状态的实时监测。这些传感器通过物联网技术将数据实时传输至监控中心，使得运维团队能够即时响应，避免故障发生，如通过三维曲面图反映接触网参数变化趋势，以便及时发现接触网运行状态恶化趋向及时干预，防范故障发生，如图7-36所示。

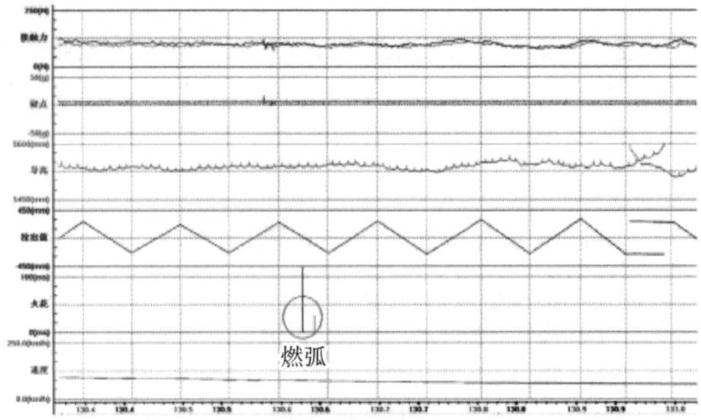

（a）燃弧检测缺陷

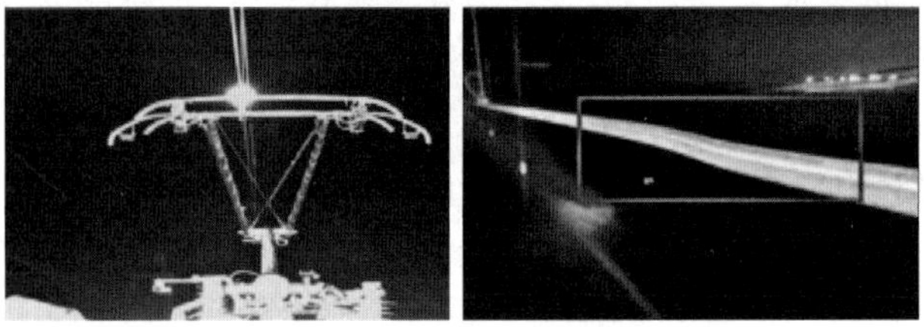

（b）图像辅助与现场确认

图 7-35　图像辅助分析接触线缺陷

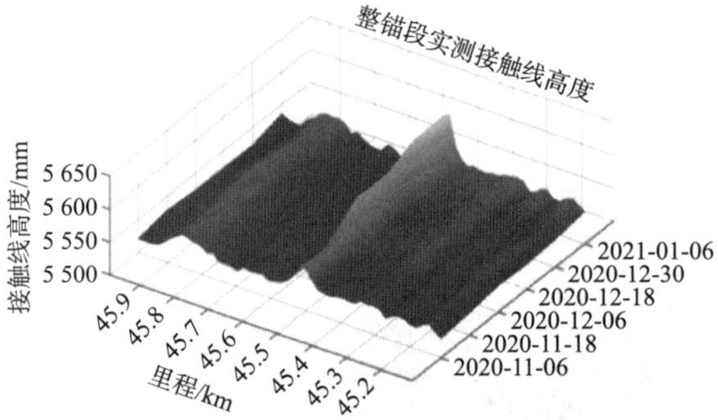

图 7-36　三维曲面图反映接触网参数变化趋势

（5）激光雷达（Li DAR）与 3D 建模

利用激光雷达技术对接触网进行三维扫描，激光雷达扫描装置如图 7-37 所示，生成高精度的接触网 3D 模型，如图 7-38 所示，便于精确测量接触网的各项参数，评估其几何状态是否满足运行要求，同时也为规划设计、改造升级提供翔实的数据支持。

图 7-37　激光雷达扫描装置

图 7-38　接触网 3D 模型

三、接触网步行巡视流程

1. 准备阶段

(1)安全培训与装备检查:巡视前,对参与巡视的人员进行安全交底,强调安全规程及应急措施;同时,检查个人防护装备是否齐全、完好,包括安全帽、反光衣、绝缘鞋、通信工具等。

(2)资料准备与任务分配:根据巡视计划,准备接触网图纸、历史巡视记录、待检查项列表等资料;明确巡视范围、重点区域和任务分工。

2. 出发前确认

(1)天气与线路情况:确认天气适宜,无极端天气预警(如雨雪、大风等),了解线路当前运营状态及是否有施工影响。

(2)通信测试:确保对讲机、手机等通信工具工作正常,与调度中心建立有效联系。

3. 现场巡视

(1)按计划巡视:按照预先规划的路线和顺序进行巡视,注意观察接触悬挂、支持装置、绝缘部件、线索弛度、补偿装置等关键部位的状态。

(2)记录与拍照:详细记录巡视发现的问题,如零部件损伤、异物悬挂、绝缘子污闪等,对重要发现拍照留证。

4. 特殊情况处理

紧急情况应对:遇到紧急情况,如接触网断裂、严重下垂等,立即按照预案报告调度中心,并采取必要措施确保人员和设备安全。

5. 巡视结束与报告

(1)整理资料:巡视结束后,汇总巡视记录和照片,整理成巡视报告,明确指出发现的问题及位置。

(2)提交报告与反馈:将巡视报告提交给相关部门,对于发现的问题,提出初步处理建议,等待进一步的审核与安排修复工作。

(3)跟踪整改情况:对报告中提出的问题,跟踪其处理进度和结果,确保所有安全隐患得到妥善解决。

6. 巡视接触网的基本安全注意事项

巡视接触网时,为了确保人员安全及作业顺利进行,须严格遵守以下基本安全注意事项:

(1)人员组成与资质:巡视不应少于两人同行,其中至少一人需具备不低于三级的安全等级资质,确保有足够的经验和知识,可处理潜在风险。

(2)个人防护装备:巡视人员必须佩戴安全帽、穿着防护服,以保护头部和身体免受意外伤害。同时,携带必要的工具,如望远镜用于远距离观察,通信工具保证团队间有效沟通以及巡视记录本记录发现的问题。夜间巡视还需配备照明用具。

(3)电气安全:无论何时,均应视接触网为带电状态,巡视人员不得攀登支柱或直接接触接触网设备,保持安全距离,以防触电。

(4)行走方向与规则:禁止在轨道中间(道心)行走,经过平交道口时,遵循一看、二看、三指、四通过的规定,确保安全通行。

(5)特殊气候天气安全措施:如在冬季巡视,需适当调整个人防护装备,如打开防寒安全帽的棉耳,保持听觉敏锐,如雨雪天气需注意防滑,强风天气警惕高空坠物风险等。

(6)遵守规章制度:严格遵守接触网安全工作规程和沿线作业安全规则,了解并执行相关的操作流程和应急处置办法。

技能训练

任务工作单见表7-42。

表7-42　任务工作单

巡视接触网							
姓名:		班级:			日期:		
任务目标: (1)掌握接触网巡视种类。 (2)了解接触网巡视新技术发展。 (3)掌握接触网巡视基本流程及安全注意事项	指导老师						
	团队成员						
	分工职责						
任务实施: (1)根据接触网巡视种类,结合智能巡视技术手段,分析各技术手段对应各巡视种类的适用性。 ______ ______ ______ ______ (2)分组模拟完成一次接触网巡视任务,简述巡视全流程和关键安全注意事项。 ______ ______ ______ ______							

任务评价

任务评价见表7-43。

表7-43　任务评价表

序号	评价内容	评价标准	分数	评分记录		
				学生自评	组间互评	教师评分
1	接触网巡视种类	错漏一种扣5分	30			
2	接触网巡视新技术手段适用性分析	分析存在论点不合理,一处扣5分	30			
3	接触网巡视流程及安全注意事项	存在错漏一处扣5分	20			
4	团队合作精神	汇报时,没有体现团队分工合作的,扣1~20分	20			
总分						
综合成绩(学生自评占30%,组间互评占30%,教师评分占40%)						

巩固练习

1. 请对三种接触网巡视方式的优缺点进行对比分析?
2. 接触网巡视中发现接触网部件脱落可能影响行车的情况该如何处置?

任务 10　维护柔性接触网

学习目标

(1)熟悉柔性接触网维护分类。

(2)掌握柔性接触网“之”字值/拉出值的检调方法。

(3)了解柔性接触网支持和定位装置的检调。

任务描述

柔性接触网的检修包含导高、拉出值的测量,接触悬挂、支持定位装置、支柱及基础的检修。本任务对柔性接触网拉出值(“之”字值)测量调整,支持装置、定位装置的安装调整,腕臂预配和更换等内容开展学习,可对柔性接触网关键组成部分及部件安装调整有初步的认识,从而加深对柔性接触网结构特点的理解和掌握。

知识讲解

一、拉出值(“之”字值)测量与检调

拉出值(“之”字值)一般用符号“a”表示,是将接触线限制在受电弓安全运行工作范围的关键参数,一旦参数超标会引发脱弓、钻弓事故中断列车运行,因此架空柔性接触网日常维护中对此运行参数须定期监测,一般在春秋两季(与接触网设计平均温度接近)结合接触网设计参数予以调校。

1. 拉出值(“之”字值)的设计

接触网专业设计之初,会结合接触网运行环境最大风偏量、受电弓最大允许工作范围、线路最小曲线半径及列车最大运行速度等因素确定拉出值(“之”字值)设计标准。在直线区段,线路中心线与受电弓中心线重合,接触线沿线路中心线呈“之”字形对称布置。

在曲线段为抑制列车运行产生的离心力,曲外钢轨进行抬高设计即外轨超高,受外轨超高作用,列车在曲线段运行时受电弓中心线与线路中心线间存在偏移量一般用符号“c”表示,拉出值设计时会结合曲线半径确定标准值。

2. 拉出值(“之”字值)的检调

直线段因线路中心线与受电弓中心线重合,通过线坠和道尺测量接触线垂直投影点至线路中心距离,即测得定位点的“之”字值,再与其设计值对比进行调校。

在曲线段,因外轨超高,机车向内轨侧倾斜,线路中心线与受电弓中心线不重合,存在一定偏移量 c,因此无法直接测量拉出值 a,可通过测量定位点接触线与线路中心距离 m 值间接推算拉出值 a,如图 7-39 所示,可得出

$$a = m + c \tag{7-1}$$

m 有正负之分,接触线垂直投影在中心线路与外轨间时,m 值为正值,接触线垂直投影在中心线路与内轨间时,m 值为负值。曲线区段确定进行拉出值调整时,需通过测量定位点处接触线与线路中心距离 m 值,间接确定拉出值 a,所以检调是根据设计的标准拉出值 $a_{标}$ 倒算出对应的 $m_{标}$,根据公式(7-1)可得

$$m_{标} = a_{标} - c \tag{7-2}$$

$a_{标}$ 为接触网设计图中定位点处的标准拉出值,可通过查阅接触网平面图,根据相似三角形原

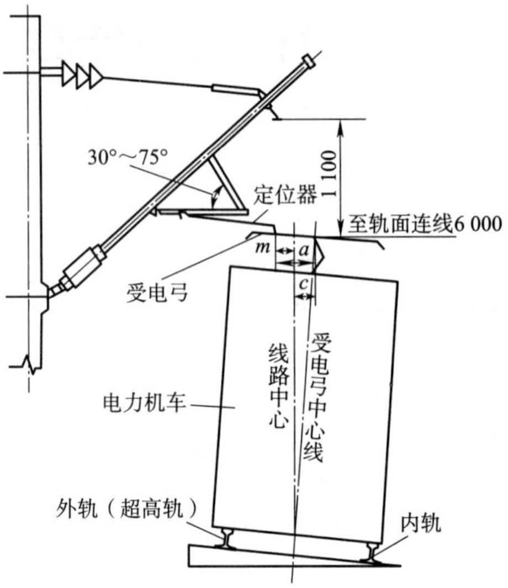

图 7-39　曲线段接触网拉出值示意图(单位:mm)

理关系可得出

$$c = h \times H/L \tag{7-3}$$

式中　h——外轨超高值/mm;

H——接触线至轨面的高度(导高)/mm;

L——轨距/mm(国内标准轨距 1 435 mm,一般便于计算取 1 440 mm)。

h 根据线路曲线半径和线上列车允许通过的最大时速 v_{max} 而定,曲线外轨超高设计参数查询,《地铁设计规范》(GB 50157—2013)规定最大超高值为 120 mm。

$$h = 7.6v_{max}^2/R \tag{7-4}$$

式中　h——曲线外轨超高/mm;

v_{max}——线路允许最大的行车速度/(km/h);

R——线路曲线半径/m。

曲线段拉出值检调方法如下:

当 $m_{标}$ 通过公式(7-2)计算确定后,将 $m_{标}$ 与现场线坠法测量的 $m_{测}$ 值进行比较,以 $m_{标}$ 为正值和负值,分两种情况进行调整。

当 $m_{标}$ 为正值时,即此处设计的定位点位于线路中心至外轨间,实测 $m_{测}$ 为正值时,且 $m_{测} > m_{标}$,偏移值 $A_m = m_{测} - m_{标}$,将定位处接触线向内轨方向调整偏移值 A_m,使 $m_{测} = m_{标}$,从而使拉出值与设计值相符;当 $m_{测} < m_{标}$,$A_m = m_{标} - m_{测}$,将定位处接触线向外轨方向调整偏移值 A_m,使 $m_{测} = m_{标}$,从而使拉出值与设计值相符。此外当实测 $m_{测}$ 为负值时,说明现场定位点位于线路中心线至内轨之间,则应将此处定位点接触线向外轨侧调整 $A_m = m_{标} - m_{测}$。

当 $m_{标}$ 为负值时,即此处设计的定位点位于线路中心至内轨间,实测 $m_{测}$ 为负值时,且 $|m_{测}| > |m_{标}|$,$A_m = |m_{测} - m_{标}|$,将定位处接触线向外轨方向调整偏移值 A_m;$|m_{测}| < |m_{标}|$,使定位点处接触线向内轨方向调整 $A_m = |m_{测} - m_{标}|$。此外当实测 $m_{测}$ 为正值时,说明现场定位点位于线路中心线至外轨之间,则应将此处定位点接触线向内轨侧调整 $A_m = m_{测} - m_{标}$。

以上拉出值检调的关键是 $m_{测}$ 与 $m_{标}$ 比较后,根据 A_m 调整接触线位置使其 a 值逐渐趋向标准值,实践中简称"正拉、负放、零不动"。目前行业内出现了接触网几何参数激光测量仪,通过非接触测量方式可对拉出值("之"字值)进行测量和检调,测量原理与上述类似。

例：某区间接触网定位点导高 $H=5\ 500$ mm，位于曲线半径 $R=800$ m，外轨超高 $h=50$ mm，经查询设计资料，该定位点处拉出值标准值 $a=200$ mm，轨距 $L=1\ 440$ mm，请通过计算说明该定位点接触线与线路中心线和钢轨间的相对位置关系，相对线路中心线的距离。

解：求定位点接触线相对线路中心的距离 m 值，需根据式(7-3) $c=h\times H/L=50\times 5\ 500/1\ 440=190.97(\text{mm})\approx 191(\text{mm})$，根据式(7-1) $a=m+c$ 得 $m=a-c=200-191=9(\text{mm})$，通过计算可知，该定位点接触线投影在线路中心与外轨间，距线路中心线距离为 9 mm。

二、支持与定位装置的维护检修

1. 支持装置

(1)简单悬挂和链形悬挂的腕臂在无偏移的温度时，应垂直于线路中心线，极限温度时，其偏移量不超腕臂水平投影长度的1/3。

(2)腕臂铰接处要转动灵活，顶部非受力部分长度为 100 ~ 200 mm，顶端管帽封堵良好。

(3)腕臂各连接螺栓应牢固可靠，紧固力矩应符合标准要求。

(4)检查并用抹布清扫平斜腕臂绝缘子，绝缘子如有破损超 100 mm^2、裂纹、击穿、闪络的应及时进行更换。

2. 定位装置

(1)定位器安装应符合设计要求，当温度变化时，偏移量与接触线在该点的伸缩量相一致。

(2)定位器在无偏移温度时应垂直于线路，温度变化时，水平方向的偏角应与接触线在定位点的伸缩相适应，其偏角最大不超过 18°。

(3)定位环的安装要正确，距定位管根部的长度不得小于 40 mm。

(4)定位管 V 形拉线应顺直固定在承力索钩头鞍子两侧各 2 m 处。

(5)转换支柱处两定位器应在顺线路方向自由转动，不得卡滞，接触线非工作支和工作支定位器、管之间的间隙不应小于 50 mm。

(6)定位器处于受拉状态，定位器静态角度(定位器与轨面连线之间的夹角)6° ~ 13°。

(7)定位线夹 U 形销与定位器定位销钉密贴状态良好，U 形销向上弯折 60°。

3. 腕臂预配及组装

腕臂安装分为车间预配和线场安装两个阶段。腕臂零件及对应紧固件见表 7-44。

表 7-44 腕臂零件及对应紧固件

零件名称	紧固件名称	规格	材料	级别	紧固力矩
套管双耳	套管抱箍螺栓	M10 × 55 × 26	$06Cr_{19}Ni_{10}$	A_2-70	32 N·m
	螺母	M10	$12Cr_{18}Ni_9$	A_2-70	32 N·m
	螺栓销	M12 × 45 × 25	$06Cr_{19}Ni_{10}$		
承力索座	本体紧固螺栓	M12 × 60	$06Cr_{19}Ni_{10}$	A_2-70	44 ~ 56 N·m
	压板螺栓	M12 × 40	$06Cr_{19}Ni_{10}$	A_2-70	
	紧固轴	M16	Q235A		70 N·m
支撑管卡子	本体紧固螺栓	M12 × 55 × 30	$06Cr_{19}Ni_{10}$	A2-70	44 ~ 56 N·m
	螺栓销	M12 × 45 × 25	$06Cr_{19}Ni_{10}$		
定位环	铰环抱箍螺栓	M12 × L × 25	$06Cr_{19}Ni_{10}$	A_2-70	44 ~ 56 N·m
	螺母	M12	$12Cr_{18}Ni_9$	A2-70	44 ~ 56 N·m

(1)腕臂预配

预配前应根据腕臂装配设计图,如图 7-40 所示,和现场实测数据进行计算,选取腕臂管及支撑管长度,确定零件安装位置。

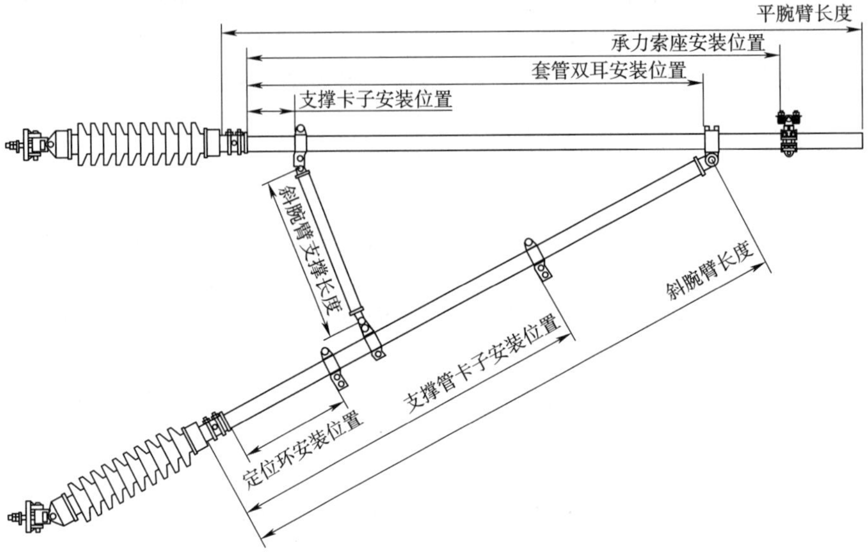

图 7-40　腕臂装配设计图

①平腕臂预配。

平腕臂预配零件包括:平腕臂、支撑管卡子、套管双耳、承力索座实物分别如图 7-41、图 7-42、图 7-43 所示。

图 7-41　平腕臂实物图

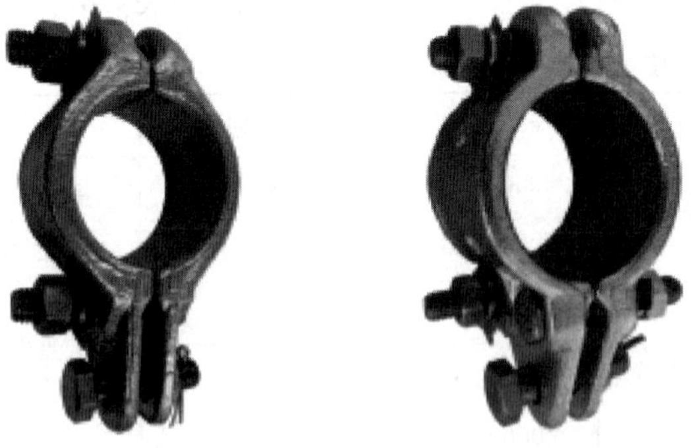

(a)支撑管卡子　　(b)套管双耳

图 7-42　支撑管卡子和套管双耳实物图

图 7-43　承力索座实物图

第一步:将平腕臂管平放在工作台上,在腕臂管上标出各零件的安装位置,如图 7-44 所示。

第二步:将预配零件套在平腕臂管上,移至各自的安装位置并预紧,如图 7-45 所示。

第三步:调整好各零件的位置及方向后,按规定的力矩值进行紧固。完成后平腕臂各零件安装如图 7-46 所示。

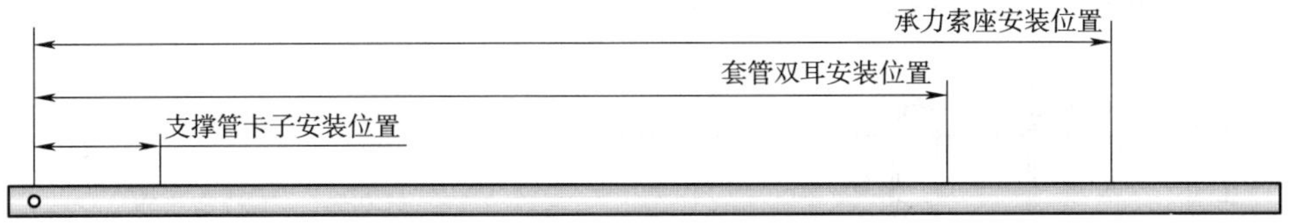

图 7-44　平腕臂上各零件安装位置标定

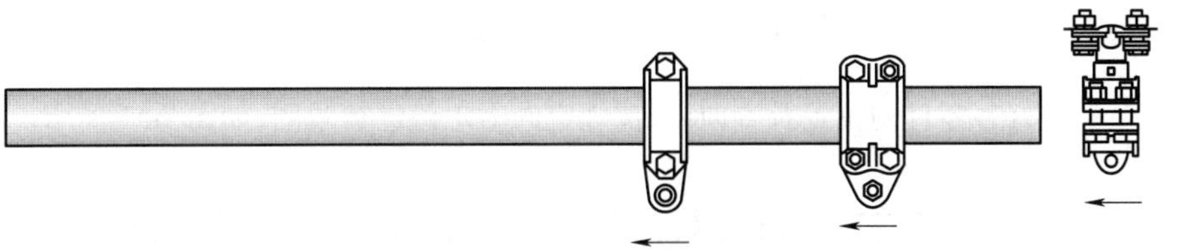

图 7-45　平腕臂各紧固零件安装

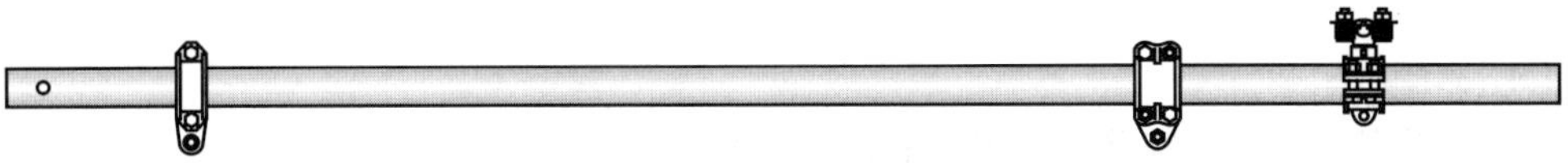

图 7-46　平腕臂预配图

②斜腕臂预配。

斜腕臂预配零件包括：斜腕臂管、定位环、支撑管卡子，实物图如图 7-47、图 7-48 所示。

图 7-47　斜腕臂管实物图

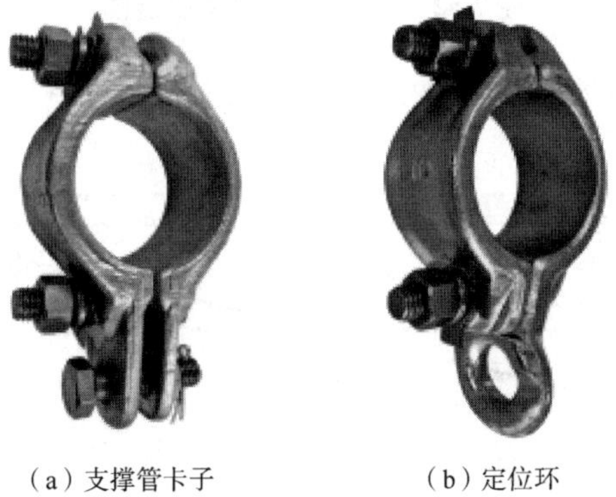

（a）支撑管卡子　　（b）定位环

图 7-48　定位环和支撑管卡子实物图

第一步：将斜腕臂管平放在工作台上，在腕臂管上标出各零件的安装位置，如图 7-49 所示。

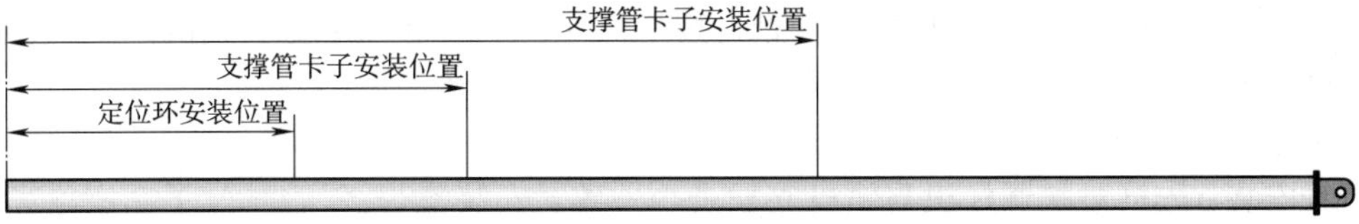

图 7-49　斜腕臂上各零件安装位置标定

第二步:将预配零件套在斜腕臂管上,移至各自的安装位置并预紧,如图 7-50 所示。

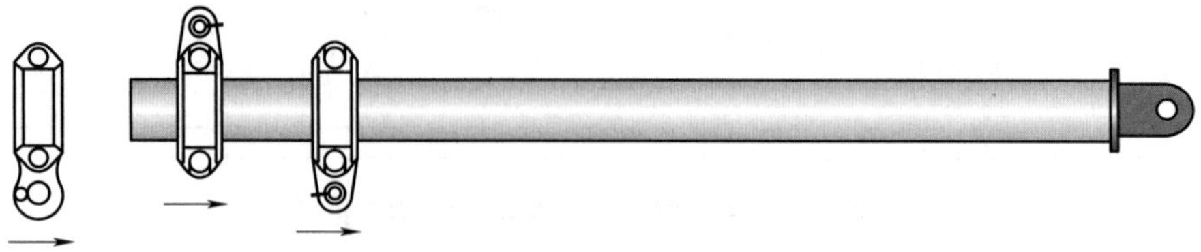

图 7-50　斜腕臂各紧固零件安装

第三步:调整好各零件的位置及方向后,按规定的力矩值进行紧固,如图 7-51 所示。

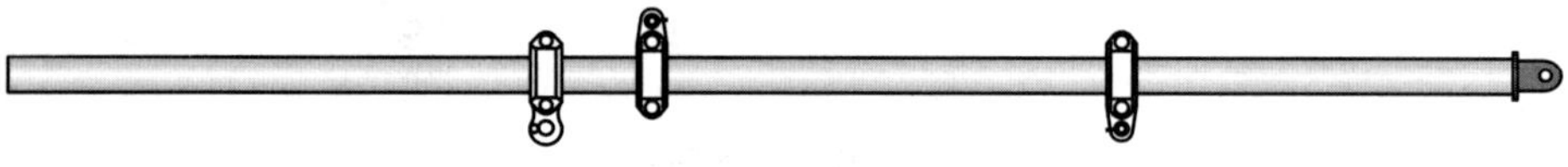

图 7-51　斜腕臂预配图

③平、斜腕臂组装。

第一步:将预配好的平腕臂和斜腕臂平放在工作台上,如图 7-52 所示。

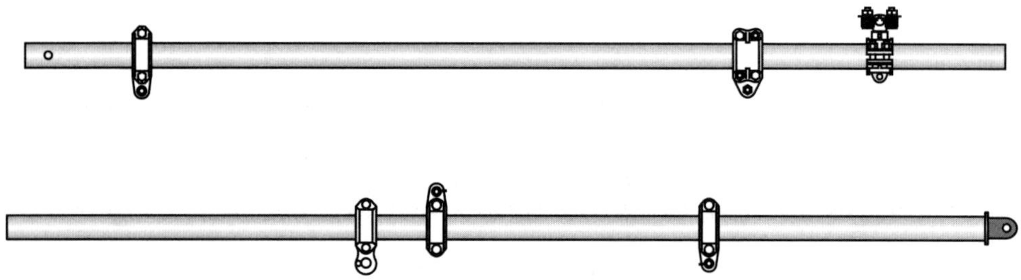

图 7-52　平、斜腕臂预配安装图

第二步:用螺栓销将斜腕臂连接单耳与套管双耳连接,装好开口销,如图 7-53、图 7-54 所示。

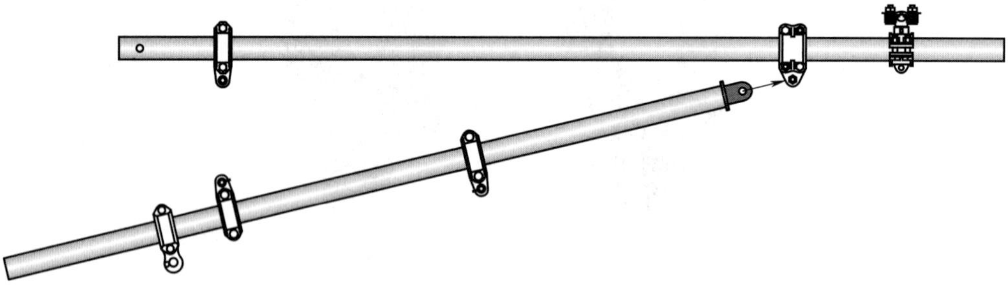

图 7-53　平、斜腕臂铰接安装图

第三步:对组装好的腕臂进行标识,并进行预配后检查。所有零件安装位置及方向是否正确,螺栓紧固是否符合规定的力矩值,螺栓销连接是否可靠,开口销安装是否规范, 平、斜腕臂连接处应转动灵活。

(2)腕臂现场安装

现场安装首先核对腕臂标识与锚段支柱是否一致。安装流程:斜腕臂与下底座绝缘子连接—平腕臂与上底座绝缘子连接—腕臂支撑与平、斜腕臂连接。

第一步:吊起腕臂,将斜腕臂末端与下底座绝缘子连接,如图 7-55 所示。

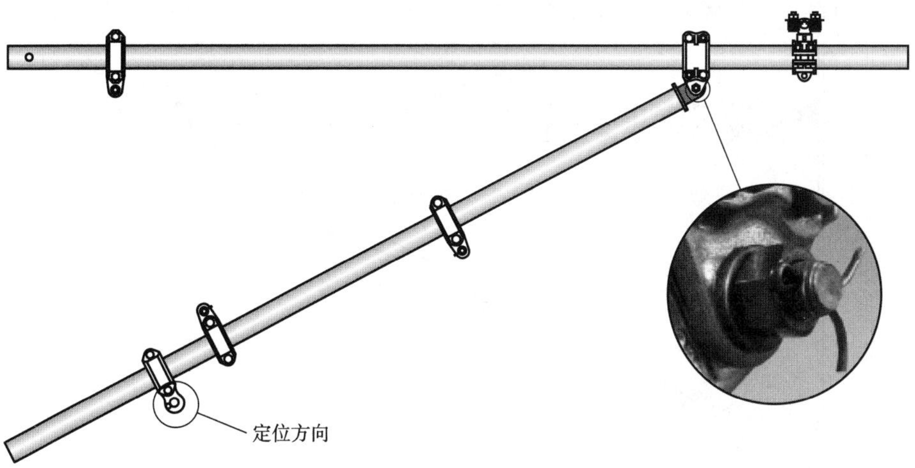

图 7-54　平、斜腕臂连接成型图

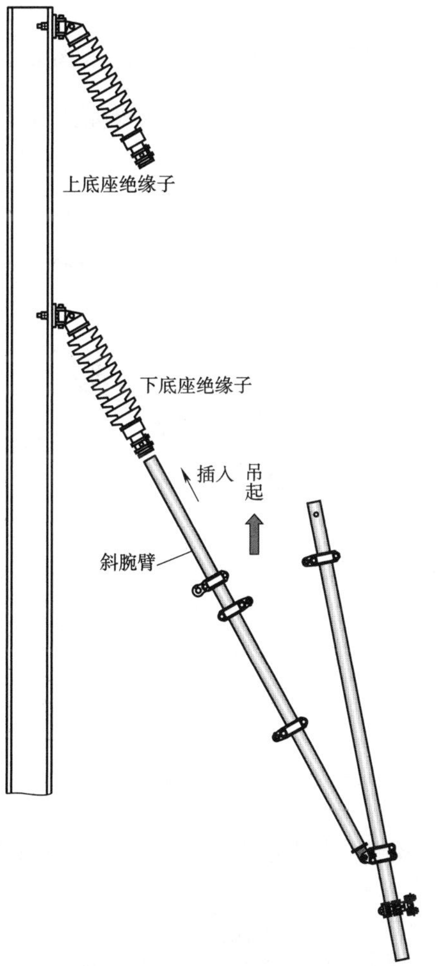

图 7-55　斜腕臂与底座绝缘子安装图

第二步:继续拉起腕臂至适当位置,将平腕臂末端与上底座绝缘子连接,如图 7-56 所示。

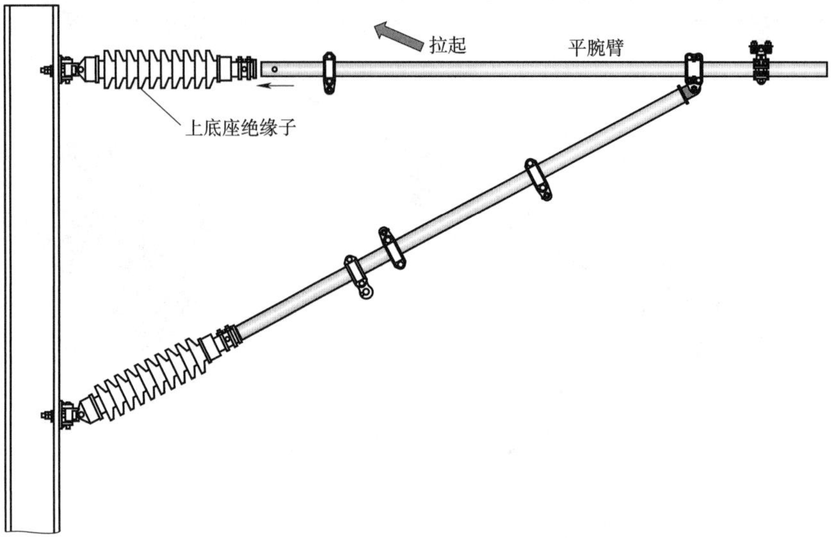

图 7-56　平腕臂与底座绝缘子安装图

第三步:将腕臂支撑分别与平、斜腕臂连接,若距离有偏差时可适当移动其中一个支撑管卡子位置完成连接,如图 7-57 所示。

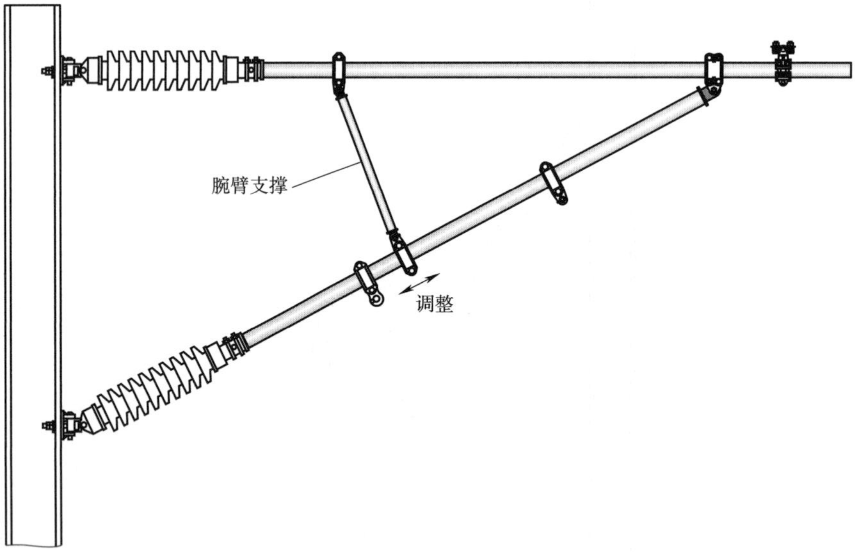

图 7-57　腕臂支撑安装图

4. 平、斜腕臂等有裂纹、锈蚀、弯曲等严重问题的应及时进行更换

(1)平腕臂更换

①利用 0. 75 t 手扳葫芦将承力索、接触线进行卸载。

②松开平腕臂上的管帽、承力索座、套管双耳、绝缘子顶丝,拆下平腕臂(卸载前对各个需要拆除的零件进行记号定位)。

③用盒尺量取平腕臂长度,在新腕臂上做好记号,并用腕臂割刀将多余部分割掉,对比旧腕臂记号在新腕臂上做好记号。

④安装平腕臂，各个零件必须要在原有的记号位置安装并进行力矩紧固。

⑤安装接触线、承力索并进行力矩紧固。

⑥拆除手扳葫芦、拉力带。

(2)斜腕臂更换

①针对简单链型悬挂，先将手扳葫芦固定在支柱垂直方向高于承力索的合适位置，将链条活动端与承力索固定后，转动手扳葫芦观察承力索受力后拆除承力索座，卸载接触悬挂作用在斜腕臂竖直方向的荷载。

②先拆除定位管、定位器，再拆除套管双耳、斜腕臂绝缘子顶丝(卸载前对各个需要拆除的零件进行记号定位)。

③拆下斜腕臂，用盒尺量取斜腕臂长度，在新腕臂上做好记号，并用腕臂割刀将多余部分割掉，对比旧腕臂记号在新腕臂上做好记号。

④安装斜腕臂，安装顺序与拆除顺序相反，对各个螺栓进行力矩紧固。

⑤拆除手扳葫芦、拉力带，进行定位线夹力矩紧固。

技能训练

任务工作单见表7-45。

表7-45 任务工作单

<table>
<tr><td colspan="8">维护柔性接触网</td></tr>
<tr><td colspan="3">姓名：</td><td colspan="3">班级：</td><td colspan="2">日期：</td></tr>
<tr><td rowspan="3">任务目标：
(1)掌握柔性接触网拉出值测量及检调方法。
(2)掌握柔性接触网定位器坡度水平尺测量方法。
(3)了解腕臂调整方法</td><td>指导老师</td><td colspan="6"></td></tr>
<tr><td>团队成员</td><td></td><td></td><td></td><td></td><td></td><td></td></tr>
<tr><td>分工职责</td><td></td><td></td><td></td><td></td><td></td><td></td></tr>
<tr><td colspan="8">任务实施：
(1)某支柱接触网定位点导高 $H=6\ 000$ mm，位于曲线半径 $R=500$ m，外轨超高 $h=80$ mm，经查询设计资料，该定位点处拉出值标准值 $a=300$ mm，轨距 $L=1\ 440$ mm，请通过计算说明该定位点接触线与线路中心线和钢轨间的相对位置关系，相对线路中心线的距离。</td></tr>
<tr><td colspan="8">(2)如图7-58所示为柔性接触网支持定位装置图，若采用水平尺和卷尺测量图中定位器坡度该如何操作？请在图中予以标画示意。

图7-58 柔性接触网支持定位装置图</td></tr>
</table>

(3)如图7-58所示的腕臂装配形式,要使平腕臂上抬5°,简述需调整哪些部件及部件调整方向。

____

____

____

任务评价

任务评价见表7-46。

表7-46　任务评价表

<table>
<tr><th rowspan="2">序号</th><th rowspan="2">评价内容</th><th rowspan="2">评价标准</th><th rowspan="2">分数</th><th colspan="3">评分记录</th></tr>
<tr><th>学生自评</th><th>组间互评</th><th>教师评分</th></tr>
<tr><td>1</td><td>柔性接触网拉出值测量及检调方法</td><td>测量结果准确、调整方法表述准确,错漏任一项扣5分</td><td>30</td><td></td><td></td><td></td></tr>
<tr><td>2</td><td>柔性接触网定位器坡度水平尺测量</td><td>标画水平尺、卷尺测量值符合坡度测量要求,错漏一项扣5分</td><td>30</td><td></td><td></td><td></td></tr>
<tr><td>3</td><td>腕臂调整</td><td>调整部件、调整方向存在错漏一处扣5分</td><td>20</td><td></td><td></td><td></td></tr>
<tr><td>4</td><td>团队合作精神</td><td>汇报时,没有体现团队分工合作的,扣1~20分</td><td>20</td><td></td><td></td><td></td></tr>
<tr><td colspan="4">总分</td><td></td><td></td><td></td></tr>
<tr><td colspan="4">综合成绩(学生自评占30%,组间互评占30%,教师评分占40%)</td><td colspan="3"></td></tr>
</table>

巩固练习

1. 柔性接触网定位装置是依据哪个接触网参数进行调整?
2. 柔性接触网的腕臂与支柱间为何不采用一体化固定方式?

任务11　维护刚性架空接触网

学习目标

(1)了解刚性接触网接触线磨耗测量。

(2)熟悉刚性接触网槽钢水平测量与调整。

(3)熟悉检调刚性分段绝缘器。

任务描述

本任务对刚性接触网磨耗测量、支撑装置水平测量与调整、刚性分段绝缘器测量及调整等内容开展学习,可对刚性接触网关键组成部分及部件安装调整有初步的认识,从而加深对刚性接触网结构特点的理解和掌握。

知识讲解

刚性接触网检修主要包括对接触网设备进行紧固、调整、涂油;对磨损、锈蚀的接触网设备进行整修、补强或局部更换,以保持接触网的正常工作状态。

一、刚性接触网磨耗

刚性架空接触网运行过程中，受隧道低净空、弓网气动性、列车起动加速取流大等因素影响，受电弓与接触线间磨耗问题较突出，当刚性架空接触网整锚段接触线的磨耗高度达到总高度的2/3，或其状态不满足运行安全时，应进行接触线更换。接触线型号按铜及其合金元素类别、抗拉强度等级及标称截面积分类，如图7-59所示。

C□□□

- 规格：标称截面积数值/mm^2。
- 强度等级：铜、铜银合金、铜铬锆合金：省略；铜锡合金、铜镁合金：低—（省略）；中—M；高—H。
- 材料：铜—T；铜银合金—TA；铜锡合金—TS；铜镁合金—TM；铜铬锆合金—TCZ。
- 接触线。

示例1：120 mm^2 铜接触线表示为CT120；
示例2：120 mm^2 铜银合金接触线表示为CTA120；
示例3：120 mm^2 低强度铜锡合金接触线表示为CTS120；
示例4：150 mm^2 中强度铜锡合金接触线表示为CTSM150；
示例5：150 mm^2 高强度铜镁合金接触线表示为CTMH150；
示例6：150 mm^2 铜铬锆合金接触线表示为CTCZ150。

图7-59 接触线型号分类

1. 接触线磨耗测量

(1)磨耗面积计算

接触线磨耗量一般用磨耗面积予以量化，但现场无法直接测得磨耗面积，根据接触线断面几何关系，通过测量接触线磨耗断面残存高度值或宽度值，得到接触线磨耗面积。因此实际工作中，通过计算，建立接触线磨耗断面残存高度值、宽度值与残存面积间的对照关系及磨耗对照表，即可通过直接测量接触线磨耗断面残存高度值、宽度值，查阅磨耗对照表，得到磨耗面积。铜银接触线Ris120磨耗对照见表7-47。

表7-47 铜银接触线Ris120磨耗对照表

接触线残存高度值 A mm	接触线磨耗高度值 x mm	接触线磨耗面宽度值 y mm	残存面积 S mm^2	接触线剩余面积百分比	接触线磨耗面积百分比
13.2	0	0	121.18	100%	0
13.1	0.1	2.29	121.03	99.87%	0.13%
13.0	0.2	3.22	120.75	99.64%	0.36%
12.9	0.3	3.93	120.39	99.35%	0.65%
12.8	0.4	4.42	119.97	99.00%	1.00%
12.7	0.5	5.04	119.49	98.60%	1.40%
12.6	0.6	5.50	118.96	98.17%	1.83%
12.5	0.7	5.91	118.39	97.70%	2.30%
12.4	0.8	6.30	117.78	97.19%	2.81%
12.3	0.9	6.65	117.13	96.66%	3.34%
12.2	1.0	6.98	116.45	96.09%	3.91%
12.1	1.1	7.29	115.74	95.51%	4.49%
12.0	1.2	7.59	114.99	94.89%	5.11%

续表

接触线残存高度值 A mm	接触线磨耗高度值 x mm	接触线磨耗面宽度值 y mm	残存面积 S mm^2	接触线剩余面积百分比	接触线磨耗面积百分比
11.9	1.3	7.86	114.22	94.25%	5.75%
11.8	1.4	8.13	113.42	93.59%	6.41%
11.7	1.5	8.37	112.59	92.91%	7.09%
11.6	1.6	8.61	111.74	92.21%	7.79%
11.5	1.7	8.84	110.87	91.49%	8.51%
11.4	1.8	9.06	109.98	90.75%	9.25%
11.3	1.9	9.26	109.06	90.00%	10.00%
11.2	2.0	9.46	108.12	89.22%	10.78%

(2)磨耗测量

一般采用游标卡尺进行接触线磨耗测量，游标卡尺一般有机械式和电子数显式两种，如图7-60、图7-61所示。

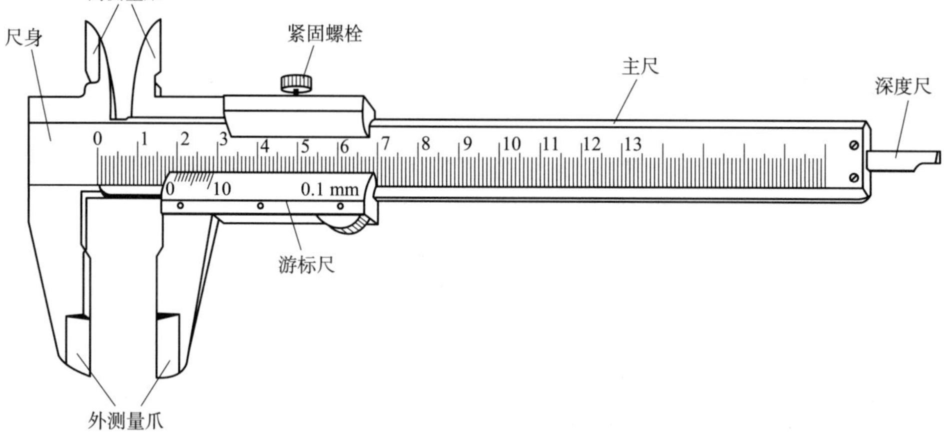

图7-60　机械式游标卡尺

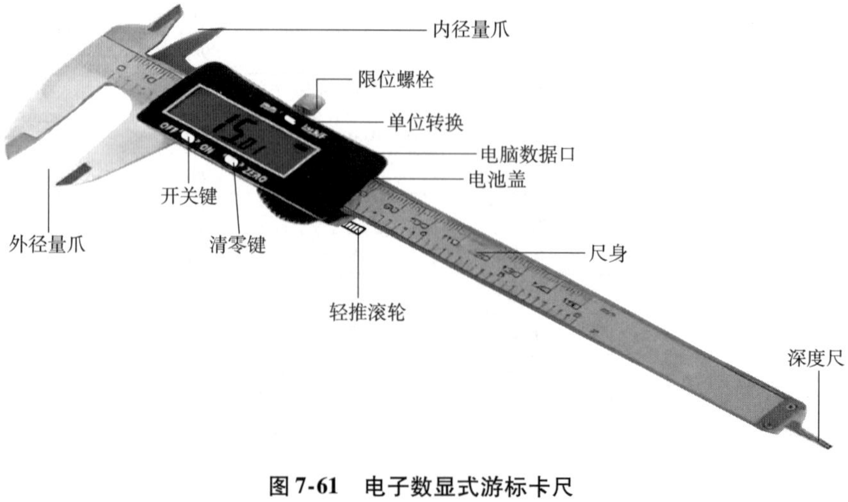

图7-61　电子数显式游标卡尺

测量步骤：

①使用接触网作业梯车（现场6人，1人担当负责人，4人扶梯车，1人在梯车平台测量，实训室内可模拟）推至需测量磨耗的接触线处。

②测量人员将游标卡尺外量与接触线磨耗面保持水平，移动游标使外量爪内测量面与磨耗面保持等距并平行，同时拧紧紧固螺钉读取 y 值，如图7-62、图7-63所示。

③同一位置测量三次，取平均值作为测量值。通过测量 y 值，查磨耗换算表可得接触线 S、A、x 值，以此量化接触线的磨耗情况，作为接触线换线参考值。

图7-62　刚性接触网接触线磨耗面

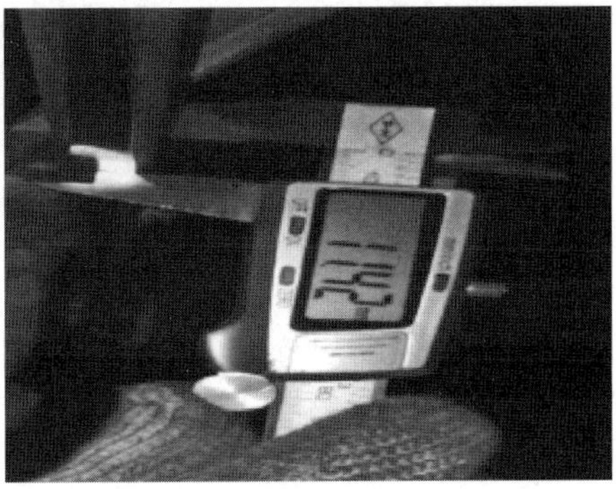

图7-63　接触线磨耗面宽度值 y

二、刚性接触网支撑装置水平测量与调整

1. 测量

将水平尺与槽钢平行放置，用卷尺测量槽钢水平差值并记录，如图7-64所示。

图7-64　水平尺测量槽钢

2. 调整步骤

（1）使用扳手松开T形头螺栓与底座、槽钢连接螺栓。

（2）T形头螺母松开以后，将水平尺放在单支悬吊槽钢上。

（3）使用扳手调整或者加装斜垫片，如图7-65所示，观察水平尺水泡居中后紧固T形头或化学锚栓主母与备母，此时槽钢两端趋向水平，如图7-66所示。

3. 刚性分段绝缘器测量

刚性接触网分段绝缘器的参数测量，主要通过测量刚性分段绝缘器与线路中心线水平偏差值、与钢轨平面的竖直高差值，监测刚性分段绝缘器是否满足受电弓运行机械参数要求。

参数测量基本过程为：使用水平尺和激光测量仪，测量分段绝缘器的导高（相对于轨面）和拉出值（相对于线路中心），其顺线路方向中心线与受电弓中心线偏离值应小于等于50 mm，分段绝缘器与受电弓接触部分应调整至一个平面上，且该平面应与轨顶平面平行，允许偏差应为±2 mm。

图7-65　T形头螺母加装斜垫片

图7-66　支撑槽钢调整水平

（1）如图7-67所示为分段绝缘器测量点位，测量各点导高，其中A、B、C、D、E、F、G、H点的高度差应不大于±2 mm。I、J点导高要高于上述测量点导高值，使分段绝缘器本体形成负驰度，减缓受电弓运行时与分段绝缘器间的冲击力度，从而降低彼此间磨耗。

（2）用水平尺模拟受电弓，从分段绝缘器下方滑动通过，检验过渡的平滑性，存在冲击点时须进行调整。

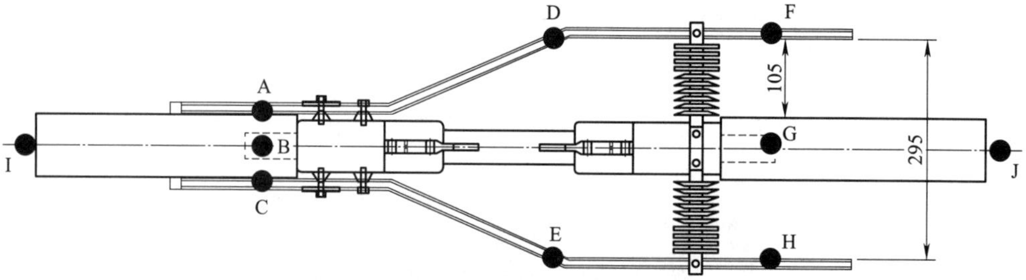

图7-67　分段绝缘器测量点位（单位：mm）

技能训练

任务工作单见表7-48。

表7-48　任务工作单

<table>
<tr><td colspan="8">维护刚性架空接触网</td></tr>
<tr><td colspan="8">姓名：　　　　　　班级：　　　　　　日期：</td></tr>
<tr><td rowspan="3">任务目标：
（1）辨识接触线型号。
（2）掌握接触线磨耗对照表的使用方法。
（3）掌握刚性接触网支撑装置水平调整方法。
（4）掌握刚性接触网分段绝缘器测量点位</td><td>指导老师</td><td colspan="6"></td></tr>
<tr><td>团队成员</td><td></td><td></td><td></td><td></td><td></td><td></td></tr>
<tr><td>分工职责</td><td></td><td></td><td></td><td></td><td></td><td></td></tr>
<tr><td colspan="8">任务实施：
（1）接触线CTAH120中字母及数字含义。
____
____
____________________</td></tr>
</table>

（2）根据表 7-47 接触线磨耗对照表，当接触线磨耗面积百分比达到 10% 时，接触线残存高度值、磨耗面宽度值各是多少？

（3）如图 7-68 所示刚性接触网支撑装置现场参数测量，结合使用水平尺调整槽钢水平方法，对照图 7-69 标画并写出调整步骤。

图 7-68 刚性接触网支撑装置现场参数测量（单位：mm）

（4）如图 7-69 所示为刚性接触网分段绝缘器，请在标注可对分段绝缘器水平状态进行量化分析的导高测量点位。

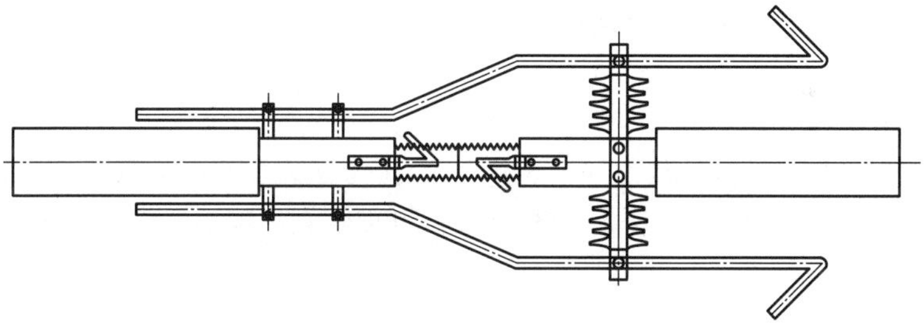

图 7-69 刚性接触网分段绝缘器

任务评价

任务评价见表 7-49。

表 7-49 任务评价表

序号	评价内容	评价标准	分数	评分记录		
				学生自评	组间互评	教师评分
1	辨识接触线型号	错漏一项扣 5 分	25			
2	查看接触线磨耗对照表	错漏一项扣 5 分	25			
3	刚性接触网支撑装置水平调整	调整部件、调整方向存在错漏一处扣 5 分	15			

续表

序号	评价内容	评价标准	分数	评分记录		
				学生自评	组间互评	教师评分
4	标注分段绝缘器测量点位	错漏一处扣 2 分	20			
5	团队合作精神	汇报时,没有体现团队分工合作的,扣 1 ~ 15 分	15			
总分						
综合成绩(学生自评占 30%,组间互评占 30%,教师评分占 40%)						

巩固练习

1. 如何降低刚性接触网磨耗测量过程中的误差值?
2. 刚性接触网分段绝缘器若无负尺度,受电弓通过时会带来哪些影响?

任务 12　整定和校验交流保护装置

学习目标

(1)熟悉交流电流保护定值整定。
(2)熟悉交流保护的校验方法。
(3)掌握在保护装置上查看保护定值的方法。

任务描述

本任务从认识继电保护测试仪的基本功能切入、逐步深入交流电流保护定值整定、交流三段式电流保护的校验、保护装置查看方法内容的学习,可理解和掌握交流保护装置的定值及整定的基本原理和方法。

知识讲解

一、继电保护测试仪

交流保护装置定值整定和校验常用到继电保护测试仪,如图 7-70 所示,继电保护测试仪是一种专用于电气系统中继电保护装置检测与校验的精密仪器。它的主要作用是模拟电力系统中可能出现的各种故障情况,如短路、过负荷、低电压、高电压等,以此来检验继电保护装置的性能是否符合设计要求,能否准确且迅速地识别故障并执行保护动作,从而确保电力系统的稳定运行和设备安全。

二、交流电流保护定值整定

以交流三段式电流保护定值整定为例,以下为保护定值整定过程。

1. 查阅保护定值单

保护定值单是电力设计专业根据交流系统运行方式,计算得出的各段保护电流定值及对应时限值,系统运行方式固定后一般不做调整,见表 7-50。

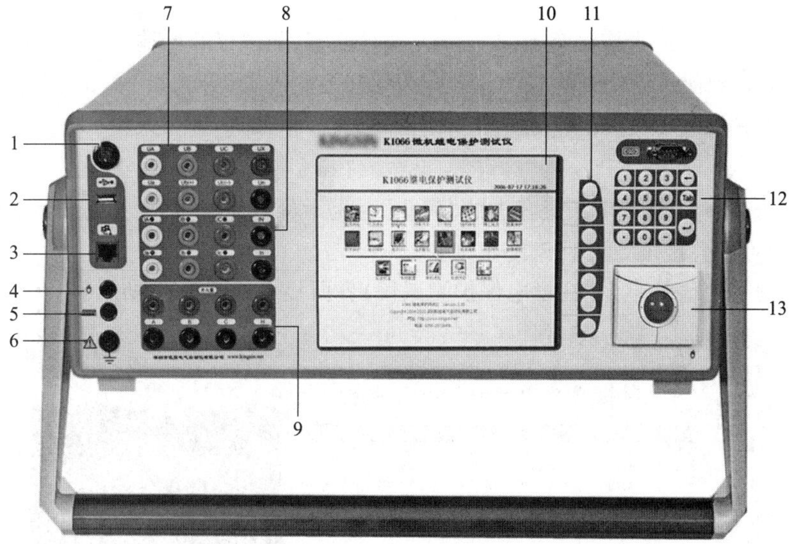

1—功放键;2—USB 接口;3—网络接口;4—鼠标插口;5—键盘接口;6—接地柱;7—电压输出;
8—电流输出;9—开入量;10—液晶显示屏;11—快速按键;12—数字键盘;13—鼠标。

图 7-70　继电保护测试仪

表 7-50　保护定值单

序号	保护名称	整定电流值/A	整定时间/s
1	过流Ⅰ段保护	0.8	0
2	过流Ⅱ段保护	0.5	0.5
3	过流Ⅲ段保护	0.2	1

2. 保护定值输入

进入保护装置“保护定值”设置菜单里,依次将保护定值单内的定值和定值时限值输入,经两个人确认无误后,把“过流段Ⅰ、Ⅱ、Ⅲ定值投入”置为“1”,其他控制字均置为“0”,则保护定值整定完成。

三、交流电流保护定值校验

在继电保护测试仪的“交流试验”菜单里,可以用手动或自动两种方式分别对过流保护Ⅰ、Ⅱ、Ⅲ段的定值进行测试,分为整定值校验和整定时间校验两大部分进行,下面以“过流Ⅱ段保护”为例,介绍过流保护的校验方法。

1. 交流电流保护定值校验

(1)参数设置

电压量:初始值、步长均设为0。

电流值:设置初始值一般为动作值的0.8倍动作整定值,可进行单相输出也可以进行三相输出,三相输出时相位正序。如I_A幅值设为4.5 A,勾选变步长,步长设为0.05 A,步长越小精度越高,试验时间也就越长。

变化方式:设为手动试验。

频率:设为50 Hz。

相位:默认为三相正序。

（2）手动试验

①开始试验。单击或者按键盘上的“运行”“确认”键，测试仪开始输出，运行时间变化。手动按，步长增大直到保护动作，蜂鸣器长响，即达到开关输入量（开入量）A，记录下动作值和动作时间。然后手动按，步长减小直到保护返回，蜂鸣器停止，即达到开入量 A，记录下返回值和返回时间。

②手动停止。单击或者按键盘上的“停止”后提示保存试验报告，按需要命名保存 word 文档格式报告，也可以直接按“退出”键终止试验。

交流电流保护定值校验仪器（继电保护测试仪）界面显示如图 7-71 所示。

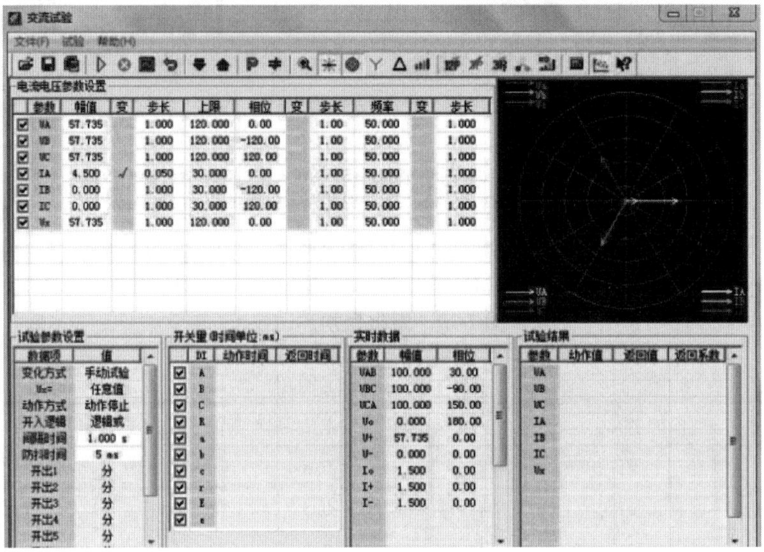

图 7-71　交流电流保护定值校验仪器界面显示

（3）校验结果

在开关量和试验结果状态栏中会记录下动作时间、返回时间、动作值、返回值、返回系数等信息，此时记录的时间信息反映的并不是保护的真实时间，它只是在模拟量在递变过程中的测得的时间，此时间仅做参考值，准确时间见过流保护时间定值测试。

2. 过流保护时间定值测试

（1）参数设置

初始电流 I_A 设置为 4 A，变化步长设置为 2 A，其他参数保持默认值。

（2）手动试验

试验方式一般选择手动控制，开始试验单击或者按键盘上的“运行”“确认”键，测试仪 I_A 将以 4 A 开始输出，运行时间变化。手动按，步长 2 A 直接变化到 6 A，保护动作蜂鸣器长响，即达到开入量 A 记录下动作时间和动作值。交流电流保护定值时限校验仪器界面显示如图 7-72 所示。

（3）校验结果

在开关量和试验结果状态栏中会记录下动作时间和动作值等信息，此时记录的动作值信息反映的是加入保护的故障电流，此时测得的动作时间即为保护整定动作时间。在测动作时间时也可以不用状态量变化而直接加入 1.2 倍整定动作值，达到开入量 A，测得的动作时间即为整定动作时间。

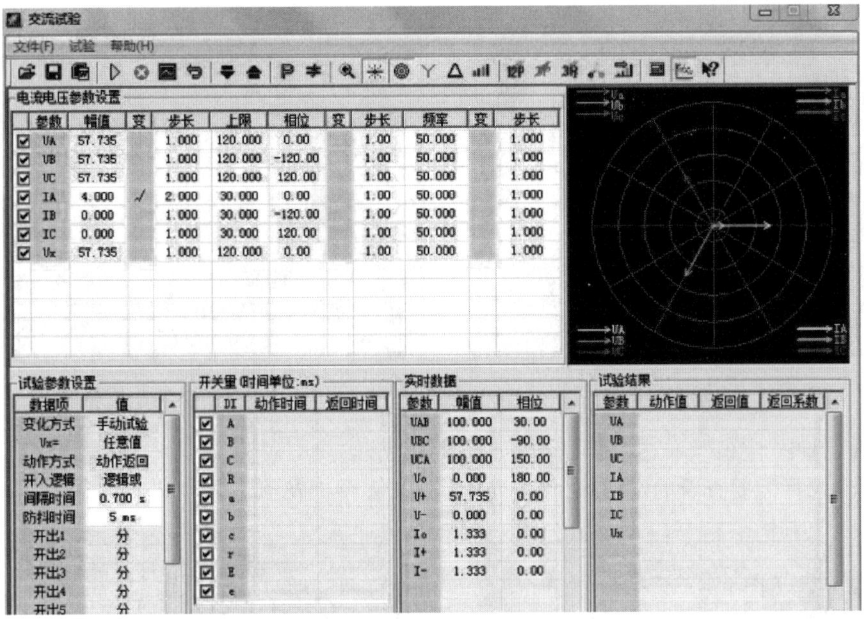

图 7-72　交流电流保护定值时限校验仪器界面显示

四、查看交流保护定值

定值一般分为设备参数定值和保护定值。设备参数定值只有一套,因为设备参数是相对固定的,比如 VT 一次值,当某一个保护装置用于 35 kV 的线路保护时,其“VT 一次值”就设定为 35 kV;而保护定值相对可变,比如某种运行情况下需要投入某一保护功能,而另一种运行情况下不需要投入(如主变中性点接地时投入零序电流保护、不接地时退出零序电流保护),那么就可以在 2 个不同的定值区分别存储 2 套定值,然后根据实际情况选择即可。

1. 保护定值查看

查看保护定值的步骤如下:

第一步:在显示界面按“取消”键进入主菜单,如图 7-73 所示。

第二步:选中“信息查看”,单击“确认”键,如图 7-74 所示。

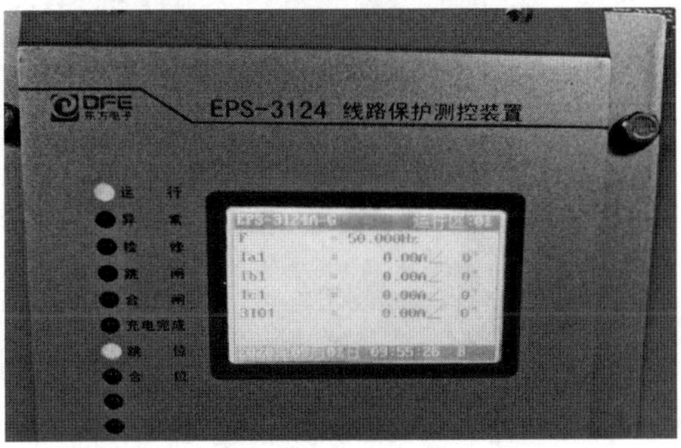

图 7-73　主菜单界面

图 7-74　信息查看界面

第三步:选中“查看定值”,单击“确认”键,如图 7-75 所示。

第四步:选中“保护定值”,单击“确认”键,如图 7-76 所示。

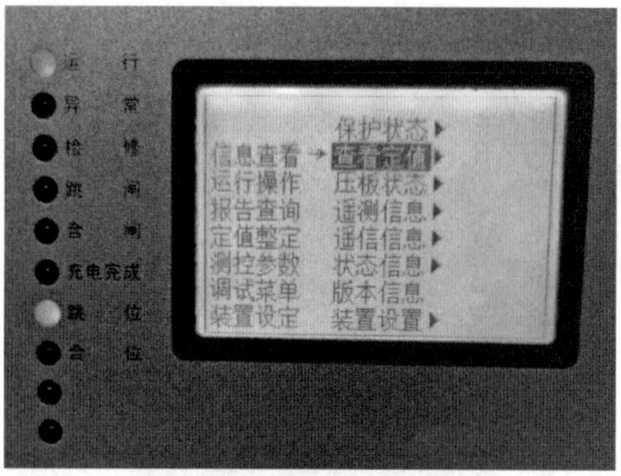

图 7-75　查看定值界面

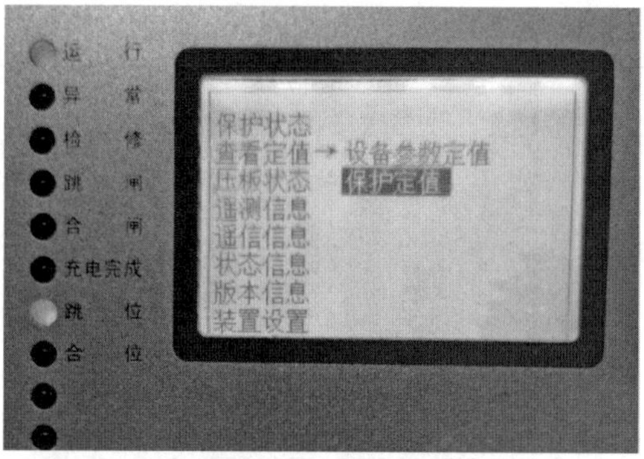

图 7-76　保护定值界面

第五步：选中“定值”，单击“确认”键，如图 7-77 所示。

第六步：选择需要查看的定值区，单击“确认”键，如图 7-78 所示。

图 7-77　定值分类界面

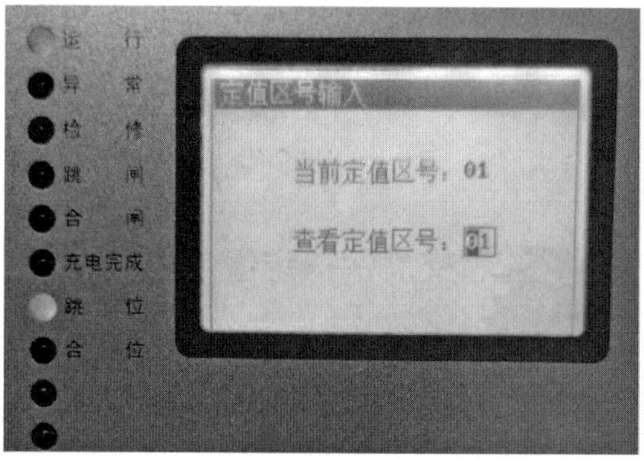

图 7-78　定值区界面

第七步：通过上下翻页键可以查看不同的定值，如图 7-79 所示。

2. 设备参数的查看

设备参数定值的查看方法与保护定值类似，如图 7-80、图 7-81 所示。

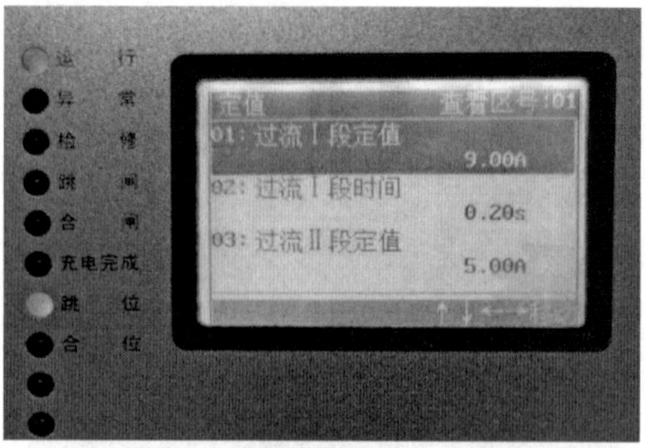

图 7-79　不同定值类型界面

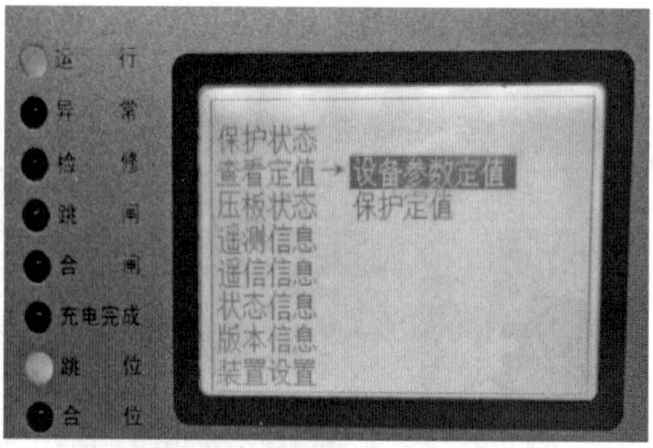

图 7-80　设备参数菜单界面

3. 控制字查看

控制字表示某一个功能是否投入，比如过流保护功能。控制字一般采用正逻辑，即控制字整定为 1 时表示投入，整定为 0 时表示退出。查看控制字的方法与定值类似，选中“控制字”，单击“确认”键，如图 7-82 所示。

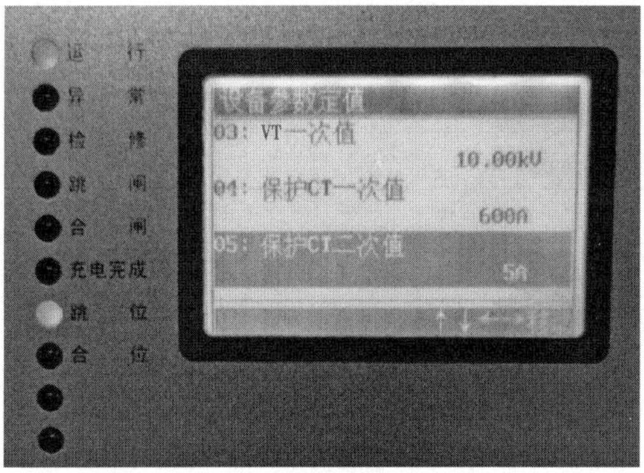

图 7-81　设备参数定值界面

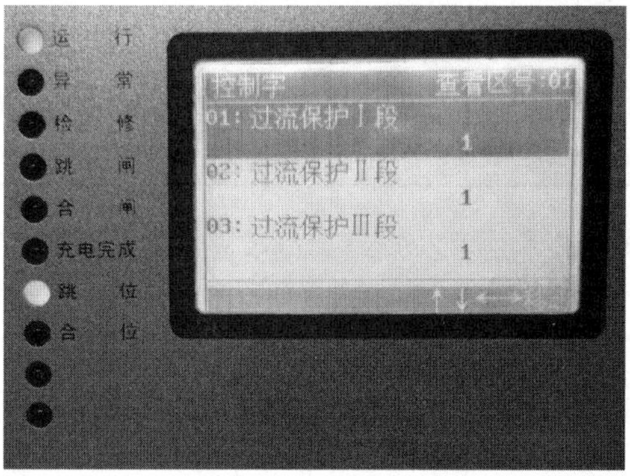

图 7-82　控制字界面

技能训练

任务工作单见表 7-51。

表 7-51　任务工作单

<table>
<tr><td colspan="7">整定和校验交流保护装置</td></tr>
<tr><td>姓名：</td><td colspan="3">班级：</td><td colspan="3">日期：</td></tr>
<tr><td rowspan="3">任务目标：
(1)辨识交流三段式电流保护定值设定合理性。
(2)掌握交流三段式电流保护选择性实现原理。
(3)读懂保护装置内参数设定含义</td><td>指导老师</td><td colspan="6"></td></tr>
<tr><td>团队成员</td><td></td><td></td><td></td><td></td><td></td><td></td></tr>
<tr><td>分工职责</td><td></td><td></td><td></td><td></td><td></td><td></td></tr>
</table>

任务实施：

(1)按照交流三段式电流保护设置原则，对表 7-52 内保护定值的设计的合理性进行辨析。

表 7-52　交流三段式电流保护定值表

定值名称	整定电流/A	整定时间/s
过流Ⅰ段定值	0.6	0.5
过流Ⅱ段定值	0.4	1
过流Ⅲ段定值	0.3	0

(2)交流三段式电流保护，各段保护选择性是如何实现的？

(3)请根据图 7-82 所示保护装置显示控制字状态，判断三段式电流保护是投入还退出状态？

任务评价

任务评价见表 7-53。

表 7-53　任务评价表

序号	评价内容	评价标准	分数	评分记录		
				学生自评	组间互评	教师评分
1	三段式电流保护定值辨析	错漏一项扣 5 分	30			
2	交流三段式电流保护选择性实现原理	错漏一项扣 5 分	30			
3	交流三段式电流保护装置参数辨识	错漏一项扣 5 分	20			
4	团队合作精神	汇报时,没有体现团队分工合作的,扣 1 ~ 20 分	20			
总分						
综合成绩(学生自评占 30%,组间互评占 30%,教师评分占 40%)						

巩固练习

1. 交流三段式电流保护定值一般遵循哪些匹配设置原则?
2. 交流供电系统运行方式改变时,为何要核对保护定值?

任务 13　整定和校验直流框架保护

学习目标

(1)熟悉直流框架保护定值整定。
(2)熟悉直流框架保护的校验方法。
(3)掌握在直流保护装置上查看保护定值的方法。

任务描述

本任务从认识直流框架保护系统设计切入,逐步深入直流框架保护定值的整定、校验,直流框架保护装置查看方法内容的学习,可理解直流框架保护系统设计原理、保护间匹配关系,掌握保护整定及定值查看的基本方法。

知识讲解

一、直流框架保护系统设计

直流框架保护装置由电流元件和电压元件组成。电流元件检测直流设备外壳至接地网的故障泄漏电流,即直流框架电流保护;电压元件测量直流设备外壳与负极之间的电压,其一端接直流设备外壳,另一端接直流系统负极,即直流框架电压保护。

(1)直流柜框架电流保护:用于保护直流进线柜、馈线柜、端子柜。直流柜框架电流保护动作后,联跳本站所有 35 kV 整流断路器并闭锁合闸;联跳本站所有直流进线、馈线断路器,并闭锁合闸；联跳邻站同区域的对应馈线断路器并闭锁重合闸，不闭锁合闸。

（2）直流柜框架电压保护：用于保护直流进线柜、馈线柜、端子柜，同时作为钢轨电位限制装置的后备保护。直流柜框架电压保护动作后，联跳本站所有35 kV整流断路器并闭锁合闸；联跳本站所有直流进线、馈线断路器，并闭锁合闸。

二、直流框架保护定值的整定

由于钢轨对地泄漏电阻的离散特性，在钢轨对地绝缘良好时，泄漏电阻大，电压元件可检测到钢轨对地的电压值，提高了直流柜框架电压保护探测的灵敏性，但不利于框架电流保护触发动作，此时直流柜框架电压保护可近似看作直流柜框架电流保护的后备保护。

由于钢轨电位限制装置与直流柜框架电压保护均监测钢轨对地电压，当钢轨电压高于人身安全电压DC 120 V时，由钢轨电位限制装置先动作合闸将钢轨直接接地，防止与钢轨等电位的电客车与地之间产生高电位，形成乘客上下车时的跨步电压危及人身安全，因此二者保护定值设定上形成级差配合。在钢轨电位升高大于150 V而钢轨电位限制装置未及时动作合闸降低钢轨危险电压时，延时0.3 s启动流框架电压保护作为后备保护，保护定值配合见表7-54、表7-55。

表7-54 直流框架保护定值整定表

保护名称	保护设置参数	保护整定值
框架电流保护	电流跳闸值	80 A
	电流跳闸延时	2 ms
框架电压保护	电压告警 $U1>$	130 V
	电压告警延时 $t1>$	1 s
	电压跳闸 $U2>$	150 V
	电压跳闸延时 $t2>$	0.3 s

表7-55 钢轨电位限制装置保护定值整定表

保护名称	保护设置参数	保护整定值
延时短路（正线）	$U>$	120 V
	$U>$闭锁前短接次数 n	3 次
	$U>$短接持续期 T_{OFF}	10 s
	$U>$时的延时 $t>$	0.6 s
	计数器复位延时 $TT>$	60 s
无延时永久短接	$U>>$	150 V
晶闸管快速短接	$U>>>$	480 V
长期短接告警	最长持续时间 H	24 h

三、校验直流框架保护

1. 校验直流柜框架电压保护

为防止校验加压对二次系统设备造成损坏，需先拆除直流框架母排二次接线，如图7-83所示。将继电保护测试仪输出正极连接负极柜内回流母排L-，输出负极连接直流框架母排被拆除的二次接线，如图7-84所示。

图 7-83　母排二次接线图

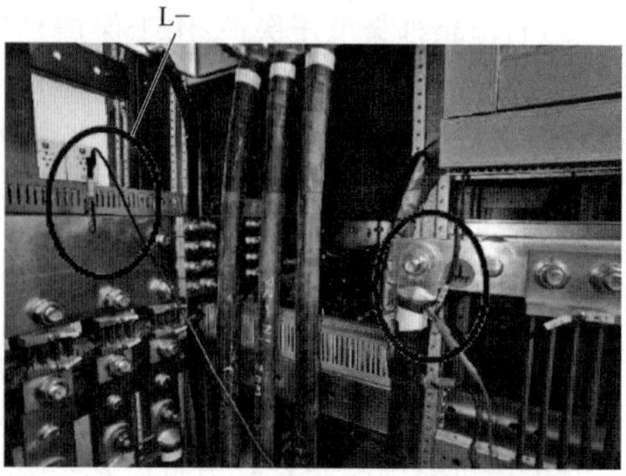

图 7-84　继电保护测试仪接线

使用继电保护测试仪输出恒定 100 V 的电压值,观察面板显示值应为 100 V(误差≤ ±5%),使用继电保护测试仪输出一个恒定且比告警值略小的值,若无告警,则就以该值为初始值,根据保护设定值设置步长及步进时间,逐渐增加输出电压至整定值界限,模拟直流柜框架电压保护告警,直流柜框架电压保护告警后,停止继电保护测试仪输出。

记录继电保护测试仪输出电压及屏幕显示值,确认屏幕告警信息及 PSCADA 系统应有相应报文,测试结果应符合整定值,综合误差不大于 ±5%。按“复位/解锁”按钮,复归保护信号。

2. 校验直流柜框架电流保护

拆除直流框架电流采集装置分流器上的二次接线,如图 7-85 所示。将毫伏发生器输出正极连接分流器上侧的二次接线处,输出负极连接分流器下侧的二次接线处,如图 7-86 所示。

图 7-85　分流器二次接线图

图 7-86　毫伏发生器接线图

使用毫伏发生器输出恒定 10 mV 的电压值,查看面板显示值应为 50 A(误差≤ ±5%),使用毫伏发生器或过程校验仪输出一个恒定且比告警值略小的电流值,若无告警,则就以该值为初始值,逐渐增加输出电压至整定值界限,模拟直流柜框架电流保护反向告警。直流柜框架电流保护反向告警后,停止毫伏发生器输出。

记录毫伏发生器输出电压及屏幕显示电流值,确认屏幕告警信息及 PSCADA 系统应有相应报文,测试结果应符合整定值,误差≤ ±5%。

四、查看直流框架保护定值

查看直流框架保护定值的步骤如下:

第一步:单击显示屏右下角“主菜单”,进入“主菜单”界面,如图 7-87、图 7-88 所示。

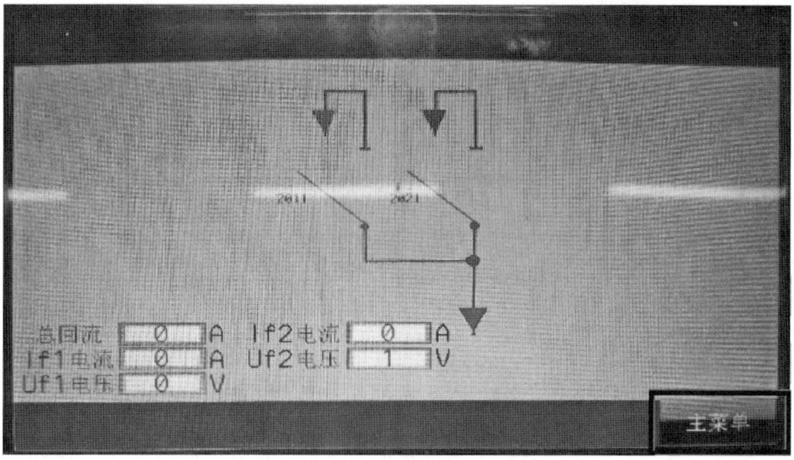

图 7-87 主菜单界面 1

图 7-88 主菜单界面 2

第二步:单击“参数设置”,进入“参数设置”界面,如图 7-89、图 7-90 所示。

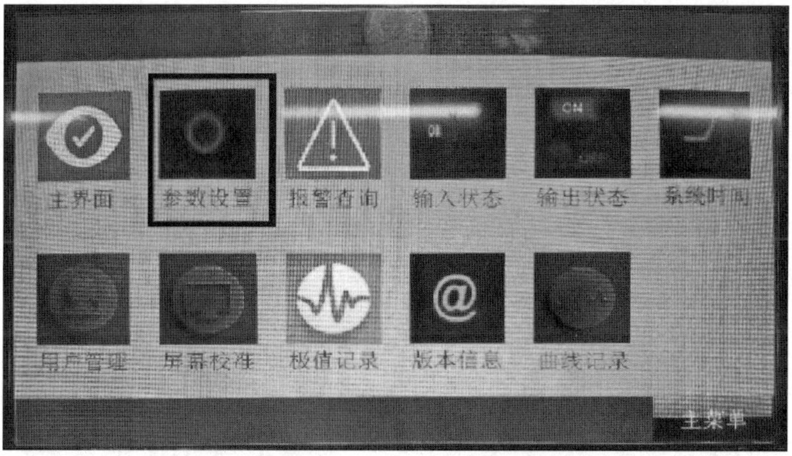

图 7-89 参数设置界面 1

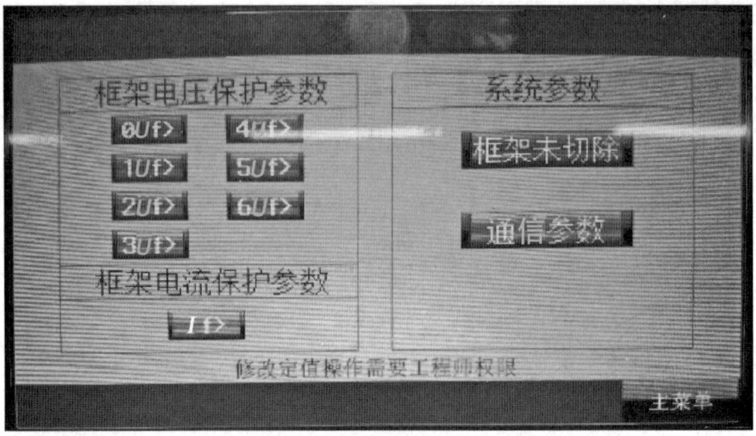

图 7-90　参数设置界面 2

第三步:依次单击框架电压保护参数“0*Uf* >”至“6*Uf* >”图标,可查询直流框架电压保护参数界面,如图 7-91 所示。

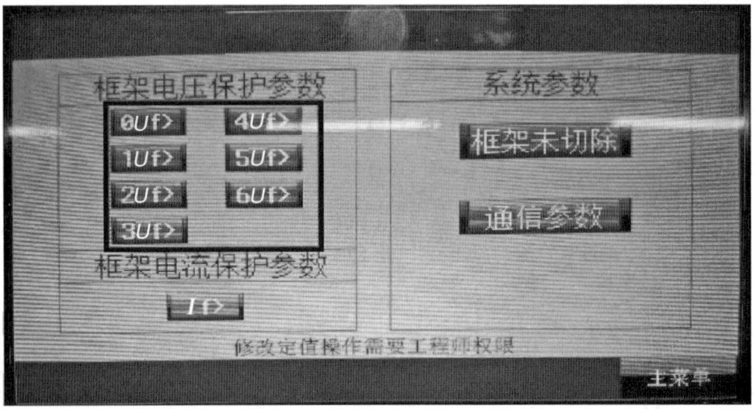

图 7-91　直流框架电压保护参数界面

单击“1*Uf* >”图标,左侧为直流柜框架电压保护 *Uf*1 >参数,右侧为整流柜框架电压保护 *Uf*2 >参数,如图 7-92 所示。

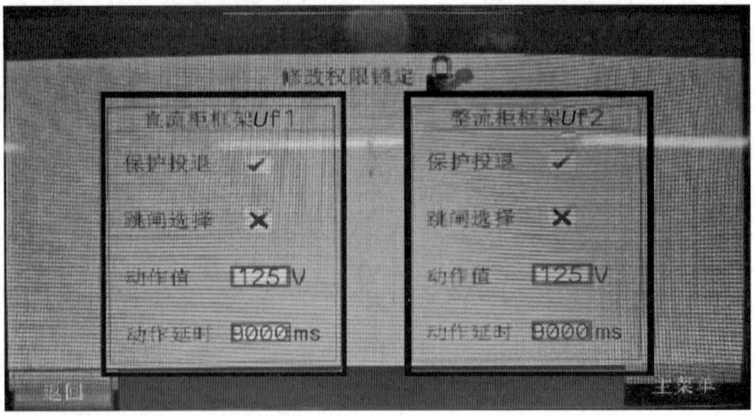

图 7-92　直流柜和整流柜框架电压保护 1*Uf* 参数界面

第四步:在“参数设置”界面,单击“If >”图标,可查询直流柜/整流柜框架电流保护具体参数,如图 7-93 所示。

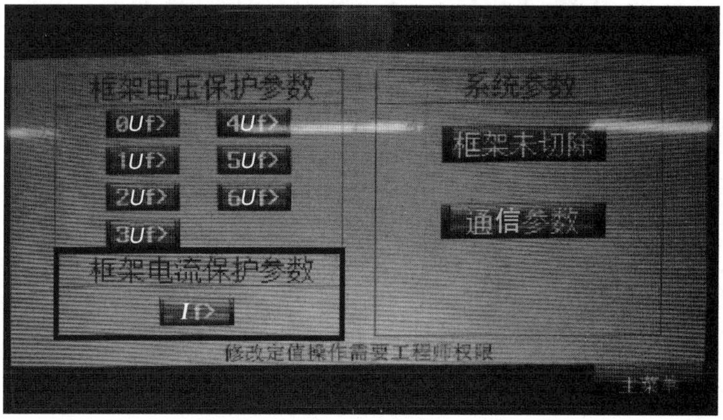

图 7-93　直流框架电流保护参数界面

第五步:单击“If >”,左侧为直流柜框架电流保护参数,右侧为整流柜框架电流保护参数,如图 7-94 所示。

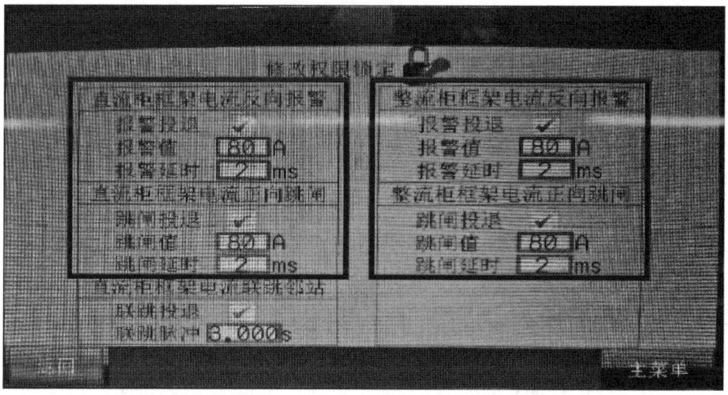

图 7-94　直流柜和整流柜框架电流保护参数修改界面

技能训练

任务工作单见表 7-56。

表 7-56　任务工作单

<table>
<tr><td colspan="8">整定和校验直流框架保护</td></tr>
<tr><td>姓名:</td><td colspan="4">班级:</td><td colspan="3">日期:</td></tr>
<tr><td rowspan="3">任务目标:
(1)辨识直流框架电压、直流框架电流保护检测回路。
(2)掌握直流框架电压保护范围。
(3)掌握直流框架电流保护范围。
(4)读懂保护装置内参数设定含义</td><td>指导老师</td><td colspan="6"></td></tr>
<tr><td>团队成员</td><td></td><td></td><td></td><td></td><td></td><td></td></tr>
<tr><td>分工职责</td><td></td><td></td><td></td><td></td><td></td><td></td></tr>
<tr><td colspan="8">任务实施:
(1)如图 7-95 所示为直流框架保护回路示意图,简述直流框架电压、电流保护检测回路。</td></tr>
</table>

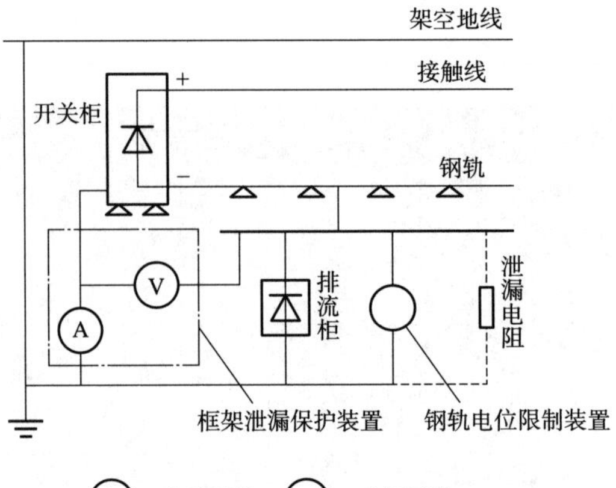

Ⓐ—电流元件；Ⓥ—电压元件。

图 7-95　直流框架保护回路示意图

（2）如图 7-96 所示为牵引直流系统一次图，当直流进线柜 201 框架电压保护动作，根据直流框架电压保护机理，简述动作跳闸开关编号。

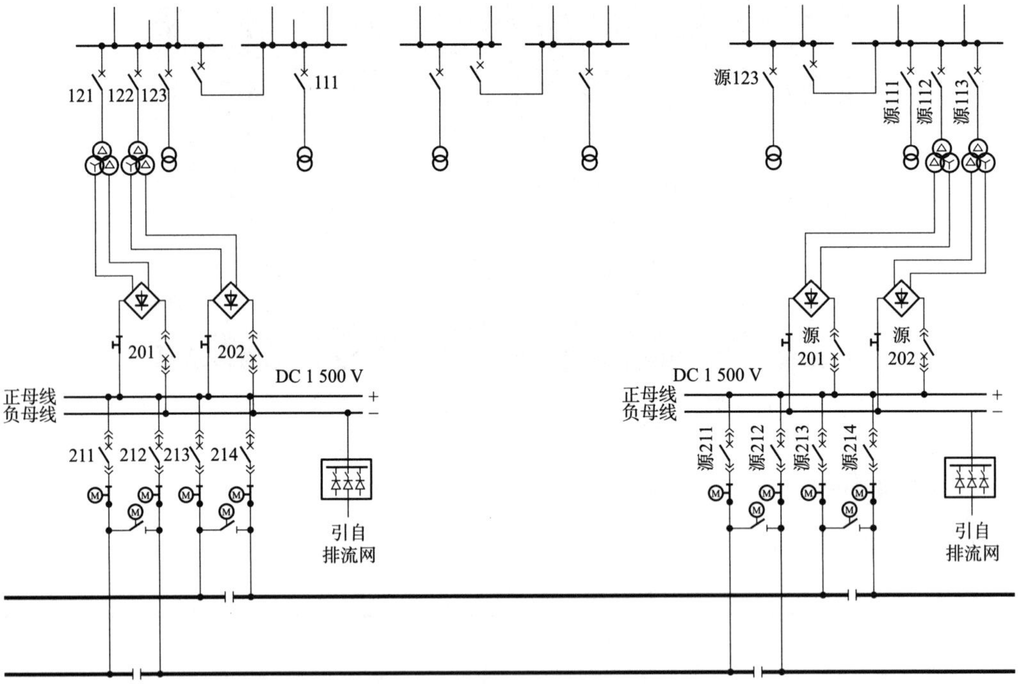

图 7-96　牵引直流系统一次图

（3）如图 7-96 所示，当直流馈线柜 211 框架电流保护动作，根据直流框架电压保护机理，简述动作跳闸开关编号。

（4）如图 7-97 所示，为直流框架电压保护装置定值显示界面，简述保护类型及定值。

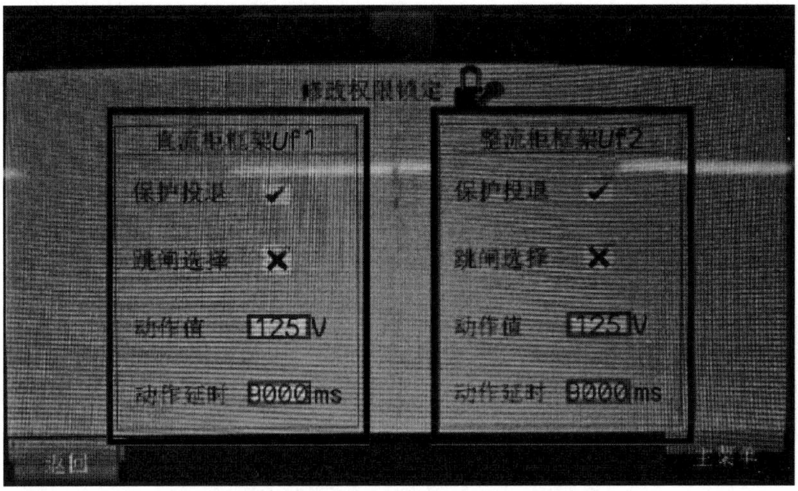

图 7-97 直流框架电压保护定值显示界面

任务评价

任务评价见表 7-57。

表 7-57 任务评价表

序号	评价内容	评价标准	分数	评分记录		
				学生自评	组间互评	教师评分
1	直流框架电压、直流框架电流保护检测回路辨识	错漏一项扣 5 分	20			
2	直流框架电压保护动作范围辨识	错漏一项扣 5 分	30			
3	直流框架电流保护动作范围辨识	错漏一项扣 5 分	20			
4	直流保护装置定值辨识	错漏一项扣 5 分	10			
5	团队合作精神	汇报时,没有体现团队分工合作的,扣 1 ~ 20 分	20			
总分						
综合成绩(学生自评占 30%,组间互评占 30%,教师评分占 40%)						

巩固练习

1. 直流柜框架电压保护、框架电流保护及钢轨电压限制保护间存在哪些匹配设置原则?
2. 直流柜框架电压保护、框架电流保护范围有什么不同?

任务 14　整定和校验直流双边联跳保护

学习目标

(1)熟悉直流双边联跳保护系统设计原理。

(2)熟悉直流双边联跳保护的校验方法。

(3)掌握在直流保护装置上查看保护定值的方法。

任务描述

本任务从认识直流双边联跳保护系统设计切入,了解大电流脱扣保护、DDL保护(d*i*/d*t*、Δ*I*)、直流过电流保护均可触发双边联跳保护系统投入,双边联跳保护为直流开关的后备保护模式之一,逐步深入了解直流双边联跳保护定值的校验及保护装置查看方法,理解双边联跳保护系统设计原理、保护间的匹配关系,掌握直流双边联跳保护查看的基本方法。

知识讲解

一、直流双边联跳保护系统设计

1. 直流双边联跳原理简介

直流系统双边联跳保护是在直流馈线回路存在短路故障时,为确保相邻变电所可靠跳闸而增设的后备跳闸保护模式。在正常情况下,两变电所向同一供电分区的接触网供电,如分区内有短路发生时,则距短路点较近的变电所A对应直流馈线开关的d*i*/d*t*(电流上升率)保护或速断保护动作触发跳闸,同时相邻变电所B对应直流馈线开关的d*i*/d*t*延时保护或过电流保护动作触发跳闸,变电所A联跳装置向相邻变电所B联跳装置发送跳闸信号,即双边联跳保护作为直流开关的后备保护模式之一。

2. 直流系统双边联跳保护逻辑

直流系统双边联跳保护触发条件中涉及直流馈线柜的过电流故障、d*i*/d*t*、Δ*I*,同时和大电流脱扣等电流型保护动作后,均可触发双边联跳保护。因此双边联跳保护严格来讲是直流系统功能性保护方案,并非独立的一种保护类型,它的实现是通过集合各类型保护通过逻辑运算结果形成保护触发条件,如图7-98所示。

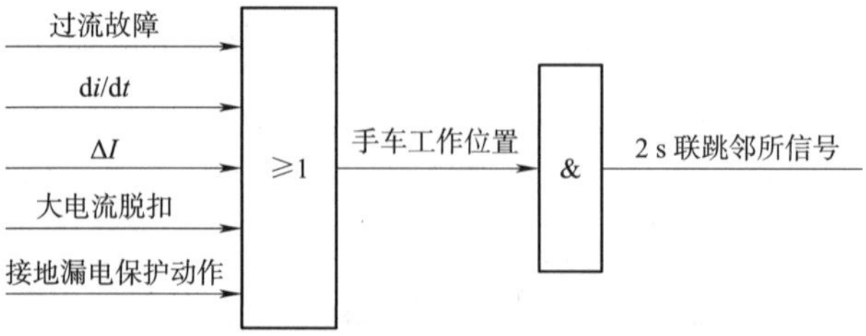

图7-98　直流双边联跳保护逻辑

直流馈线柜保护配置类型较多,本节主要针对过电流保护、d*i*/d*t*两种保护类型校验进行实操学习训练。

二、直流馈线柜过电流保护校验

1. 校验前准备

（1）保护校验前，应将直流馈线柜置于分闸状态且手车处于“试验”位置。

（2）为防止校验加压对二次系统设备造成损坏，需先拆除分流器二次接线，如图7-99所示。

（3）将毫伏发生器输出正极连接分流器上侧二次接线处，输出负极连接分流器下侧接线端子，如图7-100所示。

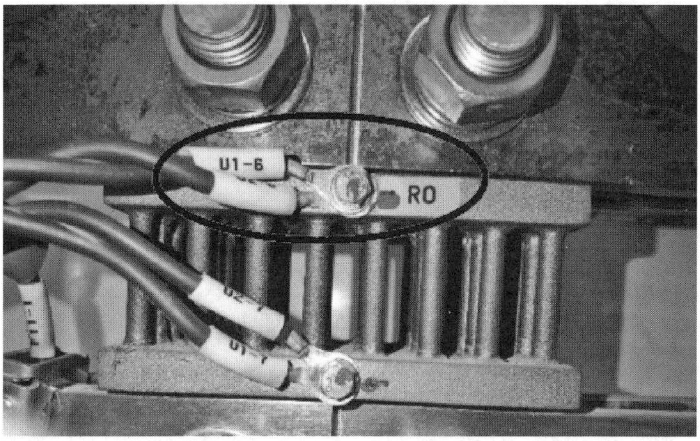

图7-99 分流器二次接线端子

图7-100 毫伏发生器测试接线

2. 开始校验

（1）使用毫伏发生器/过程校验仪正向输出一个从零位开始持续增大的电压值，直至增加输出电压至整定值界限，模拟过电流动作。测试结果应符合整定值，误差≤±5%。

（2）过电流动作后，停止毫伏发生器/过程校验仪输出。

（3）记录毫伏发生器/过程校验仪输出电压及屏幕电流显示值。

（4）查看柜门面板“故障/告警”指示灯亮；查看综合测控保护装置“跳闸闭锁”主信号灯亮，并复归。

（5）确认PSCADA系统应有相应报文。

三、直流馈线柜 d*i*/d*t* 保护校验

1. 校验前准备

准备工作同直流馈线柜过流保护校验。

2. 开始校验

(1)使用毫伏发生器/过程校验仪从零位直接输出一个突变电压至整定值界限,模拟电流上升率 d*i*/d*t* 动作。测试结果应符合整定值,误差≤±5%。

(2)电流上升率 d*i*/d*t* 动作后,停止毫伏发生器/过程校验仪输出。

(3)记录毫伏发生器/过程校验仪输出电压及屏幕电流显示值。

(4)查看柜门面板“故障/告警”指示灯亮;综合测控保护装置“跳闸闭锁”主信号灯亮,并复归。

(5)确认 PSCADA 系统应有相应报文。

四、查看直流馈线柜保护定值

查看保护定值的步骤如下:

第一步:在首页单击右下角图标,进入“主菜单”界面,如图 7-101 所示。

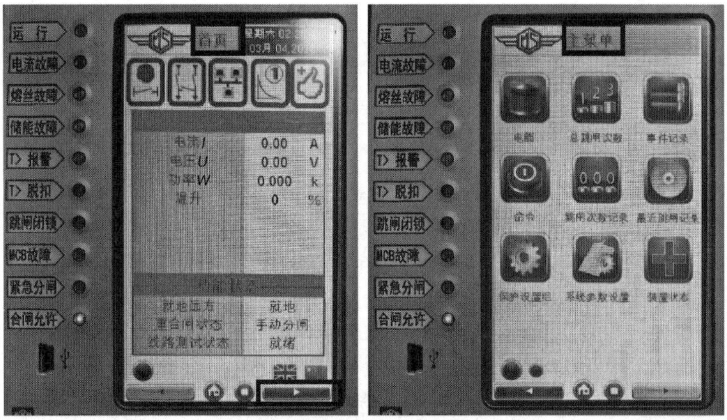

图 7-101 首页及主菜单界面

第二步:在“主菜单”界面单击“系统参数设置”图标,进入“系统参数”界面,如图 7-102 所示。

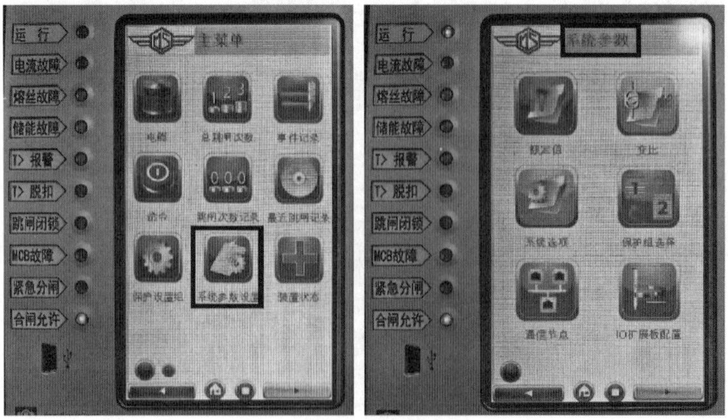

图 7-102 系统参数界面

第三步:“系统参数”界面单击“额定值”图标,进入“额定值”界面,如图 7-103 所示。

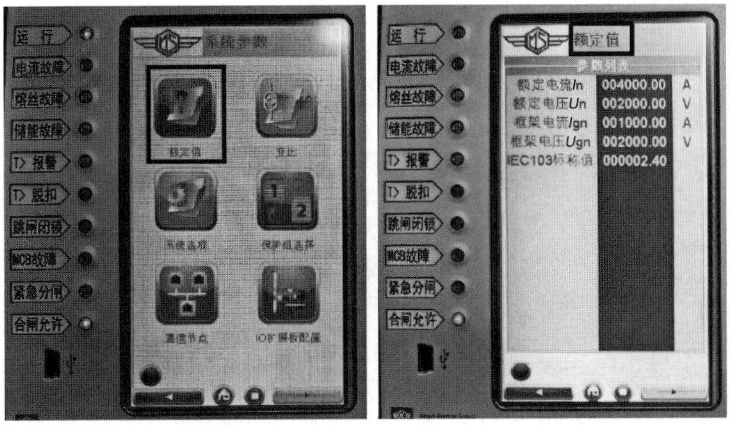

图 7-103 额定值界面

第四步:记录“额定电压”及“额定电流”后,返回“主菜单”界面。

第五步:在“主菜单”界面单击“保护设置组”图标,进入“组别选择”界面,如图 7-104 所示。

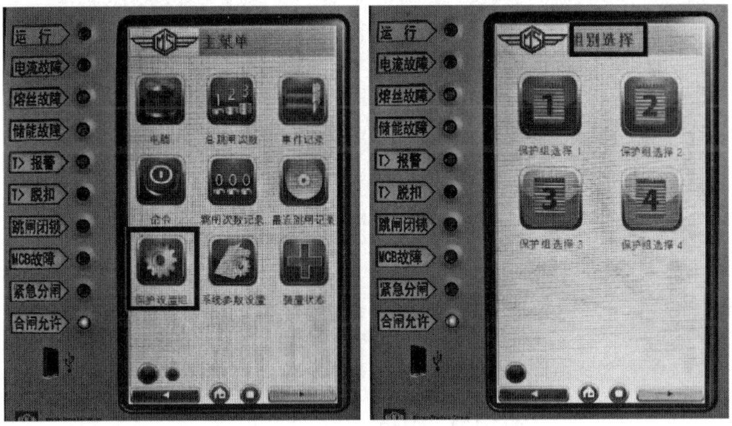

图 7-104 组别选择界面

第六步:在“组别选择”单击“保护设置组 1”图标,进入“功能”界面,如图 7-105 所示。

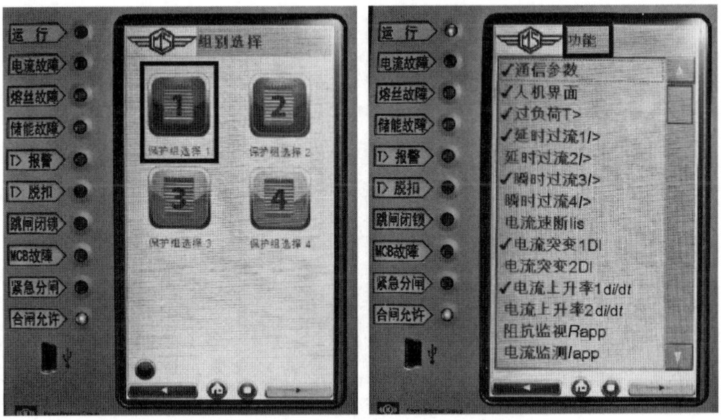

图 7-105 保护设置组 1 功能界面

第七步：依次单击“√”的保护功能，可查询保护具体参数。以“延时过流 1*I*＞”保护为例，单击“延时过流 1*I*＞”进入保护参数界面，如图 7-106 所示。

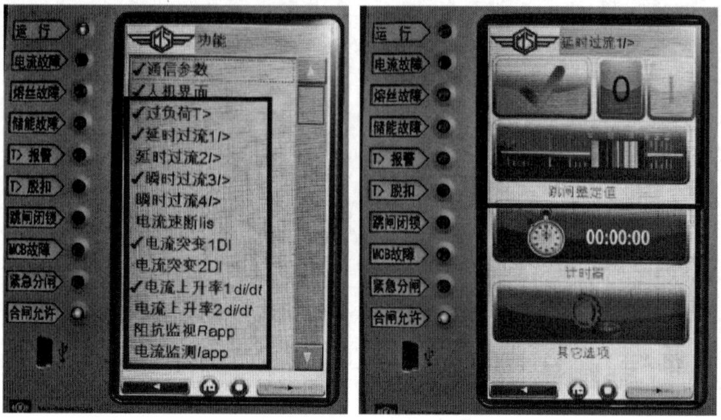

图 7-106　延时过流保护界面

第八步：单击“跳闸整定值”，查看保护动作整定值，如图 7-107 所示。

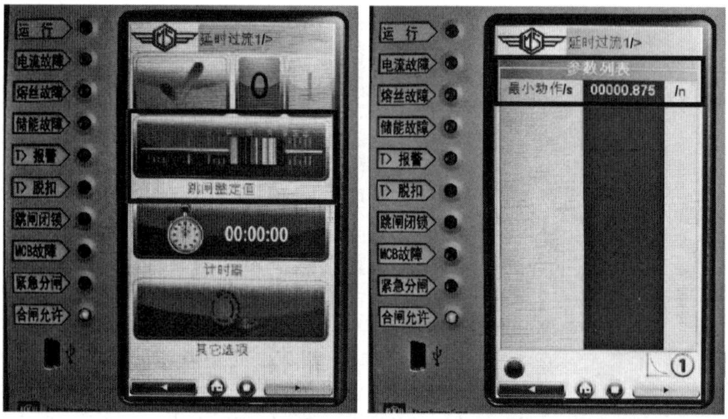

图 7-107　保护动作整定值界面

第九步：返回“延时过流 1*I*＞”保护参数界面，单击“计时器”，查看保护动作时间，如图 7-108 所示。

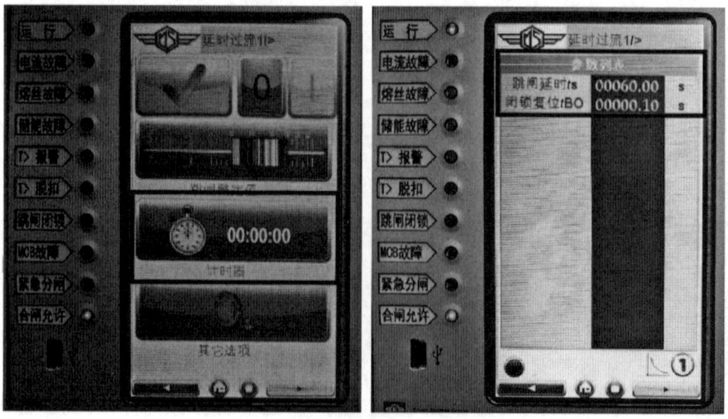

图 7-108　延时过流保护动作时间整定界面

第十步:按照第七～九步,依次查看其他保护设定值。

技能训练

任务工作单见表7-58。

表7-58 任务工作单

<table>
<tr><td colspan="8">整定和校验直流双边联跳保护</td></tr>
<tr><td colspan="8">姓名:　　　　　　　　班级:　　　　　　　　日期:</td></tr>
<tr><td rowspan="3">任务目标:
(1)掌握直流双边联跳保护范围。
(2)掌握直流过电流保护校验、di/dt保护校验。
(3)读懂保护装置参数设定含义</td><td>指导老师</td><td colspan="6"></td></tr>
<tr><td>团队成员</td><td></td><td></td><td></td><td></td><td></td><td></td></tr>
<tr><td>分工职责</td><td></td><td></td><td></td><td></td><td></td><td></td></tr>
<tr><td colspan="8">任务实施:
(1)根据直流双边联跳保护工作机理,如图7-109所示为直流双边供电示意图,分析当下行接触网出现短路故障时直流双边联跳保护动作,哪些开关动作跳闸?
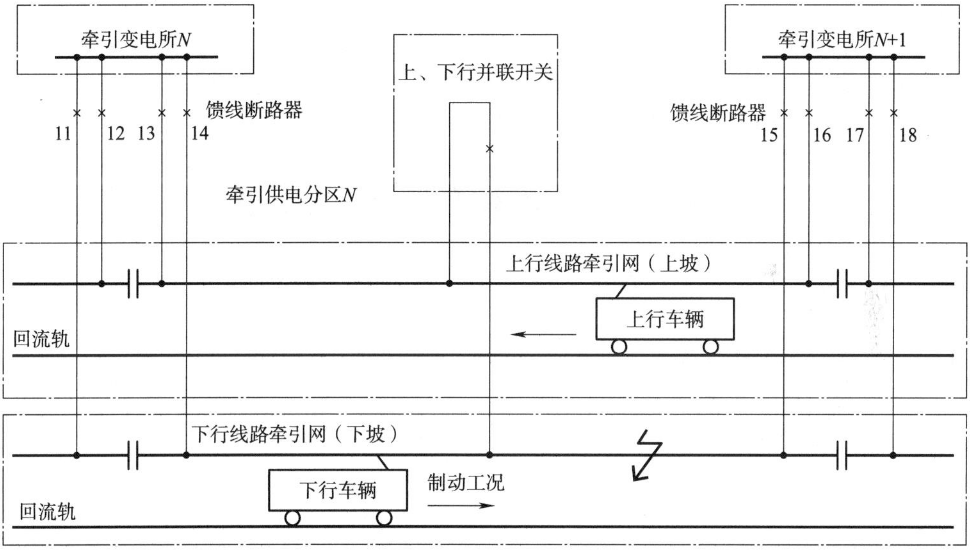

图7-109 直流双边供电示意图

(2)根据直流馈线柜过流保护校验、di/dt保护校验参数,设计保护校验记录表单。

(3)如图7-106、图7-107、图7-108所示,简述该直流保护的类型及对应保护定值。</td></tr>
</table>

任务评价

任务评价见表7-59。

表 7-59　任务评价表

序号	评价内容	评价标准	分数	评分记录		
				学生自评	组间互评	教师评分
1	直流双边联跳保护动作范围辨识	错漏 1 处扣 5 分	30			
2	直流馈线柜过流保护校验、di/dt 保护校验记录表单	表单设计内关键记录项正确得 5 分，错漏 1 处扣 5 分	30			
3	直流保护装置定值辨识	错漏一项扣 5 分	20			
4	团队合作精神	汇报时，没有体现团队分工合作的，扣 1 ~ 20 分	20			
总分						
综合成绩（学生自评占 30%，组间互评占 30%，教师评分占 40%）						

巩固练习

1. 直流系统哪些保护类型可以触发双边联跳保护动作？
2. 直流系统采用大双边供电模式时，双边联跳保护方式如何实现？

任务 15　整定和校验瓦斯保护

学习目标

（1）熟悉瓦斯保护系统设计原理。
（2）熟悉瓦斯保护的定值整定。
（3）了解瓦斯保护的校验方法

任务描述

本任务从认识瓦斯保护系统设计切入，了解瓦斯继电器的组成及动作原理，逐步深入了解瓦斯保护系统的校验方法，理解瓦斯保护系统设计原理，对轻瓦斯、重瓦斯保护整定和校验方法有直观的了解。

知识讲解

一、瓦斯保护系统设计

瓦斯保护通过瓦斯继电器实现，瓦斯继电器是油浸式变压器的一种专用保护装置。瓦斯保护系统是利用变压器内部故障使变压器油分解产生的气体或造成油流涌动，使继电器接点动作，接通控制回路，从而发出告警信号或切除变压器一次回路。因变压器油故障分解产生的气体各组分及含量会有变化（大致有 CO、H_2、CH_4、C_2H_2、C_2H_4、C_2H_6 等成分），这种因故障产生的混合气体称为“瓦斯气体”，瓦斯继电器也由此得名。

二、瓦斯继电器

瓦斯继电器可分为电子式与机械式两大类，目前以后者较为常见，其又可细分为挡板式与浮子式，挡板式瓦斯继电器内部结构图和实物图如图 7-110、图 7-111 所示。

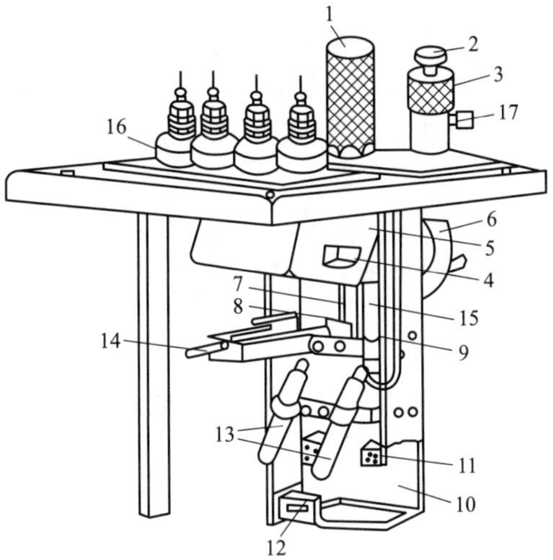

1—探针罩；2—排气口顶针；3—排气口气塞；
4—轻瓦斯永磁铁；5—轻瓦斯开口杯；6—重锤；
7—探针；8—开口销；9—弹簧；10—重瓦斯挡板；
11—重瓦斯永磁铁；12—螺杆；
13—重瓦斯干簧接点；14—轻瓦斯调节杆；
15—轻瓦斯干簧接点；16—接线端子套管；
17—排气口。

图 7-110 挡板式瓦斯继电器内部结构图

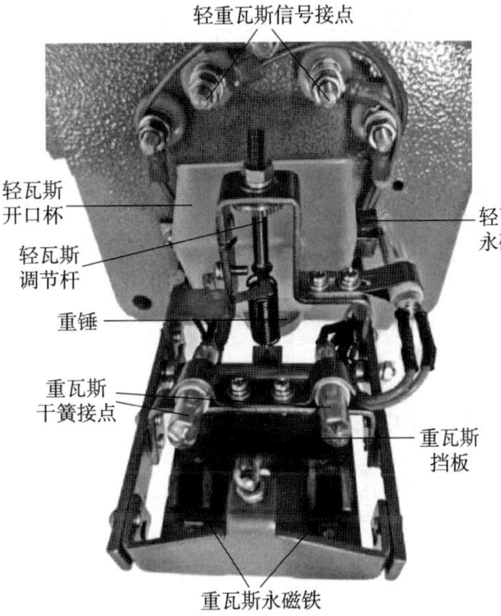

图 7-111 挡板式瓦斯继电器实物图

变压器发生轻微故障时，变压器油因故障分解产生的气体将聚集于上部气室内，气体不断累积迫使油面下降，轻瓦斯开口杯将随之下降直至限定位置，轻瓦斯永磁铁将使轻瓦斯干簧接点吸合，此时继电器动作于信号。

变压器发生严重故障时，此时油箱内压力将瞬间升高，出现油流浪涌，瓦斯继电器下部重瓦斯挡板将受到冲击，直至重瓦斯挡板旋转至限定位置，重瓦斯永磁铁将使重瓦斯干簧接点吸合，此时变压器动作于跳闸，与变压器相连的电源将全部被切断，从而起到保护作用。

三、整定瓦斯保护

（1）轻瓦斯整定：使用校验仪或注射器向继电器内缓慢注入气体，观察并记录轻瓦斯触点动作时的气体体积，一般设置在 250 ~ 350 mL 之间。

（2）重瓦斯整定：利用校验仪模拟油流，逐渐增加气体压力，直到重瓦斯触点动作，记录下对应的流速值（通常自然油冷却的变压器油流速为 0.8 ~ 1.0 m/s，强迫油循环冷却的变压器油流速为 1.0 ~ 1.2 m/s）。

四、校验瓦斯保护

1. 轻瓦斯校验

将瓦斯继电器放在实验台上固定（继电器上标注箭头指向油枕），打开实验台上部阀门，从实验台下面气孔打气至继电器内部完全充满油后关闭阀门，放平实验台，打开阀门，观察油面降低到何处刻度线时轻瓦斯触点导通。轻瓦斯定值一般为 250 ~ 350 mL，若轻瓦斯不满足要求，可以调节开口杯背后的重锤改变开口杯的平衡来满足需求。

2. 重瓦斯校验

从实验台气孔打入气体至继电器内部完全充满油后关上阀门，放平实验台，打开实验台表计电源，选择表计上的瓦斯孔径挡位，测量方式选在“流速”，再继续打入气体，观察表计显示的流速值为整定值止，快速打开阀门，此时油流应能推动挡板将重瓦斯触点导通。重瓦斯定值一般为 1.0 ~ 1.2 m/s，若重瓦斯不满足要求，可以通过调节指针弹簧改变挡板的强度来满足需求。

3. 密封性校验

将继电器内部充满油后关上阀门，放平实验台，将表计测量方式选在“压力”，打入气体，观察表计显示的压力值数值为 0.25 MPa，保持该压力 40 min，检查继电器表面的桩头根部是否有油渗漏。

4. 瓦斯保护的绝缘检验

（1）采用 1 000 V 摇表测定水银接点绝缘电阻不小于 50 MΩ，二次回路绝缘电阻不小于 1 MΩ。

（2）对水银接点及二次回路用交流 1 000 V 电压耐压 1 min 或用 2 500 V 摇表测定，应无闪光和放电现象。

技能训练

任务工作单见表 7-60。

表 7-60　任务工作单

<table>
<tr><td colspan="8">整定和校验瓦斯保护</td></tr>
<tr><td>姓名：</td><td colspan="4">班级：</td><td colspan="3">日期：</td></tr>
<tr><td rowspan="3">任务目标：
（1）掌握瓦斯保护动作原理。
（2）辨析瓦斯保护定值。
（3）掌握瓦斯保护故障基本分析思路</td><td>指导老师</td><td colspan="6"></td></tr>
<tr><td>团队成员</td><td></td><td></td><td></td><td></td><td></td><td></td></tr>
<tr><td>分工职责</td><td></td><td></td><td></td><td></td><td></td><td></td></tr>
<tr><td colspan="8">任务实施：
（1）如图 7-112 所示为有载调压开关瓦斯继电器重瓦斯保护动作示意图，请对故障发生过程进行分析。
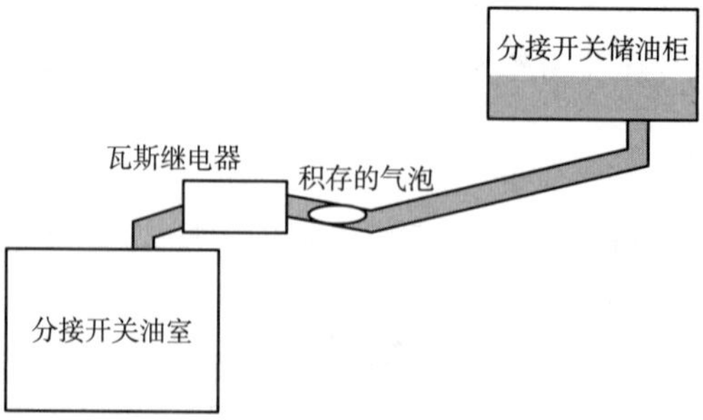

图 7-112　有载调压开关瓦斯继电器重瓦斯保护动作示意图
____
____</td></tr>
</table>

(2)如图 7-113 所示为 220 kV 某变电所非电量保护设计参数,简述瓦斯保护设定值及含义。

220 kV 某变电所气体非电量保护动作定值:
重瓦斯 v=1.2 m/s(油流速度),0 s 跳三侧。
轻瓦斯 A=350 cm^3(气体在气体继电器中的积聚量),发信号。
有载调压重瓦斯 v=1 m/s(油流速度),0 s 跳三侧。

图 7-113　220 kV 某变电所非电量保护设计参数

(3)如图 7-114 所示,瓦斯保护继电器内上下油杯颠倒设置后会存在什么问题?

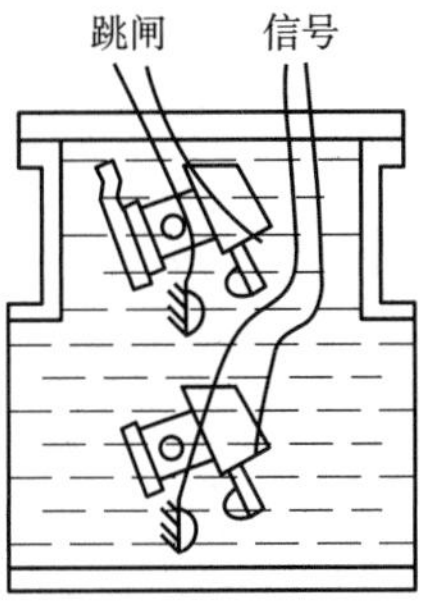

图 7-114　瓦斯保护继电器内部示意图

任务评价

任务评价见表 7-61。

表 7-61　任务评价表

序号	评价内容	评价标准	分数	评分记录		
				学生自评	组间互评	教师评分
1	瓦斯保护动作原理辨析	根据瓦斯保护动作原理分析故障动作过程,错漏 1 处扣 5 分	30			
2	识别瓦斯保护定值	错漏一项扣 5 分	30			
3	瓦斯保护故障分析思路	错漏一项扣 5 分	20			
4	团队合作精神	汇报时,没有体现团队分工合作的,扣 1 ~ 20 分	20			
总分						
综合成绩(学生自评占 30%,组间互评占 30%,教师评分占 40%)						

巩固练习

1. 油浸式变压器外接线高压套管发生短路故障,瓦斯保护动作合理吗?
2. 为什么变压器差动保护不能代替瓦斯保护?